1800

EL FRACASO
DE LA REVOLUCIÓN INDUSTRIAL
EN ESPAÑA, 1814-1913

ARIEL HISTORIA

JORDI NADAL

EL FRACASO
DE LA REVOLUCIÓN INDUSTRIAL
EN ESPAÑA, 1814-1913

EDITORIAL ARIEL, S. A.
BARCELONA

1.ª edición: 1975
13.ª reimpresión: julio 1992

© 1975: Jordi Nadal i Oller

Derechos exclusivos de edición en castellano
reservados para todo el mundo:
© 1975 y 1992: Editorial Ariel, S. A.
Córcega, 270 - 08008 Barcelona

ISBN: 84-344-6505-1

Depósito legal: B. 25.283 - 1992

Impreso en España

1992. — Talleres Gráficos HUROPE, S. A.
Recaredo, 2 - 08005 Barcelona

Als meus pares,
Joaquim i Àngela.

INTRODUCCIÓN

Este libro quiere ser una contribución —de ningún modo un compendio— a la historia económica del siglo XIX español. Para confeccionarlo no se ha procedido al simple acarreo y clasificación de materiales, sino que la búsqueda de estos últimos ha estado guiada, desde el principio, por una hipótesis previa, destinada finalmente a ser ratificada o rectificada. Mi punto de partida ha sido, en este caso, la incidencia sobre la economía española del modelo clásico, a la inglesa, de desarrollo.

Las razones de este planteamiento han sido dos. La primera, simplemente accidental, tiene que ver con el encargo recibido del profesor Carlo M. Cipolla para escribir el capítulo tocante a España del volumen expresamente titulado The Industrial Revolution, *de una colección británica relativa a la historia económica de Europa.[1] Obviamente, mi aportación, que está en el origen de la que ahora presento, debía aproximarse a los puntos de vista que informan los de los restantes autores de la obra; sólo después de buscar las analogías, cabía apuntar las desviaciones del caso español respecto del modelo general.*

La segunda razón, de mucha mayor entidad, fue mi convencimiento íntimo, enraizado de tiempo (lo que explica que atendiese al ruego del ilustre colega italiano), de que realmente en la España decimonónica se intentó, sin regateo de esfuerzos por parte de algunos, ajustar la marcha del país a la de aquellos otros que, con el Reino Unido al frente, estaban inaugurando una nueva etapa, radicalmente distinta

---

1. C. M. Cipolla, ed., *The Fontana Economic History of Europe*, 4 tomos aparecidos hasta la fecha, Collins Publishers, Londres, 1972-1973. Mi contribución («The Failure of the Industrial Revolution in Spain, 1830-1913») se halla en el t. 4 (2), páginas 533-626.

de las precedentes, en la historia del hombre. El salto, como es bien sabido, consistió en sustituir la base agraria de las sociedades tradicionales por otra nueva, de cuño industrial. En términos ochocentistas y europeos, ese tránsito —la llamada «Revolución Industrial»— se ha asentado, a su vez, sobre la hegemonía de dos sectores básicos —el sector algodonero y el sector siderúrgico— y ha encontrado su impulso en la energía del carbón de piedra, ya sea utilizada directamente, ya sea reconvertida en las bombas de vapor.

Mi trabajo no ha querido apartarse de esa pauta. De ahí la simplicidad de su temario. El texto excluye, por ejemplo, todo tratamiento, incluso toda referencia, a las industrias de la lana, de los cueros, del papel, de las salazones, o del corcho, porque en él se sugiere que, con independencia de los pobres resultados obtenidos, los esfuerzos más significativos se centraron, también en nuestro país, en torno a la adopción del combustible fósil y a la afirmación de aquellos dos sectores fundamentales. Abrigo la esperanza de que las páginas que siguen justificarán mi manera de plantear las cosas. Hic et nunc deseo, no obstante, reforzar los testimonios y los argumentos que en ellas se aducen mediante dos pruebas más que, por su carácter general, no han tenido cabida en la sucesión, forzosamente compartimentada, de los capítulos del libro.

Una, la más antigua, viene constituida por los proyectos de un ambicioso Instituto Industrial de España, con amplias resonancias y adhesiones regionales, creado en Madrid en el año 1841, con el fin de «indagar [el estado de] las fuerzas productivas» y de imprimirles el impulso más pertinente. La Junta directiva del Instituto, «para corresponder dignamente a la confianza que había merecido y desempeñar lo mejor posible el grave cargo de aumentar la riqueza pública, cometió a una Comisión de su seno el interesante trabajo de proponerle aquellas obras que con mayor urgencia, mayor utilidad y menos dificultades pudiesen influir más directamente en la prosperidad pública». Contrastados los pareceres de los miembros que la formaban, la Comisión «sentó el principio de que la nación española debe fomentar la industria, si ha de ser algo, si ha de ser rica, si ha de ser independiente». Luego, pasando del terreno de la teoría al terreno de las realizaciones, la Comisión aconsejó fundar una sociedad que, con el título de «Industrial Española», un capital de 25 millones, dividido en 2.500 acciones de 10.000 reales cada una, y una junta compuesta de los cien mayores accionistas, se dedicase «desde luego a establecer en los puntos de la península que considere más a propósito, fábricas de lana, lino, seda y algodón, fundiciones y talleres de construcción de máquinas».[2] Ni más ni menos: el textil —aunque sin primar todavía al algodón— y la siderometalurgia. Los proyectos del Instituto no prosperaron inmediatamente, pero habían de estar, seis años más tarde, en el origen de la primera anónima algodonera española.[3]

La otra prueba, un poco más tardía, se forjó en los despachos de la administración pública. La ley de 21 de junio de 1865 había concedido permiso para suprimir el llamado «derecho diferencial de bandera» en el transporte de mercancías embarcadas en puertos europeos. El real decreto de 10 de noviembre del mismo año nombró una Comisión encargada de proponer la forma más adecuada y conveniente de hacer uso de la autorización de las Cortes. Un mes más tarde, cuando aún no se había constituido, el real decreto de 22 de diciembre confirió a la Comisión en ciernes atribuciones mucho más amplias de las previstas inicialmente. Para decirlo con palabras de Manuel Alonso Martínez, ministro de Hacienda, en lugar de limitarse a los problemas escuetos de la marina mercante, el gobierno aprovechaba la ocasión para plantear el tema general de la reforma arancelaria, en vistas «a fijar de una vez la verdadera suerte de los capitales que se dediquen en nuestro país al desarrollo de la industria, de la agricultura y del comercio».[4] En términos precisos, el encargo hecho a los comisionados consistía en extender la información —que, en un principio, debía haberse reducido al derecho diferencial de ban-

2. Hallé reproducido el «Proyecto de propagación y perfección de la industria manufacturera», que debía dar vida al Instituto Industrial de España, en la *Revista Andaluza (y Periódico del Liceo de Sevilla)*, II, 1841, pp. 342-360.

3. Me refiero a «La España Industrial, S. A.», obra de los hermanos Muntadas, de familia igualadina establecida en Barcelona, en cuya calle de la Riereta tenían, desde 1839, una moderna fábrica al vapor. Es de señalar que «La España» fue escriturada en Madrid (el 28 de enero de 1847), por iniciativa de José Antonio, el menor de los Muntadas, director en la capital de un depósito de los géneros fabricados en Cataluña y amigo de la mayor parte de los fundadores del Instituto Industrial, entre los que se contaban Pascual Madoz, Juan Vilaregut, Nicolás Tous (vocales), Buenaventura Carlos Aribau y Francisco Subirachs (secretarios). Madoz y Aribau entraron igualmente en la primera junta de gobierno que rigió los destinos de «La España». Así, todo inclina a pensar en un acuerdo entre los Muntadas y los inspiradores del abortado Instituto para realizar el proyecto algodonero de «Industrial Española». Fiel a su origen y al nombre que llevaba, «La España» adquirió el salto del río Piedra, cabe el monasterio del mismo nombre, en las proximidades de Alhama de Aragón. Sólo en última instancia las dificultades, y los costes, del transporte determinaron la localización de la nueva fábrica en Sants, cerca de Barcelona.

4. *Información sobre el derecho diferencial de bandera y sobre los de aduanas exigibles a los hierros, el carbón de piedra y los algodones, presentada al Gobierno de Su Majestad por la Comisión nombrada al efecto en Real decreto de 10 de noviembre de 1865*, I: *Derecho diferencial de bandera*, Imprenta Nacional, Madrid, 1867, p. 165.

*dera— a los tres extremos siguientes: «1.º) a las manufacturas de
algodón y sus mezclas; 2.º) al hierro fundido y en barras; 3.º) al carbón
de piedra y al coke». Los resultados de la encuesta y del debate
oral que le siguió quedaron plasmados en cuatro grandes volúmenes —uno para cada uno de los puntos de la información— cuyo
conjunto forma, sin lugar a dudas, el documento más importante
sobre la industria española segregado a lo largo del siglo XIX.⁵ Al
concluir el segundo tercio de la centuria, también los poderes públicos
eran perfectamente conscientes de la primacía del sector industrial
y de los pilares en que éste debía apoyarse.*

*Aclarado el origen y el propósito de mi trabajo, creo oportuno
añadir unas palabras acerca de la orientación que lo ha informado. Lisa
y llanamente, el texto que ahora publico concede un relieve mucho
más acusado a la vertiente económica que a la vertiente social de
la industrialización. Quiero que se entienda que este pecado de
economicismo es voluntario, cometido con el ánimo de contrapesar, en
la escasísima medida de mis fuerzas, claro está, la inclinación opuesta,
tan en boga en la historiografía contemporánea española. No es
éste el momento de recordar o de reafirmar que la revolución industrial es un proceso tanto cualitativo como cuantitativo, que ha alterado
radicalmente la condición humana. Alimento incluso la pequeña pretensión de que en algunos puntos clave de mi relato no he omitido referirme al peso adverso de los factores institucionales. Lo que
me preocupa es que, con la excusa del inmovilismo de las clases privilegiadas, del fracaso de la revolución burguesa, del triunfo de la
reacción política, del arraigo del oscurantismo, se están imponiendo
unas explicaciones tópicas, por no llamarlas dogmáticas, que pueden
valer lo mismo para la España decimonónica que para cualquier país
subdesarrollado del siglo XX. Las hipótesis de trabajo, que no han
de faltar nunca, han de servir de estímulo, jamás de alternativa, a la
investigación. El reconocimiento de las corrientes profundas de la
Historia, con mayúsculas, de ningún modo debe ser incompatible
con el de la originalidad de las historias nacionales. Creo que ese*

---

5.   L. Figuerola estaba en lo cierto: «siendo muy buena la presente [se refiere a la
Información de 1878-1879], y haciendo la debida justicia a la ilustración de todos los
que han tomado parte en ella, me atrevo a decir que fue superior la que tuvo lugar
en 1866». Cf. *Información sobre las consecuencias que ha producido la supresión del
derecho diferencial de bandera y sobre las valoraciones y clasificaciones de los tejidos
de lana, formada con arreglo a los artículos 20 y 29 de la Ley de Presupuestos del
año 1878-1879, por la Comisión especial arancelaria creada por R. D. de 8 de septiembre de 1878,* I: *Derecho diferencial de bandera* (este volumen no debe confundirse con
el que, bajo el mismo título se cita en la nota 4), Madrid, 1879, p. 822.

otro pecado, llamémosle de ideologismo a ultranza, ha esterilizado demasiadas tentativas de reconstitución. Pienso, en concreto, que al empecinarse en el análisis exclusivo del movimiento, antes de indagar con exactitud el estado de las fuerzas productivas, la historia de la clase obrera española —igual que la de la burguesía— se ha metido en un auténtico callejón sin salida. Por eso el lector sabrá perdonarme que, por esta vez, no le haya dejado sitio en mi texto.

En cambio, sería inexcusable omitir una parte al menos de las ayudas recibidas. Mis primeras incursiones en el campo de la historia industrial datan de 1961, cuando, después de unas oposiciones sin éxito, Fabián Estapé y Josep Pla, cada uno por su cuenta, me recomendaron a Josep Riba, a Manuel Ortínez y a Joaquim Maluquer, responsables del Servicio Comercial de la Industria Textil Algodonera, para investigar la historia del sector piloto de la industria catalana. Generosamente subvencionado por la institución, invertí largos años —con Miquel Izard— en el acopio de toda clase de materiales, sin olvidar en ningún caso los papeles de las propias fábricas. Al cabo, hubo que rendirse a la evidencia: la investigación monográfica perdía sentido al faltarle el adecuado marco de referencia. Los problemas del algodón no podían encerrarse en el ámbito escueto del sector. Fue preciso interrumpir el trabajo en profundidad y comenzar una indagación más superficial, pero también más vasta. Esa tarea preliminar es la que ahora doy por concluida. Espero que me capacite para cumplir, finalmente, el encargo específico de los algodoneros.

Junto a los subsidios materiales, tampoco me han faltado los subsidios intelectuales. En este punto, la nómina de mis acreedores es muy extensa. He tratado de consignar, en las notas a pie de página, los débitos reconocidos. Aquí corresponde una mención a aquellas personas que, de forma menos concreta pero aun más efectiva, han contribuido, con su amistad, con su aliento, con sus orientaciones o con sus críticas, a que llevara adelante mi propósito. Son, por orden alfabético: Gonzalo Anes, Josep M.ª Bricall, Paco Bustelo, Emili Giralt, José M.ª López Piñero, Felipe Ruiz Martín, José Luis Sampedro, Nicolás Sánchez-Albornoz, Antonio Serra Ramoneda, Gabriel Tortella y el maestro Pierre Vilar. Aparte, por la colaboración cotidiana que mantienen conmigo, compartiendo con generosidad y eficacia las tareas del Departamento de Historia Económica de la mal llamada «Universidad Autónoma de Barcelona», debo citar a Jaume

Torras, Ramon Garrabou y Jordi Maluquer. Por último, me complace dejar bien sentado que la ayuda decisiva, en el terreno personal como en el terreno científico, es la que he recibido de Josep Fontana.

JORDI NADAL

Barcelona, Cabrils, otoño de 1974.

Capítulo 1

EL AUMENTO DE LA POBLACIÓN, UNA FALSA PISTA

Dejando de lado un cúmulo de variantes regionales y locales, puede afirmarse que, en el curso del último milenio, las poblaciones de la Europa occidental han experimentado tres impulsos mayores: el primero, desde fines del siglo XI a principios del XIV; el segundo, durante el siglo XVI y, quizá, los comienzos del XVII; el tercero, desde el siglo XVIII en adelante. Por razones de documentación, pero también por razones intrínsecas, estos tres grandes saltos no merecen el mismo tratamiento. Una diferencia esencial separa el último de los dos primeros: mientras éstos han encontrado (posiblemente provocada) su contrapartida en las depresiones de los siglos XIV-XV y XVII, el crecimiento demográfico iniciado en el curso del XVIII se presenta, en cambio, como un crecimiento acumulativo y sostenido, y acaba marcando una ruptura con las condiciones precedentes de la mortalidad y, eventualmente, de la fecundidad.

Los problemas aparecen cuando se trata de buscarles una explicación a estos impulsos; esto es, de fijar las relaciones que puedan haber entre los cambios demográficos y los cambios económicos. El planteamiento clásico quería poner en claro si la población, en su conjunto, se hallaba determinada por los factores económicos o si, por el contrario, actuando como una variable autónoma, era ella la que determinaba los cambios en la economía. Hoy este planteamiento, tan radical, se halla superado y se piensa, más prudentemente, «que depende del tiempo y del lugar, que es distinto a corto que a largo plazo y que la réplica demográfica al cambio de condiciones de la vida humana puede adoptar un gran número de formas alternativas, del mismo modo que, como apuntó Schumpeter, la réplica económica al crecimiento de la población puede ir desde el estancamiento hasta la innovación».[1]

Reconocer que las cosas son más complejas sirve sin duda para replantear el problema, pero no lo resuelve. Lo más importante de la sugerencia transcrita es, a mi entender, la recomendación de distinguir entre casos y casos, sin dejarse llevar por las generalizaciones a nivel europeo. El hecho de que, por lo general, el crecimiento de las poblaciones europeas, desde el siglo XVIII, venga siendo un crecimiento acumulativo y sostenido no implica la intervención de unos factores análogos. En el caso de Inglaterra, el vínculo entre los cambios demográficos y la revolución industrial parece innegable, por más que «si hay algo claro en el enmarañado entresijo que componen las relaciones entre la demografía y la economía es, precisamente, la imposibilidad de sostener cualquier concepción simplista de tales relaciones».[2] Fuera de Inglaterra, el despegue demográfico, igualmente constatable, puede estar vinculado, o no, con la industrialización. Las explicaciones de un fenómeno que se presenta como genérico deben ser singulares, una para cada país.

La negligencia de esta norma ha sembrado muchas confusiones. El crecimiento demográfico de los siglos XVIII y XIX ha fomentado una imagen demasiado optimista del desarrollo de muchas economías europeas. De hecho, el cultivo de nuevas plantas, traídas de América, basta para explicar muchos de los cambios. El maíz y la patata han salvado una parte de Europa de la inanición. En la cuenca del Danubio la población rural duplicó, en brevísimo lapso de tiempo, a contar desde la adopción del maíz. Sin la patata, muchas sociedades no hubiesen podido soportar las densidades «modernas», como lo prueba la famosa hambre irlandesa y su trágica secuela de víctimas, desencadenada por la podredumbre del tubérculo, entre 1845 y 1850.

En el caso español, el análisis de las causas debe ir precedido de la discusión de la cuantía del incremento demográfico a lo largo del setecientos. El tema ha dado lugar a una amplia controversia. Mientras la mayor parte de los autores acepta como fidedignas las estimaciones del último tercio de la centuria (9.308,9 millares de habitantes en 1768, 10.409,9 en 1787 y 10.541,2 en 1797), existe una

1. G. Ohlin, «Historical Evidence of Malthusianism», p. 6, en Paul Deprez, ed., *Population and Economics. Proceedings of Section V (Historical Demography) of the Fourth Congress of the International Economic History Association*, University of Manitoba Press, 1970.

2. E. A. Wrigley, *Société et population*, Hachette, París, 1969, p. 152.

honda discrepancia acerca de los valores correspondientes al censo inicial, de 1717-1718. Para unos, la cifra de 5.700 millares, resultante del mismo, debe darse como buena; para otros, más numerosos, el censo, llamado de Campoflorido, es defectivo, debiendo aumentarse en un 20 por ciento, de acuerdo con la pauta marcada por el contemporáneo Jerónimo de Uztáriz. En el primer caso, la tasa media anual de incremento durante los cincuenta y un años comprendidos entre 1717 y 1768 habría sido superior al 1 por ciento; en el segundo, dicha tasa se hallaría situada por debajo del 0,5 por ciento. Últimamente, un análisis del demógrafo italiano Livi Bacci ha inclinado la balanza del lado de la hipótesis favorable al crecimiento restringido. Sus argumentos se presentan como convincentes: dados la distribución por edades del censo de 1768 y los modelos de población estable, la aceptación de una tasa de crecimiento superior al 1 por ciento y año, durante los cincuenta precedentes (1717-1768), implicaría una esperanza de vida al nacer del orden de los 40, un nivel no alcanzado en España hasta el decenio 1911-1920; en cambio, la tasa de crecimiento 0,42 por mil (que figura en la tabla 1), combinada siempre con la pirámide de edades de 1768, supone una esperanza de vida al nacer del orden de los 27 años, muy verosímil para la época. De manera más precisa, ahondando en los planteamientos y en los métodos de Livi, el historiador español F. Bustelo ha estimado como más probable la cifra de 8.152 millares de habitantes para la fecha de 1717, o, con mayor rigor, de 1712-1717.[3]

TABLA 1

Crecimiento de la población española, 1717-1910

Años	Población (en miles)	Tasa media intercensal de crecimiento (%)
1717	7.500,0	—
1768	9.308,9	0,42
1787	10.409,9	0,59
1797	10.541,2	0,13
1860	15.649,1	0,63
1887	17.560,1	0,43
1900	18.608,1	0,45
1910	19.944,6	0,70

FUENTE: M. Livi Bacci, «Fertility and Nuptiality Changes in Spain from the Late 18th to the Early 20th Century», *Population Studies. A Journal of Demography*, XXII, n.° 1, 1968, p. 84.

3. F. Bustelo García del Real, «Algunas reflexiones sobre la población española de principios del siglo XVIII», *Anales de Economía*, 3.ª época, n.° 15, 1972, pp. 89-106.

De 1768 a 1787 la tasa se incrementó hasta el 0,59 por ciento; de 1787 a 1797, período plagado de dificultades, la tasa descendió al 0,13 por ciento. En conjunto, compensando unas etapas con las otras, de 1717 a 1797 la población española progresó al ritmo medio de 0,42 por ciento anual, idéntico al del primer período intercensal 1717-1768. Aunque muy inferior a la que resultaría de aceptar las cifras de 1717 sin amaños, la tasa propuesta no es, ni mucho menos, desdeñable. Al frente de las posiciones más avanzadas, las sociedades escandinavas promediaron un avance anual del 0,58 por ciento entre 1735 y 1800, la sociedad de Inglaterra y Gales otro del 0,55 por ciento entre 1720-1721 y 1795-1796; en cambio, el incremento demográfico francés fue sólo de 0,31 por ciento anual entre 1700 y 1789. Es decir, el aumento español se sitúa por detrás del escandinavo e inglés, pero deja rezagado al de la nación vecina. Y, lo que no es menos importante, constituye el punto de partida de una trayectoria destinada a no interrumpirse: de 1717 en adelante, cada censo ha dado un número de pobladores superior al precedente.

Como en Inglaterra, aunque sin tanta intensidad, el impulso demográfico español del siglo XVIII se acelera en la primera mitad del siglo XIX, para decaer en la segunda. De 1797 a 1860 la tasa de incremento asciende al 0,63 por ciento anual (Inglaterra y Gales: 1,25 por ciento, entre 1795-1796 y 1861); de 1860 a 1910, la tasa desciende al 0,49 por ciento (Inglaterra y Gales: 1,18 por ciento, entre 1861 y 1911). A primera vista nos hallamos, pues, ante un ejemplo más del cambio de régimen demográfico que, en los países más avanzados, ha acompañado al cambio de régimen económico. El desmenuzamiento por regiones de los datos globales parece reforzar esta interpretación. De 1787 a 1860, cuando los datos regionales son más seguros, el máximo incremento corresponde a Cataluña (tasa anual de 1,01 por ciento, contra la media española de 0,56 por ciento), situada sin discusión en la vanguardia del progreso económico. En el censo inicial, de 1787, el Principado ya figura en el primer puesto, tanto por el porcentaje de hombres casados en las edades más jóvenes (25,4 por ciento de varones casados dentro del grupo 16-25 años, contra 18,6 por ciento en toda España), cuanto por el porcentaje de niños dentro de la población total (20,1 por ciento de los habitantes concentrados en las edades comprendidas entre los 0 y 7 años, frente a la media española de 18,2 por ciento). Para la misma fecha, Livi Bacci ha estimado la tasa de fecundidad matrimonial de Cataluña (299,5 nacidos vivos legítimos por mil mujeres casadas, de edad 16 a 50 años) como la más elevada entre las españolas, aparte de las islas Canarias, que integran otro continente. La prosperidad agrícola y los primeros atisbos industriales han potenciado la vitalidad catalana. En 1780 el monje premonstratense Caresmar ya pudo escribir: «concluidas las turbaciones y guerras del siglo pasado, y las que continuaron en el principio del presente, dexaron a esta provincia reducida a la mayor miseria; pero la industriosa y porfiada fatiga de sus naturales se dedicó con un esfuerzo increíble al cultivo de sus tierras, desmontando las fragosas y beneficiando las yermas, con tanta felicidad que a pocos años se miraba a Cataluña con muy distinto aspecto, ya poblada, amena y deliciosa». En 1768 el abogado de pobres Romà i Rossell ya había anticipado: «desde que la industria empieza a introducirse en un país, no hay que pasar cuidado de que la gente, en cuanto penda de su voluntad, se case», que «toda muchacha con 25 ducados de dote, y mucho más con 50, halla marido; porque un jornalero se proporciona un principio de fortuna con aquel corto sufragio, que le facilita algún caudal, o a lo menos los instrumentos más precisos de su oficio»; por lo demás, «que por medio de los casamientos aumenta la población, es propiamente una de aquellas verdades que llaman de Pedro Grullo».[4] En el extremo opuesto, pero siempre con la intención de resaltar el vínculo existente entre economía y demografía, cabe citar un informe oficial de 1771 afirmando que, si pudiese librarse a Extremadura de la sujeción en que la tenían los pastores de la Mesta y tres millones y medio de ovejas, sus recursos humanos pasarían de medio millón a más de dos millones de habitantes.

De hecho, sin embargo, el caso español es un caso anómalo, cuya adecuada comprensión exige remontarse mucho más atrás. La tabla 2 revela, en efecto, que la evolución demográfica de España con anterioridad al siglo XVIII no fue normal, separándose de la de los países vecinos. En la medida en que los datos son fiables, puede afirmarse que, del comienzo de la era cristiana hasta el año 1700 aproximadamente, el número de franceses e ingleses se multiplicó por cuatro como mínimo, el de italianos casi por dos, el de hispanos sólo por 1,34. Los 7.500 millares de españoles de 1717 traducen, de acuerdo con nuestra tesis, un poblamiento muy inferior a las posibilidades del territorio en que se hallaban asentados, incluso en régimen de economía antigua, anterior a los grandes cambios de la industrialización. Casi con seguridad puede afirmarse que el larguísimo proceso de

    4. J. Nadal, *La población española, siglos XVI a XX*, 3.ª ed., Ariel, Barcelona, 1973, p. 104.

la Reconquista, durante la Edad Media, y las cargas del Imperio, bajo los Austrias, dejaron a España menos poblada de lo que de otro modo hubiera estado. El tema de la falta de gente domina, como es bien sabido, la literatura política del siglo XVII, el de la decadencia por antonomasia.

TABLA 2

La evolución demográfica de cuatro países europeos, desde el año 14 d.C. hasta 1910c.
(En millones de habitantes)

Países	Fechas					
	14d.C.	1500c.	1600c.	1700c.	1800c.	1910c.
España . .	5,3	7,0	8,5	7,5	10,5	19,9
Francia . .	4,9(1)	16,0	18,0	19,3	26,3	39,5
Italia . . .	7,0	+ 10,0	12,0	13,0	19,0	37,0
Inglaterra y Gales .	0,3/1,5	4,0	4,5	5,8	9,1	35,8

(1) Galia más Narbonesa, formando un territorio de 635.000 km².

FUENTES: Los datos relativos a España provienen: los del año 14 d.C., de la *Histoire générale de la population mondiale*, de M. Reinhard, A. Armengaud y J. Dupaquier, París, 1965, p. 40; los restantes, del libro de J. Nadal, *La población española, siglos XVI a XX*, 3.ª ed., Barcelona, 1973, p. 16. Los datos franceses proceden todos del libro citado de Reinhard, Armengaud y Dupaquier, pp. 40, 108, 119, 683, 252 y 684. Los datos italianos, del mismo libro (pp. 40 y 44) y del trabajo de C. M. Cipolla, «Four Centuries of Italian Demographic Development» (p. 573), en D. V. Glass y D. E. C. Eversley, eds., *Population in History. Essays in Historical Demography*, Londres, 1965. Los datos de Inglaterra y Gales, de Reinhard, Armengaud y Dupaquier, *op. cit.*, pp. 44, 108, 118, 682, 202 y 684.

A la inversa, bastó con que las paces de Utrecht y Rastadt (1713-1714) sancionasen la pérdida de la mayor parte de sus posesiones europeas, para que la metrópoli recuperara fuerzas y mostrase un impulso demográfico inusitado. Elevándose por encima de los lamentos de sus contemporáneos, un autor de la época supo darse perfecta cuenta de los beneficios reportados por la suelta de un lastre insoportable: en contraste con la política de los tiempos precedentes, «que hizo preciso despoblar el Reino, agotar el Erario y extenuar las fuerzas del Vasallo para conservar las provincias distantes», «hoy se halla España más reducida de lo que le señalan sus naturales límites de Océano, Mediterráneo y Pirineos: ésta es la primera señal de la felicidad de esta Monarquía!» (Romà i Rossell). En el mismo sentido deben interpretarse las invectivas, más tardías (de fines de 1792 o principios de 1793), del conde de Cabarrús contra «las expediciones insensatas de África, Hungría [sic] e Italia», o contra el dinero gastado «para mantener doscientos años de guerra por el Milanesado, Nápoles y Parma, por lo que no importaba nada, o nos importaba más bien no tener». En términos más generales, también merece destacarse la preocupación finisecular por los «despoblados» (denuncias del asturiano Campomanes, del aragonés Asso, del catalán Caresmar,...) que, en número de varios millares,[5] patentizaban los costes de una orientación política pretérita, excesivamente ambiciosa.

En 1848 el barcelonés Illas y Vidal expresó sin rodeos la idea que he hecho mía: «Si la España durante el siglo XVIII aumentó en población y riqueza, debióse más a mejoras administrativas que a constantes progresos económicos».[6] Pero el argumento es también aplicable a la primera mitad del XIX, en que la tasa de incremento se eleva hasta el 0,63 por ciento anual, la cota más alta de toda la serie. Las importantes ganancias demográficas registradas entre 1717 y 1860 no resultaron de una revolución industrial, sino que fueron obtenidas en plena vigencia del antiguo régimen económico, por efecto de la simple eliminación de aquellos obstáculos de índole exógena que, por espacio de siglos, habían mantenido los efectivos humanos españoles muy por debajo de sus posibilidades. Ni revolución industrial, ni revolución demográfica.[7] En una fecha tan avanzada como la del año 1900, España registró una natalidad bruta del 33,8 por mil, una mortalidad del 28,8 y una esperanza de vida

---

5. En uno de los últimos trabajos sobre el tema se relacionan y sitúan en el mapa un total de 1.113 despoblados, sólo para los territorios de Navarra, Aragón, Cataluña, Valencia, Murcia, Castilla la Nueva y Andalucía (cf. N. Cabrillana, «Villages desertés en Espagne», en *Villages desertés et histoire économique, XIe — XVIIIe siècles*, SEVPEN, París, 1965, pp. 461-512). La relación es, no obstante, muy deficitaria: basta comparar los 48 despoblados catalanes que incluye, con el número de 288 que a fines de 1792 o principios de 1793 había contado el conde de Cabarrús.

6. J. Illas y Vidal, *Memoria sobre los perjuicios que ocasionaría en España, así en la agricultura como en la industria y comercio, la adopción del sistema del libre cambio*, Imprenta de D. Agustín Gaspar, Barcelona, 1849 (en la p. 83 se precisa que fue redactada en mayo de 1848), p. 50.

7. Excepcionalmente, el carácter no revolucionario del incremento demográfico del siglo XVIII ha sido señalado por G. Anes, *Las crisis agrarias en la España Moderna*, Taurus, Madrid, 1970, p. 142.

al nacer inferior a los 35 años, esto es, un nivel rebasado por los pueblos escandinavos ciento cincuenta años antes. Al terminar el siglo XIX, la mortalidad y la fecundidad españolas no habían consumado aún aquella ruptura con los antiguos *trends*, característica del nuevo régimen de población.

En el curso de un siglo y medio, hasa 1860 aproximadamente, la retirada de la peste —por causas desconocidas—, la extensión de los cultivos —en una medida insólita, facilitada por el mismo exceso de la regresión precedente— y la adopción del maíz y la patata (en Galicia, desde la segunda mitad del siglo XVIII), parecen haber bastado para sostener un crecimiento demográfico del 0,51 por ciento anual. Después, de 1860 a 1911, el *trend* se desacelera, porque las roturaciones han tropezado finalmente con el límite que les impone la ley de los rendimientos decrecientes. La falta de revolución agrícola acaba dejando al descubierto el verdadero carácter de la pseudorrevolución demográfica. Los 15.649 millares de españoles de 1860 constituyen el tope que el país habría alcanzado normalmente hacia 1700, de no mediar aquella trayectoria política que he calificado de «excesivamente ambiciosa». Una vez llegada al nivel que le permite el régimen de economía «antigua», sin cambios fundamentales, la población española considerada como un todo se muestra incapaz de mantener el ritmo anterior, cede terreno. La segunda mitad del siglo XIX conoce de nuevo el viejo desequilibrio entre hombres y recursos. La reiteración de las crisis de subsistencias —en 1857, 1868, 1879, 1887 y 1898— aportan, a mi juicio, la prueba más clara de la incapacidad de la nación para subvenir a sus necesidades más perentorias.

En consecuencia, el sentimiento poblacionista, tan característico de los ilustrados de fines del setecientos, se diluye con rapidez. En 1846, Eusebio M.ª del Valle, catedrático de economía política de la Universidad de Madrid, da a la estampa la primera versión española completa del *Ensayo sobre el principio de la población* de Malthus;[8] en 1847, el higienista Pedro Felipe Monlau reduce la actuación demográfica de los poderes públicos «a procurar la salud, por-

<hr />

8.   Debe señalarse, no obstante, que la obra de Malthus ya era conocida en España con mucha anterioridad, habiéndose publicado los primeros extractos de la misma en la *Gazeta de Madrid* de 1808 (cf. R. S. Smith, «The Reception of Malthus' *Essay on Population* in Spain», *Rivista Internazionale di Scienze Economiche e Commerciale*, XVI, 1969, pp. 550-562, y V. Llombart, «Anotaciones a la introducción del *Ensayo sobre la población* de Malthus en España», *Moneda y Crédito*, n.º 126, 1973, páginas 79-86).

que la cabal salud importa como anexos la seguridad, la libertad y la comodidad»; en 1863, el senador Fermín Caballero arremete contra el sistema de las colonias agrícolas, «aceptable cuando se contaban en España diez o doce millones de habitantes [...]. Ahora que registramos diez y seis millones, y que contamos con su natural crecimiento, más que en el número de personas, debemos pensar en la manera que mejoren y prosperen», concluyendo «que basta [de] poblar». Por otra parte, la política demográfica tampoco puede seguir siendo la misma. Es inútil empeñarse en crear un Estado numeroso cuando ese Estado da señales de impotencia para garantizar la vida de todo el número. En 1855, con la ley que regula las citadas colonias agrícolas, se ha cerrado el ciclo de las disposiciones repobladoras; en 1853, con una real orden que levanta, con muchas reservas todavía, la prohibición de establecerse en las repúblicas de América del Sur, se abre el ciclo de las disposiciones emigratorias. De 1853 a 1903, en efecto, la legislación española pasa de un extremo a otro, eliminando sucesivamente todos los obstáculos que se oponían a la salida de sus naturales. En la última fecha queda suprimida la exigencia de pasaporte o permiso especial de la autoridad gubernativa, permitiéndose la expedición de pasajes con sólo exhibir la cédula personal.

El indicador demográfico constituye, en el caso español, una falsa pista. La progresión del número de habitantes, iniciada a principios del siglo XVIII, no debe hacer concebir demasiadas ilusiones. Durante dos siglos, por lo menos, la población peninsular ha aumentado sin cambios económicos fundamentales. A juzgar por la proporción de activos empleados en el sector secundario, o por la contribución de éste al producto nacional, la verdadera industrialización de España es un fenómeno contemporáneo, cuyo inicio se sitúa en la última década, de 1961 a 1970.[9]

Este reconocimiento no debe ocultar, sin embargo, la existencia de un largo período de gestación. La revolución industrial echó muy pronto algunas raíces en el solar hispánico. Por falta de terreno abonado, las raíces dieron unas plantas generalmente raquíticas, que relegaron a un lugar secundario la vieja potencia colonial. El análisis de esta frustración constituye el objeto de este libro.

9. Cf. a este respecto las observaciones de P. Vilar en «La Catalogne industrielle. Réflexions sur un démarrage et sur un destin», comunicación presentada al coloquio sobre L'industrialisation en Europe au XIXᵉ siècle. Cartographie et typologie, Lyon, 7-10 octubre 1970, cuyas actas han sido publicadas por Éditions du Centre National de la Recherche Scientifique, París, 1973.

¿Por dónde empezar? El comienzo de la revolución industrial inglesa —primera en el tiempo— se sitúa, en forma casi unánime, hacia 1780. Desde allí, con mayor o menor retraso, irradió hacia los restantes países. ¿En qué fechas «llegó» a España? Un doble obstáculo dificulta la respuesta: por un lado, la parvedad de las investigaciones; por el otro, la «coexistencia de los asincronismos», típica del atraso económico, que lleva a confundir los términos. En el desarrollo inglés puede advertirse una elevada sincronización de los cambios técnicos, económicos, ideológicos y políticos conducentes al triunfo del capitalismo. El desarrollo español presenta, en cambio, unos caracteres ambiguos: economía tradicional y moderna a la vez, «de subsistencia» y capitalista al mismo tiempo; hace un siglo la economía española era ya «propiamente una economía dual».[10]

¿Desde cuándo ese dualismo que todavía colea? ¿A partir de qué momento emergen unas fuerzas claramente capitalistas, aunque incapaces de oponerse a las tradicionales? Creo que el «salto» se sitúa en la cuarta década de la centuria pasada, década en que coinciden los inicios de: la obra desamortizadora del suelo, la mecanización de la industria algodonera, las coladas de arrabio y las construcciones mecánicas. A pesar de unos planteamientos y de unos resultados inadecuados, la desamortización causó un aumento de la producción agraria, soporte a su vez de la última fase de fuerte incremento demográfico; la adopción de la máquina en la hilatura y en el tisaje de algodón concentró las empresas, redujo los costes, multiplicó el consumo, contribuyó en forma decisiva a formar el mercado nacional; el encendido de los primeros altos hornos impulsó el uso del hierro, que los primeros talleres de fundición moldearon, finalmente, en forma de piezas de maquinaria. Con mayor exactitud, la fecha clave parece ser la de 1832, año de adopción de la energía del vapor por la industria de consumo más representativa, así como de los procedimientos siderúrgicos modernos: el alto horno para la primera fusión, y el cubilote para la segunda.

---

10.   Cf. N. Sánchez-Albornoz, *España hace un siglo: una economía dual*, Península, Barcelona, 1968 (especialmente el prólogo).

Capítulo 2

DEUDA EXTERIOR, CAPITALES EXTRANJEROS
Y FERROCARRILES

Hasta su emancipación, las colonias americanas habían constituido uno de los pilares más sólidos del Tesoro metropolitano. Después de ella, el Erario quedó sumido en una larga etapa de gravísimas dificultades.

Tradicionalmente, el Estado español venía sacando un doble rendimiento del imperio. Por un lado, los caudales remitidos directamente por la administración colonial, entre los que destacaban los impuestos pagados por la minería de Nueva España (México). Por otro, las rentas de los derechos de aduanas percibidos en los puertos peninsulares sobre las mercancías en tránsito de Europa a América, y viceversa; es bien sabido que el tráfico de los españoles con sus posesiones ultramarinas «consistía en su mayor parte en operaciones de comisión, como agentes intermediarios forzosos para el comercio entre nuestras colonias y las naciones extrangeras».[1] Durante las últimas décadas del siglo XVIII y los siete primeros años del XIX, las remesas de Indias se habían incrementado a un ritmo un poco más rápido que el de los gastos del Estado, llegando a sumar el 13,7 por ciento de todos los ingresos de éste durante el cuatrienio 1803-1806.[2] En cambio, el mismo período ya había visto un grave descenso de la parte tocante a la renta de las aduanas (18 por ciento de todos los ingresos ordinarios en 1803-1807, frente a un 24,2 por ciento en 1793-1797 y a un 30 por ciento en 1788-1792),[3] descenso originado por las guerras contra Francia e Inglaterra.

1. J. Illas y Vidal, *Memoria sobre los perjuicios...*, p. 47.
2. J. Fontana Lázaro, *La quiebra de la monarquía absoluta, 1814-1820 (La crisis del Antiguo régimen en España)*, Ariel, Barcelona, 1971, p. 59.
3. *Ibid.*, p. 63.

A partir de 1808, la situación había de dar un giro de noventa grados. La lucha de los españoles contra los invasores franceses fue aprovechada por los criollos para sentar las bases de su propia independencia. En 1814, expulsadas las tropas napoleónicas, tras seis años de dura lucha, España era incapaz de contener la emancipación americana. Como consecuencia de ello, las pérdidas sufridas por la Hacienda serían irreparables. Rápido término de las remesas directas de las Indias y colapso del tráfico colonial, antaño tan rediticio. Los valores del comercio exterior (exportaciones más importaciones), que habían sido de 2.500 millones de reales en 1792, se verían reducidos a sólo 600 millones en 1827.[4] Paralelamente, la renta de aduanas fue decayendo de año en año, hasta bajar en 1831-1840 al 34,6 por ciento de lo que había sido en 1791-1800, último decenio normal, y al 8 por ciento de todos los ingresos ordinarios del Estado. En definitiva, la Hacienda, que ya tenía problemas antes de 1808 (la parte de la deuda en los ingresos totales del Tesoro había aumentado del 11,9 por ciento, en 1788-1791, al 35,9 por ciento en 1803-1806),[5] pasó a enfrentarse con una situación insostenible a partir de aquella fecha.

La trayectoria española se sitúa en las antípodas de la trayectoria británica. Mientras en el Reino Unido el comercio exterior jugó un papel de primer orden en la financiación del nuevo Estado industrial,[6] en España la pérdida de las colonias y el término del control ejercido hasta entonces sobre el tráfico entre el Viejo y el Nuevo continentes frustraron, con otros factores, la posibilidad de realizar, por una vía ordinaria, aquella evolución política. Tal como muestra la tabla 1, los recursos de la Hacienda española no aumentaron sustancialmente hasta el decenio 1851-1860, tras el ascenso al poder de la burguesía y la reforma tributaria de Mon-Santillán. En Inglaterra, por el contrario, el gran salto se había dado en 1801-1810. Un desfase de cincuenta años a tener muy en cuenta para comprender el proceso que situó a Gran Bretaña en cabeza de las potencias mundiales y relegó a España al papel de potencia secundaria.

---

4. J. Fontana Lázaro, «Colapso y transformación del comercio exterior español entre 1792 y 1827. Un aspecto de la crisis de la economía del Antiguo régimen en España», *Moneda y Crédito*, n.° 115, 1970, pp. 3-23.
5. Fontana, *La quiebra...*, p. 59.
6. Cf. los gráficos 16 y 20, representando la parte, dentro del total, de los impuestos cobrados a las importaciones, en cortes decenales, de 1790 a 1913-1914, del libro de A. H. Imlah, *Economic Elements in the Pax Britannica. Studies in British Foreign Trade in the Nineteenth Century*, Russell & Russell, Nueva York, 1969, pp. 117 y 161.

TABLA 1

Ingresos ordinarios de los Estados español y británico, de 1791 a 1880

(Base 1791-1800 = 100)

Años	España		Reino Unido	
	A Ingresos ordinarios	B % de A repre- sentado por la recaudación de Aduanas	A' Ingresos ordinarios	B' % de A' repre- sentado por la recaudación de Aduanas
1791-1800	100	21,7	100	20,2
1801-1807	93,7	13,4	210,4	19,3
1814-1820	79,0	15,3	336,6	19,8
1821-1830	77,2	11,2	286,6	27,9
1831-1840	102,2	8,0	254,0	40,5
1841-1850	136,4	10,6	275,2	40,8
1851-1860	211,2	11,0	292,6	39,5
1861-1870	303,8	9,1	342,1	32,8
1871-1880	323,8	11,3	371,3	26,8

FUENTE: J. Fontana, *La quiebra de la monarquía absoluta, 1814-1820 (La crisis del Antiguo régimen en España)*, pp. 61 y 65.

Pero la tabla aún dice más. Durante los tres primeros decenios de la centuria, la marcha de la Hacienda no es progresiva, ni siquiera estable, sino netamente regresiva. El descenso de las entradas, ya muy acentuado en 1811-1820, culmina en 1821-1830, cuando los ingresos apenas rebasan las tres cuartas partes de los obtenidos en 1791-1800. La mengua se produce, pues, en el momento de plantearse la tarea de reconstrucción y de abrirse el ciclo, tantas veces violento, de las disensiones internas. Mayores gastos y menores ingresos: desbordamiento del déficit presupuestario. Las finanzas estatales se deslizan por una pendiente imposible de remontar. La inestabilidad política y los intereses creados condenan al aborto, o al engendro, las reiteradas tentativas de reforma.[7] En estas condiciones, no queda otra salida que pedir prestado. El recurso al crédito se convierte en una cons-

7. Ésta es una de las tesis, perfectamente documentada, del magnífico libro de Fontana citado en la nota 2.

tante de la política española; a ella se supeditan las restantes necesidades del país. Acuciado por sus apreturas dinerarias, el Estado no vacila, en efecto, en hacer la competencia a los empresarios del propio país, mediante una política de remuneraciones generosas a los caudales aportados voluntariamente a sus arcas. El elevado interés de los préstamos oficiales sanciona la extrema carestía de toda clase de dinero. El daño infligido de esta forma a la economía es tremendo. El mercado de capitales, ya muy restringido de por sí, pierde su función específica —el impulso de las fuerzas productivas— para desviarse hacia las inversiones puramente especulativas. El proceso, como veremos al tratar de la industria siderúrgica,[8] desanimará a los hombres de empresa mejor dispuestos. En 1870, el líder federalista Pi y Margall, que tres años más tarde sería proclamado segundo presidente de la Primera República, aprovechará un debate parlamentario para reiterar: «Los capitales están a precios fabulosos. Distraídos en las continuas operaciones con el Tesoro, y en la compra y venta de efectos públicos, donde obtienen cuantiosas ganancias, no se prestan a favorecer a la industria, ni al comercio».[9]

Los pocos datos numéricos de que disponemos se encargan de confirmar la veracidad de estos asertos. En 1864, de los 23 valores cotizados en la Bolsa de Madrid —instituida en 1831— 15 son públicos y sólo 8 privados. Hasta su cierre, en septiembre de 1868, la Caja de Depósitos estatal, creada en 1852, empleó todos sus recursos en la provisión de fondos a la Hacienda. De 1858 a 1866, el Banco de Barcelona, que era el segundo banco emisor de España, y se hallaba situado, desde 1844, en el mayor centro industrial de la nación, prestó una media anual de 9,2 millones de reales con garantía de deuda pública, frente a otra media anual de 5,08 millones prestada con garantía de acciones y obligaciones ferroviarias, y a una tercera media de 1,51 millones prestada con garantía de acciones de sociedades propiamente industriales.[10] «Que tales proporciones pudieran darse en la capital industrial de España, como era Barcelona a mediados del siglo XIX, es un índice significativo del papel de la banca comercial y de emisión en el resto del país.»[11] Sólo el Banco de

8. *Infra*, p. 172.
9. *Antología de las Cortes Constituyentes, 1869-1870*, III, Madrid, 1914, p. 868.
10. G. Tortella Casares, *Los orígenes del capitalismo en España. Banca, industria y ferrocarriles en el siglo XIX*, Tecnos, Madrid, 1973, p. 180.
11. G. Tortella Casares, «La evolución del sistema financiero español de 1856 a 1868», en *Ensayos sobre la economía española a mediados del siglo XIX*, Madrid, 1970, p. 89.

Bilbao, creado en 1857 con 8 millones de reales, jugó un papel francamente positivo en el impulso de la producción.[12]

Más grave aún, la voracidad de la Hacienda condicionó igualmente la conducta del banco oficial. En vez de erigirse en rector de la política monetaria, el Banco de España, nacido en 1829 con el nombre de Banco de San Fernando, asumió primordialmente la misión de allegar fondos para la Hacienda, con el doble resultado de inhibirse del fomento de las fuerzas económicas, cuando era casi la única institución financiera del país, y de fallar en la tarea de consolidarse en la postura de banco central completo, en el momento en que el sistema bancario español había de adquirir vigor. Debe insistirse, en su descargo, que la función de prestamista público no fue escogida por la institución, sino que le vino impuesta. En 1829, el acta fundacional ya vinculó el Banco de San Fernando a las necesidades del Tesoro; en 1874, su sucesor —el Banco de España— recibió el privilegio de monopolio de emisión, a cambio de reforzar su dependencia respecto del gobierno: «abatido el crédito por el abuso —reza la parte dispositiva del decreto—, agotados los impuestos por vicios administrativos, esterilizada la amortización por el momento, forzoso es acudir a otros medios para consolidar la deuda flotante y para sostener los enormes gastos de la guerra [...]. En tan críticas circunstancias [...] el ministro que suscribe [Echegaray] se propone crear un Banco Nacional, nueva potencia financiera que venga en ayuda de la Hacienda Pública».[13] Si del terreno de los principios pasamos al de los hechos, la subordinación que vengo subrayando se concreta especialmente en: la contribución a los gastos extraordinarios ocasionados por la primera guerra carlista (1833-1840); el descuento y cobro de pagarés emitidos por los compradores de bienes nacionales o fincas desamortizadas, desde 1840; el compromiso de pagar mensualmente una doceava parte del presupuesto estatal, a cambio de la percepción de todos los ingresos fiscales durante el año, en 1845, 1846 y 1847; el convenio de la primavera de 1868, vigente hasta 1888, por el cual el Banco se encargaba de recaudar los impuestos, en un régimen similar al de los contratos de Tesorería acabados de citar; el anticipo de 125 millones de pesetas al interés del 3 por ciento, por un período de dos años, anexo al monopolio de

---

12. Cf. el libro *Un siglo de la vida del Banco de Bilbao. Primer Centenario (1857-1957)*, Talleres tipográficos de Espasa Calpe, S. A., Bilbao, 1957.

13. G. Tortella Casares, «El Banco de España entre 1829 y 1929. La formación de un banco central», en *El Banco de España. Una historia económica*, Madrid, 1970, p. 286.

emisión de 1874; la responsabilidad de los servicios de la deuda exterior e interior, tras la conversión de 1882, que llevó al Banco a canjear los títulos de deuda flotante por los de amortizable interior, que habían de figurar indefinidamente en su cartera, y ser objeto de tempestuosas discusiones; el nuevo convenio de tesorería suscrito para 1888-1893, y renovado cada año a partir de la última fecha... La provisión de la Hacienda fue el principal factor en el enorme desarrollo de la circulación fiduciaria durante el último cuarto del siglo XIX. «En resumidas cuentas lo que —desde 1874 sobre todo— el Banco hacía era adquirir la deuda emitida por el Gobierno para cubrir los déficits presupuestarios, que se sucedieron con monótona regularidad hasta 1898. Como contrapartida de la deuda, el Banco emitía sus billetes al portador, que entregaba al Estado y con los que éste efectuaba sus pagos.» [14] Es decir, monetización directa de la deuda, con envilecimiento del signo monetario (la peseta se cotizaría, a fines de siglo, con un 33 por ciento de depreciación) y fuertes tensiones inflacionistas, que habían de agudizarse a partir de 1895, como consecuencia de las últimas guerras coloniales.[15]

La actitud del Banco de España con respecto al sector privado sólo empezó a cambiar de modo significativo a partir de 1891, fecha en que la entidad admitió a pignoración ciertos valores industriales y comerciales, y de 1902, fecha inicial de la concesión de créditos preferentes a empresas mercantiles, industriales y agrícolas, así como de la apertura de cuentas corrientes en oro para el pago de los derechos de aduanas. Estas medidas, la primera de las cuales debe relacionarse con el viraje proteccionista del mismo año, traducen, por vez primera, una voluntad de colaboración efectiva en el desarrollo económico de la nación. De todos modos llegaron muy tarde, cuando, por la consolidación final de un sistema bancario privado, ya no hacían tanta falta. El concurso del Banco de España pudiera haber sido decisivo de haberse producido cincuenta o sesenta años antes. En lugar de ello, las operaciones con particulares tuvieron a lo largo de tal período un carácter netamente marginal, como lo prueba el hecho de que, entre 1829 y 1843, los beneficios alcanzados en operaciones con el gobierno se hayan estimado en el 75 por ciento de los beneficios totales,[16] o, de modo más contundente, la circunstancia de que, de 1852 a 1873, la etapa menos desfavorable a los intereses privados, la

14. *Ibid.*, p. 295.
15. J. Muñoz, *El poder de la banca en España*, Zero, S. A., Algorta, 1969, p. 38.
16. Tortella, «El Banco de España...», p. 268.

cantidad media anual prestada a los mismos no rebasase la cifra de 20 millones de pesetas, en tanto que el capital medio inmovilizado en préstamos gubernamentales ascendía a 82,1 millones.[17]

Por el agujero del déficit presupuestario pasaron los caudales del país, sin conseguir taponarlo. La supeditación del banco oficial a sus exigencias permitió que «el Estado saliera adelante en el cumplimiento de sus obligaciones»,[18] aunque no de todas. Los recursos internos, canalizados o no por el Banco de España, resultaron insuficientes para restablecer el equilibrio de la Hacienda. El déficit permaneció, con el resultado de no poder eludir la llamada, mucho más onerosa, a prestamistas y banqueros extranjeros. «Desde 1820 hay un cambio radical en la historia de la deuda pública española; hasta entonces se había contratado casi exclusivamente en el interior; desde 1820 la Hacienda se verá obligada a buscar dinero en operaciones de crédito exterior.»[19] En las dramáticas circunstancias del Trienio Constitucional (1820-1823), violentamente clausurado por los ejércitos de la Santa Alianza, o de la primera guerra carlista (1833-1840), o de la Revolución de Septiembre (1868), para citar tan sólo alguno de los episodios más espectaculares, el Erario, exhausto y sin posibilidades de recuperarse, no tuvo más remedio que apelar a la ayuda foránea. Los 16 millones de libras esterlinas concertados en París, aunque suscritos mayoritariamente en Londres, durante el Trienio, simbolizan la quiebra de las arcas públicas y su entrega a la finanza extranjera. Los datos globales que se conocen son concluyentes: de 1816 a 1851, la absorción de efectos públicos españoles por la Bolsa de París importó 775 millones de francos —incluida la capitalización de los intereses vencidos, pero no pagados—, cifra equivalente al 35 por ciento de toda la inversión francesa en valores públicos extranjeros;[20] en el curso de la etapa liberal 1869-1873, la Bolsa londinense, «que siempre sintió debilidad por los movimientos revolucionarios de cualquier parte del mundo», colocó deuda española por valor de 34,5 millones de libras, cantidad que representa el 23,8 por ciento

17. Cifras procedentes de los balances sectorizados del Banco de España, 1852-1873, incluidos dentro del apéndice II-4 del libro *Ensayos sobre la economía española a mediados de siglo XIX*, Madrid, 1970.

18. Tortella, «El Banco de España...», p. 312.

19. J. Fontana Lázaro, *Hacienda y Estado en la crisis final del Antiguo régimen español: 1823-1833*, Instituto de Estudios Fiscales, Madrid, 1973, p. 204.

20. R. E. Cameron, *France and the Economic Development of Europe, 1800-1914. Conquests of Peace and Seeds of War*, Princeton University Press, Princeton, N. J., 1961, p. 85. (Hay trad. cast.: *Francia y el desarrollo económico de Europa, 1800-1914*, Tecnos, Madrid, 1972.)

de todos los préstamos a países europeos, situando a España en segunda posición deudora, detrás de Rusia.[21]

Estas operaciones se concertaron siempre en pésimas condiciones. Después de las guerras napoleónicas y hasta 1820 el crédito español se mantuvo en la cota cero, sin poder cerrar ninguna operación, debido al confuso asunto de la llamada «deuda de Holanda» que, al ser finalmente reconocida en la última fecha, importaba unos 350 millones de reales en capital y otros 300 en intereses.[22] De 1820 a 1823, en el transcurso de treinta y tres meses, las Cortes constitucionales obtuvieron, después de ímprobos trabajos, una nueva serie de empréstitos por una suma global de 2.091 millones; el primero de ellos, por un importe de 259 millones, contratado en noviembre de 1820 con el grupo parisino formado por Lafitte y Ardouin, lo fue al tipo de 70 por ciento, con un interés sobre el nominal del 5, más una prima equivalente al 2 y un anticipo a los tomadores del 2,5, con lo que la cantidad efectivamente ingresada en caja no pasó de los 181,4 millones y el interés real, sobre el efectivo, se alzó al 11,5 por ciento.[23] Por otra parte, en septiembre de 1823, al final del mismo Trienio, la regencia levantada en connivencia con los «Cien mil hijos de San Luis» para restablecer el absolutismo monárquico, concertó con la firma Guebhard, también parisina, su propio empréstito, por un nominal de 334 millones y un efectivo de 183,7, o sea al curso de 60 por ciento (las deducciones en concepto de comisión y gastos subieron a 16,7 millones), lo que significó un interés teórico del 5 por ciento y otro real del 9,09.[24] Estas cifras, que corresponden a una etapa de deflación, permiten formarse una idea del precio pagado por el socorro financiero foráneo. Luego, al constatarse la falta de cumplimiento por parte del prestatario, las exigencias de los prestamistas no harían sino aumentar. Baste citar como muestra la última operación de crédito del reinado de Fernando VII, realizada en 1831 y consistente en una emisión de 569 millones nominales, especialmente relacionados con la conversión de los bonos u obligaciones del período constitucional.[25] La operación, realizada con un quebranto muy su-

21.   L. H. Jenks, *The Migration of British Capital to 1875*, 2.ª ed., Th. Nelson and Sons, Londres y Edimburgo, 1963, pp. 422-424.

22.   Fontana, *Hacienda y Estado...*, pp. 256-257.

23.   Información proporcionada por Albert Broder, de París, quien trabaja sobre el tema de la deuda española en el siglo XIX.

24.   Fontana, *Hacienda y Estado...*, pp. 209-210.

25.   *Ibid.*, pp. 260 ss. También, F. Pérez de Anaya, *Memoria histórica sobre el arreglo de la deuda pública hecho en 1851, siendo ministro de Hacienda y Presidente del Consejo de Ministros el Excmo. Sr. D. Juan Bravo Murillo*, Imp. de Tejado, Madrid,

perior al 60 por ciento esperado y a un interés que se puede calcular entre el 11 y el 13 por ciento, fue negociada directamente por el soberano con el banquero Aguado (un judío de Sevilla, residente en París desde 1814), contra el parecer del propio ministro de Hacienda López Ballesteros, quien recibió del rey una carta autógrafa eximiéndole de responsabilidad.[26]

Desde su origen, la que puede denominarse nueva deuda exterior española fue motivo de un contencioso enconado y enrevesado. En 1824 la negativa de Fernando VII —otra vez rey absoluto— a reconocer los empréstitos concertados por las Cortes con la casa Ardouin dio paso a la norma de la Bolsa de Londres de no admitir a cotización los valores de los Estados insolventes.[27] Tres años más tarde, en 1827, la contumacia española en la insolvencia originó la formación, en Inglaterra igualmente, de un Spanish Bonholders' Committee, también sin precedentes.[28] Suspensión de cotizaciones y comités de perjudicados se repetirán a lo largo de la centuria. El incumplimiento de las obligaciones contraídas, unido a la imposibilidad de cortar el endeudamiento, acaban obligando al Estado a recurrir a procedimientos de emergencia. La conversión de la deuda (en 1851 y en 1882), medida que encubre una verdadera estafa, peca de excesiva, pudiendo tener resultados desfavorables, como el rechazo de los títulos hispanos en Londres y en Amsterdam, desde 1851. En cambio, el camino de las compensaciones indirectas, aunque más perjudicial para el país, aparece también como más expedito. En algún caso —como el del azogue de Almadén cedido a los Rothschild—,[29] el Tesoro empeña su patrimonio particular en beneficio de un prestamista determinado; el recurso, como es sabido, no era nuevo.[30] La novedad del siglo XIX consiste, por el contrario, en la adopción de compensaciones a título genérico. Atendiendo a la presión de las naciones acreedoras, se ofrece la franquicia a la inversión en el sector privado como contrapar-

1857, pp. 114 ss. (el autor era jefe del Negociado de deuda pública, en el Ministerio de Hacienda).

26. Sin embargo, Fontana explica que la operación era necesaria para abrir las puertas del mayor mercado de capitales, la Bolsa de Londres, y poder continuar recurriendo a los empréstitos exteriores.

27. Jenks, *The Migration of British Capital...*, p. 352, nota 37.

28. *Ibid.*, p. 121, y W. O. Henderson, *Britain and Industrial Europe, 1750-1870*, 2.ª ed., Liverpool, 1965, p. 214.

29. *Infra*, p. 110.

30. Entre 1525 y 1645, los monarcas de la casa de Austria cedieron, en diversas ocasiones, la explotación de Almadén a los Fugger (A. Matilla Tascón, *Historia de las minas de Almadén*, I (único): *Desde la época romana hasta el año 1645*, Madrid, 1958, pp. 169 ss.).

tida a la inversión, pasada o presente, en el sector público. De una u otra manera, en el curso del ochocientos el problema de la deuda exterior se halla casi siempre presente en las disposiciones relativas a la constitución o a la introducción de sociedades extranjeras. No pocas veces, los políticos de Madrid o los diplomáticos españoles acreditados fuera se erigen ellos mismos en testaferros de los intereses ultrapirenaicos en España.

Las compensaciones a título general fueron obra de los gobernantes liberales del Bienio Progresista (1854-1856) y de la Revolución de Septiembre de 1868. Durante el Bienio, las ventajas concedidas a la finanza extranjera lo fueron a través de un sistema de salvedades al régimen común de anónimas, muy restrictivo desde 1848. Durante la Gloriosa, los favores adoptaron la forma de una libertad casi total para la creación de todo tipo de sociedades por acciones y, sobre todo, de unas bases diferentes para la explotación minera.[31]

La primera reglamentación de la sociedad anónima databa del Código de Comercio de 1829, de neta inspiración francesa (código napoleónico de 1807). De acuerdo con él, la fundación de cualquier sociedad por acciones dependía del Tribunal de Comercio, excepto en el caso de los bancos de emisión —sociedades privilegiadas— que exigían el consentimiento real. Este régimen, calificado de «moderadamente restrictivo», se prolongó hasta que el pánico financiero de 1847-1848, atribuido por los contemporáneos a «exceso de especulación», le sustituyó otro mucho más férreo. En adelante, los bancos emisores deberían ser aprobados por las Cortes, mientras que los no emisores, así como cualquier otra clase de anónima, quedaban simplemente prohibidos, si no demostraban ser «de utilidad pública»; remachando el clavo de la prohibición, una nueva ley, de 1849, había de cerrar el paso a la creación de nuevos bancos emisores.[32]

Tras los difíciles años de 1846 a 1849, la economía española empezó a recuperarse a partir de 1850. El *boom* agrícola, iniciado en 1852, produjo la acumulación de excedentes; la guerra de Crimea, que estalló en 1853, permitió colocarlos fuera del país. Como consecuencia de ello, el campo castellano fue presa de un movimiento desconocido. En seguida la demanda paralela de servicios crediticios puso de manifiesto la inelasticidad del sistema financiero establecido en 1848-1849. La oferta de moneda, regida por el principio de emisión-

31. Cf. cap. 4: «La desamortización del subsuelo».
32. G. Tortella Casares, «El principio de responsabilidad limitada y el desarrollo industrial de España, 1829-1869», *Moneda y Crédito*, n.° 104, 1968, p. 73.

capital y limitada a los bancos Nuevo de San Fernando (nacido, en 1847, de la fusión de los madrileños Banco español de San Fernando y Banco de Isabel II), de Barcelona (1844) y de Cádiz (fundado en 1846 como sucursal del de Isabel II, e independizado cuando la fusión de los dos bancos madrileños, el año siguiente), se mostraba incapaz de satisfacer las crecientes necesidades de dinero.

El cambio político de 1854 permitió subsanar, al menos parcialmente, esas deficiencias. En enero de 1856, cuando faltaba medio año para cerrarse el paréntesis progresista, las Cortes aprobaron, después de largas discusiones, los proyectos de la ley de bancos de emisión y de la ley de sociedades de crédito; en íntima relación con ellas, debe mencionarse además la ley de ferrocarriles, sancionada en junio de 1855. Un sistema financiero nuevo venía a sustituir al antiguo. La ley bancaria de 1856 adoptó, en efecto, el criterio de «pluralidad de emisión», sustrayendo la exclusiva de esta última a las tres instituciones citadas para extenderla a los bancos locales, o, en su defecto, a las sucursales establecidas en provincias por el Banco de España (nombre con el que se rebautizaba el Nuevo de San Fernando); por otra parte, el límite emisor quedaba elevado hasta el triple del capital desembolsado o efectivo y el triple del encaje metálico.[33] La ley de sociedades de crédito venía a introducir, por su lado, la figura de los bancos de negocios, autorizados a emitir obligaciones a corto plazo (un año) que circularían como dinero, presentándose de esta forma como cuasi-emisores.[34] En contraste con estas novedades, no se modificaba el estatuto de 1848 en cuanto a las llamadas sociedades de banco y giro (bancos comerciales), por lo que su situación sería, en el porvenir, de inferioridad manifiesta.

De 1856 a 1864, durante la etapa de máximo esplendor, la circulación de billetes fue en constante alza, pasando de 227,9 a 499,1 millones de reales entre una y otra fecha.[35] La expansión se relacionó muy directamente con el incremento de los bancos emisores que, de 3, saltaron a 21 (contando el Banco de España y sus dos sucursales como uno sólo). Una pléyade de bancos locales asumió, en las poblaciones de mayor dinamismo, la tarea de asegurar el flujo fiduciario. El hecho, favorable en sí mismo, descubría, sin embargo, la fragilidad, por no decir la carencia, del mercado nacional de capitales; las grandes diferencias regionales en las tasas de interés era otro

---

33. Tortella, *Los orígenes del capitalismo en España...*, p. 57.
34. *Ibid.*, pp. 57-63.
35. *Ensayos sobre la economía española a mediados del siglo XIX*, cuadro del apéndice 1-3.

elemento a interpretar en el mismo sentido. Por otra parte, el número de sociedades de crédito también alcanzaba su cima a fines de 1864, elevándose a 34, con unos capitales desembolsados de 1.134,8 millones, 3,7 veces superiores a los de los institutos de emisión (306,4 millones).[36] No sabemos en qué medida la emisión de obligaciones a corto plazo, por parte de los mismos bancos de negocio, pudo engrosar la corriente dineraria.

En cualquier caso, hay que referirse al desarrollo de las sociedades de crédito en el período 1856 a 1868 como al más importante esfuerzo de movilización de caudales dispersos y anónimos operado en la España del siglo XIX. Pero, ¿qué capitales, por quiénes y con qué fin? La primera petición de una sociedad de crédito había sido formulada el 20 de marzo de 1855 por el vizconde de Kervegen, diputado de la Asamblea francesa, y por M. Millaud, director de la Banque Immobilière de París. Los promotores intentaron ganarse a las autoridades ofreciendo dedicar cada año un millón de reales a la adquisición de deuda pública española; el derecho de emisión, que pedían a cambio, frustró el proyecto.[37] La segunda, tercera y cuarta solicitudes, atendidas esta vez, eran igualmente francesas y procedían de los grupos financieros encabezados, respectivamente, por los hermanos Péreire, los Rothschild y Prost-Guilhou. Las tres fueron aprobadas por una ley que llevaba la misma fecha que la ley general (28 de enero de 1856),[38] lo que es prueba fehaciente de que esta última estaba hecha a su medida. Las tres, por último, suscribieron en seguida las cuatro quintas partes de un importante préstamo al gobierno (200 millones), lo que refuerza la idea de sus conexiones con el Tesoro. Los Péreire ya habían otorgado un primer préstamo de 24 millones antes de constituir su compañía, sin duda para propiciar su nacimiento;[39] el proyecto de constitución de la misma fue presentado a las Cortes, en diciembre de 1855, por el propio ministro de Hacienda, Bruil.[40] Prost fue nombrado miembro de la orden de Isabel la Católica en mayo de 1856, antes de abrir la General de Crédito, entre rumores periodísticos de que esta sociedad iba a prestar 20 millones al Erario.[41]

---

36. Tortella, *Los orígenes del capitalismo en España...*, cuadro IV-2, pp. 108-109.
37. *Ibid.*, pp. 57-58.
38. *Ibid.*, p. 63.
39. *Ibid.*, p. 71.
40. *Ibid.*, pp. 58-59.
41. *Ibid.*, p. 76. Los rumores resultaron ciertos: la General de Crédito participó, con el Crédito Mobiliario y la Sociedad Española, en el préstamo de 31 de mayo de 1856, suscribiendo no 20, sino 42 millones.

El banco de los Péreire, denominado «Sociedad General de Crédito Mobiliario Español», se fundó con un capital de 456 millones, no suscritos enteramente hasta 1864. El banco de los Rothschild, llamado «Sociedad Española Mercantil e Industrial», recibió autorización para un capital de 304 millones, que distó mucho de alcanzar nunca, habiendo llegado a un máximo de 91,2 en 1857. El banco de Prost, con el título de «Compañía General de Crédito en España», tenía un capital autorizado de 399 millones, pero nunca desembolsó más de un tercio de esta cifra. Aun con los recortes apuntados en los dos últimos casos, los tres bancos franceses fueron netamente hegemónicos dentro de la larga serie de entidades de crédito nacidas al amparo de la ley de 1856. A fines de 1864, el Crédito Mobiliario concentraba, por sí solo, los dos quintos de todos los fondos reunidos por las 34 compañías crediticias establecidas en España. El Crédito Mobiliario Barcelonés (48 millones) y el Crédito Castellano (46,8 millones), de Valladolid, en cabeza de las sociedades indígenas, quedaban a enorme distancia de las extranjeras.[42] La movilización de capitales durante el período, crucial por tantos conceptos, comprendido entre 1856 y 1868, recibió, pues, su principal impulso del exterior. Como cabía esperar, la mayoría de los recursos movilizados también reconocieron este origen. Al término de 1864, «parece indudable que al menos el 85 por ciento, y probablemente hasta el 95 por ciento, del capital del Crédito Mobiliario fuese extranjero».[43] La Sociedad Española, que se propuso atraer el ahorro del país, más que inyectar dinero francés, tuvo poco éxito, lo que explica la escasa proporción de capital desembolsado y su recorte en 1861.

Falta puntualizar el objeto y los resultados de tanta movilización de capitales. Las sociedades de crédito eran, según estamos viendo, verdaderos bancos de negocios ideados con vistas a la promoción industrial. En el caso español, el sistema financiero levantado a principios de 1856 mostró una preferencia marcadísima por el negocio ferroviario. Por espacio de un decenio, hasta 1865, la ilusión del ferrocarril galvanizó los flujos dinerarios más importantes. Baste decir que, a fines de 1864, las compañías concesionarias habían conseguido drenar un total de 6.212 millones de reales, frente a sólo 941 millones invertidos en la constitución de sociedades manufactureras propiamente dichas.[44] O sea, una inversión en medios de transporte casi

---

42. *Ibid.*, pp. 108-109.
43. *Ibid.*, p. 126.
44. *Ibid.*, p. 178. Advierto que operando directamente con las *Memorias* de Obras Públicas, y no con los *Anuario(s) estadístico(s)* como hace Tortella, otro autor rebaja

siete veces superior a la inversión en industria. El contraste era enorme con la situación inglesa, en la que los recursos de los caminos de hierro no pasaban del 70 por ciento de los recursos del sector industrial.[45] Para Tortella, en quien recae el mérito de haberlas compilado, las cifras españolas significan, ni más ni menos, que «los ferrocarriles se construyeron [aquí] a costa del sector industrial, al que en principio debieran haber prestado ayuda».[46] «España era, a mediados del siglo XIX, un país subdesarrollado con capacidad para movilizar una cierta masa de recursos y que podía escoger entre campos de inversión alternativos.» [47] En la práctica, al decantarse de forma tan ostensible por la inversión en capital social fijo (transporte), el país sacrificó las posibilidades de inversión en actividades directamente productivas (industria). El exceso de la primera, en contraste con el déficit de la segunda, acabaría siendo, a muy corto plazo, un factor insuperable de retraso.

Aunque contiene muchos elementos positivos, la tesis me parece, en sus términos tan tajantes, difícil de sostener. Por una parte, en el terreno de los hechos, la referencia a los capitales invertidos en las sociedades manufactureras subvalora, en grado muy importante, la inversión total en un sector en el que el peso de las firmas individuales puede llegar a ser decisivo. De otra, en el terreno de la interpretación, la tesis implica una premisa más que dudosa, como es la de que, de no haber ido a los ferrocarriles, los capitales habrían acudido alternativamente a promover la industria. Este planteamiento supone unas expectativas de ganancias análogas, olvidando los incentivos muy especiales que presentaba la inversión ferroviaria. Para fines de 1869, una fecha muy próxima a la que maneja Tortella, los cálculos de Casares estiman que, de los 1.716,6 millones de pesetas canalizados efectivamente hacia la nueva red de transporte (604,6 millones en acciones, 757,4 en obligaciones y 352,6 en subvenciones), unos 1.000 millones, o sea las tres cuartas partes de los fondos privados y bastante más de la mitad de los fondos totales (58 por ciento), eran de procedencia extranjera.[48] Por más que mi cómputo personal, recogido en la tabla 2, resulta un 16,5 por ciento más bajo que el

---

el capital financiero de las compañías ferroviarias en 1864 a 5.984 millones de reales (A. Casares Alonso, *Estudio histórico-económico de las construcciones ferroviarias españolas en el siglo XIX*, Inst. Iberoamericano de Desarrollo Económico, Madrid, 1973, cuadro 41).

45. *Ibid.*, p. 179.
46. *Ibid.*, p. 16.
47. *Ibid.*, p. 11.
48. Casares, *Estudio histórico-económico...*, p. 315.

de Casares, pienso que las dos estimaciones abonan, sin embargo, la misma conclusión: en el momento del verdadero despegue, es decir, desde la ley de 1855 hasta la crisis de 1866, los recursos foráneos fueron decisivos. Esta conclusión, implícita por lo demás en las puntualizaciones del propio Tortella tocantes a las preferencias ferroviarias de las tres grandes sociedades de crédito, francesas todas ellas, desvirtúa, por lo menos, los términos numéricos con que dicho autor defiende su tesis. La inversión francesa, inglesa o belga en ferrocarriles no se hizo a costa de la inversión en el sector industrial español. La inversión española, que sí hubiese podido encontrar otros destinos en el interior del país, resultó, en cambio, demasiado exigua para cargar con las culpas de la no-industrialización. En última instancia, la competencia entre ferrocarriles y manufacturas sólo pudo haber jugado significativamente en el caso de Cataluña,[49] la única región de España que en aquella época disponía, al mismo tiempo, de un mercado autóctono de capitales y de una base industrial aceptable. Ello explicaría que la crisis financiera de 1866, fiel trasunto de la crisis de los transportes, tuviera mucha mayor virulencia en Barcelona que en Madrid.[50]

En 1869 existían veintitrés compañías con capital desembolsado,[51] entre las que destacaban cuatro como primates: «Madrid a Zaragoza y Alicante», «Norte» «Zaragoza a Pamplona y Barcelona» y «Sevilla a Jerez y Cádiz». Estas sociedades habían ingresado en efectivo 835,6 millones de pesetas (entre acciones y obligaciones), cantidad equivalente al 61,36 por ciento del total. Pues bien, en el caso de dos de ellas —«M.Z.A.» y «S.J.C.»— los recursos eran totalmente extranjeros; en el caso de una tercera —«Norte»— la parte dejada a los españoles se reducía a 22.000 acciones (sobre 200.000), y sólo en el caso de la cuarta —«Z.P.B.»— dominaba el capital catalán, procedente de la antigua «Zaragoza a Barcelona», que había fusionado

49. En 1862 los capitales invertidos en la bolsa de Barcelona ascenderían a 61,6 millones de duros (G. Graell, *La cuestión catalana*, A. López Robert, impr., Barcelona, 1902, p. 166), más de la mitad de los cuales estarían invertidos en acciones de ferrocarriles (J. Fontana Lázaro, *La vieja Bolsa de Barcelona, 1851-1914*, Inst. Municipal de Historia, Barcelona, 1961, p. 28).

50. Cf. los artículos de N. Sánchez-Albornoz, «La crisis de 1866 en Madrid: la Caja de Depósitos, las sociedades de crédito y la Bolsa», *Moneda y Crédito*, n.º 100, 1967; «La crisis de 1866 en Barcelona (Notas para su estudio)» dentro del tomo II de la obra *Homenaje a D. Ramón Carande*, Sociedad de Estudios y Publicaciones, Madrid, 1962, pp. 421-436, y «La crisi finanziaria del 1866 vista da Barcelona», *Rivista Storica Italiana*, LXXX, 1968, pp. 20-31.

51. La estadística omite otras 14 compañías concesionarias, sin capital autorizado todavía.

TABLA 2

Recursos efectivos de las compañías ferroviarias (acciones y obligaciones), con distinción de la parte extranjera, a 31 de diciembre de 1869

(En miles de pesetas)

Compañías	Recursos totales		Participación extranjera (1)	
	Acciones	Obligaciones	Acciones	Obligaciones
Ferrocarril de Madrid a Zaragoza y Alicante	113.962,6	191.965,2	113.962,6	191.965,2
Ferrocarril del Norte de España	95.000,0	148.774,9	84.550,0	148.774,9
Ferrocarril de Palencia a La Coruña y de León a Gijón	19.549,8	18.365,8	15.390,0	? (2)
Ferrocarril de Zaragoza a Pamplona y Barcelona	70.196,5	89.717,4	20.900,0	47.772,3
Ferrocarril de Ciudad Real a Badajoz y de Almorchón a las minas de Belmez	33.250,0	27.924,9	33.250,0	? (2)
Ferrocarril de Almansa a Valencia y Tarragona	20.300,0	46.302,6	—	
Ferrocarril de Sevilla a Jerez y Cádiz	66.500,0	59.524,1	66.500,0	59.524,1
Ferrocarril de Córdoba a Málaga	20.571,0	27.299,6	—	—
Ferrocarril de Tudela a Bilbao	23.598,6	33.109,6	—	—
Caminos de Hierro de Barcelona a Francia por Figueres	32.122,1	20.333,4	—	—
Ferrocarril de Medina del Campo a Zamora y de Orense a Vigo	19.409,3	19.691,8	—	—

Ferrocarril ... de Alar del Rey a Santander	18.6/2,2	32.045,6	—	—
Ferrocarril de Córdoba a Sevilla	17.100,0	11.387,1	13.703,7	8.540,3
Ferrocarril de Tarragona a Martorell y Barcelona	14.908,5	14.355,6	—	—
Ferrocarril de Lérida a Reus y Tarragona	16.042,4	12.993,9	6.755,4	9.462,5
Ferrocarril de Utrera a Morón y Osuna	2.400,0	—	2.400,0	—
Ferrocarril de Zaragoza a Escatrón	2.465,2	5,1	—	—
Ferrocarril de Córdoba a Espiel y Belmez	6.735,5	1.130,5	—	—
Ferrocarril compostelano de Santiago al Carril	1.091,9	68,0	1.091,9	68,0
Ferrocarril de Langreo, Asturias	7.098,5	802,2	—	—
Ferrocarril de Sant Sadurní d'Anoia a Igualada	829,7	—	—	—
Ferrocarril de Barcelona a Sarrià	2.000,5	1.598,1	—	—
Tramway de Carcagente a Gandía	747,7	—	—	—
TOTAL	604.552,0	757.394,4	358.503,6	466.107,3

(1) La participación extranjera se confunde con la participación francesa, salvo en los casos de los ferrocarriles de Utrera a Morón y Osuna, y de Santiago al Carril, financiados por los ingleses (cf. F. Wais San Martín, *Historia general de los ferrocarriles españoles, 1830-1941*, Editora Nacional, Madrid, 1967, pp. 208-209 y 195), así como en el de las obligaciones de «Norte», una parte de las cuales (algo así como cerca de 150.000 sobre el total de 662.987 que formaron la primera serie, emitida entre 1859 y 1867) se hallaba en manos belgas, según Broder.

(2) El interrogante significa que hay participación francesa en cuantía desconocida. Así, el total de 466,1 millones en obligaciones, aportados por los extranjeros, debe considerarse como un mínimo.

FUENTES: Las cifras correspondientes a «recursos totales» proceden de la *Memoria sobre las Obras Públicas en 1867, 1868 y 1869, comprendido lo relativo a ferrocarriles*, presentada al Excmo. Sr. Ministro de Fomento por la Dirección Gral. de Obras Públicas, Madrid, 1870; las de la participación extranjera, de la comunicación de A. Broder, «Les investissements français en Espagne au xixᵉ siècle. Essai de quantification des investissements privés», presentada al 2º Colloque des Historiens Economistes Français, París, 4-6 octubre 1973.

con la «Zaragoza a Alsasua», de hegemonía francesa, en 1865. Estas precisiones permiten resaltar otro rasgo de la mayor trascendencia: además de ser mayoritario, el capital extranjero (básicamente francés) se concentró en unas realizaciones que, si al principio fueron destacadas, acabarían finalmente por ser hegemónicas. Véanse, si no, los estados correspondientes a las absorciones de «M.Z.A.» y de «Norte», en la fecha de 31 de diciembre de 1917, desglosados en los apéndices 1 A y B, que se incluyen al final de este libro. El ferrocarril no sólo necesitaba unos recursos cuantiosos, sino también aportados en bloque, con la mayor prontitud. Empezado a emitir en 1858, el capital acciones de «Norte» ya se hallaba enteramente liberado en 1860, gracias a los anticipos concedidos por el Crédit Mobilier Français a los accionistas.[52] La financiación de «M.Z.A.» resultó aún más fácil, por la ayuda que, hasta más allá de la primera guerra mundial, le prodigara la casa Rothschild; esa ventaja se percibe sobre todo en el modo de emisión de obligaciones, remitidas a la mencionada casa de banca para venderlas a taquilla abierta. «En caso de coyuntura favorable, la venta se hace sin dificultad y su monto es ingresado en la cuenta corriente de la sociedad, a la que Rothschild premia con un interés mínimo; en otro caso, el banquero concede anticipos a la cuenta corriente, conservando las obligaciones en garantía; la venta se reanuda, desde que el mercado vuelve a ser favorable.» De hecho, incluso el término de «emisión» resulta inadecuado: lo que se produce es creación de series sucesivas, nunca emisiones en el sentido estricto de la palabra.[53] Había de pasar largo tiempo antes de que el sistema financiero español pudiera ajustarse a esa forma de proceder.

Más que en los capitales, la verdadera incidencia financiera de los ferrocarriles debe buscarse en los incentivos recibidos y en las cargas asumidas. Además de forzar las subvenciones del Estado, las compañías concesionarias redujeron al mínimo la emisión de acciones y ampliaron al máximo la emisión de obligaciones, llevándola siempre al límite de la capacidad legal. Esta capacidad, que en un principio era de la mitad del capital realizado entre acciones y subvenciones,[54] fue elevada pronto hasta el duplo de dicho monto, llegándose al extremo de computar como subvención los derechos de aduanas reintegrados por el material y efectos de importación.[55] De este modo

---

52. Broder, «Les investissements français en Espagne...»
53. *Ibid.*
54. Según disponía la ley de 11 de julio de 1856, que vino a completar la de 3 de junio de 1855 (Casares, *Estudio histórico-económico...*, p. 98).
55. *Ibid.*, p. 267.

los recursos ajenos pasaron a formar la partida más importante de los recursos totales, como se comprueba en la tabla 3, que compara la estructura de los capitales ferroviarios en 1864 (4.062 km abiertos al tráfico) y en 1891 cuando, después de la segunda oleada de construcciones, las líneas en explotación sumaban 10.233 km.

TABLA 3

Estructura del capital ferroviario en 1864 y en 1891

(En millones de pesetas)

Años	1 Acciones emitidas	2 Acciones realizadas	3 Obligaciones nominal	4 Obligaciones efectivo	5 Subvenciones cobradas	Total recursos efectivos (2 + 4 + 5)
1864	665,5	594,2	1.356,8	658,1	243,7	1.496,0
		39,8		43,9	16,2	100,0
1891	987,3	849,7	3.043,2	1.605,4	675,1	3.130,1
		27,2		51,2	21,5	100,0

FUENTE: A. Casares Alonso, *Estudio histórico-económico de las construcciones ferroviarias españolas en el siglo XIX*, cuadro 41.

El capital acciones, que en 1864 representara el 39,8 por ciento de todo el capital, había descendido, en términos relativos, al 27,2 por ciento en 1891. Correlativamente, aumentaron las partes tocantes a obligaciones y a subvenciones. El procedimiento tuvo las ventajas de asegurar a las compañías el control económico de sus empresas y de evitar la depreciación directa de las acciones. En contrapartida, la retribución forzosa y regular de las obligaciones impuso a aquéllas unas cargas desmesuradas, que acabarían dejándolas exangües. Tanto más cuanto que, al encabalgarse las unas con las otras, las emisiones se colocaron con quebrantos crecientes, lo que significó el pago de unos intereses reales cada vez más elevados. De hecho, los 1.605,4 millones ingresados en caja hasta 1891 habían supuesto un nominal de 3.043,2, lo que equivale a decir que, en promedio, las emisiones se habían hecho con una pérdida del 47 por ciento. Así se explica que las cargas financieras —intereses y amortización de obligaciones— [56] exigiesen, de 1865 a 1891, la cantidad de 1.881,9 millones de pesetas, una suma doble de la proporcionada por las propias emisiones (947,3 millones) durante el mismo período, y casi igual a la obtenida con la explotación de la red (productos menos gastos = = 1.944,7 millones).[57] En definitiva, una vez descontadas las cargas financieras y los gastos, la explotación ferroviaria dejó, en el curso de los veintiséis años mencionados, un remanente de 62,8 millones, con los que atender al pago de dividendos a las acciones, así como a la conservación, a la renovación y a la extensión de las líneas. Si se me apura, concluiré que el ferrocarril español adoleció, no de exceso, sino de gravísima escasez de recursos propios.

Esa penuria ayuda a ponderar la importancia de los socorros estatales. La primera llamada a tales auxilios había sido obra de la Comisión nombrada por real orden de 16 de febrero de 1847, con el fin de recomendar las medidas legislativas encaminadas a acelerar la realización de los caminos de hierro, «la cual propuso se concediese a las empresas un interés mínimo de 4 por ciento, opinando uno de sus individuos que fuera de 6».[58] Aunque el parecer de la Comisión era el más sensato,[59] triunfó no obstante el del individuo discrepante: la ley de 20 de febrero de 1850 autorizó, en efecto, al gobierno para conceder a las empresas concesionarias un interés mínimo de 6 por ciento, más 1 por ciento de amortización.[60] Entretanto, la ley de 12 de marzo de 1849 había otorgado una subvención de 6 por ciento a los capitales que se invirtieran en la construcción de la línea Sama de Langreo a Gijón, cuyo verdadero promotor era Riánsares,[61] el esposo morganático de la reina madre M.ª Cristina. Disposiciones excesivamente generosas, que fueron seguidas de otras análogas o si-

56.   Mucho más los intereses que la amortización, pues las obligaciones se habían emitido a muy largos plazos (cf. los apéndices 1 A y B, al final del libro, en los que se ve la pequeña parte que las obligaciones amortizadas representaban dentro de las emitidas en una fecha tan tardía como la del último día de 1917).

57.   Casares, *Estudio histórico-económico...*, p. 273, cuadro 38.

58.   *Anuario de los ferrocarriles. Año 1.º: 1874*, C. Bailly-Baillières, Madrid, 1874, p. 11 (Índice cronológico de legislación ferroviaria).

59.   En 1839, la Comisión encargada de preparar el régimen jurídico del ferrocarril francés había recomendado que se adoptase la garantía del 3 por ciento, interés mínimo «que sería suficiente para atraer los capitales, pero no lo sería para quitar a las compañías su esfuerzo y su actividad, con menoscabo de la buena administración del negocio» (J.-P. Adam, *Instauration de la politique des chemins de fer en France*, PUF, París, 1972, p. 60).

60.   *Anuario de los ferrocarriles. Año 1.º: 1874*, p. 11.

61.   Cf. la «Historia de la industria carbonera de Siero y Langreo» incluida dentro del vol. III: *Carbones*, p. 125 ss., de la obra *Información sobre el derecho diferencial de bandera y sobre los de aduanas...*

milares,[62] hasta culminar en las escandalosas contratas del Estado con el banquero Salamanca,[63] en ocasiones hombre de paja del mencionado Riánsares. En su etapa inicial, el manejo de fondos públicos con destino a ferrocarriles estuvo sujeto a la arbitrariedad y a la falta de control.

La ley general de junio de 1855, que reordenó todo el sector, puso coto a los desmanes precedentes pero no pudo sustraerse por entero al espíritu de largueza dominante hasta entonces. En teoría, las líneas podían construirse o por el Estado o por la empresa privada, o mediante una fórmula mixta que combinase la garantía y los auxilios estatales con la iniciativa de los particulares. De hecho, a pesar del reconocimiento legal de los tres sistemas, se impuso el último. La mayor parte de la red fue construida, en efecto, bajo el régimen de concesiones, auxiliadas con fondos públicos. Estos fondos podían destinarse, a su vez, o bien a la ejecución de determinadas obras, o bien a subvencionar a las firmas concesionarias, o bien a asegurar un interés mínimo a los capitales invertidos en la obra.[64] De uno u otro modo, las sumas efectivas entradas en las cajas de las compañías alcanzaron los 243,7 millones de pesetas a fines de 1864 y los 675 millones al término de 1891, cifras que cobran todo su sentido cuando se comparan, no con el total de recursos (incluidas las obligaciones), sino con los valores de las acciones realizadas en cada una de las dos fechas. En 1864 el importe de las subvenciones cobradas representaba el 41 por ciento de los ingresos por acciones; en 1891, el 79,4 por

62. Por ejemplo, a la empresa del ferrocarril de Madrid a Aranjuez, por real orden de 30 de abril de 1850.

63. La historia del Madrid-Aranjuez, citado en la nota precedente, ilustra los manejos del famoso banquero. Caducada la primera concesión de la línea, a favor de Pedro de Lara, Salamanca obtuvo otra nueva, a favor suyo, por real orden de 6 de abril de 1845. Para hacerla efectiva, constituyó una sociedad anónima dotada de un capital de 45 millones de reales, en 22.500 acciones, de las que 22.000 quedaron en su poder. Basada en el crédito, la compañía pasó por graves dificultades, llegándose en 1847 a la paralización de las obras; para salir del atasco, el Banco de San Fernando, vinculado al Ministerio de Hacienda (cuyo titular era, en aquel momento, el propio Salamanca), hubo de admitir a descuento las acciones del ferrocarril en construcción. Cuando se inauguró la línea, en febrero de 1851, se estimó su coste en la cantidad de 49 millones. Al año y medio, por decreto de 13 de agosto de 1852, contra el dictamen del Consejo Real, el gobierno decidió la adquisición del negocio, por la suma de 60,2 millones, pagaderos por todo su valor nominal, mitad en acciones de carreteras, mitad en acciones de ferrocarriles; al mismo tiempo, el nuevo propietario arrendaba la explotación del camino a don José Salamanca, el vendedor, por cinco años y 1.500.000 reales al año (cf. la interesante tesina de licenciatura presentada en junio de 1973 en la Facultad de Letras de la Universidad Autónoma de Barcelona, por M. Casañas Vallés, *El ferrocarril en España, 1844-1868*).

64. Artículo 8 de la ley general de 3 de junio de 1855.

ciento. Eso sin contar los auxilios indirectos formados, entre otros, por la cesión de los terrenos de dominio público que hubiesen de ocupar los caminos y sus dependencias [65] y por el reintegro de los derechos arancelarios satisfechos a la entrada del material fijo y móvil, así como del combustible, traídos del extranjero.[66] La exportación en gran escala de carriles, puentes, vagones, locomotoras y demás artículos sería un incentivo de primer orden para la participación de las grandes firmas siderúrgicas ultrapirenaicas en las compañías ferroviarias establecidas en España.[67]

En el caso español, la alternativa no parece haberse planteado entre ferrocarriles e industria —como sostiene Tortella—, sino entre un sistema ferroviario y otro sistema ferroviario. La red, en su segunda fase por lo menos (la que va de la ley de 1855 a la crisis de 1866), se construyó deprisa y sin pensarlo mucho, porque el negocio estaba ahí: en construir. El futuro importaba poco, ya que, con independencia de los resultados económicos de la explotación, el enorme pararrayos estatal (subvenciones cuantiosas, impunidad para las compañías que no pagasen dividendos,[68] autorizaciones para convertir la emisión de obligaciones en bola de nieve) había de cubrir todos los riesgos. De 1860 a 1865 fueron abiertos al tráfico un promedio de 613,3 km por año, elevando el total explotado a 4.828,6 km. La «Compañía de Caminos de Hierro del Norte de España», creada por

65. Art. 20, 1.º.
66. Art. 20, 5.º.
67. Es interesante, en este sentido, la noticia de que, ya en 1844, se urdió entre las compañías belgas «Société Générale», de banca, y «Renard», de construcciones mecánicas, el plan de una línea ferroviaria entre Madrid y Cádiz, que proporcionaría a la segunda, filial de la primera, pedidos del orden de 40.000 t en carriles, así como 144 locomotoras y 786 vagones (M. Levy-Leboyer, *Les banques européennes et l'industrialisation internationale dans la première moitié du XIXe siècle*, PUF, París, 1964, p. 701, nota 9). También parece oportuno recordar aquí la confesión de Isaac Péreire, representante del grupo capitalista especializado en construcciones ferroviarias en los países europeos menos desarrollados: «[...] hemos pagado nuestra participación en la construcción de las redes de fuera, en gran parte mediante el abastecimiento de raíles, locomotoras, vagones, puentes metálicos; en una palabra, mercancías de todas clases» (Cameron, *France and the Economic Development of Europe...*, pp. 504-505). Jenks, por su parte, ha señalado el papel destacado de España, dentro de Europa, como compradora de maquinaria y material inglés para ferrocarriles durante los años 1850 (*The Migration of British Capital...*, p. 175).
68. En el curso de los 56 años comprendidos entre 1858 y 1913, la Cía. de los Caminos de Hierro del Norte de España dejó pasar 25 (de 1865 a 1873 y de 1891 a 1906) sin retribuir a sus accionistas; en el curso de los 55 años comprendidos entre 1859 y 1913, la Cía. de los Caminos de Hierro de Madrid a Zaragoza y Alicante mantuvo durante 15 idéntica política (de 1864 a 1872 y de 1893 a 1898). Cf. *El problema de los ferrocarriles españoles. Antecedentes, datos, soluciones*, Gráfica Administrativa, Madrid, 1933, tabla de la p. 135.

el Crédito Mobiliario, y la «Compañía de Ferrocarriles de Madrid a Zaragoza y Alicante», hechura de la Sociedad Española Mercantil e Industrial, emergieron en seguida en cabeza del negocio. Es decir que, al menos en la cúspide, hubo estrecha correlación entre el grado de concentración capitalista y el volumen de la inversión ferroviaria. La actividad sobresaliente de las grandes sociedades de crédito consistió en promocionar la construcción de los caminos de hierro.

Traído de fuera, levantado con recursos foráneos y aupado por las facilidades descritas, el modelo ferroviario aplicado a España hubo de mostrarse, muy pronto, como inadecuado a las necesidades indígenas. Por un lado, la «filosofía» que le inspiró exigía unos niveles de producción y un grado de división del trabajo que España distaba de haber alcanzado: «Que el país haga caminos de hierro, que los caminos de hierro harán al país» era una fórmula acuñada en Inglaterra que, a pesar de las profecías del *Diario Mercantil de Cádiz*,[69] no se aplicaría a la península. Por otro, el trazado de la red tuvo poco en cuenta las conveniencias de la circulación interior. Uno y otro obstáculos merecen examinarse con más detenimiento.

Desde el punto de vista de la «doctrina», resultó una grave equivocación confundir los caminos con el tráfico que circula por ellos. A este respecto, el ejemplo de la Cataluña de finales del siglo XVIII y principios del XIX podía haber resultado aleccionador: los peores caminos de España, a juicio de los observadores más sagaces (el asturiano Jovellanos, o el francés Laborde), y, no obstante, el grado de desarrollo más elevado entre todas las regiones.[70] En 1864, cuando la quiebra del ferrocarril empezaba a insinuarse, el ingeniero Martínez Alcíbar puso el dedo en la llaga: los transportes «de poco servirán si no hay productos que transportar [...]. Es preciso crear estímulos muy poderosos y eficaces para el desarrollo de la producción industrial tan atrasada, tan abatida y postergada en España, aun en las situaciones normales. Las vías férreas contribuyen a facilitar el aumento de la producción industrial; *pero donde no existe, no la improvisan*, como lo va demostrando la experiencia».[71] No había errado

69. Cf. el artículo publicado en el mentado diario, con fecha 4 de julio de 1830, para glosar la concesión de la línea Jerez al Portal, o muelle sobre el río Guadalete, hecha el 13 de septiembre de 1829, en favor de José Diez Imbrechts.

70. J. Fontana, *Cambio económico y actitudes políticas en la España del siglo XIX*, Ariel, Barcelona, 1973, pp. 29-31.

71. A. Martínez Alcíbar, «Contestación al interrogatorio para la Información sobre el plan general de ferrocarriles, por el Ingeniero Jefe de minas de la provincia de Zaragoza», *Revista Minera*, XV, Madrid, 1864, pp. 705-712; la cita corresponde a las pp. 707-708.

George Stephenson, pionero del ferrocarril en Inglaterra, enviado a prospectar las posibilidades ferroviarias españolas en 1845: «I have been a month in the country, but I have not seen during the whole of that time enough people of the right sort to fill a single train».[72] Tampoco se equivocó el redactor anónimo del periódico El Economista en su pesimista vaticinio de 1856: «con el capital que se dedica a la adquisición de facilidad de transporte se pueden adquirir otros objetos, y hacer un ferrocarril cuando hay poco que llevar en él es obrar como el médico que, sin tener visitas, se compra carruaje».[73]

Junto con la «filosofía» hay que denunciar las peculiaridades del trazado. En vez de la forma reticular, la forma radial, con su epicentro en Madrid y sus extremos en los puertos más importantes. También esta vez el testimonio de un contemporáneo vale más que cualquier comentario actual: «Se ha querido hacer de los ferrocarriles más que otra cosa unos instrumentos de tráfico internacional, y España no tiene esto, ni puede tenerlo ahora: se lo prohíbe su situación geográfica y su escasez de industria. Para que fueran instrumentos de producción, era menester dirigirlos a este objeto, con lo que habrían adquirido vida propia [...]. Nuestro plan de ferrocarriles adolece de vicios fundamentales, obedece casi exclusivamente al pensamiento de buscar la vida en las costas y fronteras, porque se cree que la riqueza sólo puede venirnos del exterior, y ¡desdichado el país que no busca la prosperidad dentro de sí mismo! Exceptuando las líneas del litoral [en Valencia y Cataluña] que hacen la competencia a la navegación de cabotaje, casi todas las demás cruzan la península en varias direcciones, atravesando páramos y desiertos, y tocando en alguno que otro centro de producción, mientras quedan entre sus mallas vastas comarcas privadas de movimiento: es decir, que se ha hecho de los ferrocarriles un instrumento de extracción y de tráfico internacional, y no lo que principalmente debían ser, un instrumento de producción y circulación».[74]

La extracción a cuya servidumbre se sometió una parte considerable de la red española apuntaba sobre todo a los productos mineros. A mediados del siglo XIX, el subsuelo del país gozaba en

72. Cameron, France and the Economic Development of Europe..., p. 212.
73. G. Tortella Casares, «Ferrocarriles, economía y revolución», dentro del libro La revolución de 1868. Historia, pensamiento, literatura, selección de Clara Lida e Iris M. Zavala, Las Américas Publishing Co., Nueva York, 1970, pp. 126-137; la cita corresponde a la p. 132.
74. F. J. Orellana, Demostraciones de la verdad de la balanza mercantil y causa principal del malestar económico de España, Barcelona, 1867, pp. 114 y 111 (he tenido conocimiento de este libro gracias a la amistad de J. Fontana).

Europa de una fama extraordinaria. Pero su explotación no era fácil por la falta de medios de transporte y, en segunda instancia, de combustible. Este combustible había de servir tanto para mover las locomotoras en los caminos de hierro, como para accionar las máquinas de vapor fijas instaladas en los criaderos y en los talleres para el laboreo y el beneficio de los minerales. Téngase en cuenta que, de 1861 a 1865, las entradas de hulla extranjera con destino a los ferrocarriles sumaron 390.770 t, equivalentes al 17,25 por ciento del total importado,[75] o que, en 1865, el número de «vapores» al servicio de la industria minero-metalúrgica era de 251, con un potencial de 6.785 caballos,[76] sólo rebasado por el de la industria algodonera.[77]

La política inversora de las tres sociedades de crédito francesas no engaña. La más pequeña de las tres, el banco de los Rothschild, se desilusionó pronto de las empresas industriales, desprendiéndose del ferrocarril de Madrid a Zaragoza y Alicante en 1860, para dedicarse casi en exclusiva a su cartera de renta, formada en su mayor parte por títulos de la deuda pública.[78] La segunda en importancia, el banco de Prost-Guilhou, de vida efímera (1856 a 1866), empleó la mayor parte de sus activos en la promoción ferroviaria (Compañía del Ferrocarril Sevilla-Jerez-Cádiz, especialmente) y en una «Compañía General de Minas», con un capital de 15,2 millones de pesetas, sin precedentes dentro del sector.[79] La mayor, en todos los aspectos, el banco de los hermanos Péreire, cifró sus mayores esperanzas en los Ferrocarriles del Norte, por las razones que sus responsables dejaron perfectamente claras: «De todos los motivos que han inclinado a los directores de la "Sociedad General" [de Crédito Mobiliario Español] a preferir los ferrocarriles del Norte de España, cuando podían haber dirigido su atención a otros lugares, *el más decisivo ha sido la abundancia de cumbustible minero* en la zona norte»,[80] pues, «los poseedores de los pocos depósitos carboníferos

75. Cifras resultantes del despoje directo de las *Estadística(s) del comercio exterior de España.*

76. Datos de la *Estadística minera correspondiente al año 1865,* Dirección General de Agricultura, Industria y Comercio, Madrid, 1867, pp. 13 y 19.

77. Las fábricas algodoneras disponían, en 1861, de un potencial de 9.175 caballos (F. Giménez Guited, *Guía fabril e industrial de España, publicada con el apoyo y autorización del Gobierno de S. M.,* Librería Española, Madrid, y Librería del Plus Ultra, Barcelona, 1862, p. 209).

78. Tortella, «La evolución del sistema financiero español...», pp. 106 ss.

79. *Ibid.,* p. 119.

80. Extraído de la Memoria de las operaciones del Crédito Mobiliario, leída el 16 de mayo de 1860 (Tortella, «La evolución del sistema financiero español...», p. 95).

que aquí [en España] se encuentran serán los dueños de aquéllos [los caminos de hierro] y del *comercio de metales* [...]. Estas consideraciones han sido nuestra guía en la creación de los negocios de minas en que hemos entrado, sin negar la riqueza ni el porvenir de las minas metálicas y reservándonos el tomar en su día la parte que nos convenga en su explotación, hemos creído que, ante todo, *debemos asegurarnos la posesión del combustible*».[81] La intención no ofrece dudas: obtener el carbón necesario para fundir los minerales, movilizarlos por medio de los caminos de hierro, todo con vistas al objetivo final consistente en hacerse con la riqueza metalífera. No en vano uno de los dos comisionados del Crédito Mobiliario para solicitar en Madrid la aprobación definitiva de los estatutos de la Compañía de los Ferrocarriles del Norte de España había sido el barón d'Eichtal, presidente de la «Compagnie Houillère et Métallurgique des Asturies», con grandes intereses carboneros en la cuenca de Langreo.[82]

Desde el origen, el grueso del tendido ferroviario estuvo pensado como instrumento de colonización y de explotación, mucho más que como instrumento de auténtico desarrollo.[83] Un vicio del sistema de transportes hispano que ya no podría corregirse, pero que tampoco puede sorprender, si se consideran las condiciones y las presiones bajo las cuales fue gestada la ley general de junio de 1855.

La crisis de 1866, que tuvo su origen en la quiebra de los ferrocarriles, desarticuló el sistema financiero creado diez años antes, cambiando el rumbo de la banca española. No se trata sólo del término de una gran parte de las sociedades de crédito,[84] o de que el poder público se dispusiera a controlar la emisión, como lo hizo al reservarla al Banco de España en 1874, sino, además, de que los

---

81. Extraído de la Memoria de las operaciones del Crédito Mobiliario, leída el 30 de mayo de 1859 (*ibid.*).

82. Noticia inserta en el suplemento al n.º 150 de la *Revista Industrial*, Barcelona, 21 noviembre 1858, p. 139.

83. Es urgente el estudio de las mercancías que circularon por los diversos tramos de la red. Entretanto, como hipótesis inicial, pienso que durante bastante tiempo la función del ferrocarril español se acercó menos a la función del ferrocarril inglés o francés que a la función del ferrocarril de ciertos países de América Latina (cf. por ejemplo, el trabajo de Heraclio Bonilla, «La congiuntura commerciale del XIX secolo in Perú», *Rivista Storica Italiana*, LXXXIII, 1971, pp. 73-94, especialmente la p. 78 en que se menciona la importancia del ferrocarril en relación con la explotación del cobre del interior).

84. Cf. la lista de las sociedades bancarias suspendidas, disueltas o quebradas entre 1864 y 1869, que publica Tortella, «La evolución del sistema financiero español...», p. 145.

particulares adquiriesen hábitos nuevos, contrarios a la inversión en bolsa —causante de tantas decepciones— y favorable a los depósitos bancarios.[85] El hundimiento del mercado de capitales aconsejó normas de prudencia a los ahorradores, inclinándoles a la simple apertura de cuentas corrientes bancarias. Como consecuencia de ello se produjo una acumulación de recursos en la banca comercial, muy por encima de los niveles exigidos por las necesidades del crédito a corto plazo. «Ese exceso de recursos procedentes del ahorro, que no recogían las Bolsas directamente del público por falta de hábito o de preparación financiera del pequeño capitalista, por espíritu excesivamente cauteloso del ahorrador o por otras razones, que acudía a nutrir en gran parte las cuentas corrientes abiertas en los bancos, sería por éstos dedicado a la promoción de empresas industriales, mediante la aportación directa de capitales o la concesión de créditos que, aun instrumentados mediante documentos a plazos no superiores a noventa días, eran de hecho crédito a plazo medio o largo, gracias a sus sucesivas renovaciones, o bien por la adquisición en Bolsas de acciones u obligaciones de dichas empresas [...]. Como resultado de todo ello, fue convirtiéndose la Banca no sólo en el elemento central de financiación, sino casi en el único, a la par que el mercado de capitales, de inversores independientes, retrocedió en importancia.»[86]

Es bien sabido que la nueva banca mixta —comercial y de negocios al mismo tiempo— implícitamente aceptada, aunque no definida, por el código de comercio de 1885, recibió una inyección importante con los capitales formados en las Antillas y en Filipinas durante la última etapa de soberanía española.[87] También se ha reiterado que las exportaciones de mineral de hierro auspiciaron el despegue financiero de Vizcaya.[88] Me parece que conviene insistir, en cambio, en que la incidencia de la evolución minera sobre el desarrollo bancario debió ser mucho más amplia, rebasando el estrecho marco a que acabo de referirme. En este punto, el ejemplo chile-

85. Fontana, *La vieja Bolsa de Barcelona, 1851-1914*, pp. 32 y 36.
86. Este texto forma parte del preámbulo de la Ley de Bases de Ordenación del Crédito y la Banca de 14 de abril de 1962, y se refiere explícitamente a los años posteriores a 1914 (citado por Muñoz, *El poder de la banca en España*, p. 45, nota 28). Creo, no obstante, que el fenómeno que describe se remonta más lejos, habiéndose originado en el último tercio del siglo XIX.
87. «Los recursos de América de aquel grupo de españoles [repatriados] entre finales del siglo XIX y principios del XX, sobrepasó la cifra de 2.000 millones de pesetas, según las estimaciones más moderadas» (Banco Hispano Americano, *El primer medio siglo de su historia*, Imp. Maestre, Madrid, 1951, p. 10).
88. *Infra*, p. 119.

no, estupendamente documentado por Carmagnani, puede ser muy revelador.

Desde su independencia, Chile había tenido una economía equilibrada, basada en la exportación de productos del suelo y del subsuelo y en la importación de productos manufacturados. A partir de la «gran depresión» (1873 a 1895) la situación se alteró radicalmente, en virtud de la actitud de las economías dominantes (léase Inglaterra) que, para defender su propio proceso de formación de capitales, destinan una parte considerable de su ahorro a las inversiones directas o de cartera en los países dominados, con la esperanza de unos beneficios superiores a los que, de otro modo, hubiesen obtenido en la metrópoli. Tales inversiones incrementaron grandemente la productividad de la minería, el sector más dinámico de la exportación chilena. Dicho incremento acabó perjudicando a la economía dominada, pues fue seguido de una baja de los precios de los bienes primarios —básicamente, el cobre—, de un empeoramiento de la relación de intercambio (los bienes manufacturados, de importación, seguían cotizándose altos), de un descenso de la renta nacional, de un desequilibrio de la estructura económica chilena. En pocos años, los recursos autóctonos pasaron a ser marginales dentro de la minería y el sector exportador a desvincularse del proceso interno de formación de capitales. En la imposibilidad de competir con las poderosas compañías mineras extranjeras, el ahorro chileno buscó la inversión en otros sectores de rendimientos crecientes. En teoría, esos sectores eran tres: la banca, el comercio y la industria. En la práctica, dominaron los capitales invertidos en la banca, con mayores posibilidades de obtener un rédito al alza, pues en un mercado monetario como el chileno, caracterizado por la escasez de recursos —dada la parvedad de ahorro interno—, podían exigirse tasas muy elevadas de descuento. Todo contribuyó, en definitiva, a reorientar hacia la banca los antiguos capitales mineros, para emplearlos en préstamos al Estado, a los comerciantes o a los latifundistas, así como en la especulación en el mercado internacional de divisas.[89]

En España sucedió tres cuartos de lo mismo. La minería, en manos indígenas desde su despertar, hacia 1820, cayó en manos extranjeras a partir de la ley minera de 1869. De entonces en adelante, coincidiendo igualmente con la gran depresión, la riqueza del

---

89. M. Carmagnani, *Sviluppo industriale e sottosviluppo economico. Il caso cileno (1860-1920)*, Fondazione Luigi Einaudi, Turín, 1971, especialmente pp. 159 ss.

subsuelo se convirtió en un simple enclave exterior,[90] dependiente del Reino Unido y de Francia. Gracias a los capitales invertidos por los nuevos propietarios, el sector minero alcanzó un desarrollo espectacular, con caída de precios y empeoramiento de la relación de intercambio.[91] Igual que en Chile, las sociedades españolas, incapaces de sostener la competencia, transfieren sus pertenencias a las grandes compañías foráneas. La transferencia atañe lo mismo a la industria del plomo, enraizada de antiguo, que a la industria del cobre y otros minerales, en un estadio más primerizo. La contrapartida es la liberación o la formación de recursos financieros pendientes de ulterior destino. El recelo contra la inversión en bolsa [92] les lleva finalmente a la compra de valores de renta fija, especialmente los de la deuda pública emitida por el Estado,[93] o a engrosar la partida de recursos ajenos de los bancos. La colonización del subsuelo habrá contribuido a potenciar una banca que, a diferencia de Chile esta vez, se dedica a especular con los apuros de la Hacienda pero también a impulsar la industria.

90. La expresión ha sido empleada, con agudeza, por N. Sánchez-Albornoz, *España hace un siglo...*, p. 143.

91. El primero en haber planteado la cuestión, con referencia a los años inmediatos anteriores a 1870, ha sido el mismo Sánchez-Albornoz, *op. cit.*, pp. 145-152. Pero el tema no podrá conocerse adecuadamente mientras no se resuelva el problema de los valores de las balanzas españolas de comercio (*infra*, p. 94, nota 14). Entretanto puede servir de pauta el fenómeno inverso, esto es, la mejora constante de la relación de intercambio (de 1881 a 1900), en el caso de los países industrializados, como Inglaterra, que exportan productos acabados e importan materias primas (cf., entre otros, Imlah, *Economic Elements in the Pax Britannica...*, especialmente la tabla 31, página 203, y S. B. Saul, *The Myth of The Great Depression, 1873-1896*, Macmillan and Co. Ltd., Londres, 1969, pp. 28-30).

92. Constatado por Fontana en Barcelona, desde 1867 a 1898, con los paréntesis de 1877 a principios de 1882 («La fiebre de oro») y de 1888-1890 (*La vieja Bolsa de Barcelona, 1851-1914*, pp. 36 y 52).

93. *Ibid.*, p. 37.

Capítulo 3

LA DESAMORTIZACIÓN DEL SUELO

He señalado el descenso de la renta de aduanas como uno de los principales causantes de las dificultades de la Hacienda durante la primera mitad del siglo XIX. En el extremo opuesto se ha destacado la holgura proporcionada al Tesoro británico por los rendimientos del comercio exterior (40,8 por ciento de todos los ingresos fiscales en 1841-1850, frente a 20,2 por ciento en 1791-1800). Estas dos evoluciones, de signo antagónico, resumen en forma muy expresiva las opuestas trayectorias políticas y económicas de uno y otro país, y ponen de manifiesto la incapacidad española para cubrir, por la vía normal, las necesidades financieras del Estado moderno.

En lugar de la vía normal, la vía revolucionaria. Al mismo tiempo que apelan a los empréstitos nacionales y extranjeros, los gobernantes de Madrid multiplican las emisiones de deuda. Pero el recurso al crédito se hace con mayores dificultades cada vez, por la ausencia de líquido con que responder de los capitales e intereses adeudados. La bola de nieve que forman la deuda flotante y la deuda consolidada sólo puede contrarrestarse mediante la constitución de un patrimonio *ex novo,* añadido a los recursos tradicionales. El remedio, remedio drástico, hubo de ser la nacionalización, seguida de venta, de la propiedad de manos muertas. Según los datos más fidedignos (los del Catastro de La Ensenada, de mediados del siglo XVIII), la Iglesia sola concentraba el 14,73 por ciento de todo el territorio de las veintidós provincias de Castilla y el 24,12 por ciento del producto bruto de su agricultura entera; [1] los municipios,

---

1. P. Vilar, «Structures de la société espagnole vers 1750. Quelques leçons du Cadastre de La Ensenada», *Mélanges à la mémoire de Jean Sarrailh,* Centre de Recherches de l'Institut d'Études Hispaniques, París, 1966, pp. 425-447; la referencia corresponde a la p. 428. Una traducción catalana de este trabajo ha sido incluida en el primer número de la revista *Recerques,* aparecido en 1970.

una extensión de tierras concejiles o comunales todavía mayor, aunque de inferior rendimiento; la Corona, en fin, un pique no desdeñable de montañas improductivas y de llanos de poca calidad. Esta enorme masa, a la que habría que añadir la correspondiente al territorio de la antigua Corona de Aragón, fue confiscada, nacionalizada y liquidada, por medio de la subasta pública, con el fin primordial, aunque no exclusivo, de poder amortizar la excesiva cantidad de deuda en circulación. La reforma agraria, que en el pensamiento ilustrado de la segunda mitad del setecientos había sido imaginada como un correctivo de intención económica y social, respondió, en la práctica, a motivaciones fiscales y políticas.

La desamortización española fue, al mismo tiempo, un proceso unitario y diverso. Abierto legalmente en 1798, hubo de prolongarse por más de una centuria, debido tanto a la masa de los bienes afectados, cuanto a los frenos impuestos por la reacción política, pues el recurso a la propiedad amortizada estuvo en el centro mismo de los antagonismos ideológicos del ochocientos, siendo adoptado por los gobernantes liberales y repudiado por los gobernantes conservadores. Así el proceso se desenvolvió según las etapas que refleja la tabla 1, expresiva de los valores obtenidos en cada tiempo.

La primera desamortización tuvo lugar durante los últimos años del reinado de Carlos IV, entre 1798 y 1808. Las guerras de independencia de los Estados Unidos, de España contra la república francesa (marzo de 1793 a julio de 1795) y de España y Francia contra Inglaterra (octubre de 1796 a marzo de 1802, diciembre de 1804 a 1808) fueron causa de unos grandes desequilibrios presupuestarios, saldados momentáneamente por medio de préstamos bancarios y, sobre todo, de emisiones de vales reales, obligaciones del Estado con efectos liberatorios, reiteradas a partir de 1780. Estas emisiones plantearon pocos problemas mientras el Estado fue capaz de hacer frente a sus compromisos. Después, a medida que fueron proliferando, los vales se depreciaron, con el resultado de colocarse difícilmente en el mercado.[2] Para allanar el obstáculo se creó, en febrero de 1798, una Caja de Amortización, encargada de liquidar los préstamos, satisfacer los intereses de los vales y reducir el número de los que circulaban. Para cumplir este programa, la Caja exigió la dotación de fondos. Para obtener esta dotación, el monarca hubo de hacer

---

2. Cf. sobre este punto los trabajos de E. J. Hamilton, *War and Prices in Spain, 1651-1800*, Cambridge, Mass., 1947; «The First Twenty Years of the Bank of Spain», *The Journal of Political Economy*, LIV, 1946, y «El Banco Nacional de San Carlos (1782-1829)», en *El Banco de España. Una historia económica*, Madrid, 1970.

TABLA 1

Desamortización de bienes raíces, censos y foros.
Volumen total de las ventas, a precios de remate
(En miles de reales de vellón)

Etapas	Fincas del clero	Fincas de propios	Otras fincas	Total fincas	Censos y foros	Total ventas
1798-1808 (1)	1.392.777	—	83.902	1.476.679	150.550	1.627.229
1820-1823 (2)	99.900	—	—	99.900	—	99.900
1836-1849 (3)	3.820.100	—	—	3.820.100	635.320	4.455.420
1855-1856 (4)	323.819	159.773	283.130	766.722	174.684	941.406
1859-1867 (5)	1.272.671	2.028.673	911.505	4.212.850	222.300	4.435.150
1868-1895 (6)	?	?	?	2.876.384	?	2.876.384
1798-1895	?	?	?	13.252.635	?	14.435.489

FUENTES: (1) Cómputo propio, a partir de los datos provinciales de Herr («Hacia el derrumbe del Antiguo régimen...», p. 69), cuya suma difiere ligeramente del total dado, en otras páginas de su trabajo, por el mismo autor. La cantidad de 83.902 reales, situada en la casilla «tras fincas», corresponde a vínculos legos.
(2) Datos de Fontana, *Cambio económico y actitudes políticas...*, p. 178.
(3) Según C. Labrador, *Economía político-práctica o examen del proyecto de arreglo de la deuda de España*, Imp. de los Sres. Andrés y Díaz, Madrid, 1850, pp. 137 y 139.
(4) Datos de la Dirección General de Bienes Nacionales, publicados en la *Gaceta de Madrid* del 27 de febrero de 1857 y reproducidos, con algún error en los sumandos, por F. Simón, *La desamortización española del siglo XIX*, Madrid, 1973, p. 232. Las cifras tocantes a censos y foros, omitidas por Simón, proceden de M. Artola. *La burguesía revolucionaria (1808-1874)*, Madrid, 1973, p. 159 y encuentran su refrendo en Fontana, *op. cit.*, p. 178.
(5) El libro de Simón, pp. 244 a 250, para las fincas, y el de Fontana, p. 178, para los censos y foros.
(6) Cálculo propio, a partir de las cifras insertas en las pp. 251 y 261 del libro de Simón.

suyas las recomendaciones del secretario de Hacienda, Miguel Cayetano Soler, y disponer: 1) que «se enagenen todos los bienes raíces
pertenecientes a Hospitales, Hospicios, Casas de Misericordia, de
Reclusión y de Expósitos, Cofradías, Memorias, Obras pías, y Patronatos de legos, poniéndose los productos de estas ventas, así como
los capitales de censos que se redimiesen, pertenecientes a estos establecimientos y fundaciones, en mi Real Caxa de Amortización, bajo el
interés anual del tres por ciento»; 2) que se vendiese, con el mismo
fin, el resto de las propiedades de la Compañía de Jesús, expulsada
en 1767; 3) que también se ingresara en la Caja el producto de la
venta de los predios de los Colegios Mayores, así como sus demás caudales, y 4) que se permitiera a los titulares de mayorazgos y otros
vínculos análogos la enajenación de sus patrimonios rústicos, con tal
de imponer el líquido obtenido en la misma Caja, al antedicho interés
del 3 por ciento.[3]

Los decretos precedentes, que llevan la fecha de 19 de septiembre
de 1798, tuvieron mayor importancia de lo que se ha venido di-
ciendo. En el curso de once años, hasta la invasión napoleónica, la propiedad efectivamente desamortizada en virtud del primero y del
tercero habría afectado, en extensión, a la sexta parte de todos los
bienes raíces poseídos por la Iglesia en la Corona de Castilla; en el
caso concreto de Murcia, la proporción se elevaría al cuarto. Los compradores recibieron un estímulo considerable a partir de 1803, en que
una real cédula levantó la interdicción, impuesta por Carlos III en
noviembre de 1785 y ratificada por su hijo en septiembre de 1794,
de despojar a los arrendatarios o de aumentar los precios de los
arrendamientos. Como muy bien ha subrayado R. Herr, «con esta
cédula el rey abrió la puerta a la explotación puramente capitalista de
las tierras vendidas». Los antiguos inquilinos de las fincas perdieron
la protección legal, para quedar inermes ante las pretensiones de los
nuevos amos, impuestas unilateralmente. O someterse, o emigrar.
«Las exigencias fiscales del gobierno iban venciendo los deseos de
crear una masa de pequeños labriegos industriosos e independientes.
Al contrario, serían en adelante los pobres arrendatarios los que pa-
garían con sus penas las necesidades de la Corona.»[4] Un precedente
que había de pesar hondo sobre la evolución futura.

3. R. Herr, «Hacia el derrumbe del Antiguo régimen: crisis fiscal y desamortización bajo Carlos IV», *Moneda y Crédito*, n.º 118, 1971, pp. 37-100; la referencia corresponde a las pp. 47-48. El artículo responde a una investigación pormenorizada e
inteligente, que podría servir de modelo para el estudio de las desamortizaciones posteriores, objeto de mucha atención, pero también de poca reflexión, en los últimos años.
4. *Ibid.*, pp. 53-54.

Las entradas en la Caja de Amortización (desde 1800, de Consolidación) por ventas de bienes y redención de censos de instituciones pías sumaron 1.653 millones de reales, entre 1798 y 1808. De haberse aplicado a amortizar la deuda, esta cantidad hubiera permitido extinguir cerca de las tres cuartas partes de los vales reales emitidos durante el mismo período de tiempo (por un monto de 2.215 millones). En vez de ello, la cantidad efectiva, procedente de la primera desamortización eclesiástica y destinada a la amortización de la deuda consolidada, no rebasó la cifra de 340 millones.[5] El resto sirvió para socorrer al Estado en otras urgencias más perentorias, desvirtuando de este modo la esencia misma de aquella Caja. A partir de 1806 hubo incluso retraso en el pago de los intereses devengados por los vales y por los productos líquidos conseguidos por la obra desamortizadora. Después de verse privado del capital, el sistema benéfico del antiguo régimen empezaba a verse privado de los réditos. También por ese conducto los apuros de la Hacienda se resolvían (?) a costa de los pobres.

El segundo acto de la desamortización eclesiástica se produjo durante el Trienio Constitucional y afectó especialmente al patrimonio del clero regular. Después de haber dispuesto la supresión de los monasterios de las órdenes monacales, así como los de las órdenes militares, el decreto de 1 de octubre de 1820 ordenó que «todos los bienes muebles e inmuebles de los monasterios, conventos y colegios» suprimidos quedasen aplicados al crédito público. Una diferencia muy importante con respecto a 1798 consistía en la admisión de los vales reales y otros títulos como medios de pago de las fincas enajenadas. Análogamente, otro decreto de 29 de junio de 1821 redujo el diezmo eclesiástico a la mitad, creando al mismo tiempo una contribución nueva que compensase aquella parte decimal dejada de pagar por los campesinos. Como se ve, las dificultades del Tesoro seguían siendo determinantes de la reforma agraria. De todas maneras, no hubo tiempo para mucho: en 1823, la reacción absolutista se encargó de volver las cosas a su sitio. Por entonces, las fincas vendidas ascendían a 25.177, rematadas en 1.045.609.788 reales;[6] de esta cantidad, el efectivo entrado en caja no llegó a 100 millones. Con la restauración del antiguo régimen, los adquirentes fueron obligados a restituir los bienes a las antiguas comunidades, sin que el Estado reintegrara, por su parte, el dinero re-

5. Ibíd., p. 92.
6. M. Artola, La burguesía revolucionaria (1808-1847), Alianza Editorial-Alfaguara, Madrid, 1973, p. 148, nota 20.

caudado; los compradores volverían a recuperar las propiedades cuando cambiasen los tiempos.

El nuevo compás de espera se prolongó por espacio de un decenio. A partir de 1833, en efecto, los problemas planteados por la sucesión de Fernando VII precipitaron el desenlace. La financiación de la guerra civil y la necesidad de reforzar las filas de los cristinos se conjugaron para terminar, de una vez, con el inmovilismo. En el curso de dos años, de julio de 1835 a julio de 1837, los ministros del gobierno legítimo, que domina la figura de Álvarez Mendizábal, restablecieron el decreto desvinculador de 27 de septiembre de 1820 (supresión de los mayorazgos, fideicomisos y patronatos, no mal recibida por la nobleza, que veía aumentar el valor de sus tierras, al entrar en el comercio) y sentaron las bases de la tercera desamortización eclesiástica: disolución de las órdenes religiosas (excepto las dedicadas a la enseñanza y a la asistencia hospitalaria) e incautación por el Estado del patrimonio de las comunidades afectadas. El decreto de 16 de febrero de 1836 organizó la tasación, subasta y venta de los bienes raíces, rentas, derechos y acciones de las órdenes regulares. La ley de 29 de julio de 1837 declaró bienes nacionales sujetos a enajenación, por sextas partes en los seis años siguientes a 1840, los del clero secular; de hecho, sin embargo, esta segunda disposición hubo de ser ratificada por la nueva ley de 2 de septiembre de 1841.[7]

Aparentemente, la desamortización de Mendizábal fue un éxito. En 1845, al principio de la llamada «década moderada» que le opuso algunos frenos, ya se había vendido cerca de las tres cuartas partes del patrimonio eclesiástico,[8] porcentaje que en algunos casos, como el de Baleares, alcanzaba el 99.[9] Los anatemas de la Iglesia sirvieron de poco contra el afán de lucro de los compradores.[10] Incluso una región de sentimientos religiosos tan enraizados como Navarra no escapó a la tendencia general, registrando una muy elevada proporción de ventas.[11] Como escribiría Fermín Caballero en 1862, «espe-

7. F. Tomás y Valiente, *El marco político de la desamortización en España*, Ariel, Barcelona, 1971, pp. 77, 85 y 97. Esta obra constituye la mejor guía para seguir el desarrollo legal del proceso desamortizador.

8. Fontana ha reproducido los valores anuales alcanzados por los remates en *Cambio económico y actitudes políticas...*, p. 179.

9. P. Madoz, *Diccionario geográfico-estadístico-histórico de España y sus posesiones de Ultramar*, XI, Madrid, 1848, p. 159.

10. F. Garrido, *La España Contemporánea. Sus progresos morales y materiales en el siglo XIX*, I, Barcelona, 1865, p. 417.

11. En julio de 1845, había sido adjudicado el 77,4 por ciento (en valor) de los bienes del clero regular y secular de la región (Madoz, *Diccionario*, XII, Madrid, 1849, p. 129).

culadores de larga previsión, capitalistas animosos, constitucionales comprometidos, que habían de sucumbir de todos modos si el sistema se desplomaba, fueron los que se atrevieron a las primeras compras, estigmatizados por los fanáticos». Luego, «aquellas gangas animaron a otros más tímidos y, propagándose como contagio el furor de adquirir, hasta en las filas de los disidentes se pujan hoy y se pagan los bienes desamortizados con tanta estimación como los de particulares».[12]

La tabla 1 da fe de la intensidad de los remates, de 1836 en adelante. No obstante, el proceso estuvo viciado, desde el principio, por unas intenciones extraeconómicas que determinaron el triunfo de la doctrina individualista, defendida antes por Jovellanos y adoptada por las Cortes de Cádiz, frente a las corrientes más o menos colectivistas, de mayor raigambre en España.[13] En vano el decreto de 16 de febrero de 1836 había expuesto la intención de «crear una copiosa familia de propietarios», integrada no sólo por «capitalistas y hacendados», así como por «ciudadanos honrados y laboriosos», sino también por «el labrador aplicado» e incluso por el «jornalero con algunas esperanzas o con la protección de algún ser benéfico», y recomendado para ello que las fincas se dividieran en «suertes acomodadas a los recursos de los licitadores modestos».[14] En realidad, la desamortización eclesiástica se llevó a cabo con el doble fin de sanear la Hacienda Pública y de asegurar en el trono a Isabel II, o en el poder a los liberales. Para alcanzar el uno, admitiéronse los títulos de la deuda consolidada como medios de pago;[15] para alcanzar el otro, aceptáronse dichos títulos por su valor nominal, a pesar de hallarse enormemente depreciados. Con ellos los especuladores pujaron cuanto quisieron, derrotando en la subasta a los campesinos, que hubieran querido pagar en largos plazos, pero en efectivo. El sistema de pago adoptado benefició a unos pocos, acentuando de este modo el fenómeno de la concentración territorial en manos de una nueva cla-

---

12. F. Caballero, *Fomento de la población rural*, Madrid, 1864, pp. 119-120.

13. Cf. el opúsculo de C. Viñas Mey, *La reforma agraria en España en el siglo XIX*, Santiago, 1933.

14. F. Tomás y Valiente, *El marco político de la desamortización...*, p. 79.

15. La ley de julio de 1837 dispuso que se admitieran a las subastas dos tipos de compradores: los que pagasen en dinero efectivo y los que abonasen el importe de las fincas mediante títulos de la deuda pública (un tercio en deuda consolidada al 5 por ciento, otro tercio en deuda consolidada al 4 por ciento y el resto en deuda sin consolidar al 5 por ciento). Los primeros podían abonar el importe en el plazo de dieciséis años, pagando un 5 por ciento de interés, y los segundos en ocho años, con un interés del 10 por ciento. Unos y otros debían satisfacer la quinta parte del valor de la compra en el acto del remate.

se de propietarios absentistas, que hizo depender en grado muchas veces de servidumbre a los peor dotados económicamente.[16] Contra lo que se ha dicho,[17] el procedimiento no fue defectuoso en la tasación, sino en el hecho de aceptar el papel en lugar de la moneda.

Pero incluso en ese terreno de los fines bastardos, los resultados fueron peores de lo que se esperaba. La transferencia de propiedades ni bastó para sanear las finanzas públicas, ni contribuyó demasiado a clarificar el intrincado panorama político.

Con referencia al aspecto financiero, un contemporáneo, A. Borrego, advirtió en seguida «en la disposición de que los bienes nacionales se vendiesen a papel [...] el inconveniente de tener que privarse el gobierno de los recursos con que hubiera podido atender a los mismos acreedores del Estado siguiendo otro sistema de enajenación».[18] Luego, veintiocho años más tarde, en 1871, el mismo autor estaría en disposición de concretar las dimensiones del fiasco: «Mendizábal, si bien animado de los mejores deseos en favor del crédito, los sacrificaba inconscientemente a otro propósito que dominaba su ánimo por cima de toda otra consideración. Temía el gran revolucionario verse reemplazado en el poder por los moderados, adversarios de la expropiación eclesiástica, y quería ante todo buscar sostenedores de sus medidas en los compradores de bienes nacionales. Para mejor atraerlos, dispuso aquel ministro que el pago de dichos bienes se verificase dando a dichos compradores diez años de plazo, dentro del cual entregarían al Estado, en vez de dinero, papel, cuyo valor venía a ser el del 10 por ciento [...]. Compréndase, pues, que los bienes de frailes y monjas se vendiesen rápidamente y fuesen la dotación del festín que, en poco más de dos años, entregó a los más aventurados y resueltos 2.000 millones en bienes raíces, enajenados a cambio de 4.000 millones en papel que hubiera podido comprarse en el mercado con un desembolso de 700 [...]. He aquí, pues, 2.000 millones regalados en cierto modo a los primeros

16. F. Jiménez de Gregorio, «El pasado económico-social de Belvís de la Jara, lugar de la tierra de Talavera (Aportación al conocimiento de la historia social de España)»* en *Estudios de historia social de España*, II, 1952, pp. 613-739; la cita corresponde a la p. 708.

17. Sánchez Agesta, por ejemplo, ha escrito: la tasación «se podía calcular en una tercera parte del valor» (*Historia del constitucionalismo español*, Madrid, s.a. [1955], p. 464). Sin embargo, Garrido había explicado que los bienes fueron tasados capitalizando al 3 por ciento su rendimiento medio durante los años precedentes (*La España Contemporánea*, I, p. 419).

18. A. Borrego, *Principios de economía política*, Imp. de la Sociedad de Operarios del mismo Arte, Madrid, 1844 (pero escrito en 1841-1843, durante el exilio del autor), pp. 139-140.

compradores, sin beneficio alguno en favor del crédito, pues no supo evitarse la triste necesidad de suspender el pago de los intereses de la deuda exterior, cuyos tenedores no han cesado desde 1836 hasta 1851, en que se verificó el, arreglo de la deuda del señor Bravo Murillo, de lamentarse de que eran víctimas de la mala fe de España, cuando en realidad sólo lo eran de nuestra ignorancia y estrechez de miras».[19] De hecho, en el curso de los treinta primeros años de desamortización, el montante de la deuda parece no haber disminuido, sino aumentado en una tercera parte.[20]

No puede negarse, por otro lado, que el temor a un cambio de régimen que la obligase a devolver las fincas, vinculó —como se esperaba— la burguesía compradora a la causa liberal. Pero la desamortización produjo, al mismo tiempo, contra lo deseado, un afianzamiento del campesinado en las posiciones antagónicas más reaccionarias. La clarividencia del economista Álvaro Flórez Estrada, y su recuerdo de lo sucedido en 1820-1823, ya le habían llevado a prevenir en 1836: «Con el sistema enfitéutico —esto es, reservándose el Estado la propiedad— todas las familias de la clase proletaria serían dueñas del dominio útil de la tierra que cultivasen y, por consiguiente, interesadas en sostener las reformas y el trono de Isabel, pues en ellas verían cifrado su bienestar. Por el contrario, el sistema de vender las fincas hará la suerte de esta numerosa clase más desgraciada de lo que es aún en la actualidad, y por consiguiente, les hará odiosa toda reforma y el orden existente de cosas». La causa es bien sencilla: «Los arriendos de bienes pertenecientes a conventos y a familias de la antigua nobleza eran generalmente los más equitativos por el hecho mismo del mucho tiempo que había transcurrido desde su otorgamiento; los nuevos compradores de fincas pertenecientes a conventos por lo general han subido la renta [...]. Esta subida de la renta, que infaliblemente tendrá lugar, hará que los pueblos detesten las nuevas reformas por las que se traspasan a otras manos los bienes».[21] Poco después, el propio Flórez Estrada dejaría amarga constancia de lo fundado de sus predicciones: «De Galicia se me escribe por una persona muy observadora, que conoce bien el espíritu del país, que los que se filian en las banderas de la conspiración son, por lo general, naturales de los pueblos cuyas

19.   A. Borrego, *Sucinta y verídica historia de la hacienda española*, Madrid, 1871.
20.   Garrido, *La España Contemporánea...*, I, p. 427.
21.   A. Flórez Estrada, «Del uso que debe hacerse de los bienes nacionales», en el periódico *El Español* de 28 febrero 1836 (reproducido en el tomo I, p. 363, de las *Obras* del economista, que ha publicado la Biblioteca de Autores Españoles en 1958).

tierras pertenecían a los conventos, y que la causa primordial no es otra más que el temor de que los compradores de aquellas tierras han de subir las rentas».[22] Sin necesidad de sostener, como lo hace Borrego, que la España anterior a Mendizábal fuera «el paraíso de los desgraciados»,[23] debe admitirse que la desamortización dio, contra lo previsto, poderosas alas al carlismo.

Este resultado acabará de entenderse si, a lo que se lleva dicho, se añade la forma que adoptó la liquidación paralela del régimen señorial, constitutivo, a través de vínculos y mayorazgos, de otro modo de amortización de la tierra. Las primeras medidas abolicionistas, contenidas en el decreto de 6 de agosto de 1811, habían planteado el problema de distinguir entre el señorío jurisdiccional, sujeto a extinción, y el señorío territorial o solariego, a identificar con «la clase de los demás derechos de propiedad particular». La diferencia, más o menos clara sobre el papel, había de serlo mucho menos en la práctica. Proponiéndose ir al fondo del embrollo, la ley de 3 de mayo de 1823 exigió a los señores la presentación de los títulos adquisitivos. Marcando, por el contrario, un neto retroceso, la ley definitiva de 26 de agosto de 1837 se contentó con los documentos probatorios de la territorialidad del señorío. De esta forma, al determinar que el expediente a instruir era de simple posesión y no de propiedad, el poder legislativo tomaba partido a favor de la nobleza y contra los pueblos. Tampoco el poder judicial se quedó atrás: la serie de pleitos suscitada por la ley de 1837 fue fallada sistemáticamente de acuerdo con los intereses de los poderosos. Dictadas las sentencias en los juzgados de primera instancia, la mayor parte de los pueblos abandonaron el litigio y acataron el nuevo orden jurídico y económico. En los pocos casos de recurso a la Audiencia, los resultados fueron idénticos. La práctica pura y simple del cohecho, más la comunidad de intereses entre la nobleza de antiguo régimen y la burguesía profesional, procedente del colonato, y responsable de la administración de la justicia, bastan para explicar lo sucedido.[24] En

22. A. Flórez Estrada, *Obras*, I, p. 374 (se trata de la contestación del autor a las impugnaciones hechas a su escrito de la nota precedente).

23. A. Borrego, *Historia, antecedentes y trabajos a que han dado lugar en España las discusiones sobre la situación y el porvenir de las clases jornaleras*, Madrid, 1890 (citado, sin indicación de página, por Díaz del Moral, *Historia de las agitaciones campesinas andaluzas*, 2.ª ed., Madrid, 1967, p. 499).

24. Cf. la importante tesis doctoral inédita de Antonio-Miguel Bernal, *Orígenes de las agitaciones campesinas andaluzas. Disolución del régimen señorial y formación de la burguesía agraria, 1798-1868*, leída en la Universidad de Sevilla durante el curso 1972-1973, cuya consulta debo agradecer a Gonzalo Anes. Bernal avanzó algunas conclusiones de su trabajo en el artículo «Bourgeoisie rurale et prolétariat agricole en Anda-

definitiva, la supresión del régimen señorial perjudicó claramente a los campesinos, quienes pasaron de la condición de siervos con tierra a la de hombres libres privados de ella. La aristocracia ganó en propiedad efectiva bastante más de lo que perdió en derechos jurisdiccionales.[25] Este desenlace, que traicionaba la intención de los legisladores de Cádiz, tuvo como consecuencia la consolidación del latifundismo seglar, de base noble. «En un buen número de casos en que los señores poseían sólo la potestad pública en sus tierras, aquéllos burlaron la Historia, trocaron su señorío en propiedad, los impuestos en renta y cometieron el mayor de los despojos de aquel tiempo al convertir en colonos a los verdaderos propietarios.»[26] La política agraria de los reformadores burgueses ha estado, en España, al servicio de los magnates.[27] «Esto es la revolución francesa hecha al revés; aquí, quienes han abolido el régimen señorial e implantado el capitalismo en el campo han sido los propios señores, aunque, naturalmente, en su provecho.»[28] «Así se puede explicar lo que con el esquema francés resulta inexplicable: que la aristocracia latifundista se encontrase en España al lado de la revolución, y que un amplio sector del campesinado apoyase a la reacción.»[29] La manera de liquidarse el régimen señorial fue una de las principales razones que impidieron el arraigo, en los campos españoles, de las formas liberales de gobierno. No en balde la primera «estadística de la contribución

lousie pendant la crise de 1868», *Mélanges de la Casa de Velázquez*, París, 1971, pp. 327-346, y vertido recientemente al castellano, con otros tres artículos, siempre de tema agrario, para formar el libro *La propiedad de la tierra y las luchas agrarias andaluzas*, Ariel, Barcelona, 1974.

25. No faltaron, por supuesto, las excepciones. Por ejemplo, en la Conca d'Òdena (partido judicial de Igualada, provincia de Barcelona), al término de un pleito que se había arrastrado durante treinta y un años, la sala civil del Tribunal Supremo dictó, con fecha de 2 de junio de 1898, sentencia definitiva confirmando otra de la Audiencia barcelonesa (de 9 de diciembre de 1896), que había revocado a su vez la inicial del juez de primera instancia de Igualada favorable ésta a las pretensiones del duque de Medinaceli, señor tradicional de la comarca. El fallo del Supremo resolvió, como reclamaban los pueblos, que el señorío no era «territorial o campal», sino simplemente jurisdiccional, por lo que debía considerarse abolido; cf. el texto completo de la sentencia reproducido en las pp. 313 a 320 del libro de J. Riba Gabarró, *La Pobla de Claramunt. Evolució econòmic-social d'un municipi de la comarca d'Igualada*, Fundació Salvador Vives Casajuana, Barcelona, 1972.

26. C. Sánchez Albornoz, *La reforma agraria ante la historia*, Madrid, 1932, páginas 77-78.

27. G. Anes, «La agricultura española desde comienzos del siglo XIX hasta 1868: algunos problemas», en *Ensayos sobre la economía española a mediados del siglo XIX*, Madrid, 1970, pp. 235-263; la referencia corresponde a la p. 246.

28. J. Fontana, *Cambio económico y actitudes políticas...*, p. 165.

29. *Ibid.*, p. 162.

industrial y de comercio», correspondiente a 1854, revelaría que el duque de Osuna y el de Medinaceli poseían fincas nada menos que en veinte provincias, el duque de Alba en dieciocho, el de Frías en diecisiete, etc.[30]

La reforma agraria, que tuviera su comienzo en la nacionalización y transferencia de los bienes de la Iglesia y su continuación en el fortalecimiento del poder económico de los señores, encontró su complemento en la desamortización de los propios de los pueblos. Tras los precedentes de rigor —Cortes de Cádiz y Trienio—, esta última desamortización pasó por dos fases distintas. Primero, en virtud de la real orden de 24 de agosto de 1834, quedó al arbitrio de los municipios, quienes podían aplicarla en beneficio propio, aunque con el requisito de invertir su producto en el pago de deudas antiguas o en la compra de papel del Estado. Más tarde, por la ley de 1 de mayo de 1855, que impulsó también la del patrimonio de las restantes manos muertas, la desamortización de la propiedad municipal ya no fue facultativa, sino obligatoria para todos aquellos predios que, estando arbitrados, constituían una fuente de ingresos para la localidad; en cambio, los bienes de aprovechamiento común o vecinal gratuito, en el momento de promulgarse la ley, debían permanecer intocados.[31] Durante la primera fase, aquella rigurosa determinación de las inversiones habría causado la abstención muy extendida de los ayuntamientos; [32] durante la segunda, por el contrario, las enajenaciones rebasaron ampliamente el cupo de los propios, para atacar ilegalmente a los comunes de uso colectivo.[33] La desamortización efectiva de la propiedad comunal arranca, por consiguiente, de 1855. Después de un breve paréntesis de suspensión —a partir de los decretos de 23 de septiembre y 14 de octubre de 1856—, quedó reanudada, para no interrumpirse hasta principios del siglo xx, por el decreto de 2 de octubre de 1858.[34]

La masa de los propios puesta en circulación durante la segunda mitad de la centuria puede parangonarse, en valor, con la de los bienes eclesiásticos transferidos desde 1836. Pero, en términos efectivos, la cantidad recaudada por la venta de los comunales de-

30. Artola, *La burguesía revolucionaria...*, p. 135.
31. A. Nieto, *Bienes comunales*, Ed. Revista de Derecho Privado, Madrid, 1964, pp. 221 ss.
32. *Ibid.*, p. 864, citando a Cárdenas, *Ensayo sobre la historia de la propiedad territorial en España*, II, Madrid, 1880, p. 197.
33. *Infra*, p. 85.
34. La distinción entre los períodos 1859-1867 y 1868-1895 de la tabla 1 obedece a motivos puramente estadísticos.

bió ser bastante mayor, habida cuenta del pago en metálico exigido por la ley de 1855.[35] La deuda había de ser rescatada después, a precio de cotización y no de emisión, con el dinero ingresado en la Hacienda mediante la venta de las fincas. La parte de ese dinero a invertir en tal rescate alcanzaba a la totalidad en el caso de los bienes de beneficencia e instrucción pública, al 80 por ciento —aunque con alguna posibilidad de escapatoria— [36] en el caso de bienes de propios, y al 50 por ciento —previa alguna detracción— [37] en el caso de bienes del Estado o del clero. Añádase que, de 1855 a 1868, durante la etapa de mayores ventas, la de bienes concejiles sumó, según el valor en remate, la mitad del total [38] y podrá concluirse que las dificultades de la Hacienda también constituyeron el factor decisivo en la desamortización civil. Sólo en segundo término cabe mencionar el fomento de la riqueza, en forma de obras públicas —entiéndase ayuda a los ferrocarriles—,[39] a que debía destinarse expresamente el otro 50 por ciento producido por la venta de las fincas estatales y eclesiales; en cambio, el 20 por ciento restante procedente de la enajenación de los propios quedaba, sin compensación, en manos del Estado.

En teoría, la desamortización de 1855 no iba contra los patrimonios municipales, imponiendo únicamente un cambio en «la forma de propiedad», al sustituir tierras por títulos de la deuda.[40] La operación consistía en el simple trueque de una deuda negociable por otra intransferible, endosada a los pueblos. La renta del 3 por ciento inherente a los nuevos títulos debía compensar el antiguo rédito proporcionado por el arrendamiento de los propios. De hecho, sin embargo, los municipios resultaron gravemente perjudicados: por la pérdida pura y simple de aquella quinta parte de los precios arbitrados, confiscada sin contrapartida; por la atribución de un premio insuficiente al papel distribuido a cuenta de las cuatro quintas partes

35. Fontana, *Cambio económico y actitudes políticas...*, p. 180.
36. El art. 19 de la ley de 1855 dejaba abierta la posibilidad de dedicar a mejoras económicas (obras públicas, utilidad local o provincial, bancos agrícolas o territoriales, etc.) el 80 por ciento del capital procedente de la venta de propios.
37. 30 millones de reales con destino a la reedificación y reparación de iglesias (art. 12, 3.°), y la cantidad necesaria para cubrir el déficit eventual del presupuesto correspondiente a 1855 (art. 12, 1.°).
38. Simón, *La desamortización española del siglo XIX*, Madrid, 1973, p. 252.
39. Fontana ha sido el primero en relacionar esos recursos con las importantes subvenciones otorgadas a las compañías constructoras de la red ferroviaria (*Cambio económico y actitudes políticas...*, p. 177). No obstante, su estimación resulta excesiva, al haber omitido la circunstancia de que, en general, el producto de la venta de los propios hubo de destinarse a la amortización de la deuda.
40. Tomás y Valiente, *El marco político de la desamortización...*, pp. 147 y 154.

restantes; por las dificultades en cobrar ese premio; por el estancamiento del capital nominal de la deuda adjudicada, esto es, su gradual erosión en términos reales... Eso sin contar los grandes abusos que extendieron la disolución del régimen de propios a los bienes de aprovechamiento común. La realidad fue un rápido descenso de los recursos financieros locales, con irremediable mengua de los servicios públicos debidos a los habitantes del lugar. La quiebra de la organización rural española es tan patente desde mediados del siglo XIX que ha podido presentarse como uno de los objetivos conscientes de la ideología centralista de los legisladores del Bienio.[41]

La desamortización civil fue responsable de las modificaciones más sustantivas experimentadas por el paisaje rural en el curso del siglo XIX. Coincidente con una fase de fuerte expansión de la demanda y, por consiguiente, de alza de los precios, la venta de los predios concejiles fue seguida de grandes roturaciones —los famosos rompimientos de baldíos— que ampliaron muy considerablemente la superficie de las tierras de labor. En la meseta, la extensión se hizo a favor de los cereales; en la periferia, a favor de la vid. Ambos productos continuaron siendo los más representativos del agro español hasta finales del ochocientos.

En rigor, la expansión del trigo y otros cereales ya había empezado antes, al amparo de una legislación férreamente proteccionista. Nicolás Sánchez-Albornoz ha señalado la aparente paradoja de que «los liberales de 1820, atentos a la política de fomento del agro en beneficio de nuevos grupos sociales [los burgueses compradores de tierras] a los que visaban con las medidas señaladas, no dudaron en sacrificar las libertades proclamadas a principios de siglo en aras de este interés».[42] En efecto, «no había transcurrido un mes desde la instalación de aquellas Cortes [las constitucionales], cuando por decreto de 5 de agosto se prohibió en todos los puntos de la península la introducción de trigo, cebada, centeno, maíz, mijo, avena y demás granos y harinas extranjeras, mientras la fanega de trigo, cuyo precio se tomó por regulador, no excediese de 80 reales y el quintal de harina de 120 en los principales mercados, no comprendiéndose en esta disposición las islas Baleares y las Canarias; pero los granos de

41. J. Senador Gómez, *Castilla en escombros. Las leyes, las tierras, el trigo y el hambre*, Valladolid, 1915, p. 25.

42. N. Sánchez-Albornoz, «La legislación prohibicionista en materia de importación de granos, 1820-1868», en *Las crisis de subsistencias de España en el siglo XIX*, Rosario (Argentina), 1963, pp. 15-45; la referencia corresponde a la p. 16.

su procedencia no podían llevarse a los demás puntos».[43] En realidad, este decreto, con las correcciones del real decreto de 27 de enero de 1834, constituye el fundamento de la política protectora de la producción cerealícola de España en el siglo XIX, hasta la reforma arancelaria de Laureano Figuerola en 1869, y vuelta a imponer más adelante, aunque en forma diferente, durante la restauración.[44] Sólo en 1825, 1847, 1856 y 1867, las crisis de subsistencias obligarían a suspender el rigor prohibicionista. Es posible que la divulgación de la patata, a contar desde las grandes hambres de la época napoleónica, contribuyese a obtener tan considerable éxito.

Durante los treinta y tres años comprendidos entre 1849 (fecha de la primera balanza de comercio) y 1881, hubo veintiséis en que las exportaciones de granos superaron a las importaciones, contra siete de signo contrario. A partir de 1882 y hasta 1913, en cambio, los treinta y un saldos correspondientes fueron siempre deficitarios.[45] El balance del primer tramo traduce los efectos positivos de las roturaciones que siguieron a la desamortización; la inversión de la tendencia, desde 1882, revela una parte de sus efectos negativos. La política proteccionista estrenada en 1820, de acuerdo con los intereses de los nuevos propietarios, había dado por resultado el autoabastecimiento del país. Sin embargo, los rompimientos fueron excesivos, alcanzando a tierras marginales con un rendimiento demasiado bajo. El aumento abusivo de los cultivos, junto con el mantenimiento de las prácticas extensivas, contribuyó a mantener, quizás a reducir, el ínfimo nivel medio de las cosechas. En 1900, cuando la crisis ya había producido un cierto reajuste, el rendimiento medio del trigo no pasaría de 6,92 quintales métricos por hectárea; treinta años antes, los italianos ya se habían lamentado de que el de su país sólo fuera de unos 9 quintales.[46] Como rendimientos bajos supone costes elevados, se comprenderá fácilmente la acumulación de obstáculos frente a la exportación castellana. En el exterior, fuera de los mercados reservados de Cuba y Puerto Rico,[47] cada vez menos opor-

43. B. C. Aribau, «Ley de cereales» (2.ª parte), *La Verdad Económica. Revista Quincenal Científica, Industrial y Literaria*, I, 1861, pp. 195-196. Debo advertir que Sánchez-Albornoz atribuye estos precios reguladores no propiamente al decreto de 5 de agosto, sino a otro de 8 de septiembre del mismo 1820.

44. Sánchez-Albornoz, «La legislación...», p. 16.

45. Las cifras anuales del comercio exterior del trigo han sido recopiladas por R. Garrabou en su tesis doctoral inédita, leída en la Universidad Autónoma de Barcelona durante el curso 1972-1973, y titulada: *La depresión de la agricultura española en el último tercio del siglo XIX: la crisis triguera*.

46. R. Romeo, *Risorgimento e capitalismo*, Ed. Laterza, Bari, 1963, p. 125.

47. Constituye un indicio de esa reserva la real orden de 4 de noviembre

tunidades, salvo en circunstancias excepcionales como la guerra de Crimea; [48] en la península, crecientes barreras al abastecimiento de la periferia, invadida, a pesar de las prohibiciones (hasta 1869) o de las restricciones, por el contrabando de los granos extranjeros. La revolución de los transportes que, en un primer momento, había favorecido la expansión litoral del cereal castellano, [49] acabó inmovilizándole en los puntos de origen. El ferrocarril permitió conducir a los puntos de embarque las cosechas de las llanuras americanas y rusas; la navegación a vapor hizo posible su desembarco en las costas europeas. La competencia transoceánica y transmediterránea, sensible en Inglaterra y Francia desde 1875, incidió brutalmente sobre la agricultura de España, Italia, Argelia o Portugal a partir de 1880. [50] El abastecimiento cerealístico de Barcelona por tren bajó de 72,5 millares de toneladas métricas en 1884, a 54,4 en 1885 y a 13,9 en 1886; mientras tanto, las llegadas por mar saltaban de 54,9 a 76,5 y a 110 millares de toneladas en el transcurso del mismo trienio. [51]

---

de 1830, que impuso los siguientes derechos diferenciales al barril de harina entrado en Cuba: harina española, 30 reales de vellón si llegaba en barco que arbolase pabellón nacional y 95 reales con 25 maravedís en otro caso; harina extranjera, 140 y 160 reales, siempre según la bandera del transporte. Un ejemplar de esta disposición, en los fondos de la Junta de Comercio de Barcelona (Biblioteca de Cataluña), caja 118, n.º 472.

48. En 1853, 1854 y 1855, el bloqueo de las costas rusas por la flota francobritánica, cortando la salida a los granos de Ucrania, favoreció, en contrapartida, la exportación de granos españoles. De modo que las salidas medias anuales de trigo y harina, que habían sido de 431 millares de quintales métricos en 1849-1852, ascendieron a 1.737 millares en 1853-1856, para descender otra vez a 609 en 1857-1860 (datos de Garrabou). En términos generales, la incidencia de la guerra sobre la economía de otros países europeos puede verse en el excelente estudio de G. Fridlizius, «The Crimean War and the Swedish Economy», *Economy and History*, III, Lund, 1960, pp. 56-103.

49. El primer análisis riguroso, econométrico, del grado de integración del mercado granario español, a partir del ferrocarril, es el que está llevando a cabo Nicolás Sánchez-Albornoz, quien nos ha dado, por ahora, dos primicias de su trabajo: «La integración del mercado nacional. España e Italia», en J. Nadal y G. Tortella, eds., *Agricultura, comercio colonial y crecimiento económico en la España contemporánea*, Ariel, Barcelona, 1975; y *Determining Economic Regions from Time Series Data. A Factor Analysis of the 19th Century Spanish wheat Prices*, New York University (Ocasional papers, n.º 1), 1973; trabajo publicado en forma definitiva en *Revista de Occidente*, n.º 134, mayo 1974, con el título «Las regiones económicas de España en el siglo XIX. Su determinación mediante el análisis factorial de los precios del trigo».

50. Cf. Romeo, *Risorgimento e capitalismo*, pp. 165 ss.; A. Nouschi, *Enquête sur le niveau de vie des populations rurales constantinoises, de la conquête jusqu'en 1919. Essai d'histoire économique et sociale*, PUF, París, 1961, pp. 515 ss., y M. Halpern Pereira, *Livre câmbio e desenvolvimento económico. Portugal na segunda metade do século XIX*, Ed. Cosmos, Lisboa, 1971, p. 274.

51. Fontana, «La gran crisi bladera del segle XIX», *Serra d'Or*, 2.ª época, n.º 11, noviembre 1960, pp. 21 y 22.

La crisis abierta, de esta forma, en la agricultura española era menos coyuntural que estructural. La formación del mercado mundial de granos no fue sino el accidente que hizo aflorar los defectos de fondo de la producción y de la comercialización nacionales. La información acumulada por la Comisión encargada de hacer el diagnóstico de la enfermedad permitió establecer un balance muy completo de los vicios que trababan el campo español: falta de crédito, usura, tributos excesivos, retraso técnico, etc., traducido todo en rendimientos muy bajos, esto es, en costes muy elevados. Pero el dictamen más certero fue quizás el del ministro de Fomento, Bosch y Fustegueres, quien, elevándose por encima de las causas inmediatas, supo comprender el origen remoto de aquellas lacras y el factor nuevo responsable de que volvieran a emerger, con más fuerza que nunca: «a las causas antiguas que de mano maestra señaló hace más de un siglo Jovellanos, hay que agregar las que nacen de aquella abrumadora y peligrosa facilidad de los transportes, que han convertido de hecho, ya que no de derecho, a todos los pueblos de la tierra en una inmensa nación».[52] Invocar a Jovellanos equivalía a sugerir la permanencia de los viejos obstáculos, después de realizada la reforma agraria; referirse a la facilidad internacional de los transportes era tanto como reconocer las deficiencias del sistema ferroviario indígena. En el mismo sentido, informado por una visión a largo plazo, «histórica», del problema, cabe mencionar la respuesta de la Comisión provincial de Córdoba, según la cual «la crisis [...] dio principio desde que cesaron los arrendamientos a perpetuidad, hace veinte años».[53]

El hundimiento de los precios, que acompañó a la acumulación de stocks, por la falta de demanda, conmocionó a cuantos vivían de los productos y de las rentas del campo. Las desesperadas tentativas de forzar el pacto colonial, mediante la colocación de los excedentes en los reductos antillano[54] y africano,[55] sirvieron de poco. De hecho, la superación de la crisis hubo de intentarse desde dentro. El Congreso Económico Nacional, celebrado en Barcelona con motivo de la Exposición de 1888, forjó la unión efectiva de los intereses agrarios e

52. *Diario de Sesiones del Congreso. Legislatura de 1894-1895*, V, pp. 1786-1787 (en Garrabou).

53. *La crisis agrícola y pecuaria*, IV, Madrid, 1887, p. 668 (en Garrabou).

54. Las exportaciones de trigo y harina a Cuba se mantienen hasta última hora (1898) pero, desde 1892 por lo menos, cada vez se destinan más al abastecimiento del ejército expedicionario, y menos al consumo de la población civil.

55. Siempre según Garrabou, los envíos de harina a Melilla, Ceuta, Peñón de Alhucemas, Chafarinas y Fernando Poo empezaron a ser ·regulares a contar de 1889. Pero se trató siempre de cantidades muy pequeñas, irrelevantes en vistas a resolver el problema de los excedentes metropolitanos.

industriales.[56] Por una vez, los conservadores y el núcleo más importante de los liberales se pusieron de acuerdo: la producción española merecía la defensa del Estado, sin reparar en costes. Dada la estrechez del ordenamiento político, esa protección se limitó, en la práctica, a la reserva —ultrancista, por supuesto— del mercado. Así, culminando una escalada impresionante, los derechos de importación exigidos a los trigos extranjeros quedaron fijados en 10,5 ptas. por 100 kg de peso, a partir de febrero de 1895.[57] Este arancel, equivalente a un gravamen de 69,1 por ciento sobre el precio del grano ruso traído a puerto español,[58] contribuyó probablemente a superar la crisis. En 1901 los cónsules franceses estimaban que las cosechas de Castilla y León eran ya «normales», mientras que las de Andalucía andaban aún por la mitad.[59] Hasta 1930 los secanos dedicados al cultivo del trigo irían aumentando incesantemente, pasando del promedio 3.459.211 ha en 1903-1907, al promedio 4.203.868 ha en 1928-1932. Es decir, extensión en un cuarto de siglo equivalente al 21,5 por ciento de la superficie inicial, aumento que, en cifras absolutas, debe computarse, no en la cantidad estricta de 744.607 ha, sino en la aproximada de 1.800.000, habida cuenta de que, estando situadas en regiones de clima extremado (las dos Castillas, Extremadura, la Mancha), las tierras incorporadas debían cultivarse al tercio o en

56. Cf. M. Zapatero y García, *Diario de Sesiones del Congreso económico nacional*, Imp. de los Hijos de J. A. García, Madrid, 1889.

57. Después de haber estado prohibida desde 1820, la entrada de trigo extranjero quedó gravada de la siguiente forma, de 1869 en adelante (en pesetas por 100 kg de peso):

De 1 agosto 1869 a 27 diciembre 1872	3
De 27 diciembre 1872 a 1 julio 1874	4
De 1 julio 1874 a 1 agosto 1877	4,50
De 1 agosto 1877 a 24 diciembre 1890	5,82
De 24 diciembre 1890 a 9 febrero 1895	8
Desde 9 febrero 1895	10,50

según la *Memoria sobre el estado de la renta de aduanas en 1897*, Madrid, 1898, p. 15.

58. En el mes que precedió a la elevación del arancel, o sea en enero de 1895, el trigo ruso de diversas procedencias se vendió, en Barcelona, al precio medio de 12,85 ptas. la cuartera de 55 kg, esto es, a 23,18 ptas. el quintal métrico. Dedúzcase de dicha cifra la cantidad de 8 ptas. añadida en concepto de arancel, y se obtendrá el precio neto de 15,18 ptas. los 100 kg, que es el monto a que he aplicado las 10,5 ptas. del nuevo arancel exigido a partir de febrero del mismo año para obtener el porcentaje 69,16. Por las mismas fechas, el trigo español se vendía, en promedio, al precio de 23,45 ptas. el quintal (datos de la junta de gobierno de corredores reales de comercio de la plaza de Barcelona, amablemente facilitados por Garrabou). '

59. R. Carr, *Spain, 1808-1939*, Oxford, 1966, p. 402 (trad. cast.: *España, 1808-1939*, Ariel, Barcelona, 1969).

alternativa de año y vez.[60] Como consecuencia de ello, y de una protección elevada de nuevo a simple prohibición desde 1922,[61] España se hallaría, igual que un siglo antes, en condiciones de autoabastecerse. En 1923 y 1924, después de cuarenta y un años de déficit ininterrumpido, la balanza triguera arrojó los primeros excedentes desde 1881. El logro puede parecer importante si se atiende al peso del pan en la dieta del español.

No obstante, la solución proteccionista, aplicada sin más, había de dejar intocados, cuando no agudizados, los vicios tradicionales de la economía cerealícola. La crisis de finales de siglo acabó con la resistencia de los pequeños propietarios y arrendatarios, sin recursos para resistir el drástico descenso de las ventas. El amparo de un Estado construido a la medida de sus intereses, permitió, de otra parte, que los grandes propietarios confundiesen con la congelación de los salarios pagados a sus jornaleros la inaplazable necesidad en que se hallaban de limitar los costes productivos. La ruina de los campesinos, por último, halló su complemento en la ruina de buena parte de la industria harinera provincial, sin posibilidades de competir con las nuevas fábricas montadas en los puertos receptores de granos baratos, como Barcelona.[62] El resultado final de esta suma de factores adversos fue una fortísima corriente expatriadora, conocida, aunque sólo en parte,[63] gracias a un servicio estadístico especializado, nacido precisamente en 1882, fecha que suele considerarse como la del estallido de la crisis.

La vid fue el otro gran cultivo beneficiado por las medidas desamortizadoras y desvinculadoras. Sin embargo, al contrario del trigo, el esplendor del viñedo ha dependido siempre de las posibilidades de exportar sus productos. Este vínculo, ya existente en la España romana, ha vuelto a afirmarse en la España moderna. La historia reciente de dos de los grandes focos vitivinícolas del país —el catalán y el andaluz— lo demuestra cabalmente. En el principado, la

60. Centro de Estudios Hidrográficos, *Plan Nacional de Obras Hidráulicas*, III, Madrid, 1933, p. 67.

61. Inspirándose en la política granaria de un siglo antes, la ley de 16 de julio de 1922 cerró pura y simplemente la puerta a la entrada del trigo foráneo en tanto el indígena no rebasase el precio de 52 ptas. por quintal métrico durante un mes seguido, en los mercados de Castilla. La prohibición fue mantenida hasta 1928 (M. N. Schweitzer, *Notes sur la vie économique de l'Espagne en 1931-1932*, Alger, s.a., p. 136).

62. Desde 1890, Barcelona, seguida a distancia por Cádiz y Málaga, desarrolla una fuerte industria harinera, a costa de Santander, punto tradicional de molienda y embarque de los granos castellanos.

63. *Infra*, pp. 85-86.

extensión de la planta data de finales del siglo XVII, cuando ingleses y holandeses acudieron a sus costas a embarcar los caldos y aguardientes indígenas; [64] muy pronto este tráfico se convirtió en factor básico de la acumulación primitiva de capitales, que contribuiría al despegue industrial subsiguiente, habiendo podido afirmarse, por otra parte, que fue «la inexorable realidad económica, la necesidad de abrir un mercado a nuestros caldos, la que se impuso en el decreto de 1778»,[65] concesor del libre comercio con América. En la Baja Andalucía, el vino de Jerez, cuya salida parece remontarse a fines del siglo XV, empezó a tomar vuelo en el setecientos, de acuerdo con el incremento de la demanda inglesa.[66]

Aunque localizada en la periferia, sin graves problemas de transporte, la viticultura acentuó sus progresos a raíz de las grandes transferencias de propiedad del segundo tercio del siglo XIX.[67] Como cultivo comercial, la vid se adaptó extraordinariamente bien a la idiosincrasia de la nueva clase de terratenientes, de condición ciudadana. En vez de aventurarlos en una industria, de rendimientos hipotéticos, parte de los caudales repatriados de las antiguas colonias fue invertida en el negocio vinatero, de rendimientos seguros. No en vano la primera concesión ferroviaria española, otorgada en 1830 aunque sin efectividad hasta 1854, apuntaba al enlace entre Jerez, el Puerto de Santamaría, Rota y Sanlúcar; pero, no en vano tampoco, la comarca catalana del Alt Penedès acusó al mismo tiempo, entre 1840 y 1860, un auge excepcional de la vid y un proceso de desindustrialización singular.[68]

La exportación española de vinos, en línea ascendente desde mucho tiempo antes, superó las previsiones más optimistas cuando la fi-

64. La primera fábrica, con propósitos explícitos de exportar el producto, fue establecida en 1692, en Vilafranca del Penedès (E. Giralt i Raventós, «Evolució de l'agricultura al Penedès. Del cadastre del 1717 a l'època actual», en *Actas y comunicaciones de la 1.ª Asamblea intercomarcal de investigadores del Penedès y Conca d'Òdena*, Martorell, 1950, p. 169).

65. *Ibid.*

66. Cf. el artículo de F. Quirós Linares, «El comercio de los vinos de Jerez», *Estudios Geográficos*, XXII, n.º 86, 1962, pp. 29-44, basado, según indicación del propio autor, en la monografía de J. M. González Gordon, *Jerez, Xérès, Sherry*, Jerez de la Frontera, 1948.

67. Esos progresos se reflejan, por ejemplo, en el peso creciente de la participación española dentro del conjunto de las importaciones inglesas de vinos (cf. las tablas comparativas, por países de origen, insertas en las pp. 250 y 251 del libro de Halpern Pereira, *Livre câmbio e desenvolvimento económico...*).

68. El auge de la vid en la comarca del Penedès ha sido cuantificado por Giralt, «Evolució...». Por otra parte, la tabla 2, cap. 7 (*infra*, p. 198) descubre la práctica desaparición de la industria algodonera comarcal, en el brevísimo lapso de tiempo transcurrido entre 1850 y 1861.

loxera invadió las plantaciones francesas. A partir de la introducción del parásito, en 1863, los viñedos del país vecino fueron objeto de una destrucción sistemática e inexorable. Francia, primera nación consumidora y exportadora del mundo, no pudo hacer frente ni a sus necesidades ni a sus compromisos. Los comerciantes hubieron de recurrir a la importación masiva de caldos extranjeros. Por razones de proximidad geográfica, y de precio, el concurso español resultó decisivo. España llenó buena parte del vacío dejado por Francia en el mercado internacional de vinos. La exportación culminó en el decenio 1882-1892, período de vigencia de un tratado especial hispano-francés, que redujo al mínimo las barreras arancelarias.[69] La tabla 2 deja constancia del crescendo exportador:

TABLA 2

Producción e importación de vinos en Francia

| | Producción (en miles de hectólitros) | Importación (en miles de hectólitros) | |
Años		Total	De España
1865 a 1874, media anual .	55.346	328	239
1876	41.847	771	336
1877	56.405	814	538
1878	48.729	1.713	1.448
1879	25.770	3.058	2.412
1880	29.678	7.351	4.543
1881	34.139	8.056	5.435
1882	30.886	7.746	6.010
1883	36.030	9.069	5.962
1884	34.781	8.297	4.851
1885	28.536	8.283	5.341
1886	25.063	10.890	6.319
1887	24.300	12.679	7.358
1888	30.100	12.497	8.060
1889	23.200	10.883	7.200
1890	27.416	10.514	7.656
1891	30.200	11.868	9.394

FUENTE: *La reforma arancelaria y los tratados de comercio. Información escrita de la comisión nombrada por R. D. de 10-X-1889*, II, Madrid, 1890, p. 50; A. Gwinner, «La política comercial de España...», en *Textos olvidados*, p. 327, y *Annuaire statistique de la France, 1966. Résumé rétrospectif*, p. 190.

69. El tratado, que lleva la fecha de 6 de febrero de 1882, redujo los derechos de entrada sobre el vino español de 3,5 a 2,0 francos por hectólitro, hasta un grado alcohólico de 15,9 (A. Gwinner, «La política comercial de España en los últimos

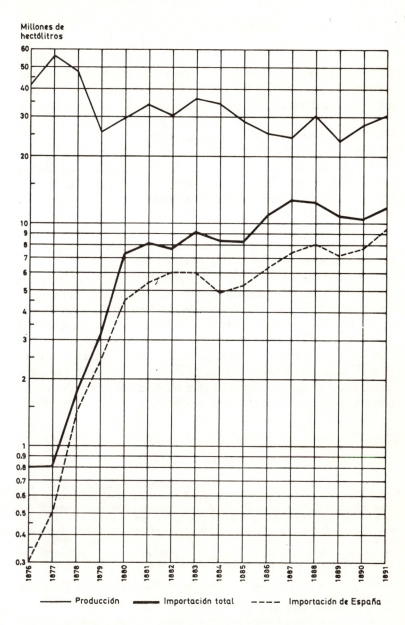

Millones de
hectólitros

Producción e importación de vinos en Francia

Sin embargo, la euforia (que en Cataluña dio lugar a una etapa de opulencia y especulaciones, conocida con el nombre de «fiebre de oro») no duró siempre. Málaga resultó filoxerada a partir de 1876, Gerona de 1879, Orense de 1881. A partir de estos tres vértices, tan distantes entre sí, la plaga fue avanzando hacia el interior, con la misma lentitud y la misma perseverancia con que lo hiciera en Francia. En 1892, cuando el mal ya llevaba hechos grandes estragos en la península, el último país, en trance de recuperación, denunció el tratado de 1882. No más facilidades a la entrada de vinos españoles, cuya producción, por lo demás, empezaba a disminuir. En España, pérdida de cosechas, descenso de los cursos, dramático despertar a la realidad más dura. El porcentaje de labradores dentro del cupo emigratorio, que había sido de 54,4 en 1892, se elevó a 73,6 el año siguiente. En la provincia de Tarragona, la comarca del Priorat, en donde la viña había alcanzado el carácter de monocultivo, perdió la quinta parte de sus habitantes entre los censos de 1887 y 1900.[70]

La expansión secular cambió de signo. En términos globales, las 1.706.501 ha de viña contadas por la Junta Consultiva Agronómica en 1889, se hallaban reducidas a 1.367.845 en 1907, fecha en que la replantación con pies americanos, inmunes a la filoxera, tocaba a su término.[71] El vino, que de 1851 a 1890 «había ocupado el primer rango entre todos los capítulos de las ventas españolas al exterior»[72] sería, en adelante, incapaz de recuperar ese papel. Las cepas americanas, mucho más delicadas que las europeas destruidas por la filoxera, producen a unos costes superiores a los de antes. El be-

---

decenios», dentro del vol. *Textos olvidados*, presentación y selección de Fabián Estapé Rodríguez, Instituto de Estudios Fiscales, Madrid, 1973, p. 274; la edición original de este trabajo, en italiano, había salido en la *Biblioteca dell'Economista*, 4.ª serie, vol. I, parte segunda, Turín, 1897, pp. 95-143). En compensación, las manufacturas francesas debían gozar, al entrar en España, de la cláusula de nación más favorecida. Así, el gravamen sobre los tejidos de lana del país vecino, que ya desde 1877 era mucho más bajo que el cobrado a los paños ingleses —5,6 ptas. por kilo, frente a 8—, quedó establecido en 4,3 ptas. a partir de mayo de 1882. Este trato diferencial obligó a los fabricantes británicos a utilizar la vía francesa para surtir, con mucha mengua por supuesto, el mercado español (S. B. Saul, *Studies in British Overseas Trade, 1870-1914*, Liverpool, 1960, p. 141, n. 2).

70. J. Iglésies, *La crisi agrària de 1879-1900: la filloxera a Catalunya*, Edicions 62, Barcelona, 1968, p. 280.

71. Schveitzer, *Notes sur la vie économique...*, p. 160.

72. J. Vicens Vives, *Historia social y económica de España y América*, IV: *Burguesía, industrialización, obrerismo*, Barcelona, 1959, p. 236, basándose en los datos recogidos por J. Plaza Prieto, «El desarrollo del comercio exterior español desde principios del siglo xix a la actualidad», *Revista de Economía Política*, VI, 1955.

neficio y el incentivo del productor se han reducido sensiblemente.[73]

Crisis de la viticultura, tras la crisis cerealística. A fines del siglo XIX, después de medio siglo de relativo esplendor, el campo español ha agotado las posibilidades abiertas por los cambios de propiedad. La defensa ultrancista del grano nacional, la reconstitución parcial de los viñedos con que se intentará poner fin a las dificultades, prueban que el mal es endógeno, que la esclerosis domina la mentalidad agraria. Las únicas rectificaciones de valor se localizan en el litoral valenciano, desde el río Mijares al río Segura, en donde los naranjos sustituyen masivamente a los viñedos,[74] y en algunas hoyas ibéricas y béticas, en que la remolacha azucarera aprovecha el vacío dejado, desde el desastre colonial, por la caña de las Antillas.[75] En ambos casos —naranjales y remolacha— se trata de cultivos de regadío, de elevado rendimiento, impulsados por unos núcleos de campesinos excepcionalmente dinámicos, así como por una política hidráulica de nuevo cuño (a partir del llamado plan Gasset, de 1902), orientada, de una vez, hacia la fecundación del suelo.

Para colmo, la crisis agrícola se dobla, además, de crisis pecuaria. La extensión de los cultivos, tras las medidas desamortizadoras y desvinculadoras, ha ejercido perjudicial influencia sobre el desarrollo ganadero. En 1887, la comisión oficial encargada de dictaminar acerca de una y otra se expresa sin vacilaciones: «Que la riqueza pecuaria viene desde el cambio de régimen económico y político en nuestra patria en sucesivo y constante descenso, es un hecho por todos conocido. La inmensa masa de bienes que la desamortización civil hizo pasar a manos de particulares; la supresión de los baldíos y realengos, y las roturaciones de terrenos, fueron cada vez con ímpetu más invasor estrechando la zona de los pastos y abrigos en que la ganadería hallaba sostenimiento y vida. Todo lo que los nuevos cultivos ganaban, toda la actividad que la iniciativa particular adquiría para convertir en tierras de labor los terrenos que sólo habían servido antes para aprovechamiento de pastos, redundaba en perjuicio de la existen-

---

73. En el Penedès, los costes medios de producción y los precios medios de venta de una carga de vino han evolucionado como sigue:

	1810 a 1859	1860 a 1889	1890 a 1917	1918 a 1935
Coste de producción (ptas.) . .	12	14	17	28
Precio de venta (ptas.) . . .	22,3	25,23	20,43	27,5

FUENTE: Giralt, "Evolució de l'agricultura...", pp. 170-171.

74. Schweitzer, *Notes sur la vie économique...*, pp. 236 ss.
75. *Ibid.*, pp. 389 ss.

cia de los ganados».[76] A la postre, el desequilibrio entre agricultura y ganadería resultaba tan grande, que la primera podía acabar siendo víctima de su propia extensión: «la minoración que todas estas causas determinan en los ganados contribuye a que, por carencia de abonos y labores, vayan esterilizándose algunas tierras, como sucede en ciertas comarcas del Alto Aragón».[77] Como ha sentenciado un autor contemporáneo, con referencia precisa a los baldíos de los pueblos, «el enorme error de la política de roturaciones consistió en haber tomado en consideración solamente los rendimientos por hectárea. Los resultados ya nos son conocidos: pasada la euforia de los primeros años, la producción cerealista de estas tierras es inferior a la de su rentabilidad mínima, y ha producido el empobrecimiento de los que las cultivan. Además, se ha privado a los ganados de sus pastos, rompiendo el equilibrio agropecuario de la economía rural y reduciendo, en fin, la producción de estiércol. Estos hechos son obvios dentro de la moderna técnica agraria, y ya hace muchos años han saltado incluso al campo de la política, donde se viene predicando una liberación del arado de muchas tierras que sólo incultas —la paradoja es rigurosamente cierta— son productivas».[78]

Dentro de la crisis pecuaria destaca la del rebaño de ovinos. Los carneros, símbolo tradicional de la cabaña española, se degradan y se reducen en el curso de la centuria. El hecho tendrá hondas repercusiones sobre el comercio exterior. La lana, que desde el siglo XIV formaba el principal renglón de las exportaciones hispanas, cede el primer lugar a los vinos y a los minerales. Su participación, en valor, dentro del conjunto de las salidas desciende de 31,9 por ciento en 1792, a 10,9 por ciento en 1827, a 9,3 por ciento en 1850 y a 2,2 por ciento en 1913.[79] Por negligencia o por lo que fuera, el país ha sido incapaz de mantener la exclusiva de la vieja raza merina. Ejemplares de la misma fueron introducidos en Suecia en 1725, en Sajonia en 1765, en Austria en 1775, en África del Sur en 1782, en Prusia y en Wurtenberg en 1786, en Piamonte en 1793, en Inglaterra... La diáspora adquirió caracteres masivos cuando, por el Tratado de Basilea (julio de 1795), «se reservó el Directorio de Francia la facultad de sacar de la península cinco mil ovejas y quinientos

76. *La crisis agrícola y pecuaria*, I, 1887, p. 361.
77. *Ibid.*, p. 366.
78. Nieto, *Bienes comunales*, pp. 138-139.
79. Los datos de 1792 y 1827 proceden del artículo de Fontana, «Colapso y transformación del comercio exterior...», pp. 11 y 12. Los de 1850 y 1913 los he calculado directamente, a partir de las balanzas respectivas (*infra*, p. 228).

moruecos en cinco años consecutivos».[80] Pero el enraizamiento más firme fue el que se produjo en Sajonia, en donde «con ensayos, combinaciones de pastos y otras medidas ignoradas o despreciadas por nosotros, [los alemanes] han formado, digámoslo así, una primera materia de lanas de circunstancias más apreciables que las nuestras».[81] A principios del siglo XIX los vellones españoles tienen, en efecto, «demasiado nervio, poca sedosidad, grande medro, mucho levante de pelo, menos unión de éste, y más grueso con respecto a las lanas elegidas extranjeras, y especialmente a las sajonas».[82] A partir de 1814 esos inconvenientes se acentúan, por el deseo de reparar las grandes pérdidas numéricas ocasionadas por la guerra de la Independencia (¿un tercio de todo el rebaño?), con sacrificio de la calidad a la cantidad.[83] De modo que, a pesar de venderse más caras, las lanas sajonas destronan a las lanas españolas en el mercado de Londres, desde 1821.[84] Las estadísticas británicas reflejan puntualmente el descenso de las importaciones españolas, de 1796 a 1840.[85] Las estadísticas españolas precisan, por su parte, que de 1849 a 1880, sumando todos los destinos, las expediciones de lana alcanzan tan sólo la media de 3.478 t por año,[86] cifra inferior en una tercera parte a las cantidades también promedias exportadas durante los siete quinquenios comprendidos entre 1749 y 1793, para los que «hay números ciertos».[87] Para detener la caída, una real orden de 22 de junio de 1827 apela a criterios antiguos, reforzando la prohibición de sacar moruecos y ovejas. Sin embargo, antes de que hayan transcurrido siete años, un real decreto de 20 de enero de 1834 re-

---

80. B. A. Zapata, *Noticia del origen y establecimiento increíble de las lanas finas de España en el extranjero, por culpa nuestra en no haber impedido mejor la extracción de nuestro ganado lanar*, Imp. de José del Collado, Madrid, 1820, p. 20, y J. F. Bourgoing, *Tableau de l'Espagne Moderne*, 3.ª ed. corregida y aumentada, III, París, 1803, pp. 77 ss. En 1785 Bourgoing medió personalmente en el envío de 360 cabezas, regalo del rey de España al de Francia, y origen del famoso «troupeau de Rambouillet».

81. B. F. de Gaminde, *Memoria sobre el estado actual de las lanas merinas españolas y su cotejo con las extranjeras: causas de la decadencia de las primeras y remedio para mejorarlas*, Aguado, Madrid, 1827, p. 14.

82. *Ibid.*, p. 51.

83. *Ibid.*, pp. 35-36.

84. *Ibid.*, pp. 9-12 (precios de venta) y 62-63 (cantidades vendidas).

85. B. R. Mitchell y Ph. Deane, *Abstract of British Historical Statistics*, Cambridge, 1962, pp. 191 y 192.

86. *Información sobre las consecuencias que ha producido la supresión del derecho diferencial de bandera y sobre las valoraciones y clasificaciones de los tejidos de lana*, III, Madrid, 1883, p. 47.

87. L. Figuerola, *La reforma arancelaria de 1869*, Madrid, 1879, pp. 191-192. Durante cada uno de dichos 35 años la «cantidad promedia representa 5.217,95 toneladas métricas».

niega de la «equivocada idea de que la España pudiese monopolizar la riqueza pecuaria» y permite la extracción de los merinos, aunque con derechos elevados.[88] Todo es igualmente inútil. A contar de 1841, España tiene que admitir incluso la entrada de lana sajona «con el nombre de "primas electorales" para disimular el destronamiento de las merinas, con destino a la elaboración de géneros superiores».[89] Luego, en 1849, se admitirá «la peinada y la larga para estambres, pero con derechos que hacían difícil su adquisición». Por último, «en 1862 se franqueó la entrada sin escrúpulos. Desbrozado el terreno, sin obstáculo que lo embarace, la reforma de 1869 redujo considerablemente los valores y los derechos».[90] Baste decir que por dos veces, en 1874 y en 1876, las importaciones superaron a las exportaciones. En el caso del rebaño de ovinos, la desamortización —especialmente la de los bienes comunales— ha acentuado una decadencia iniciada con anterioridad.

En el extremo opuesto, el esplendor del ganado mular constituye el reverso de la medalla. El recurso a esta especie bastarda por los agricultores castellanos tenía precedentes antiguos: «la escasez de brazos para las labores del campo que determinaron las emigraciones a América, produciendo a su vez la de los productos rurales, debió generalizar la costumbre de arar con mulas, supliendo de este modo, por las más tierras que éstas revuelven, el uso lento, aunque tan productor, de los bueyes».[91] Los mulos tenían la ventaja de su fuerza, resistencia y agilidad, que les hace igualmente útiles para la labranza, la carga o el tiro. En contrapartida, resultaban caros de compra y manutención, ofreciendo además el grave inconveniente de unas labores someras y atropelladas, demasiado superficiales para no comprometer el rendimiento de las cosechas. A mediados del siglo XVI, la falta de mano de obra, coincidente con el fenómeno de ampliación de los cultivos, había introducido esa innovación técnica. En el siglo XIX, sin haber escasez de mano de obra, la nueva práctica de los rompimientos extendió el recurso. En uno y otro tiempos, los clamores de los entendidos fueron idénticos. En el primero, Juan de Arrieta había calificado la labor de las mulas de «mala, pestilencial y muy

88. Un ejemplar de este decreto se halla entre los papeles de la Junta de Comercio de Barcelona, caja 111.

89. Figuerola, *La reforma arancelaria de 1869*, p. 106.

90. *Ibid.*, p. 107.

91. *Informe sobre la mejora y aumento de la cría caballar, dirigido al Supremo Consejo de la Guerra por los Tenientes generales don A. Amor, don Manuel Freyre, el marqués de Casa Cagigal y el mariscal de campo don D. Ballesteros...*, Barcelona, 1818 (citado en *La crisis agrícola y pecuaria*, I, p. 370).

perniciosa», frente a la de los bueyes, «buena, útil y maravillosa», señalando el término de esta última como «la causa y total perdición de España».[92] Tres siglos más tarde, otro agrónomo distinguido denunciaría el trabajo de los mulos como «uno de los más fatales vicios de nuestra agricultura».[93]

La puesta en circulación de la propiedad amortizada, medida que hemos calificado de «revolucionaria» desde el punto de vista de la Hacienda, se nos aparece, por el contrario, como medida inmovilista, opuesta a la revolución, cuando se mira bajo el prisma social y económico. Como acaba de mostrar Fontana, en su espléndido esfuerzo por tipificar el caso español, la reforma agraria decimonónica no se ajustó aquí al modelo francés (acceso efectivo del campesino a la tierra), sino más bien a la denominada «vía prusiana» de transición del feudalismo al capitalismo, «caracterizada por una solución de compromiso, en virtud de la cual la aristocracia latifundista y el estado controlado por ella otorgan, *desde arriba*, una reforma que permite adaptar la agricultura a las exigencias de la economía moderna, sin alterar sustancialmente la posición de las viejas clases dominantes».[94] Es decir, no verdadera revolución, sino mera «reforma liberal», que otorga la libertad a la persona del campesino pero le aleja de la propiedad de la tierra, que debiera servirle de sostén. En definitiva, una reforma agraria realizada contra los débiles, a quienes no queda otro recurso que la filiación al tradicionalismo, la revuelta o la expatriación, y a favor de los poderosos, que confían la defensa de sus intereses al nuevo partido moderado, «padre legítimo del que hoy [1915] se llama *liberal* conservador: es decir, liberal de aquel *liberalismo* que hizo ricos a sus secuaces, y *conservador* por lo que interesa conservar».[95]

Apuntadas las características de la reforma agraria española en el siglo xix, queda por analizar la incidencia de la misma sobre el proceso de crecimiento económico, en particular sobre el desarrollo de la industria. A tenor de la pauta señalada por el caso inglés,[96] los

92. J. de Arrieta, «Despertador», diálogo II, en G. Alonso Herrera, *Agricultura general*, IV, Madrid, 1819, p. 219, citado por Josefina Gómez Mendoza en su trabajo, excelente, sobre «Las ventas de baldíos y comunales en el siglo xvi. Estudio de su proceso en Guadalajara», *Estudios Geográficos*, n.º 109, 1967, p. 506.

93. Caballero, *Fomento de la población rural*, p. 83.

94. Fontana, *Cambio económico y actitudes políticas...*, p. 150.

95. Senador, *Castilla en escombros...*, pp. 25-26.

96. Cf. especialmente los trabajos de E. L. Jones, *Agriculture and Economic Growth in England, 1680-1815*, Londres, 1967, y «Le origini agricole dell'industria», en *Agricoltura e sviluppo del capitalismo. Atti del Convegno organizzato dall'Istituto Gramsci (Roma, 20-22 aprile 1968)*, Roma, 1970, pp. 292-316. También, el artículo de

puntos a examinar serían tres: la oferta de alimentos y de materias primas, la liberación de factores de producción (capital y trabajo), la formación de un mercado para los productos manufacturados. De hecho, como ya se ha insistido en la baja productividad agraria, que impidió la formación de excedentes baratos, así como en el empobrecimiento del campesinado, que hubo de limitar los consumos, el examen puede ceñirse a la liberación de factores productivos.

A lo largo del siglo XVIII la tierra había generado una corriente de ingresos en aumento que, no obstante, por el sistema de relaciones de producción imperante, fueron a parar a manos de unos propietarios poco dinámicos, sin necesidad y, por consiguiente, sin interés por impulsar otros ramos de riqueza. Favorecidos por la coyuntura alcista, sobre todo a partir del cuarto decenio, los señores laicos y eclesiásticos se contentaron con consumir sus rentas en gastos improductivos, como el lujo, la edificación o la beneficencia. La única salvedad se dio en Cataluña, en donde el arrendamiento de los derechos señoriales, elevado a norma corriente, permitió canalizar hacia otras actividades una parte considerable de los ingresos de la tierrra. En el curso del siglo XVIII catalán estos ingresos se multiplicaron por cinco, mientras los precios lo hacían únicamente por tres. La diferencia entre los dos multiplicadores traduce una expansión agraria importante. Gracias al sistema de percepción de los derechos, los beneficiarios de la misma fueron numerosos y variados. Entre 1715 y 1808, por ejemplo, la cantidad de socios integrantes de las compañías arrendatarias de los derechos señoriales tocantes a fincas del rey se elevó a un millar —239 agricultores acomodados y propietarios, 264 miembros de profesiones comerciales, 10 títulos honoríficos o administrativos, 74 miembros de profesiones liberales y más de 400 menestrales urbanos o rurales—, de los que el 41 por ciento eran barceloneses.[97] Por ese conducto, que algunas compañías extendieron a Aragón y Valencia, una porción de los beneficios agrícolas fue a integrarse en los capitales del comercio y la industria.[98] De hecho, no hubo ninguna organización familiar más

---

B. F. Johnston y J. W. Mellor, «The Role of Agriculture in Economic Development», *American Economic Review*, 1961.

97. P. Vilar, *Catalunya dins l'Espanya Moderna. Recerques sobre els fonaments econòmics de les estructures nacionals*, III: *Les transformacions agràries del segle XVIII català. De l'impuls de les forces productives a la formació d'una burgesia nova*, Barcelona, 1966, pp, pp. 481-549.

98. Un ejemplo concreto de esa integración, el de Josep Cortadelles y Cía., de Calaf (comarca del Anoia), administradores de diezmos y encomiendas en pueblos de Teruel y partícipes en los arrendamientos de los derechos del ducado de Cardona, que acaban invirtiendo los recursos obtenidos de esta forma en operaciones de envíos de mercan-

o menos duradera, montada para el cobro remunerador de los derechos en cuestión, que, al lado de un padre o hermano mayor campesino, no contase con un hijo o hermano cadete establecido como menestral, tendero o comerciante en alguna villa o ciudad.[99] En definitiva, la peculiaridad catalana, tan beneficiosa, contrasta con el sistema «castellano» de percepción directa, por los propios titulares, de los derechos señoriales. Entre ambos, merece una cita el régimen gallego en el que la generalización del subforo introduce la figura del medianero, situado entre el colono y el señor, que participa efectivamente de la renta señorial pero, falto de oportunidades o de espíritu de empresa, es incapaz de invertir en actividades productivas, «a la catalana»; en vez de ello, el subforero se limita a construir pazos o a hacer fructificar sus ahorros mediante préstamos más o menos usurarios, ajustando su vida al modelo de vida de la nobleza.[100]

¿Cambiaron las cosas en la segunda mitad del siglo XIX, después de las reformas liberales de Mendizábal y de Madoz? Ya hemos visto que los beneficiarios de ellas fueron, en parte, los que debieran haber sido sus víctimas, lo que implica que, de hecho, salió fortalecido el sistema tradicional, tan nefasto. Pero aún hubo más: a partir de las desamortizaciones, se dio el fenómeno inverso al que estamos indagando, esto es, el trasvase de capitales desde la economía urbana hacia la economía rural. La gran oferta de tierras en condiciones de pago muy ventajosas desvió hacia la propiedad unos recursos financieros que, de otro modo, hubieran podido dedicarse a la industria. Este elemento perturbador, que jugó un poco en todas partes, habría tenido un peso especial en la no industrialización del País Valenciano, territorio en el que, a la compra de tierras, se añadieron las crecidas exigencias financieras de una agricultura nueva, más intensiva que la de antes y, sobre todo, empeñada en modificar cualitativamente la infraestructura de la producción.[101] En definitiva, la tierra sólo parece haber sido un medio, indirecto, de movilización de capitales —parcialmente urbanos— con destino al desarrollo económico en el caso

cías a América, ha sido documentado por J. Fontana en «Comercio colonial e industrialización: una reflexión sobre los orígenes de la industria moderna en Cataluña», en J. Nadal y G. Tortella, eds., *Agricultura, comercio colonial y crecimiento económico en la España contemporánea*, Ariel, Barcelona, 1975.

99. Vilar, *Catalunya dins l'Espanya Moderna*, III, p. 544.

100. Cf. el libro de J. García-Lombardero, *La agricultura y el estancamiento económico de Galicia en la España del antiguo régimen*, Madrid, 1973, especialmente el cap. VI: «Contrastes regionales en la España del siglo XVIII. La canalización de los excedentes agrarios y las posibilidades de inversión».

101. E. Giralt Raventós, «Problemas históricos de la industrialización valenciana», *Estudios Geográficos*, XXIX, 1968, pp. 369-395.

de los bienes comunales, desamortizados a partir de 1855, cuyo producto sirvió para atender a las necesidades de la deuda, pero también para hacer efectivas las ayudas o subvenciones a las compañías concesionarias de ferrocarriles.

La liberación de brazos —el otro factor de producción eventualmente afectado por la reforma agraria española— empieza a ser aclarada, en lo que se refiere a Andalucía, por los trabajos de Bernal. Durante la vigencia del señorío, la norma había sido la gran explotación agraria, cedida en arrendamiento a colonos, que formaban en la Bética auténticos linajes de campesinos, transmitiéndose la finca de padres a hijos. Junto a ella, el resto del dominio señorial venía siendo cultivado por el sistema de parcelas, cedidas bien en arrendamientos largos, por medio de censos enfitéuticos o reservativos, bien en arrendamientos cortos, por un período de cuatro a seis años. Desde 1837, al convertirse el señorío en propiedad privada, los nuevos amos —antiguos señores— empezaron a responder al aumento de la demanda de tierras mediante la anexión de las parcelas a la finca principal. El hecho, que favoreció aún más a la clase de los grandes arrendatarios, significó, en contrapartida, la desaparición de los colonos cultivadores de parcelas, reducidos de esta forma a la condición de simples jornaleros. Así, la ley que abolió el régimen señorial liquidó al mismo tiempo a la clase media campesina, precipitando, en último término, el proceso de proletarización del campo andaluz. La clase de los braceros del campo, ya en aumento por el agotamiento de los comunales y de las tierras por romper en las localidades de realengo, desde mediados del siglo XVIII, salió reforzada como consecuencia de los cambios legales introducidos al comenzar el segundo tercio del siglo XIX.[102]

A partir de 1855, la desamortización de los comunales había de añadir otro elemento decisivo al deterioro de la situación rural: Por una parte, al verse privados de los bienes de propios, con cuyas rentas nutrían sus arcas, los municipios se vieron obligados a cargar sobre los lugareños una serie de impuestos, arbitrios y tributos, inexistentes antes. De otra, a pesar de haber sido exceptuados de la venta, los bienes de aprovechamiento vecinal fueron entrando en ella en virtud de las presiones de los poderosos, de la confusión del texto legal y de la debilidad o ineficacia de los concejos. El 11 de julio de 1855 se había concedido el plazo de un mes para la oportuna declaración de bienes de común aprovechamiento, a mantener

---

102. Cf. los trabajos citados *supra,* p. 63, nota 24.

intocados. La mayoría de las localidades no la hicieron. El tiempo fue pasando entre prórrogas y usurpaciones, hasta que la ley de 8 de mayo de 1888 consideró decaídos de sus derechos a los pueblos que no hubiesen acudido a la defensa de las tierras de común aprovechamiento.[103] Cantidad de baldíos pasaron a engrosar de esta forma la masa de bienes adquiribles. Los vecinos, que hasta entonces y gracias a las múltiples formas de labranza en común habían podido contar con el disfrute de la parte correspondiente en las tierras concejiles, «se vieron súbitamente convertidos en jornaleros y braceros eventuales de sus adquirentes y sujetos al salario de hambre que la oferta y la demanda, unidos a la omnipotencia de éstos, les impusiera».[104] En el quinquenio 1876-1880 la media de las superficies aprovechadas en montes comunales y dehesas boyales ascendió a 4.800.000 ha. En 1896, tales superficies se habrían reducido a 4.100.000 ha. En 1950, los bienes comunales, tanto montes como cultivos, de los municipios no pasaban de 2.711.000 ha.[105]

La proletarización puso en franquía la expulsión. Mientras el arancel fue suficiente para asegurar la reserva del mercado nacional, las exigencias del cultivo retuvieron a la mayor parte de la mano de obra campesina. Cuando, por el contrario, la competencia de los granos importados se hizo irresistible y las tierras quedaron incultas, la mano de obra asalariada —y una buena porción de los pequeños campesinos propietarios— tuvo que buscarse empleo en los núcleos industriales o en el extranjero. En Castilla, «los partidos judiciales de Medina del Campo, Valoria, Lerma, Peñafiel, Nava del Rey, Briviesca, Roa y otros innumerables, lanzaron sobre las ciudades trenes enteros de cultivadores arruinados».[106] De 1882 a 1913 la emigración transoceánica española dio, en términos oficiales muy inferiores a la realidad,[107] la cifra de 2.807.239 salidas, de las cuales cerca de un millón fueron estimadas como pérdida neta. Estas cantidades, a relacionar con los 19,9 millones de habitantes contados en 1910, son expresión de un movimiento incontenible, de dimensiones excepcio-

---

103. La efectividad de esta ley, en el caso salmantino, viene atestada por el estudio inédito de R. Robledo, *Aproximación a una sociedad rural de Castilla durante la Restauración*, presentado como tesina de licenciatura en la Facultad de Letras de la Universidad Autónoma de Barcelona, en junio de 1973.
104. Viñas Mey, *La reforma agraria...*, p. 43.
105. Nieto, *Bienes comunales*, p. 871.
106. Senador, *Castilla en escombros...*, p. 115.
107. Las estadísticas emigratorias de la época, identificadas con las de pasajeros por mar, omiten, cuando menos, a los españoles embarcados en puertos portugueses y franceses, que eran numerosos.

nales. Pueblos enteros desaparecieron del mapa, por desagregación o por traslado en bloque. El caso más resonante fue el de Boada, en el partido de Ciudad Rodrigo (Salamanca), cuyos 300 vecinos (distribuidos en 260 jornaleros y 40 labradores) se ofrecieron en 1905 al presidente de la República Argentina. La publicación de la carta de ofrecimiento por el diario *La Prensa* de Buenos Aires, dio lugar a un alegato patriotero del santón tradicionalista Ramiro de Maeztu. La réplica de los boadenses dejó las cosas en su sitio: «La patria no da tierras [...] nos han vendido los pastos, las leñas, los huertos, las heras; el patriotismo consiste en comer y en dar de comer a sus hijos».[108]

La reforma agraria cumplió la función de liberar brazos para la industria. Una pequeña parte de esos brazos contribuyó sin duda al crecimiento de Barcelona o de Vizcaya. El resto, o permaneció subempleado en el sector agrario de origen, o hinchó con exceso los efectivos urbanos, o cruzó la frontera en busca de otros horizontes. La oferta de mano de obra abundante y barata, imprescindible en todo fenómeno de desarrollo económico, es una condición necesaria pero no suficiente. La industrialización es un proceso global, que no admite la eclosión del factor trabajo frente a la atrofia del factor capital o al estancamiento del mercado. Esa atrofia y ese estancamiento han sancionado durante mucho tiempo el retraso económico de España.

---

108.   Reproducido en el trabajo de Robledo.

Capítulo **4**

LA DESAMORTIZACIÓN DEL SUBSUELO

La revolución de septiembre de 1868 encontró a la Hacienda Pública en gravísimo estado. Un primer cálculo del nuevo ministro del ramo, Figuerola, cifró el déficit en 2.490,6 millones de reales, la mitad de ellos debidos a la Caja de Depósitos, cerrada inmediatamente por el gobierno provisional. Además de los ingresos ordinarios de los presupuestos, en pocos años se habían consumido casi todos los productos de la desamortización del suelo, las considerables cantidades afluidas a la mencionada Caja y las importantes sumas recibidas en concepto de anticipaciones de fondos. Después de haber sido convertida por Bravo Murillo, en 1851, el capital de la deuda había vuelto a crecer en un 50 por ciento, de 1860 a 1868 (en esta fecha ascendía a 22.109 millones de reales), y los intereses casi en un 130 por ciento (ascendiendo a 590,6 millones). Entre las obligaciones más apremiantes figuraban los vencimientos, antes de terminar el año, de varios plazos correspondientes a contratos de anticipaciones de fondos realizados por casas extranjeras (entre ellas, Fould y Cía., de París), por un importe de 343 millones.[1]

Por desgracia, la crisis no afectaba sólo a la tesorería. Cuatro años de sequía y de malas cosechas habían arruinado el agro; el colapso de 1866 había producido un total desquiciamiento financiero; la insurrección de Cuba aumentaba el gasto público y reducía, al mismo tiempo, la llegada de dinero de Ultramar... El aumento de la presión tributaria, especialmente difícil en tales circunstancias, chocaba, por otra parte, con los postulados político-sociales de la revolución, que ya habían exigido el término del odiado, cuanto rediticio,

---

1. *Colección Legislativa de España* (*CLE*), C (2.° semestre 1868), Madrid, 1868, pp. 500-505.

impuesto de consumos que gravaba las mercancías a la entrada de cada municipio. Los mismos principios vedaban, por último, el recurso, tan fácil como peligroso, a la inflación monetaria. De esta forma, el gobierno no tuvo otra salida que pedir prestado.[2] A fines de octubre de 1868 ya declaraba abierta la suscripción de un empréstito en bonos del Tesoro por valor de 2.000 millones, garantizados por los banqueros extranjeros.

El coste de la operación había de ser muy oneroso. Como los títulos públicos se cotizaban entonces muy por debajo de la par, el empréstito tuvo que darse al tipo del 80 por ciento con interés del 6. Por otra parte, el Estado se comprometía a amortizar los bonos en un plazo máximo de veinte años, y por todo su valor nominal. De modo que el interés verdadero resultaba ser aproximadamente del 10 por ciento, que era el que más o menos correspondía al estado del crédito hispano. «La baratura del capital —confesaba con amargura el decreto de emisión— es un privilegio de los pueblos ricos y poderosos.»[3]

Para atender a las nuevas cargas que el empréstito haría pesar sobre el Tesoro en los años inmediatos, el país, «además de la garantía general apreciada en los mercados extranjeros», contaba con «algunos recursos especiales, independientes de los que proporcionará la reforma radical, pero gradual y sucesiva, de nuestro sistema económico y rentístico». La relación de tales recursos incluía: los pagarés de bienes desamortizados que sirven de garantía y que se rescatarán al terminar los contratos a que están afectos; los pagarés de bienes vendidos y que están todavía disponibles en tesorería; el valor de los bienes desamortizados no vendidos aún; el valor de los bienes del patrimonio de la corona y el de los montes y *minas* del Estado. Las cinco partidas, calculadas en las circunstancias más desfavorables, debían producir una suma mínima de 2.110 millones de reales, de los que 350 tocaban a los montes y minas aludidos. Estas cantidades debían consagrarse especialmente al pago de los intereses y amortizaciones del empréstito, estimándose «como seguro que la realización de las ventas dará un producto muy superior al que se ha calculado», no siendo «infundado esperar que en los siete primeros años se amortizará por lo menos la mitad del empréstito. Este plazo parece suficiente para que las reformas políticas y económicas cambien la manera de ser del país, y aumentando su riqueza, eleven el producto de

2. J. Fontana, *La vieja Bolsa de Barcelona, 1851-1914*, p. 38.
3. *CLE, C*, p. 506.

los impuestos, sin mayores cargas, y antes por el contrario, con alivio del contribuyente. La supresión de los monopolios, estancos y prohibiciones, la reforma liberal de los aranceles aduaneros, la destrucción de las trabas innumerables que se oponen al desarrollo de la asociación, de la industria, del tráfico y del crédito, la difusión por la libertad de enseñanza de los conocimientos útiles, el orden y la descentralización administrativa; la unidad de fuero, la reducción del ejército; la economía de todos los gastos que no sean absolutamente necesarios [...] causas son todas de grandísima fuerza para dar nueva y poderosa vida al pueblo español».[4]

Desde el punto de vista de la minería, el programa del gobierno provisional presentaba dos puntos de máximo interés. Por una parte, la adscripción de los criaderos del Estado a la amortización del empréstito; de otra, el incremento de la riqueza —sin excluir la del subsuelo— como medio más adecuado para aumentar la materia impositiva y, en última instancia, las utilidades del sistema tributario. Para hacer efectivos esos principios hubo que imprimir un giro de noventa grados a la legislación minera.

Tras un largo período de negligencia estatal, la ley de minas de 4 de junio de 1825 había reafirmado el principio regalista, impuesto por las famosas Ordenanzas de Felipe II, de 1584. De acuerdo con él, todos los yacimientos pertenecían a la corona, la cual reservaba para la Real Hacienda la explotación de los más ricos y podía conceder a terceros la de los restantes. Por yacimientos más ricos se entendía: las minas de azogue de Almadén, las de cobre de Riotinto, las de plomo de Linares (Arrayanes) y de Falset, las de calamina de San Juan de Alcaraz, las de azufre de Hellín y Benamaurel y las de grafito o lápiz plomo de Marbella;[5] más tarde se añadieron las minas de hierro que «en Asturias y Navarra están destinadas al surtido necesario de las fábricas nacionales de armas y municiones», «las de carbón situadas en los concejos de Morcín y Riosa, en la provincia de Oviedo, acotadas para el servicio de Trubia»[6] y «las de sal que en la actualidad el Estado beneficia en diferentes puntos del reino».[7] La distinción que precede entre minas reservadas y no reservadas, y

4. *Ibid.*, pp. 506-507.
5. Artículo 32 de la ley de 1825 (cf. *Decretos del Rey N. Sr. Don Fernando VII*, X, Madrid, 1826, pp. 204 ss.).
6. Artículo 32 de la ley minera de abril de 1849 (cf. *CLE*, XLVI [1.er cuatrimestre 1849], Madrid, 1849, pp. 321 ss.).
7. Cap. XI de la ley minera de 1859 (cf. *CLE*).

la lista de las primeras, denotaban una visión arcaica, plasmada sobre el pasado, del emporio minero español.

Las nuevas leyes mineras de 21 de abril de 1849 y de 11 de julio de 1859 sustituyeron la propiedad del monarca por el dominio público: «todas las minas pertenecen a la nación, ya las explote por sí, ya las ceda con ciertas garantías a particulares». De iure, las minas se convertían en bienes nacionales. Progreso notorio en el terreno de los principios,[8] aunque poco efectivo en el de los hechos, por la permanencia de los criaderos reservados y por el mantenimiento de las barreras opuestas a la concesión de los demás.

La Gloriosa se propuso acabar con estas rémoras. En contra de la primera, decidió usar efectivamente de la ley de desamortización de 11 de junio de 1856, que previno que la venta de minas del Estado había de ser objeto de leyes especiales. Como explicaría L. Figuerola al presentar a las Cortes su proyecto de ley sobre enajenación de las minas de Riotinto: «el proyecto de enajenación de las fincas mineras nacionales no es nuevo en este augusto recinto. En 1851, 1855 y 1856, se sometieron a la alta decisión de las Cortes proyectos análogos de ley, proponiéndose en unos la desamortización de todas las minas explotadas por el Estado y exceptuando en otras las tan célebres cuanto productivas de Almadén [...]. Los frecuentes cambios políticos ocurridos en nuestra combatida patria dieron lugar a que aquellos proyectos no llegaran a sancionarse».[9] Triunfante la revolución de septiembre, la ley de 25 de junio de 1870, que dispuso la venta en pública subasta del establecimiento de Riotinto,[10] sancionó la decisión del nuevo régimen de soltar las amarras y abandonar la nave minera a su propio curso.

La intención desamortizadora fue igualmente firme en el caso de las minas no reservadas. Hasta entonces las concesiones habían tenido que gestionarse en Madrid, y habían estado siempre sujetas a la posibilidad de la «denuncia». Las «Bases generales para la nueva legislación minera», de 29 de diciembre de 1868, delegaron, por el contrario, la facultad de «conceder» en los gobernadores civiles de las provincias, sin trámites previos (calicatas, investigaciones, etc.) y, lo que es más importante, confirieron carácter perpetuo, sin más posibilidad

---

8. A. Nieto ha señalado la confusión a que se presta el concepto de «dominio público», categoría lógica desprovista de sustancia jurídica (Bienes comunales, pp. 2, 3 y 296).

9. Diario de Sesiones de las Cortes Constituyentes, X, Madrid, 1870, pp. 6797-6798.

10. CLE, CIII (1.er semestre 1870), Madrid, 1870, pp. 1096-1097.

de ser «denunciadas», a las concesiones. Antes, admitido el registro, el interesado disponía de noventa días para habilitar una labor de pozo o cañón, a lo menos de diez varas castellanas; en otro caso, de no cumplir el compromiso, podía ser «denunciado» y perder, sin más, la concesión tan difícilmente conseguida.[11] Desde 1869, no más amenaza de despojo: el simple pago del canon era garantía de permanencia; en la práctica, los concesionarios pasaban a ser verdaderos propietarios.

El deseo, por parte del legislador, de convertir la concesión en auténtica propiedad aparece explícita y reiteradamente en el preámbulo de las bases. Para que exista «seguridad para explotar», se establece que «las concesiones sean perpetuas y que constituyan *propiedades firmísimas*, de las que bajo ningún pretesto puedan ser despojados sus dueños, mientras que paguen las cuotas correspondientes». «En cuanto al temor de que, una vez concedida la mina, el dueño de ella la pudiera dejar inesplotada, es de todo infundado, porque, en primer lugar, la cuota que anualmente paga es un estímulo al trabajo; estímulo aún mayor es su propio interés; y es sobre todo principio absurdo, antisocial y disolvente el de *arrancar a un propietario lo suyo* porque no lo esplota o lo esplota mal, o porque la manera de esplotarlo no satisface a la Administración: con estos principios y con la actual ley de minas, aplicada a las demás industrias, la propiedad desaparecería bien pronto, y España se trocaría en un inmenso taller nacional o en un inmenso caos comunista.» La mina era cedida sin condiciones; el canon estipulado podía considerarse el equivalente de la contribución territorial exigida a la propiedad rústica. En definitiva, las bases de finales de 1868 ajustaron perfectamente el régimen minero a los nuevos postulados políticos: «vender todas las minas o el dominio sobre ellas, dar salida a las sustancias subterráneas y lanzarlas al mercado; arrancarse a la rutina y abrir nuevos caminos a la libertad, son cosas propias de una revolución que sólo con reformas radicales y enérgicas puede forzar el paso por entre las apiñadas y traidoras dificultades que la cercan».

La desamortización del subsuelo ha venido a prolongar la precedente desamortización del suelo. En ambos casos los apuros de la Hacienda han sido determinantes. Desde un principio los gobernantes de la Gloriosa dejaron entrever su voluntad de conseguir la movilización de todos los recursos del país. Constituye un indicio muy expresivo de esa actitud el hecho de que una de las primerísimas disposicio-

11. *CLE*, C, pp. 1055-1067.

TABLA 1

Sociedades mineras en 1913

	Número	Capitales (pesetas)	
Con capital conocido			
Españolas . . .	232	635.470.030	(621.187.684 ptas. corrientes 1.300.000 ptas. oro (1) 11.950.000 francos franceses)
Extranjeras . . .	138	593.991.445	
Británicas . .	52	312.245.539	(11.404.835 £ (2) 4.000.000 francos franceses)
Francesas . .	57	152.361.739	(134.658.000 francos franceses 6.600.000 ptas. oro)
Belgas . . .	26	98.581.727	(91.890.000 francos belgas)
Alemanas . .	1	21.574.973	(20.000.000 francos franceses)
Suizas . . .	2	9.227.467	(8.600.000 francos franceses)
TOTAL . .	370	1.229.461.475	
Con capital desconocido			
Españolas . . .	167		
Extranjeras . . .	27		
Británicas . .	12		
Francesas . .	9		
Belgas . . .	2		
Alemanas . .	2		
Portuguesas .	2		
TOTAL . .	194		

(1) Cambios aplicados: 1 pta. oro = 1,0756 ptas. corrientes.

$$1 £ \quad = 27 \quad » \quad »$$
$$1 \text{ fr. fran.} = 1,0787 \quad » \quad »$$
$$1 \text{ fr. belga} = 1,0728 \quad » \quad »$$

(2) Esta cifra se aparta poco de las que proporcionan las estimaciones inglesas para 1900: 6.500.000 £ invertidas en sociedades dedicadas a la minería del cobre y alrededor de 1.000.000 de £ en sociedades dedicadas a la del plomo, la galena argentífera y el vanadio, en 1900 (W. O. Henderson, *Britain and Industrial Europe, 1750-1870*, 2.ª ed., 1965, p. 215); cantidad a la que debe añadirse la mayor parte de los 4.659.516 £ invertidas en la minería del hierro, entre 1871 y 1901 (Flinn, «British Steel and Spanish Ore, 1871-1914», *The Economic History Review*, 2.ª serie, VIII, n.º 1, 1955, pp. 84 ss.). En total, un máximo de cerca de 12 millones de £ en 1900, cifra muy próxima a la nuestra, para 1913.

FUENTE: *Anuario de minería, metalurgia, electricidad e industrias químicas de España*, publicado por la *Revista Minera, Metalúrgica y de Ingeniería*, bajo la dirección de A. Contreras y de R. Oriol, XIII, Madrid, 1913.

nes de la Junta Provisional Revolucionaria ordenase «en fin, como una reparación y un símbolo a la vez, que desde luego se emprendiesen los interrumpidos trabajos para la erección de la estatua de Mendizábal»,[12] fautor, treinta años antes, de la desamortización de los bienes de la Iglesia.

Las bases de diciembre de 1868, elevadas a rango definitivo mediante posterior declaración de las Cortes, y con vigencia hasta julio de 1944, abrieron una era insospechada de esplendor a la industria extractiva española. Alcanzadas finalmente la «facilidad para conceder» y la «seguridad para explotar», que venían reclamando desde mucho tiempo antes, los recursos financieros acudieron en ayuda del sector, abundantes y sin demora. El número de concesiones mineras creció de forma vertiginosa. De pronto, como si de un nuevo e inmenso «El Dorado» se tratara, el subsuelo español pasó a ser objeto de una especulación enfebrecida en la que, en intrincada mescolanza, confluyeron simples aventureros y auténticos hombres de empresa. A resultas de ello, en 1913, a los cuarenta y cinco años de vigencia del nuevo régimen, cuando la fiebre había remitido, las sociedades mineras pudieron computarse en la cifra de 564, distribuidas por nacionalidades y fondos en la forma que establece la tabla 1.

La inferioridad numérica de las sociedades extranjeras aparece casi compensada, en la tabla, por una mayor potencia individual. Ciertamente, la adición de los capitales desconocidos contribuiría a reforzar el núcleo español (aunque no demasiado, por corresponder a compañías de menor entidad); en contrapartida, cabe aducir el hecho, muy frecuente, de la tenencia de acciones de firmas escrituradas como nacionales, por parte de inversores foráneos. Por todo ello no me parece arriesgado afirmar que, en menos de medio siglo, la ley de 1868 había puesto la mitad del subsuelo explotado en manos extranjeras. El laboreo de las minas, al contrario del de los campos, exigía unos elevados capitales de explotación, difíciles de reunir en el bando indígena.

Los resultados de esa oleada inversora se tocaron en seguida. Salvado el bache de 1869, por causas políticas, la exportación de minerales y metales de primera fusión cobró un auge tan extraordinario que no tardó en alterar la estructura misma del comercio exterior. Bajo el régimen antiguo, las salidas más valiosas de productos minerometalúrgicos se habían producido en 1863 y 1864, con unos montantes de 50,3 y de 49,6 millones de pesetas. A partir de la ley de 1868-1869,

12. *CLE*, C, p. 262.

esos valores se elevaron a 58,5, 85,5 y 102,9 millones, correspondientes a cada uno de los años 1870, 1871 y 1872. Después, el alza iría progresando con pocos altibajos hasta alcanzar la cifra récord de 338,3 millones en 1912. Como el resto de las exportaciones no avanzara al mismo ritmo, la consecuencia había de ser una impresionante escalada de posiciones.[13] Tal escalada aparece reflejada en la tabla 2, en la que se han desglosado las participaciones de la minería y de la metalurgia dentro de los valores de la exportación total.[14]

TABLA 2

Valores absolutos y relativos que representan
las exportaciones mineras y metalúrgicas
dentro del conjunto de la exportación española, 1849-1913

Períodos	Valores (En miles de pesetas)			Cifras porcentuales		
	Minerales	Metales	Todos los productos	Minerales	Metales	Todos los productos
1849-1858	10.814	243.602	2.081.631	0,52	11,70	100
1859-1868	68.396	342.251	3.085.766	2,22	11,09	100
1869-1878	395.654	576.348	4.566.627	8,66	12,62	100
1879-1888	760.384	630.098	6.863.731	11,08	9,18	100
1889-1898	952.980	954.532	8.730.963	10,91	10,93	100
1899-1908	1.675.812	1.244.011	9.137.263	18,34	13,61	100
1909-1913	799.555	696.584	5.536.808	14,44	12,58	100
1849-1913	4.663.595	4.687.426	40.002.789	11,66	11,72	100

FUENTE: *Estadística(s) del comercio exterior de España.*

Los envíos de minerales y metales, que formaban una partida secundaria en el punto de partida, llegaron a sumar cerca de la tercera parte de todas las salidas (el 31,95 por ciento) en 1899-1908. La ta-

13. Esta escalada ya fue señalada por N. Sánchez-Albornoz en su libro *España hace un siglo: una economía dual*, p. 141.

14. No desconozco que, desde 1869, los valores dados por las balanzas son valores arancelarios, y no propiamente estadísticos (cf. V. Andrés Álvarez, «Historia y crítica de los valores de nuestra Balanza de Comercio», *Moneda y Crédito*, n.º 3, 1943, páginas 11-25), y «Las balanzas estadísticas de nuestro comercio exterior», *Revista de Economía Política*, I, 1945, pp. 73-94. Este inconveniente, grave para un análisis pormenorizado del comercio exterior, lo es menos cuando, como en el presente caso, se tratan sólo grandes partidas. Hay que esperar que las comprobaciones que está realizando actualmente un equipo dirigido por Gonzalo Anes precise el grado de utilización de esa fuente, tan importante.

bla puntualiza, además, que tan notorio ascenso fue obra prácticamente exclusiva de los minerales, insignificantes primero, pero catapultados hacia la cúspide exportadora —ocuparon efectivamente el primer puesto de 1899 a 1911— a partir de las medidas desamortizadoras dictadas por la revolución de septiembre. El «peso» de los metales se mantuvo, en cambio, bastante estable, con la salvedad del bache de 1879-1888, causado en gran parte por el hundimiento de los precios internacionales del plomo en barras.[15]

Los grandes cambios que acabo de sintetizar afectaron sobre todo al plomo, al cobre, al mercurio y al hierro. Conviene detenerse en el examen de la trayectoria de cada uno de estos artículos.

Un texto coetáneo nos aclara las utilidades del primero. «Los usos del plomo en las artes son infinitos: sirve para hacer cañerías, para cubrir los tejados, hacer cajas y municiones, y para otros muchos usos; entra en la composición del estañado; se le emplea para vidriar las vasijas de tierra y su óxido entra en la composición de los vidrios, cristales y esmaltes; en pintura, se usa mucho del blanco del plomo, del albayalde, del masicote y del minio, que son artículos de valor y de mucho consumo en todos los países [...]. Pero el mayor consumo es en las fábricas de fundición y afinación del cobre y de la plata. El cobre, que casi siempre contiene alguna mezcla de este último metal y muchas veces oro, se funde con ocho o diez veces su peso de plomo; esta mezcla se pone después en otro horno en plano inclinado, al que se le da un grado de fuego capaz de fundir al plomo y no al cobre; el plomo arrastra consigo toda la plata y el oro que contenía el cobre, y éste, que queda todo agujerado como una esponja, se vuelve a fundir para hacerlo hojas o rosetas, y ponerlo en el comercio [...]. El plomo, enriquecido tanto con la plata propia como con la que tenía el cobre, se lleva a los hornos llamados de afinación, donde por medio del fuego y del aire de los fuelles que se dirige sobre el plomo fundido, se reduce éste a un óxido amarillo escamoso, que es el litargirio; al paso que éste se forma, se le da salida y la plata y el oro quedan solos en medio de la copela. Fundiendo el litargirio entre carbón, vuelve a su estado metálico; pero el litargirio tiene también mucho consumo: en Polonia, en Alemania, en Suecia, en Dinamarca y en Inglaterra se fabrican grandes cantidades de litargirio, que se vende

---

15. Este precio, que en el mercado de Londres había fluctuado entre 18 y 24 £ por tonelada métrica durante los años comprendidos entre 1853 y 1877, empezó a descender a partir de 1878, situándose en la cota mínima de 9 £, 11 sh. y 6 d. en el año 1894; después remontó, hasta volver a las 18 £, en 1906 (E. González Llana, *El plomo en España,* Madrid, 1949, p. 197).

en todos los países, y lo consumen los pintores, los tintureros, los curtidores, los fabricantes de hules, y los alfareros para barnizar sus vasijas de color de bronce [...]. Es incalculable la cantidad de este metal [plomo] que se consume en los hornos de fundición y de afinación de los países del Norte; y esto por las minas de cobre y de plata que benefician.» [16]

El laboreo y el beneficio [17] del plomo en gran escala constituyen la máxima novedad dentro del panorama minerometalúrgico español del siglo XIX. Antes, con el curso del siglo XVIII, la explotación había estado reducida a los criaderos de Arrayanes (Jaén) y de Falset (Tarragona), que la ley de 1825 reservaría especialmente a la corona, no obstante su «escasísima importancia, comparados con los de Río Tinto y Almadén». Después de la guerra de Independencia, el decreto de 3 de noviembre de 1817 —inspirado, importa subrayarlo, por «el deseo de proporcionar arbitrios al Crédito público con que reanimar la confianza de los acreedores del Estado»— que desestancó el mineral,[18] permitiendo de ese modo el libre juego de la oferta y la demanda, vino a constituir el punto de arranque de un espectacular cambio de decorado. Poco después, la orden, bastante vaga, de 25 de octubre de 1820 «para que pudiesen beneficiarse por particulares toda especie de minas»,[19] y el decreto de 22 de junio de 1821, que precisó las reglas de tal beneficio,[20] completarían el aparato legal imprescindible. Inmediatamente, la demanda extranjera y el hallazgo de riquísimos yacimientos en la periferia hicieron el resto.[21]

16. A. Pérez Domingo, *Memoria sobre las minas en la Península, sobre la riqueza que han producido, y mejoras de que es susceptible este ramo,* Imp. de D. E. Álvarez, Madrid, 1831, pp. 53-55.

17. En el caso del plomo, el mucho peso del mineral ha obligado normalmente a fundirlo en barras o galápagos, antes de exportarlo.

18. *Decretos del Rey Don Fernando VII,* IV (1817), Madrid, 1818, pp. 569-571.

19. *Colección de los Decretos y Órdenes Generales de la primera legislatura de las Cortes Ordinarias de 1820 y 1821, desde 6 de julio hasta 9 de noviembre de 1820,* Madrid, 1821, p. 253.

20. *Colección de los Decretos y Órdenes Generales expedidos por las Cortes desde primero de marzo hasta 30 de junio de 1822,* Madrid, 1822, pp. 618. Es de señalar que, contrariamente a lo que estipularía la ley general minera de 1825, el decreto de 1821 —sancionado por el rey el 12 de febrero de 1822— delegó la concesión de los permisos en los jefes políticos (art. 1.º) y estableció el pago de un derecho de patente, sin gravar en cambio los productos obtenidos (art. 5.º).

21. El rapidísimo desarrollo de la industria del plomo no se hizo sin controversias (cf. por ejemplo, B. de Temes, B. Borjas y Tarrius, y J. Aranal, *Exposición de la Junta nacional del crédito público a las Cortes ordinarias de 1822 y 1823 acerca de la violenta inteligencia que han dado los mineros de la provincia de Granada a la orden de las mismas de 25 de octubre de 1820, y a la ley de 22 de junio de 1821 relativa a minas...,* Imp. de D. Juan Ramos y Cía., Madrid, 1822).

El movimiento tuvo su origen en la sierra de Gador, y su prolongación en las sierras Almagrera y de Cartagena, es decir, en tres de las alineaciones montañosas que, desde la Alpujarra hasta el cabo de Palos, configuran el sudeste peninsular. Hasta 1820, la galena de Gador había sido beneficiada en pequeñas cantidades, por cuenta de la Real Hacienda. Después, al decretarse la libertad de explotación, los particulares sustituyeron a la Hacienda Pública, multiplicándose, sobre todo en el campo de Dalías, al pie de la sierra, los llamados «boliches», pequeños hornos improvisados, sin otro combustible que el esparto de aquellas breñas. Finalmente, en 1822, la casa Rein y Cía., del comercio de Málaga, instaló en Adra, el puerto más próximo a las minas, los primeros hornos castellanos, punto de partida de la fábrica de San Andrés, primera merecedora de tal nombre.[22] El despegue de la moderna industria del plomo era un hecho.[23]

Al otro extremo de la misma provincia de Almería, en su frontera con la de Murcia, la entrada en juego de sierra Almagrera, llamada a eclipsar la fama de Gador, corresponde al descubrimiento del filón Jaroso, en 1838. En Cartagena, ya dentro del territorio murciano, la fundición inicial de minerales argentíferos del Jaroso, en 1842, se extendió a los escoriales del tiempo de los fenicios, púnicos y romanos, desde 1843, y a los minerales carbonatados de la sierra vecina, a partir de 1847.[24]

«Le développement subit de l'industrie minérale dans le royaume de Grenade», según la expresión de Le Play en 1834,[25] tuvo en seguida hondas repercusiones. Las galenas andaluzas, fáciles de explotar y de fundir, con un tenor metálico del 70 y hasta el 80 por ciento, se expandieron en forma de barras por el mundo entero, incluida

22. Esa cualificación se justifica por el hecho, entre otros, de utilizar el carbón de piedra, obligando a sus propietarios a buscarlo en puntos muy alejados del establecimiento (cf. F. de Jiménez de Saavedra, «Estado que manifiesta la situación de las minas que se están elaborando en la provincia de Asturias, por cuenta de la compañía minera del Sr. Rein, del comercio de Málaga», artículo publicado en el periódico gaditano *El Comercio de Ambos Mundos*, n.º 16, 25 julio 1825).

23. He estudiado este desarrollo en el artículo «Industrialización y desindustrialización del Sureste español, 1817-1913», *Moneda y Crédito*, n.º 120, 1972, pp. 3-80.

24. La minería cartagenera (del plomo y otros productos) a partir de 1840 ha sido objeto de una tesis doctoral, leída en la Universidad de Valencia, por M.ª Teresa Estevan Senís. La tesis permanece inédita, pero la autora ha publicado dos resúmenes muy similares de la misma: «La minería cartagenera, 1840-1919. Aspectos económicos y sociales», *Hispania*, n.º 101, 1966, pp. 61-95, y «La explotación minera de la Sierra de Cartagena (1840-1919)», *Saitabi*, XVII, 1967, pp. 211-234.

25. F. Le Play, «Itinéraire d'un voyage en Espagne, précédé d'un aperçu sur l'état actuel et sur l'avenir de l'industrie minérale dans ce pays (20 avril-15 juillet 1833)», *Annales des Mines*, 3.ª serie, V, París, 1834, pp. 175-236. La cita corresponde a la p. 183.

la China, provocando un rápido hundimiento de los cursos en los principales mercados, así como la ruina de numerosas minas inglesas y alemanas.[26] De esta forma, «la revolución del plomo» [27] pudo ser, en términos nacionales, una especie de paliativo contra el hundimiento de otros productos como la lana, contribuyendo, ya en 1827, con un porcentaje elevado (8,40) a los valores totales del comercio de exportación.[28] Luego, cuando los yacimientos de Gador empezaran a agotarse, vendrían los refuerzos de Almagrera y Cartagena, con el efecto de mantener aquel porcentaje (8,41 entre 1849 y 1868), a pesar de haberse cuadruplicado la cuantía de dicho comercio.[29] Salvo en circunstancias excepcionales, como la guerra de Crimea, que ha permitido la salida de grandes cantidades de granos castellanos, el plomo en barras ha conservado regularmente el segundo puesto, detrás de los vinos.

La minería y la metalurgia del plomo dieron muy buenos rendimientos. Con ayuda de documentos fehacientes he podido calcular en 2.547,8 millones de reales los valores brutos producidos por la salida de galápagos fundidos en Granada, Almería y Murcia, entre 1822 y 1868. Si se añaden los valores de las platas exportadas desde las primeras copelaciones, en 1842, se obtiene una suma final mínima de 3.000 millones,[30] realmente importante para la época. Sépase, para obtener un elemento de contraste, que los capitales desembolsados por las sesenta sociedades bancarias por acciones existentes a fines de 1864 (incluidos el Banco de España y las tres grandes sociedades francesas de crédito) no sobrepasaba la cifra de 1.441 millones.[31] O, como se dirá al final de este mismo capítulo, que la parte genuinamente española en los réditos, tan ponderados, de las ventas de mineral de hierro vizcaíno a Inglaterra, entre 1881 y 1913, pudo muy bien

26. Pérez Domingo, *Memoria sobre las minas en la Península...*, p. 28, y L. Gómez Pardo, *Dos memorias sobre el influjo que ha tenido la extraordinaria producción de las minas de plomo de la Sierra de Gádor en la decadencia general de la mayor parte de este metal en Europa, así como en la actual de las de Alemania, y más especialmente en las de Harz,* Madrid, 1834.

27. El término «revolución» es empleado por J. Ezquerra del Bayo («Datos sobre la estadística minera de 1839», *Anales de Minas,* II, 1841, pp. 281-346; la referencia se localiza en la p. 311) y por J. de Monasterio («Metalurgia del distrito de Almería», *Revista Minera,* IV, 1853, pp. 539-543 y 639-651; la cita es de la página 539).

28. J. Fontana, «Colapso y transformación del comercio exterior español entre 1792 y 1827. Un aspecto de la crisis de la economía del Antiguo régimen en España», *Moneda y Crédito,* n.º 115, 1970, pp. 3-23, especialmente 11-13.

29. Nadal, «Industrialización y desindustrialización...», p. 9.

30. *Ibid.,* p. 17.

31. Tortella, «La evolución del sistema financiero...», p. 84.

ser de «sólo» 571 millones de pesetas, equivalentes a 2.284 millones de reales. El plomo de la Penibética fue, sin duda, un factor de capitalización extraordinario.

No obstante, sus efectos multiplicadores resultaron prácticamente nulos. Extensión de los viñedos en la Alpujarra, compra por los mineros de Almagrera de las tierras secularizadas de la campiña de Lorca,[32] pero, sobre todo, aumento de la demanda de bienes de consumo, de la vivienda a los textiles.[33] Las fundiciones de plomo no han arrastrado el despegue de otros sectores industriales. A lo que sabemos, la culpa recae especialmente sobre el régimen de explotación minera: demarcaciones demasiado pequeñas —de 1 ha, por lo corriente—, lo que significa obstáculos a toda planificación, agravados, además, por la práctica del arriendo y del subarriendo, a muy corto plazo, lo que obliga a la sociedad arrendataria («sociedad partidaria») a sacar un provecho inmediato del criadero, en perjuicio de la explotación racional, esto es, a largo plazo, del laboreo. Bajo ese régimen, los filones se agotan deprisa, las compañías se hacen y se deshacen, pudiendo enriquecerse, pero también arruinarse, de tan coyuntural como acaba siendo el negocio.[33 bis] El número de acumuladores es considerable,[34] la acumulación por cabeza sale pequeña. El espíritu de asociación brilla por su ausencia, el ideal consiste en llegar a modesto rentista.[35] La explotación del subsuelo, como la de las fábricas, se

---

32. A. Gil Olcina, *El campo de Lorca. Estudio geográfico*, tesis doctoral inédita, leída en la Universidad de Valencia en 1967, p. 563.

33. Nadal, «Industrialización y desindustrialización...», pp. 19 y 20.

33 bis. Cf. el artículo de L. Arroyo y D. Templado, «Catálogo de criaderos de plomo y cinc del distrito minero de Cartagena», *Boletín Oficial de Minas y Metalurgia*, XI, 1927, pp. 249 ss. y 508.

34. «Las utilidades líquidas que resultan de la explotación están distribuidas en un número considerable de personas interesadas en las minas, pues éstas se dividen generalmente en diez, quince, o veinte acciones, y siendo muchas las productivas, es visto que enriquecen una infinidad de familias» (P. J. Contreras, *Opúsculo del estado actual de la minería de la Sierra de Gádor, algunas de las causas de su decadencia, y medios que contribuyen a su fomento, que presenta al Gobierno el escribano de la Inspección del distrito de Granada*, Granada, 1836, p. 6).

35. «Si se me pregunta dónde están los cuatrocientos millones de reales importados en numerario [a cambio de las salidas de plomos, de 1821 a 1830], responderé que en poder de los mineros que han hecho fortunas considerables; en poder de los infinitos que gozan de un módico bienestar por las partes de minas que disfrutan; en poder de las fábricas de fundición, en poder de los comerciantes y especuladores de plomos; en poder de los arrieros y porteadores de las galenas desde la Sierra a las fábricas; en la manutención de veinte mil familias; y en fin en poder de la Real Hacienda, que también ha tenido su parte de ingreso por el valor de los derechos del tanto por ciento sobre el mineral, y el de la contribución de mil reales anuos por cada demarcación. Cualquiera que hubiese conocido las Alpujarras diez años hace, y los demás pueblos que han percibido utilidad de las minas, no preguntaría dónde están

halla en manos de especuladores, y no de verdaderos empresarios. El sistema recuerda, en definitiva, al que se había introducido en la explotación del campo andaluz a partir de 1750, cuando el alza de los precios agrícolas.

Después de una prolongada hegemonía inglesa y tras un momento de equiparación entre los dos países, en 1867-1868,[36] la producción española de plomo en barras se alzó en 1869 con un liderato mundial, que ya no había de perder, en favor de los Estados Unidos, hasta 1881 por lo menos [37] (pero, en cifras absolutas, el ascenso continuó hasta la guerra europea, registrándose la cota más alta en 1912). El nuevo impulso vino, esta vez, del interior de la península, hallándose estrechamente relacionado con el tendido de la red ferroviaria [38] y con la nueva legislación minera. Como muestra la tabla 3, la provincia de Jaén, a partir del último tercio del siglo XIX, y la de Córdoba, desde los años 1880, formaron los flancos más sólidos junto a la de Murcia, siempre en cabeza.[39] En todos los casos, la demanda extranjera y —lo que constituye una novedad respecto de la etapa precedente— los capitales del mismo origen desempeñaron un papel decisivo.

La fama del plomo jiennense databa del antiguo. En el siglo XVIII, de 1749 a 1808, la explotación del criadero «Arrayanes» había alcanzado un relativo éxito, por lo que la ley de 1825 lo reservó especialmente a la corona. La principal dificultad consistía en dar salida a sus productos. De 1826 a principios de 1829, el Estado optó por encargar la venta de los mismos a dos particulares, Luis de Figueroa, del comercio de Marsella, y Gaspar de Remisa, banquero catalán establecido en Madrid. Los resultados del convenio fueron tan malos que, a partir de enero de 1829, la Hacienda hubo de ensayar un nuevo sistema, consistente en la asociación con Antonio Puidullés, quien facilitaría todos los fondos necesarios a la marcha del es-

---

los cuatrocientos millones, si los recorriese al presente» (Pérez Domingo, *Memoria sobre las minas en la Península...*, pp. 36-37).

36. Las cifras españolas se hallan recogidas en las pp. 74 y 75 de mi artículo «Industrialización y desindustrialización...», las inglesas en B. R. Mitchell, con la colaboración de Ph. Deane, *Abstract of British Historical Statistics*, Cambridge, 1962, p. 160.

37. Las cifras españolas son rebasadas por las de Estados Unidos a partir de 1882 (*Historical Statistics of the United States. Colonial Times to 1957*, preparado por el Bureau of the Census con la cooperación del Social Science Research Council, Washington, 1961, p. 370). Debe advertirse, no obstante, que durante el período 1877 a 1885 la producción hispana se halla subevaluada, por defecto de las cifras jiennenses.

38. *Infra*, p. 149.

39. Por su producción de mineral de plomo (no de plomo metal) habría que mencionar además las provincias de Ciudad Real y de Badajoz.

Tabla 3

Principales contribuciones provinciales
a la producción española de plomo en barras, 1821-1913
(En toneladas)

Decenios	España	Granada	Almería	Murcia	Jaén	Córdoba
1821-1830		291.066 (2)				
1831-1840		247.258				
1841-1850		173.420 (3)		59.318 (4)		
1851-1860						
1861-1870	704.898	29.266	254.417	187.641	178.376	32.346
1871-1880	983.401	5.649	226.482	296.268	289.753	59.700
1881-1890 (1)	1.102.116	—	146.810	491.552	160.855	179.558
1891-1900 (1)	1.545.014	—	125.903	798.439	316.840	267.025
1901-1910	1.812.451	—	76.772	727.934	474.353	489.231
1911-1913	621.360	—	4.291	227.742	183.898	186.692
1861-1913	6.769.240	34.875	834.675	2.729.576	1.604.075	1.214.552

(1) Tanto las cifras globales como provinciales excluyen los datos del primer semestre de 1887, así como los del segundo semestre de 1893. La razón es que la fuente utilizada se presenta, entre 1887 y 1892, por ejercicios económicos (de julio a junio) y no por años naturales.

(2) La cifra de 1821, que falta, se ha calculado en base a la media aritmética de 1822-1825.

(3) La cifra de 1850, igualmente desconocida, se ha calculado en base a la media aritmética de 1846-1849.

(4) La cifra de 1841, también desconocida, se ha calculado en base a la media aritmética de 1842-1845.

Fuentes: Cf. el apéndice 2, *infra*, p. 255.

tablecimiento, a cambio de la mitad de las utilidades obtenidas. Este contrato duró veinte años, saldándose con un beneficio total para el Tesoro de 1.018.800 reales (una media de 50.940 por año), absolutamente irrisorio. El escándalo obligó al poder público a recuperar la gestión directa de las minas y fundiciones, durante el período 1849-1869.[40] En la última fecha, reconocida la incapacidad estatal, «Arrayanes» fue arrendado, por un tiempo de cuarenta años y en competencia con otros diez licitadores, a José Genaro de Villanova, quien se comprometió a pagar la renta anual de 1.500.000 reales, en el caso de que la producción no alcanzara las 3.000 t de plomo, y un plus eventual por el exceso de producción sobre dicho límite.[41] En 1890, antes de transcurrido el plazo, la viuda e hijos de Villanova cedieron el arrendamiento a la casa de Figueroa, que lo retuvo por espacio de diecisiete años. En 1907, llevándose doce ejercicios de rendimientos decrecientes, el Estado recuperó la plena propiedad de la finca.[42]

Para entonces la industria plumbífera de Sierra Morena se hallaba muy desarrollada. Sin embargo, en la mayoría de los casos, los primitivos explotadores españoles habían sido incapaces de la inversión necesaria al laboreo racional de los filones, facilitando de este modo la intrusión extranjera. La historia tenía su origen en la quinta década del siglo XIX, cuando Remisa, titular de once pertenencias de un conjunto de veintitrés demarcadas en la provincia de Jaén,[43] abandonó los trabajos «por los gastos enormes y frecuentes entorpecimientos que lleva consigo el antihumanitario y vicioso sistema de tirar las aguas a brazo hasta una altura de consideración, y de allí a la superficie con un malacate movido por caballerías».[44] El abandono fue aprovechado para crear la inglesa «The Linares Lead», en 1849,[45] y la francesa «La Cruz», un poco más tarde, las cuales, después de

40. L. de Aldana, «Inminencia del arriendo de las minas de Linares», *Revista Minera*, XX, 1869, pp. 97-113.

41. Cf. J. Villanova de Campos, *Memoria histórico-descriptiva de la mina de plomo denominada Arrayanes, propiedad del Estado, sita en el término de la ciudad de Linares, provincia de Jaén, expresiva de lo que esta finca era cuando la administraba la Hacienda Pública, y de los adelantos y mejoras en ella introducidos durante los seis primeros años del arrendamiento hecho, en pública subasta, al Excmo. Sr. D. José Genaro Villanova*, Madrid, 1876.

42. González Llana, *El plomo en España*, p. 79.

43. J. Ezquerra del Bayo, «Datos sobre la estadística minera de 1839», estado n.° 4.

44. Artículo sin firmar, bajo la rúbrica «Variedades», en *Revista Minera*, IV, 1853, pp. 403 ss.

45. Esta fecha es la que da el artículo citado en la nota precedente. En cambio, W. O. Henderson sitúa la creación de la sociedad en 1852 (*Britain and Industrial Europe*, p. 215).

instalar sendas máquinas de vapor para los desagües y hacer otras mejoras, reanudaron la explotación con excelentes rendimientos.[46] Estas dos compañías entreabrieron una puerta que las mejoras legislativas de diciembre de 1868 y el tendido ferroviario se encargarían de abrir de par en par. A principios de 1884, las 183 minas activas del distrito de Linares eran explotadas por un total de 73 sociedades y particulares que, en los casos punteros, salvo el de «Arrayanes», llevaban siempre nombres de fuera: «The Linares Lead», «The Fortuna»,[47] «The Alamillos» —sobre otra antigua pertenencia de Remisa—,[48] «Stolberg y Westfalia», «Adolfo Hasselder», «Thomas Sopwith». Estas seis firmas contribuyeron durante el primer trimestre de 1884 con el 33 por ciento de las labores.[49] La concentración se extremaba en el ramo de beneficio: sólo tres fábricas, ninguna de ellas nacional. «The Fortuna» pertenecía a la sociedad minera del mismo nombre; «La Tortilla» era propiedad de Sopwith; «La Cruz» seguía siendo francesa. En el distrito de La Carolina, por el contrario, le hegemonía inglesa se impuso con retraso, a principios de la centuria actual, con «The Centenillo» y «The Guindos»,[50] que vinieron a ensanchar el cauce abierto antes por la mentada «Stolberg y Westfalia», sociedad francesa de Aquisgrán, primera productora europea de plomo desde 1855,[51] y por la «Cie. Royale Asturienne des Mines».[52]

46. J. de Aldama, «Proyecto de ley para la enajenación de las minas reservadas al Estado», *Revista Minera*, IX, 1858, pp. 305-322 y 338-352; referencia de p. 348.

47. Por el nombre, esta firma parece haberse subrogado a la sociedad española «La Fortuna», cuyos rendimientos pueden ayudar a comprender la atracción ejercida por el sector. Al constituirse, en 1871, la compañía había exigido un solo dividendo pasivo de 40 reales por cada una de las 200 acciones de que constaba. Este capital, de 8.000 reales, empleado en los gastos del expediente de registro de la primera mina demarcada y en la adquisición de herramientas de trabajo, produjo en los doce años transcurridos hasta el 1 de febrero de 1883 las siguientes utilidades: 943.800 reales, distribuidos en concepto de dividendo activo entre los accionistas (118 veces la cantidad desembolsada); 4.399.154 reales gastados por la dirección; 136.000 reales existentes en caja al cierre del balance y 138.000 reales según libramientos expedidos por la sociedad. En suma, una cantidad global de 5.616.954 reales, cifra elocuentísima puesto que es 702 veces superior a la inversión inicial. En 1883, la sociedad, presidida por José Salmerón y Amat, quiso vender su patrimonio por 8 millones de reales; el ingeniero director del establecimiento estimó que el precio podía ascender, sin exageraciones, a 20 millones ([E. Naranjo de la Garza], *Minas de la Sociedad «La Fortuna»*, *Estudio para su aprecio*, Linares, 1883).

48. Ezquerra del Bayo, «Datos sobre la estadística minera de 1839», estado n.° 4.

49. «Minas de Linares», artículo sin firmar, en *Revista Minera*, XXXI, 1884, p. 172. En cabeza, antecediendo a las seis empresas extranjeras, figuraba «Arrayanes» con una producción equivalente al 9,2 por ciento del total.

50. González Llana, *El plomo en España*, p. 79.

51. Cameron, *France and the Economic Development of Europe...*, p. 381.

52. Esta sociedad adquirió las primeras minas en 1872 (*La Compagnie Royale Asturienne des Mines, 1853-1953*, París, 1954, p. 72).

Fuera de Jaén, en Badajoz, la zona de Castuera había debido su promoción a Lafitte y d'Eichtal, los hombres de la «Cie. Minière et
Métallurgique des Asturies»,[53] aunque la presencia más acusada acabó
correspondiendo a la también francesa «Société Minière et Métallurgique de Peñarroya», muy poderosa igualmente en las zonas de Azuaga
y Monterrubio, así como en las minas del grupo «San Quintín», del
término de Villamayor de Calatrava, ya dentro de la provincia de
Ciudad Real.[54] En Córdoba, por último, el establecimiento clave fue
la sociedad «Minas de Villanueva del Duque», creada en 1904, propietaria del grupo «El Soldado», considerado el más rico de España
relativamente a su extensión, en la que concurrieron la mencionada
«Peñarroya», la «Cie. Française des Mines et Usines d'Escombreras
Bleiberg», de París, afincada antes en Murcia y en Linares, en Puertollano y en Badajoz,[55] así como el duque del Infantado.[56]

El desarrollo de estas sociedades, y de otras de menor entidad,
sancionó la inferioridad de las antiguas explotaciones sudorientales. La
industria tradicional de Cartagena (desde los años 1860 Adra se hallaba en decadencia, por el agotamiento de los filones de Gador), dispersa en un número excesivo de fundiciones —sólo de 1842 a 1856
habían pasado de 2 a 64—,[57] entorpecida por el empobrecimiento
de los minerales, y duramente alcanzada por los acontecimientos de
1873 —estallido cantonalista, resuelto a cañonazos—,[58] no pudo
sostener la competencia. La concentración y modernización indispensables hubieron de venir del exterior, por obra de poderosas empresas, generalmente francesas. Así, la «Compagnie d'Aguilas», fundada
en 1880, con fuerte participación de Rothschild Hnos.,[59] o la citada

53. González Llana, *El plomo en España*, pp. 109 ss.
54. *Ibid.*, pp. 84 ss.
55. Cf. *Gaceta Minera, Industrial, Comercial y Científica. Eco de los Distritos
Mineros del Este de la Península*, I, Cartagena, 1883, pp. 219-220.
56. González Llana, *El plomo en España*, pp. 31 y 53.
57. *Revista Minera*, VIII, 1857, p. 327.
58. Los acontecimientos cartageneros de 1873 perjudicaron, sin duda, la marcha
de las fundiciones, que sólo produjeron 17.735 t de galápagos, frente a 28.420 en
1872. Pero tampoco puede desconocerse la recíproca: la industria del plomo, con unos
intereses distintos, cuando no opuestos, a los del entorno agrario de Murcia, debió
contribuir fuertemente al sentimiento cantonalista. No en vano uno de los últimos
actos de los cantonales fue desembarcar en Garrucha y presentarse en Cuevas, con la
ilusión de levantar a los mineros de Almagrera (cf. *Comisión de estudio del desagüe de
Sierra Almagrera*, I, Madrid, 1891, p. 103).
59. En 1884, con motivo del traspaso a la «Cie. d'Aguilas» de diversas minas
de Mazarrón pertenecientes a «Escombreras-Bleiberg», se escribió, a título de rumor,
que «no ha existido venta alguna, sino simplemente una transferencia de crédito, llevando la casa Rothschild Hnos. un crédito de 5 millones de ptas. de una a otra

«Escombreras Bleiberg», o la «Cie. Métallurgique des Mines de Mazarrón», nacida en 1885, uno de cuyos fundadores —Neufville— era el presidente de «La Cruz», la gran fábrica linarense. A finales de siglo la industria penibética del plomo seguía estando en cabeza de la española,[60] pero a costa de hallarse colonizada. La colonización se extendía, por lo demás, a la minería del hierro y del zinc, otras riquezas del subsuelo murciano y almeriense.[61]

En términos generales, el cobre, utilizado desde los tiempos más remotos para objetos ornamentales y domésticos, empezó a ser objeto de una demanda extraordinaria a partir del momento de la introducción de la electricidad en las comunicaciones humanas (1837, estreno del primer telégrafo eléctrico en el London and North Western Railway). Como consecuencia de ello, la movilización de las reservas españolas no se hizo esperar; de 1841 a 1848 se registraron 327 denuncias y se concedieron 222 pertenencias mineras en la provincia de Huelva. En 1853, la visita del ingeniero Deligny, patrocinado por el marqués de Decazes (hijo del fundador de Decazeville, el gran centro siderúrgico del Aveyron, y antiguo embajador en Madrid de 1846 a 1848), dio lugar a la primera sociedad cuprífera extranjera y a una verdadera fiebre minera, traducida en la cifra de 250 denuncias durante el curso del mismo año. En 1855, esta primera sociedad fue absorbida por la más poderosa «Cie. des Mines de Cuivre d'Huelva», escriturada en París, con un capital de 6.000.000 de francos que, al menos en parte, parecen haber anticipado los hermanos Péreire.

Pero, en términos españoles, más aún que el desarrollo de la electricidad influyeron en el despegue de la minería de cobre las necesidades en ácido sulfúrico de dos ramas destacadas de la nueva química inglesa: la del álcali o sosa cáustica (fundamental en la industria jabonera y vidriera; de suma utilidad en los textiles, papel, tintes, comestibles y aceites minerales), y la de los fertilizantes agrícolas. Además de cobre y de hierro, las piritas onubenses contenían una gran cantidad de azufre, que las técnicas de explotación francesas eran incapaces de aprovechar. Muy pronto, la incapacidad de los unos y la ne-

compañía, aumentando, por consiguiente, hasta 8,5 millones, los 3,5 que tal casa poseía en obligaciones de la Cía. de Águilas» (noticia publicada en *Gaceta Minera, Industrial, Comercial y Científica*, II, 1884, p. 822). En las pp. 360 y 425 del tomo III, 1885, de la misma *Gaceta* se insertan otras noticias, sin confirmar, de la intrusión de Rothschild Hnos. en la minería del sureste de España.

60. La producción conjunta de Almería y Murcia fue rebasada por la de las fundiciones de Sierra Morena, a partir de 1904.

61. Nadal, «Industrialización y desindustrialización...», pp. 64-65.

cesidad de los otros pusieron de acuerdo a los dos vecinos separados por el canal de la Mancha. La «Cie. des Mines de Cuivre d'Huelva» acabó arrendando a un consorcio británico de fabricantes de álcali las concesiones obtenidas en los términos de Puebla de Guzmán y de Calanas. El 1 de diciembre de 1866, la «Tharsis Sulphur and Copper Mines Ltd.», inscrita en Glasgow con un capital autorizado de 300.000 £, elevado a 1.000.000 en 1868, entró en posesión de las minas de Tharsis y de La Zarza.[62] Seis años más tarde, en 1872, la sociedad ya repartía el dividendo más alto de toda su historia: 40 por ciento del capital; de 1868 a 1909, la retribución media por año fue del 20 por ciento,[63] una cota sólo igualada, entre las demás empresas cupríferas mundiales, por la firma Quincey, de Michigan.[64]

El éxito, tan rápido, de «Tharsis Sulphur» había de incidir sobre la trayectoria de las minas vecinas de Riotinto. El establecimiento de este nombre era, con el de Almadén, el más precioso de los reservados a la Hacienda. Su riqueza, legendaria en todo tiempo y en todas partes, contrastaba con la parvedad de las utilidades que reportaba. Explotadas directamente, o cedidas en arrendamientos codiciosos, sin garantía técnica de ningún género, las minas habían pasado alternativamente por fases de semiabandono o de saqueo.[65] De 1829 a 1849, por ejemplo, el arrendatario de turno —el omnipresente Remisa, quien consiguió vencer la oposición de la Dirección General de Minas— [66] satisfizo al Erario diez anualidades de 260.000 reales y otras diez de 310.000, cuando, ya en 1825, otro candidato al negocio había reconocido que las minas dejaban un remanente líquido anual de 366.052; pero, además, el explotante se libró, durante la vigencia del contrato, a una serie de labores indebidas, como la extracción de vitriolos y minerales vitriolizados, la desmejora de los bosques de la finca y el uso de las casas del pueblo minero, propias de la Hacienda, sin pago del alquiler estipulado, todas las cuales fueron valoradas oficialmente en 3.163.063 reales, esto es, el 55,48 por ciento de todo lo

---

62. Cf. J. G. Checkland, *The Mines of Tharsis. Roman, French and British Enterprise in Spain*, G. Allen & Unwin, Ltd., Londres, 1967.

63. *Ibid.*, pp. 112 y 138.

64. *The Copper Handbook*, 1908, p. 1315 (en Checkland, *op. cit.*, p. 138).

65. Para el período de propiedad estatal, siguen siendo imprescindibles los viejos libros de R. Rua Figueroa, *Ensayo sobre la historia de las minas de Riotinto*, Madrid, 1859, y L. de Aldana, *Las minas de Riotinto en el curso de siglo y medio*, Madrid, 1875. Para el período posterior a 1873, debe verse el libro de D. Avery, *Not on Queen Victoria's Birthday. The Story of the Rio Tinto Mines*, Collins, Londres, 1974.

66. Ezquerra del Bayo, «Datos sobre la estadística minera de 1839», p. 324, y Aldama, «Proyecto de ley para la enajenación de las minas reservadas al Estado», p. 311.

pagado al Tesoro en el curso de los veinte años de arrendamiento.[67] Después, a partir de abril de 1839, el retorno a la gestión directa cortó los abusos y mejoró los frutos,[68] aunque no en la medida que cabía esperar. De modo que, en marzo de 1870, el ministro de Hacienda, Laureano Figuerola, se vio precisado a confesar ante las Cortes el reiterado fracaso de la gestión estatal y a pedir permiso para la venta del establecimiento.[69] Otorgado éste, los peritos tasaron el criadero en 104.357.769 pesetas, cifra no alcanzada en ninguna de las dos subastas consecutivas, por lo que la ley de 17 de febrero de 1873 lo adjudicó finalmente a la casa Matheson y Cía., de Londres, la cual, en alianza con el Deutsche National Bank, de Bremen, y amparada en el apoyo financiero de la casa Rothschild, había ofrecido la suma de 93.995.912 pesetas (equivalentes a 3.850.000 £), pagaderas en diez años. Cantidad fabulosa en términos absolutos, pero insuficiente en términos relativos si se considera que la tasación del yacimiento se había hecho en época de una de las mayores bajas del precio del cobre.[70] En cualquier caso, el dinero —parte en metálico, parte en pagarés avalados por el grupo adquirente— sirvió al gobierno español para hacer frente a la dura presión de la «Foreign Banholders Association» constituida en Londres en 1868.[71]

Los compradores, por su parte, formaron una sociedad para explotar las minas, con un capital de 2.500.000 £ en acciones (1 £ = = 24 ptas.) y 1.000.000 £ en bonos amortizables. «The Riotinto Company Ltd.» inauguró en 1875 el ferrocarril al puerto de Huelva, dando inmediato comienzo a la explotación. El negocio resultó fa-

---

67. Aldana, «Inminencia del arriendo de las minas de Linares», p. 103.

68. «En los primeros ocho meses de incautarse la Hacienda [a partir de 1849], recibiendo las minas igualmente barridas de mineral y vitriolos, sin labores preparadas para el arranque ni para el trecheo y extracción, se llegan a obtener 100.000 escudos, que en el año entero representan 125.000», o 1.250.000 reales (*ibid.*, páginas 104-105).

69. «Las minas del Estado que con más urgencia reclaman su más inmediata desamortización son precisamente las de Riotinto [...]. Doloroso, pero necesario, es confesarlo: estas minas, que en manos del interés particular, activamente beneficiadas, abordando con todo desembarazo los nuevos métodos ensayados ya con ventaja [...] debieran rendir anualmente un producto líquido que, despojado de toda exageración, ascendería a tres millones, al menos, de ptas., apenas llegan a cubrir, hace algunos años, los gastos que ocasionan» («Proyecto de ley, presentado por el Sr. Ministro de Hacienda, sobre enajenación de las minas de Riotinto», en *Diario de Sesiones de las Cortes Constituyentes*, X, p. 6797).

70. I. Pinedo Vara, *Piritas de Huelva. Su historia, minería y aprovechamiento,* Madrid, 1963, p. 116. Este libro, de más de mil páginas, reúne una información importantísima.

71. Checkland, *The Mines of Tharsis...*, pp. 112 y 114.

buloso. El mineral extraído, con un tenor en azufre de cerca del 50 por ciento, abrió amplísima brecha en los mercados europeos y americanos, situándose muy pronto en cabeza de la producción mundial. Riotinto, que en el ejercicio 1872-1873, último bajo el control del Estado, había arrojado una pérdida de 98.971 ptas.,[72] repartió en 1879 el primero de una serie de sustanciosos dividendos; de 1879 a 1908, la retribución del capital habría alcanzado cada año la cota del 70 por ciento.[73] En 1884 Riotinto ya era considerado el primer centro minero del orbe. De 1875 a 1915 sus productos sumaron 58 millones de toneladas de mineral, correspondiendo el récord al año 1912, con una extracción de 2,5 millones, equivalentes al 44 por ciento de la entera producción planetaria (el porcentaje subiría a 66, de añadirse el resto de la extracción onubense). En contraste con esta hegemonía, la obtención de cobre metálico en España no rebasaba, en el mismo 1912, el 2,88 por ciento del cupo mundial. Tampoco habían prosperado mucho las producciones indígenas de ácido sulfúrico y de sulfato de cobre, los derivados químicos más importantes de las piritas, tan necesarios para obtener abonos (superfosfatos) e insecticidas agrícolas. En 1913, España importó 150.235 t de superfosfatos y escorias Thomas, para completar las exigencias de un consumo estimado en 650/750.000 t. En la misma fecha, los viticultores nacionales se quejaban de la escasez de sulfato de cobre, debida a que las dos únicas fábricas existentes —la de la «Cie Minière et Métallurgique de Peñarroya», en la localidad de este nombre, y la de la «S. A. Cros», en Badalona— no cubrían sino un tercio de la demanda.[74]

«Tharsis Sulphur» y «Riotinto» fueron las firmas cupríferas más destacadas, pero no las únicas. Por el contrario, su espléndida marcha estimuló la aparición de muchas otras, generalmente sobre el solar de Huelva. En 1913 sobresalían dos británicas, una francesa y una española. Eran, por el mismo orden: «The Peña Copper Mines», formada en 1901, con un capital de 450.000 £, que operaba en «Peña de hierro», término de Nerva, sobre la concesión otorgada en 1883 a otra

72. .*Diario de las Sesiones de Cortes. Congreso de los Diputados. Legislatura de 1872 a 1873*, IV, Madrid, 1873 (interpelación del señor Pinedo al ministro de Hacienda, el 3 de marzo de 1873).

73. Pinedo Vara, *Piritas de Huelva...*, p. 116, confirmado por la *Revista Minera, Metalúrgica y de Ingenieros* (continuación de la *Revista Minera*), LXV, 1914, p. 167, para los años 1900-1913.

74. [C. Guitian, F. B. Villasate y J. Abbad], *Memoria sobre el aprovechamiento industrial de los yacimientos de pirita ferro-cobriza de la provincia de Huelva*, Madrid, 1916, pp. 13, 30, 31 y 159.

sociedad inglesa; «The San Miguel Copper Mines Ltd.» (capital: 200.000 £), heredera de una antigua compañía portuguesa, con sus labores en el término de Almonaster la Real; la «Société Française des Pyrites d'Huelva» (capital: 6 millones de francos), constituida en 1899 para proseguir los negocios de otra empresa francesa, explotadora de varios criaderos de pirita (de hierro, tanto al menos como de cobre) en la localidad de El Cerro, y la «Sociedad Española de Minas del Castillo de las Guardas», creadas en 1901, con un capital de 10 millones de pesetas, por la bilbaína «Sociedad Española de Minas», para explotar diversos yacimientos localizados esta vez en la provincia de Sevilla. Junto a estas compañías, de nueva planta, debe consignarse también la presencia de algunos de los más poderosos consorcios industriales del mundo. Así, «The Bede Metal Chemical Co.» se introdujo en 1879, al arrendar el criadero «La joya» a la firma denominada «La huelvetana»; poco después, hacía lo propio con los grupos «Herrerías», en la Puebla de Guzmán, arrendado a Jorge Riecken, y «San Telmo», en Castregana, cedido por «Ibarra y Cía.» de Sevilla. Así, «The Imperial Chemicals Ltd.» penetró a través de su filial «The United Alkali», que compró la mina «Concepción», en Almonaster, a la misma casa Ibarra.[75] Tocados los primeros beneficios de la exportación de hierro, los vascos habían adquirido fuertes posiciones en la minería meridional.

En el epígrafe relativo a la deuda y sus derivaciones económicas, se ha mencionado la vinculación de los azogues de Almadén, «sin duda la alhaja más preciosa que tiene la nación española»,[76] a las operaciones de crédito con los Rothschild. Esta vinculación, que tenía precedentes muy antiguos (de 1525 a 1645 el criadero estuvo cedido a los Fugger), pasó, al reanudarse en 1835, por dos fases distintas: de febrero de dicho año hasta septiembre de 1847 el procedimiento usado fue la enajenación del azogue, puesto en las atarazanas de Sevilla, al precio alcanzado en pública licitación.[77] En teoría, la concurrencia a la subasta era libre; en la práctica, las subastas se anunciaban a tan corto plazo que sólo los agentes de Rothschild (en 1843

75. Datos de Pinedo Vara, *Piritas de Huelva...*, pp. 234 ss., y del *Anuario de minería, metalurgia, electricidad e industrias químicas* (continuación del *Anuario de las minas y fábricas metalúrgicas de España*), XIII, 1913, pp. 210, 230, 235 y 240.

76. Ezquerra del Bayo, «Datos sobre la estadística minera de 1839», p. 285.

77. Si no se indica otra cosa, toda la información sobre los azogues procede del libro, en verdad magnífico, de J. Zarraluqui Martínez (ex vocal interventor del Consejo de administración de las minas), *Las almadenes de azogue (minas de cinabrio). La historia frente a la tradición*, Madrid, 1934, especialmente el cap. IV.

actuó como a tal el banquero Salamanca) podían acudir. El rendimiento neto obtenido por el Estado durante dicho período fue, en promedio, de 792,48 reales por frasco (34,505 kg); el de los intermediarios varió según los tipos de las licitaciones y según las oscilaciones de los cursos en los mercados internacionales, pero debió ser enorme cuando en 1839 uno de los vocales de la Dirección General de Minas pudo denunciar la pérdida que entrañaba el hecho de que el precio de cesión en Sevilla fuese de 900 reales el frasco mientras que el de su cotización en Londres llegaba a 2.250.[78] A pesar de ello, España debía aceptar el sistema por haberlo ligado a diversas operaciones de tesorería, normalmente avances de fondos con la garantía de mercurio. Como muy bien diría la Junta de Comercio de Cádiz en escrito de protesta a la reina, «desde luego, Señora, se echa de ver que en favor de la subasta sólo hay una recomendación, la de obtener algún anticipo de millones [...]».[79]

A partir de 1848, la baja que sufrió el metal, por el descubrimiento de las minas de California, unido al descenso de su consumo en México, condenó al fracaso los compromisos y licitaciones posteriores, abriendo finalmente la puerta al segundo de los sistemas enunciados, el de los convenios de venta en participación o comisión, estipulados también con la casa Rothschild, siempre atenta a cobrarse sus servicios a la Hacienda. El nuevo régimen de azogues se prolongó desde mayo de 1852 a junio de 1857; computados hasta el 31 de diciembre de 1855, los beneficios netos que rindió al Estado no pasaron de la cantidad de 94,52 reales por frasco, esto es, menos de la octava parte de los obtenidos durante 1835-1847. El fracaso era tan grande que el gobierno hubo de realizar un decisivo esfuerzo para saldar cuentas con sus comisionados-acreedores, y disponer de una vez, por la real orden de 13 de octubre de 1857, la venta directa del mercurio en el mercado londinense. Posteriormente, otras reales órdenes de 7 de febrero y 9 de mayo de 1859, declararon también abiertos al tráfico del azogue los mercados de Sevilla y Cádiz.[80] Desde el 1 de enero de 1858 hasta el 30 de septiembre de 1866, sin trabas ni cortapisas, la Comisión de Hacienda de España en Londres vendió 268.216

---

78.   Ezquerra del Bayo, «Datos sobre la estadística minera de 1839», p. 287.
79.   Escrito fechado el 25 de mayo de 1847, una copia del cual se encuentra entre los fondos de la Junta de Comercio de Barcelona (caja 122, n.º 838), en la Biblioteca de Cataluña de la misma ciudad. En la caja 114, n.ºˢ 51 y 80, del mismo fondo, se encuentran otras quejas similares, formuladas en marzo de 1837, por la citada Junta de Cádiz y por la de Málaga.
80.   L. M.ª Sánchez Melero, «Apéndice a la memoria sobre azogues», *Revista Minera*, X, 1859, pp. 569-578.

frascos al precio medio de 788,28 reales cada uno (7 £, 18 sh.), en un servicio tan bien organizado que no costaba más del 1 por ciento, amén de otro 4 o 5 por ciento en concepto de fletes, seguros y almacenaje en la capital inglesa.

Tan lisonjeros resultados duraron, sin embargo, poco tiempo. Carente de fondos para situar en París 15 millones de francos, montante de un compromiso que vencía el 6 de octubre de 1866, el Tesoro aceptó, por real orden de 22 de septiembre del indicado año, un anticipo de 220.000 £ ofrecido por Rothschild e Hijos, de Londres, anticipo a reintegrar, como tantas otras veces, con el producto de la venta del mercurio almadenense. El préstamo se concertó con el interés inicial del 8 por ciento anual, aunque subordinado al tipo de descuento del Banco de Londres, de modo que el reconocido al prestamista excediese siempre en un 1 por ciento del interés asignado al descuento en aquel Banco. De otro lado, por el servicio de venta del azogue, Rothschild percibiría una comisión del 3 por ciento en concepto de descuento, 0,5 por ciento de corretaje y el importe de los gastos: seguros marítimo y de incendio, almacenaje en los docks de Londres, fletes y embarque en Sevilla. Poco después, en mayo de 1867, en plena vigencia del convenio, el director de la «Cía. del Nuevo Almadén», principal de las de California, se dirigía al gobierno español con una propuesta para tomar en arriendo por veinte años las minas de Almadén de la Mancha.[81] La proposición, inspirada por los famosos banqueros israelitas, dominadores de los azogues americanos y propietarios de los de Idria, en Italia, desde 1831, ponía netamente al descubierto sus ansias de establecer el monopolio del preciado metal.

El gobierno español rechazó los avances de 1867, pero no tardó mucho en inclinarse. El doble contrato de 1866 había de resultar el preámbulo de otros similares, aunque de mucha mayor envergadura, concertados por los revolucionarios de septiembre de 1868. El decreto-ley de 28 de octubre siguiente, tocante a la emisión de bonos, entre cuyas garantías se afectaban las minas del Estado, y la ley de 23 de marzo de 1870, facultando expresamente la venta de Riotinto y las operaciones de crédito en metálico sobre Almadén y las salinas de Torrevieja, fueron los instrumentos jurídicos que permitieron la entrega efectiva de todo el mercurio español a sus tenaces perseguidores. El 28 de abril de 1870, Figuerola, ministro de Hacienda,

---

81. L. de Aldana, «El año 1871 bajo el aspecto mineralúrgico comercial», *Revista Minera*, XXIII, 1872, pp. 285-296; la cita corresponde a la p. 287.

firmó con los representantes madrileños de Rothschild e Hijos, de Londres, y Rothschild Hermanos, de París, una operación de crédito sobre los productos de las minas de Almadén y una exclusiva de venta de dichos productos durante treinta años. Los dos convenios fueron elevados a escritura pública el 20 de mayo siguiente; inmediatamente, el precio del azogue, mantenido invariablemente en la cota 6 £, 7 sh., desde bastante años atrás, empezó a elevarse en el mercado inglés, pasando de 7 £, 17 sh. en 24 de junio, a 12 £ el frasco en 31 de diciembre.[82] O sea un aumento del 75 por ciento en el transcurso de los siete primeros meses del contrato, esto es, de vigencia del monopolio.

Por el primero de los aludidos convenios, el Tesoro debió recibir, como préstamo, la suma de 1.696.761 £, al interés del 8 por ciento, obligándose a entregar al prestamista 30 anualidades de 150.000 £ cada una; es decir, por capital e intereses, en los treinta años, la cantidad de 4.500.000 £. Al pago de estas anualidades, que habían de verificarse por entregas semestrales de 75.000 £, se afectaron los productos de Almadén, quedando hipotecadas las minas, sus productos, edificios, terrenos, etc. Por el segundo convenio, el de venta, el gobierno se obligó a producir un mínimo anual de 32.000 frascos de azogue, a procurar su aumento, a cerciorar de todo ello al prestamista, quien quedaba autorizado a inspeccionar el establecimiento siempre que lo creyera conveniente. Las mejoras para obtener ese aumento de la producción corrían por cuenta del Estado. La entrega de los productos debía hacerse en Londres; el prestamista, declarado exclusivo vendedor de éstos, cobraría por separado este «servicio». Como concesión especial, el Estado español, propietario de las minas, quedaba facultado para reservar 200 frascos anuales para satisfacer las necesidades de la industria indígena.

Las obligaciones contraídas en 1870 dieron, sin duda, un grandísimo impulso a la producción. Como el mínimo estipulado de 32.000 frascos no se había alcanzado nunca —salvo en 1839— por lo que era de temer que las minas pasaran a propiedad de los Rothschild según las cláusulas aceptadas, la Ley de Presupuestos de 1870-1871 concedió un crédito de 1.250.000 ptas. para renovación del establecimiento, a la que más adelante se afectarían otras partidas. De esta forma, la etapa 1870-1900 resultó la más floreciente de cuantas pueden distinguirse en la larga historia de Almadén. La tabla 4 se encarga de confirmar nuestro aserto:

82. *Ibid.*, pp. 289-290.

TABLA 4

Producción de azogue en las minas de Almadén,
en el curso del siglo XIX

Decenios	Número de frascos	Decenios	Número de frascos
1819-1820 a 1828-1829	230.315	1869-1870 a 1878-1879	357.940
1829-1830 a 1838-1839	274.336	1879-1880 a 1888-1889	476.221
1839-1840 a 1848-1849	277.081	1889-1890 a 1898-1899	453.043
1849-1850 a 1858-1859	203.988	1899-1900 a 1908-1909	323.583
1859-1860 a 1868-1869	265.540	1909-1910 a 1918-1919	302.115

FUENTE: Cf. el apéndice 3, *infra*, p. 259.

Pero una cosa fueron los resultados técnicos y otra muy distinta los resultados económicos. Por el contrato de préstamo, el Tesoro recibió el importe líquido de 1.628.891 £, esto es, la cantidad estipulada menos un 4 por ciento de comisión de banca; como en los treinta años convenidos devolvió 4.500.000 £, la ganancia del prestamista ascendió, pues, a 2.871.108 £. En pesetas, contando a 25 por libra, la cantidad recibida a préstamo fue de 40.722.278 y la cantidad devuelta de 123.633.750 (113.400.000 por las 4.500.000 £ a la par de 25,20 cada una, más 10.233.750 por quebranto de moneda), lo que representa una prima favorable al prestamista de 203,6 por ciento. Por otra parte, el producto bruto de la venta del azogue, desde 1870 a 1900, fue de 8.887.385 £, 15 sh. y 9 d., de las cuales dedujo el vendedor 882.837-18-2 por participación, 487.465-18-1 por comisión, descuento y corretaje, y 381.889-9-0 por transportes, seguros y almacenaje. De modo que con las dos partidas contables, vinculadas entre sí por el hecho de que la devolución del préstamo corrió a cargo de los azogues, puede formarse la liquidación final reproducida en la tabla 5.

En definitiva, el producto de la venta del mercurio importó casi 240 millones de pesetas, de los que la Hacienda percibió 40,7 como anticipo y 69,3 como producto: en conjunto, pues, 110 millones frente al resto de 129,7 que se llevó la casa Rothschild. De ello se deduce que, del producto de la venta, el Estado percibió el 45,9 por ciento y pagó el 54,10 restante. No se habían equivocado las voces que, al hacerse los contratos, habían clamado contra ellos por consi-

TABLA 5

Resultados financieros

	Libras	Pesetas	Libras	Pesetas
1.144.157 frascos vendidos, al precio medio de £ 7-15-4 . .			8.887.385-15-9	239.739.150 (1)
Cobrado por Rothschild:				
Por anualidades .	4.500.000	123.633.750		
Por participación .	882.838	23.400.839		
Por comisión, descuento y corretaje .	487.466	12.920.995	5.870.304-16-3	159.955.584
Diferencia			3.017.080-19-6	79.783.566
A deducir:				
Transportes . .	329.864			
Seguro y almacenaje	25.025		381.889- 9-0	10.474.262
PRODUCTO LÍQUIDO PARA EL TESORO .			2.635.191-19-6	69.309.304

(1) Es el equivalente de los 8.887.385-15-9 £, al cambio medio de 26,97 ptas. cada una.

FUENTES: *Estadística(s) de presupuestos*, publicadas por la Intervención General de Ministerio de Hacienda, de 1850 a 1890-1891 (p. 138), y de 1890-1891 a 1907 (p. 332), según elaboración de Zarraluqui, *Los almadenes...*, p. 720.

derarlos excesivamente onerosos para España.[83] Mas «los antiguos comerciantes de Francfort se dieron buena maña para atraerse a su bando a letrados influyentes en política, ingenieros conocidos, funcionarios conspicuos y periodistas rebeldes al principio», los cuales, «aceptando los hechos consumados, no volvieron a desplegar los labios».[84]

Después de 1900, el Fisco renovaría aún por dos veces más la comisión de venta del azogue español a N. M. Rothschild e Hijos de Londres (contratas decenales de 1 de julio de 1900 y de 23 de julio de 1911), aunque en condiciones no tan onerosas como las que habían regido durante los treinta años precedentes. Finalmente, el real decreto de 21 de diciembre de 1921 autorizó al consejo de administración de las minas para vender el producto prescindiendo

83. Cf., por ejemplo, las objeciones de I. Gómez de Salazar, expuestas, bajo el título «Almadén», en la *Revista Minera*, XXII, 1871, pp. 317-329.
84. Zarraluqui, *Los almadenes de azogue...*, p. 721.

de las solemnidades de la subasta, organizando el servicio comercial en la forma que estimase más acertada. Tras ochenta y seis años de cesión más o menos encubierta, el rescate de Almadén por la Hacienda era un hecho.

La extracción de mineral de hierro ha tenido en España dos centros principales: en el norte, las provincias contiguas de Santander y Vizcaya; en el sureste, las provincias, también vecinas, de Almería y Murcia. La cuenca norte ha sido siempre de mayor importancia por la abundancia de los yacimientos, su calidad y la mejor situación de los mismos cara a los grandes mercados extranjeros. Bilbao, sobre todo, ha gozado de una situación ventajosísima, a causa de la especial riqueza de sus menas, la baratura de la explotación, la proximidad de la ría y la solicitud prestada por sus poderes públicos. Merece destacarse, en el último extremo, el ferrocarril minero de Triano, o Somorrostro, hasta los muelles en Ortuella, concedido por ley de 19 de junio de 1859 y estrenado el 26 del mismo mes de 1865, obra de la Diputación de Vizcaya, que dio fuerte impulso a la cuenca, y proporcionó saneadísimos ingresos a la hacienda foral.[85]

Pero el factor decisivo fue el descubrimiento y adopción del convertidor Bessemer para la obtención de acero, que deparó una oportunidad extraordinaria a las menas españolas. Tras los primeros experimentos realizados con hematites de Cumberland, la nueva siderurgia británica se volcó sobre las reservas vizcaínas, más baratas y con menor contenido en fósforo que las de cualquier otra procedencia. De esta forma, gracias al procedimiento de Bessemer, la extracción férrica de 1870 ya se hallaba en la relación de 2,4 a 1 con respecto a la de 1866,[86] y la de 1877, una vez salvado el bache causado por la tercera guerra carlista (1872-1876), en la relación 3,6 a 1 respecto de la de 1870. Luego, la extracción y los envíos seguirían aumentando incesantemente hasta alcanzar sus cotas más elevadas en el cuatrienio 1905-1908 (producción media de 9.423.387 toneladas, exportación media de 8.658.477 toneladas; en ambos casos se trata de máximos).

---

85. «Seguramente el ferrocarril de Triano será el que haya conseguido mayores rendimientos en Europa y América», un líquido de más de 33 millones de pesetas en 32 años, «que se han repartido en beneficio del país, aliviándole en sus contribuciones, ayudando a construir gran parte de la extensa red de carreteras, el puerto de Bilbao, etc.» (*Las minas de hierro de la provincia de Vizcaya. Progresos realizados en esta región desde 1870 a 1899*, memoria redactada por el Círculo Minero de Bilbao, 1900, p. 92).

85. La *Estadística minera de 1870*, de donde procede esta comparación, ya consigna, en la p. 116, la influencia del convertidor Bessemer en la demanda de mineral vizcaíno.

La tabla 6, que cuantifica la producción, la exportación y el consumo en el país, revela dos hechos capitales: *a*) el estrecho grado de correlación entre las dos primeras variables, y *b*) la parte, hegemónica desde el principio, creciente además hasta 1900, de la contribución vizcaína.

TABLA 6

Producción, beneficio y exportación de mineral de hierro español, 1861-1913

(En miles de toneladas)

Años	Producción			4 Mena beneficiada en el país	5 Mena exportada (1 — 4)
	1 España	2 Vizcaya	3 (2/1 × 100)		
1861-1870	2.579	1.214	47,07	1.685	894
1871-1880	12.551	7.940	63,26	1.839	10.712
1881-1890	49.425	35.575	71,97	3.789	45.636
1891-1900	66.349	49.411	74,47	5.430	60.919
1901-1910	87.246	46.681	53,50	7.704	79.542
1911-1913	27.769	10.992	39,58	2.543	25.226
1861-1913	245.919	151.813	61,73	22.990	222.929

FUENTE: *Estadística(s) minera(s).*

De 1881 a 1913, en la época de su auténtico despegue, la industria férrica española benefició tan sólo el 8,4 por ciento (19.466 millares de toneladas) de toda la mena arrancada (230.794 millares), lo que equivale a decir que el país exportó el 91 por ciento restante. El Reino Unido fue en todo momento el cliente más destacado, hasta el punto de haber absorbido, según Flinn,[87] el 80 por ciento de las salidas españolas. De ser así, la industria siderúrgica británica —que en el curso de dichos treinta y tres años consumió un todo de 644.678 millares de toneladas de mineral (474.355 de origen interno, 170.323 de origen externo)— habría dependido en un 21 por ciento del suministro español.[88] En todo caso, es un hecho cifrado el descenso

87. «British Steel and Spanish Ore, 1871-1914», *The Economic History Review*, 2.ª serie, VIII, 1955, pp. 84-90; versión castellana en *Revista de Economía Política*, mayo-agosto 1957, pp. 607-619.

88. Mitchell y Deane, *Abstract of British Historical Statistics*, pp. 129-130 y 139.

de la extracción inglesa a partir de 1883, a pesar de que las cifras más altas de lingote y acero fueron obtenidas en el año terminal de 1913. Desde el penúltimo decenio del siglo XIX, la industria del hierro británica tiende a limitar la demanda de materia prima autóctona en beneficio de la oferta extranjera y más concretamente española. Una «Memoria» de M. Jenkins presentada el 16 de diciembre de 1882 a la Sociedad Filosófica de Glasgow contiene la clave del cambio: mientras la mena de Cumberland necesaria a la obtención de una tonelada de lingote, apto para ser convertido en acero, costaba, a pie de fábrica, 27 shillings y 10 peniques, la mena vizcaína exigida para obtener el mismo producto salía, embarcada en Bilbao, a 14 shillings, 6 dineros , y desembarcada en Durham, en la costa noreste de Inglaterra, a 20 sh., 6 d. o a 21 sh., los fletes variando según las estaciones; [89] la diferencia, incluso después de pagado el transporte, era decisiva a favor del mineral español. En estas condiciones no ha de extrañar la observación de un redactor del *Journal of the Iron and Steel Institute*, en 1894: «veinticinco años atrás nuestros barcos, puentes, calderas y carriles eran hechos de hierro extraído casi enteramente de minerales británicos. Hoy en día casi todos son hechos de acero procedente de menas hispanas».[90] En reconocimiento de esa dependencia, el propio Iron and Steel Institute se desplazó a Bilbao para su reunión reglamentaria del año 1896.[91] La irrupción del mineral ibérico no pasó sin dejar huella, moderada pero significativa, en los valores generales del comercio exterior británico: las entradas de menas de hierro, que durante el decenio 1861 a 1870 sólo habían representado, en valor, el 0,2 por mil de todas las importaciones, valieron el 3 por mil en 1871-1880, el 6,6 en 1881-1890, el 8,3 en 1891-1900, el 9,2 en 1901-1910, el 9,0 en 1911-1920 y el 4,2 en 1921-1930.[92]

El Reino Unido pagó 135.917.000 £ por los 170 millones de toneladas de hierro importadas entre 1881 y 1913.[93] Dedúzcase de esta cantidad la quinta parte, correspondiente a minerales de procedencia no española, más la parte tocante a fletes desde el Nervión y demás embarcaderos (mantengamos, aunque los costes del porte fueron ba-

89. Citada por B. de Alzola, *Estudio relativo a los recursos de que la industria nacional dispone para la construcción y armamentos navales*, Madrid, 1886, páginas 68-70.

90. Citado por Henderson, *Britain and Industrial Europe*, p. 215.

91. P. M.ª Clemencín y J. M.ª Buitrago, *Adelantos de la siderurgia y de los transportes mineros en el Norte de España*, Madrid, 1900, p. 194.

92. Mitchell y Deane, *Abstract of British Historical Statistics*, pp. 139 y 283-284.

93. *Ibid.*, p. 139.

jando más deprisa que los de la mercancía, la proporción de 1882: 70 por ciento, coste del producto en el punto de embarque; 30 por ciento, precio de los fletes hasta puerto británico) y se obtendrá el remanente de 76.114.200 £, equivalentes a unos 2.283 millones de pesetas (valor medio aplicado: 30 ptas. por libra), como importe bruto, en España, de las compras inglesas. A esta cantidad habría que añadir el rendimiento de los envíos a otros países, así como el del mineral beneficiado por la siderurgia autóctona.

La demanda exterior de minerales de hierro españoles provocó una formación de capitales muy importante. Cabe preguntar por los beneficiarios de la misma. La respuesta exige distinguir entre Vizcaya y las demás provincias productoras. En Vizcaya, los propietarios de las minas, empezando por la familia Ibarra, supieron asociarse con los intereses extranjeros para sacar algún provecho de las riquezas del subsuelo. Sería interesante poder desglosar las participaciones respectivas. Las grandes compañías llevaron todas nombres foráneos, lo que sugiere la idea de unos conciertos en régimen de escasa igualdad. Citemos las cuatro más importantes: «The Orconera Iron Ore Co. Ltd.» fue constituida en 1873, con un capital de 200.000 £, representado por 20 acciones de 10.000 £ cada una, suscritas en partes iguales por «Dowlais Iron Company», del País de Gales, «Consett Iron Co.», del nordeste de Inglaterra, «Frederich Krupp», de Alemania, e «Ibarra y Cía.», de Bilbao.[94] La «Cie. Franco-Belge des Mines de Somorrostro» quedó registrada en 1876, con un capital de 3 millones de francos, aportados por las firmas Lenain, Anzin y Montetaire, francesas, Cockerill, belga, e Ibarra, española. «The Luchana Mining Co.», fundada en 1886 y «The Parcocha Iron Ore and Railway Co. Ltd.», nacida un poco después, con 510.000 £ de capital, fueron exclusivamente británicas. En conjunto, la inversión extranjera, desencadenada tras el viaje a Bilbao de sir Isaac Lowthian Bell, el gran *ironmaster* de Middlesborough, en 1872,[95] parece haber sido muy mayoritaria. Los británicos solos formaron, entre 1871 y 1914, un total de 64 sociedades anónimas para la explotación de mineral de hierro español —no exclusivamente vizcaíno— con un desembolso de 5.139.691 libras.[96] Ellos impusieron la explotación racional de

94. *Altos Hornos de Vizcaya, 1902-1952*, Talleres Hauser y Menet, Bilbao, 1952, p. 123.

95. Cf. L. Bell, *The Iron Trade of the United Kingdom compared with that of the other Chief Iron making Nations*, British Iron Trade Association, Londres, 1886, p. 124.

96. 11.235.000 ptas., por un capital de 200.000 £ (cf. *Revista Minera*, XXXV, 1884, pp. 17-20).

los criaderos, hicieron las inversiones necesarias (en 1884 la «Orconera» ya llevaba gastada en medios de transporte —ferrocarril, plano inclinado, embarcaderos y material móvil— una suma similar a la del capital escriturado en 1873), pero se llevaron la mayor parte de los frutos.

¿Qué parte exactamente? De generalizar el único dato bien conocido, que es el que se refiere a la «Orconera», resultaría que el 75 por ciento. A Vizcaya le hubiera correspondido, en cambio, el 25 por ciento restante. En cualquier caso, la extracción de minerales fue tan grande, el negocio tan rediticio, que bastó para dejar al socio minoritario, o sea al indígena, la posibilidad de una acumulación sin duda alguna extraordinaria. Creo que esta acumulación puede apreciarse indirectamente mediante la tabla 7, que resume los primeros estados del registro mercantil relativos a la constitución de sociedades (colectivas, comanditarias y anónimas) en España y, dentro de ella, en las tres provincias más representativas.

Durante los veintiocho años que comprende la tabla, fueron registradas en España 30.029 sociedades, por un importe de 8.145,9 millones de pesetas. Por el número destacó la provincia de Barcelona (debido a la inclinación catalana por las compañías pequeñas), y por el monto de los capitales la de Madrid. Sin embargo, en términos relativos, es decir, habida cuenta del número de pobladores, la contribución sobresaliente fue la de Vizcaya, que en los dos quinquenios de 1896-1900 y 1901-1905 llegó a rebasar a sus rivales, incluso en términos absolutos. En el curso de diez años, de 1896 a 1905, se escrituraron en Bilbao 962,3 millones de pesetas, iguales al 28,3 por ciento del total español. Este decenio de máxima inversión fue también el de mayores salidas de mineral. Aunque no cabe desconocer la probable incidencia de otros factores,[97] aquella coincidencia es tan estrecha que induce a aceptar una relación —algunos dicen «correlación»— [98] entre las dos corrientes.

Fuera de Vizcaya, el predominio extranjero fue mucho más acentuado. En Santander, las compañías locales significaron poco al lado de la «Orconera», explotadora de minerales en Peña Cabarga, de «The Salvador Spanish Iron Co. Ltd.», con un capital de 60.000 £ en 1894, propietaria de yacimientos en Penagos, o de la francesa

---

97. Como la repatriación de capitales de las antiguas colonias, lo que explicaría que el máximo de 1901-1905 se diese también en Madrid y Barcelona.

98. *Un siglo de la vida del Banco de Bilbao. Primer Centenario (1857-1957),* Espasa Calpe, S. A., Bilbao, 1957, p. 168.

TABLA 7

Constitución de sociedades mercantiles en España, 1886-1913

Quinquenios	España		Vizcaya		Madrid		Barcelona	
	Número de sociedades	Capitales (en miles de pesetas)	Número de sociedades	Capitales (en miles de pesetas)	Número de sociedades	Capitales (en miles de pesetas)	Número de sociedades	Capitales (en miles de pesetas)
1886-1890	4.490	1.323,0	174	97,1	436	482,1	1.263	322,8
1891-1895	4.016	850,0	212	163,2	363	263,3	1.447	140,5
1896-1900	5.379	1.262,1	365	303,5	481	240,1	1.393	142,5
1901-1905	6.542	2.132,9	486	658,8	552	436,6	1.561	391,8
1906-1910	5.919	1.773,6	394	137,2	572	395,6	1.551	186,0
1911-1913	3.683	804,3	232	45,0	315	214,5	961	182,1
1886-1913	30.029	8.145,9	1.863	1.404,8	2.719	2.032,2	8.176	1.365,7

FUENTES: Cf. el apéndice 4, *infra*, p. 263.

«Minas de Heras», nacida en 1899, con 6,5 millones de pesetas, para la extracción de hierro en el mismo Penagos, en Liérganes y en Monte Cudeyo. Pero la colonización había de mostrar sus formas más rapaces en el sureste de la península, en donde ingleses y franceses se repartieron el campo. Así, en 1913, el mineral malagueño de Ojén, un día explotado por Heredia, había pasado a manos de «The Marbella Iron Ore»; el mineral granadino constituía un monopolio de los grupos francos «Mines de la Sierra de Baza», «Minas de Hierro del Marquesado» y «Schneider et Cie.», los famosos metalúrgicos de Le Creusot; en Almería, aparte la bilbaína «Cía. Minera de Sierra Alhamilla» (capital: 3,15 millones de ptas.), operaban sobre todo «The Soria Mining Co. Ltd.» (100.000 £) y la «Cie. des Mines de Beires», domiciliada en París, aunque con mayoría de capital británico; en Murcia, por último, la catalana «Ferrocarril y Minas de Morata» (3,5 millones de pesetas) constituía la única salvedad digna de mencionarse, frente a la «Société des Mines de Fer de Morata» (con sede en Ginebra y 6 millones de francos), o la «Société Française d'Exploitation Minière», establecida en La Unión.[99]

Ese hierro de la Penibética fue cobrando importancia a medida de la superación del procedimiento Bessemer y Siemens-Martin por otros más modernos, que ya no exigían la ausencia de fósforo en las menas. De modo que las partes de Almería y Murcia acabaron sumando, respectivamente, el 15,18 y el 21,16 por ciento de toda la extracción española en los dos períodos culminantes, de 1901-1910 y 1911-1913. La tabla 6 da cuenta de ese progreso.

---

99. Cf. *Anuario de minería, metalurgia, electricidad e industrias químicas de España*, XIII, 1913.

Capítulo 5

EL PROBLEMA CARBONÍFERO

«La hulla, que puede llamarse agente de la luz y de la misteriosa fuerza del vapor, no era conocida en nuestro suelo cuando ya se la utilizaba para mil objetos en los países vecinos que la trabajaban desde el siglo XIII, pues sus manifestaciones más remotas datan de 1742, en que se concedió el primer permiso para el beneficio del carbón de Villanueva del Río (en la provincia de Sevilla) a favor de don Juan Ledis, que no pudo llevar a efecto la explotación por haberse opuesto tenazmente los pueblos de las inmediaciones, que creían perjudicial a la salud el uso de aquel combustible. Diez y nueve años más tarde, esto es, en 1761, y a consecuencia de un informe de la Junta de comercio, moneda y minas, se concedió licencia para beneficiar aquellos criaderos a don Antonio de Aguirre y compañía.» [1]

Un poco después, los gobernantes ilustrados de fines de la centuria vinieron a disponer el ordenamiento general del sector. Primero, fue dictada la ley de 20 de mayo de 1780, concediendo una serie de privilegios y franquicias a los eventuales explotadores de las dichas minas de Villanueva del Río, o de cualquier otro punto de España. Después, con fecha 26 de diciembre de 1789, se promulgaron unas «reglas para el beneficio del carbón de piedra», famosas por exceptuar a éste del principio general de la regalía minera y declarar, por el contrario, libre su beneficio, tráfico y exportación. El nuevo régimen, que introducía una salvedad dentro del sistema general imperante, había de ser confirmado por la ley de 24 de agosto de 1792 que dispuso, además, una serie de medidas encaminadas a hacer efectivas la explotación y el tráfico del combustible: creación de una escuela minera en Asturias, otorgamiento de primas a los bu-

1. Lucas de Aldana, *Consideraciones generales sobre la industria hullera de España*, Madrid, 1862, p. 5.

ques españoles que hiciesen, al año, un mínimo de dos viajes con carbón de un puerto a otro de la península, promesa de mejorar los transportes terrestres y fluviales, etc.[2] En prueba de que la preocupación que sentía desbordaba el estricto marco legislativo, el rey Carlos III comisionó, en 1789, a Jovellanos para que fuese a su patria asturiana a «promover el comercio y cultivo del carbón de piedra».[3]

A pesar de las buenas intenciones, esta política tuvo poco éxito. La comercialización del carbón resultó nula, por las dificultades del transporte, pero sobre todo por la falta de demanda. El país no estaba preparado para el cambio. El nuevo combustible contaba con escasísimos adeptos, prevaleciendo por el contrario los prejuicios opuestos a su empleo. Las manufacturas, igual que los hogares, permanecían aferrados al carbón tradicional de leña. El ejemplo de lo que estaba sucediendo en otras latitudes, especialmente en Inglaterra, hacía poca mella en el ánimo de los peninsulares. Por eso, cuando en 1786 José Comes, director de Historia Natural de la Real Academia de Ciencias Naturales y Artes de Barcelona, se decidió a publicar una *Memoria* en la que ponderaba las excelencias del carbón fósil y afirmaba que había llegado la hora de recurrir a él,[4] nadie le hizo caso; al cabo de unos meses, en efecto, uno de los corresponsales madrileños de la citada Academia informó: «Si en Barcelona se ha vendido poco la memoria del carbón de piedra, menos se ha vendido aquí, pues a penas se han despachado 25 ejemplares; y no lo extraño porque, sobre que en España las mejores obras son regularmente las que menos se venden, el asunto del carbón de piedra no interesa al común de las gentes, que más bien creen su uso perjudicial que no provechoso».[5] Por eso, cuando en 1789 el tinerfeño Agustín de Béthencourt, comisionado para formar el Gabinete de Máquinas del Buen Retiro, consiguió ver en Londres una máquina de vapor de doble efecto —en la que el carbón mineral encontraba su empleo más espectacular— la «memoria» correspondiente fue presentada en París[6] y no en Madrid. El informe de Béthencourt a la

2. *Ibid.*, pp. 6-8.
3. *Obras de Don G. M. de Jovellanos*, edición y estudio preliminar de don Miguel Artola, Biblioteca de Autores Españoles, V, Madrid, 1956, p. 251.
4. *Memoria sobre el carbón de piedra para persuadir y facilitar su uso en Cataluña*, leída en la Real Academia de Ciencias Naturales y Artes de Barcelona, en la junta del día 5 de julio de 1786, Imp. de Francisco Suria y Burgada, Barcelona, 1786.
5. J. Iglésies, «La Real Academia de Ciencias Naturales y Artes en el siglo XVIII», *Memories de la Real Academie de Ciencias y Artes de Barcelona*, vol. XXXVI, n.º 1, Barcelona, 1964, p. 313.
6. *Mémoire sur la force expansive de la vapeur de l'eau, lû à l'Académie Royale*

Académie des Sciences reveló a los mecánicos franceses un secreto celosísimamente guardado por Watt y Boulton, sirviendo de pauta a los hermanos Périer para construir, en sus grandes talleres de Chaillot, la primera máquina de vapor continental de doble efecto.[7] Esta máquina, acabada en 1790, parece haber sido seguida de otra, construida en el mismo Chaillot por el propio Béthencourt,[8] que bien pudiera ser la que entre 1790 y 1799 empezó a funcionar para el desagüe de las minas de Almadén.[9] Mas este regalo, y muchos otros,[10] serían poco apreciados: Béthencourt, «un des plus habiles machinistes de l'Europe, de l'aveu des savans de France et d'Angleterre, qui n'est à la verité, ni dedaigné, ni ignoré, *mais qu'on ne trouve pas à employer en Espagne,* où toutes les machines nécessaires aux arts et aux métiers sont encore si imparfaites»,[11] se vio forzado a expatriarse, primero a Francia y luego a Rusia, en donde llevó a cabo una obra de ingeniería militar de mucho relieve.[12]

El consumo del carbón en el ámbito mismo de las cuencas hulleras, cuando pudo intentarse, reveló, por otra parte, las quiebras del retraso tecnológico. Ésa fue la historia de la fábrica de armas de Trubia, en Oviedo, fundada en 1794 para compensar la pérdida, en manos de los franceses, de las fábricas de armamentos de Guipúzcoa y de

des Sciences par Mr. Béthencourt, el 15 de diciembre de 1789 (cf. José Clavijo Fajardo, *Mercurio histórico y político.* Extractos de los registros de la Academia de Ciencias de París, Madrid, febrero 1791, citado por S. Padrón Acosta, El ingeniero Agustín de Béthencourt y Molina, La Laguna de Tenerife, 1958, p. 37).

7. Jacques Payen, *Capital et machine à vapeur au XVIII* siècle. Les frères Périer et l'introduction en France de la machine à vapeur de Watt, PUF, París-La Haya, 1969, pp. 157 ss.

8. Carta de Watt a su socio Boulton, fechada el 23 de julio de 1790 y publicada por J. P. Muirhead, *The Life of James Watt, with Selections from his Correspondence,* Londres, 1858, p. 267.

9. Formulo esta hipótesis al recordar que Béthencourt era un profundo conocedor de Almadén, adonde fuera enviado por Floridablanca en 1783, y sobre cuyas minas dejó tres memorias manuscritas, una de ellas precisamente sobre los problemas del desagüe (Padrón Acosta, *El ingeniero Agustín de Béthencourt...,* pp. 33-34). En contra, debo decir, sin embargo, que la máquina en cuestión ha sido atribuida directamente a Watt, por L. Figuerola, *Estadística de Barcelona en 1849,* p. 290 de la reedición debida al Instituto de Estudios Fiscales, Madrid, 1968.

10. Padrón Acosta cita 358 planos, correspondientes a 270 máquinas, y 100 memorias, con 92 gráficos, entregados por Béthencourt al Gabinete de Máquinas del palacio del Buen Retiro (*op. cit.,* p. 38).

11. J. F. Bourgoing, *Tableau de l'Espagne Moderne,* III, pp. 321-322.

12. Las andanzas de Béthencourt por el imperio zarista han sido contadas por A. Ruiz Álvarez, «En torno al ingeniero canario Don Agustín de Béthencourt y Molina», *El Museo Canario,* XXII-XXIII, Las Palmas de Gran Canaria, 1961-1962, pp. 139-147 y 6 láms., y sobre todo por A. Bogoliúbov, *Un héroe español del progreso: Agustín Béthencourt,* con un prólogo de J. Caro Baroja y un epílogo de J. A. García Diego, Seminarios y Ediciones, S. A., Madrid, 1973.

municiones de Navarra (Eugui y Orbaiceta). En marzo o abril de 1796, «se dio fuego a un horno alimentado al cok, procedente del carbón de piedra de Langreo; pero ya fuese por falta de práctica de los obreros, ya por la mala calidad del combustible, o quizá por la poca inteligencia en la fabricación del cok, es lo cierto que este ensayo no tuvo buen resultado». En 1797 no se había logrado todavía «una sola bomba», y sí sólo unos «pocos y malos lingotes acaso tan costosos como si fueran de plata».[13] De nada sirvieron el envío, en 1798, del coronel de artillería Francisco Datoly a Le Creusot, para aprender los métodos modernos de fundición,[14] ni los contactos con el célebre químico francés L. Proust, docente en la Escuela de Artillería de Segovia, con poco éxito.[15] Agotadas las posibilidades, los hornos de Trubia hubieron de apelar al carbón de leña,[16] combustible que se empleó hasta el año 1808, en el que la invasión francesa obligó a suspender todos los trabajos. En 1796-1797, los años de mayor empeño, la cantidad de hulla consumida no había pasado de 1.561 toneladas. Por el mismo tiempo, de 1790 a 1799, las labores practicadas en la cuenca de Espiel (Córdoba) dieron un producto de 492 t, reservadas en mayor parte —427 t— a la máquina de vapor que, por entonces, funcionó en Almadén para extraer el agua que inundaba los yacimientos de azogue. También parece que, por las mismas fechas, se extraían de Utrillas (Teruel) las cantidades de lignito necesarias a una fábrica de cristales instalada en el pueblo con obreros alemanes.[17] Eso era todo.

13. *Obras e Don G. M. de Jovellanos*, p. 252.

14. Francisco de Luxán, «Viaje científico a Asturias y descripción de las fábricas de Trubia, de fusiles de Oviedo, de zinc de Arnao y de hierro de la Vega de Langreo», *Memorias de la Real Academia de Ciencias de Madrid*, 3.ª serie, III, 1.ª parte, 1861, pp. 105-192; la referencia se halla en p. 149.

15. La figura controvertida de Proust, enviado a España por el embajador Aranda, por recomendación del mismo Lavoisier, ha encontrado sus comentaristas más ecuánimes en Enrique Moles (*Discurso leído en el acto de su recepción por E. Moles y contestación de B. Cabrera el día 28 de marzo de 1934*, Academia de Ciencias Exactas, Físicas y Naturales, Madrid, 1934) y en J. Sureda Blanes (*Orfila i la seva obra, 1787-1819*, Barcelona, 1969, pp. 101 ss.).

16. Un autor contemporáneo acusaría al químico francés de ser el responsable directo del retroceso: «Proust no sólo no adelantó nada en su reconocimiento [el de la fundición del hierro a base de carbones minerales], sino que desmayó al gobierno obligándole a una resolución, cuyos resultados han sido el abandono del beneficio de las minas de este fósil, y la ruina de la provincia en este interesante ramo». Cf. *Memoria sobre el carbón fósil, presentada en virtud de encargo, a la Junta General extraordinaria del Principado de Asturias celebrada con aprobación de S. M. en 1804, por su autor el presbítero D. José Vicente Pereda, impresa de orden del Sr. Intendente interino D. Pedro Collingh de Salazar*, Oficina de Prieto, Oviedo, 1814, p. 7 (debo la consulta del folleto a Gérard Chastagnaret).

17. Aldana, *Consideraciones generales...*, pp. 9 y 10.

Al terminar la guerra de Independencia, todas las explotaciones carboneras permanecieron abandonadas, excepto las de Villanueva del Río, concedidas en 1815 a la quimérica «Compañía del Guadalquivir».[18] El sistema inglés, establecido en 1789, que dejaba «la más absoluta y suprema libertad a favor de los propietarios del suelo»,[19] se había saldado con un notorio fracaso. En consecuencia, la nueva ley minera de 4 de julio de 1825 (y la real instrucción de 8 de diciembre del mismo año) asimiló el carbón de piedra a los otros ramos de minas, regidos todos por el principio regalista.[20] Muy poco después, en 1828, se iniciaba la salida regular, aunque a dosis muy pequeñas, de carbón mineral por los puertos de Asturias.[21]

No obstante, sería imprudente establecer una relación demasiado estrecha entre el nuevo ordenamiento minero y los primeros pasos de la economía carbonera asturiana. Antes al contrario, la ley de 1825 fue menos favorable de lo que cabía esperar al desarrollo de los intereses hulleros. Por una parte, impuso unas dimensiones exiguas a las pertenencias —200 × 100 varas—;[22] por otra, exigió unos derechos elevados, tanto de superficie (1.000 reales al año por concesión) como sobre el producto bruto extraído (5 por ciento de los valores). Aquella exigüidad dificultaría las labores; estos derechos causaban la abstención de los interesados. «La contribución de mil reales, cobrada tanto a las productivas como a las improductivas —explicó un experto en 1831—, es un grande obstáculo para que se generalice el cultivo de toda clase de minas; las esperanzas de este género de empresas son muchas veces falaces, y sobre todo se principian y se continúan por mucho tiempo, sin que sus empresarios, que por lo regular poseen muy cortas fortunas, esperimenten otra cosa que desembolsos, y debe serles muy duro y aun insoportable el recargo de una contribución que no recae sobre utilidades sino sobre gastos, y que no tiene otro fundamento que el del señorío territorial, para el cual es muy escesiva y desproporcionada.»[23] Al sentar la nue-

---

18. *Infra*, p. 193.
19. Aldana, *Consideraciones generales...*, p. 11.
20. La *Memoria sobre la formación de una ley orgánica para gobierno de la minería en España*, presentada por Elhuyar el 3 de febrero de 1825, y el real decreto de 4 de julio de 1825, acompañado de la instrucción de 18 de diciembre del mismo año, se hallan publicados íntegramente en los *Anales de Minas* de la Dirección General del Ramo, I, 1838, pp. 1-223.
21. Aldana, *Consideraciones generales...*, p. 11.
22. 167 × 83,59 m.
23. Antonio Pérez Domingo, *Memoria sobre las minas en la Península, sobre la riqueza que han producido, y mejoras de que es susceptible este ramo*, Imp. de D. E. Álvarez, Madrid, 1831, p. 58.

va normativa, el legislador había pensado en productos valiosos más que en la explotación racional de artículos de mucho volumen, como carbones y minerales de hierro. La ley se aplicaba mejor a la minería americana que a la europea.

La ley pecaba de «americanista» porque su autor era un «americano». Tratábase en efecto de Fausto de Elhuyar, antiguo presidente del Tribunal de Minería de México, repatriado en 1821, hombre tan competente en el aspecto técnico como poco abierto a las grandes transformaciones que estaban revolucionando el Viejo Continente. Un análisis pormenorizado de la ley de julio de 1825 ha puesto de relieve el espíritu preindustrial y los anacronismos que informaron su redacción.[24] Pero el propio Elhuyar expuso directamente sus ideas en una larga *Memoria sobre el influjo de la minería en la agricultura, industria, población y civilización de la Nueva-España en sus diferentes épocas,* que es un canto a los metales preciosos como factores del desarrollo mexicano y una impugnación de las imputaciones que se les han hecho, como presuntos culpables de la ruina española.[25] Quizás en ningún punto resulte tan expresiva la *Memoria* de Elhuyar como en aquel en que intenta paliar, con el argumento minero, los perniciosos efectos del pacto colonial: «Podrá tal vez pensarse que el no haber descollado y prevalecido, a lo menos después de consolidada la organización del país [México], algún otro género de industria, haya provenido de las trabas y prohibiciones puestas por el gobierno [metropolitano] al cultivo de diferentes frutos, al establecimiento de fábricas y manufacturas, y al tráfico esterior, sujetándolo precisamente al de la península matriz, y limitándolo a épocas y buques señalados. Estos impedimentos, que se han exagerado con demasía, podrán haber entorpecido los progresos del cultivo e industria de estos países; pero en manera alguna han embarazado el vuelo que cualquiera de los demás ramos hubiera podido tomar para erigirse en agente dominante, como lo han sido hasta aquí las minas».[26]

En la España de 1825, los intereses mineros y los industriales no se presentaban como antagónicos, sino como complementarios. Perdidas las colonias, el oro y la plata, que simbolizan la riqueza, debían buscarse en el fomento de las manufacturas. Para ello era impres-

24. G. Chastagnaret, «La législation de 1825 et l'évolution des activités minières en Espagne», comunicación presentada al Primer Coloquio de Historia Económica de España (Barcelona, mayo 1972).

25. La *Memoria* salió de la madrileña Imprenta de Amarita, en 1825.

26. Elhuyar, *Memoria sobre el influjo de la minería...*, p. 22.

cindible contar con el combustible que las alimenta. «El verdadero oro y plata de España, todo en una pieza; las verdaderas minas que tenemos que beneficiar, si queremos tener oro y plata; y la gran palanca a que tenemos que aplicar la mano, si deseamos mover de un impulso todos los ramos principales de industria, es ese negro, feo, despreciado pero preciosísimo mineral que llamamos hornaguera o carbón de piedra. ¡Carbón, carbón, carbón y siempre carbón es lo que necesitamos ahora! Este combustible ha de ser el elemento de nuestra felicidad, éste la base de toda nuestra industria y éste la tabla de nuestra salvación política [...]. Si, conviniendo en que hemos errado el camino de nuestra prosperidad por el rumbo que nos hizo tomar la conquista de la América, conocemos que no hay otro más que el del trabajo y aplicación a hacer multiplicar las producciones de la naturaleza y del arte, no nos queda otro asilo, otro recurso que este preciosísimo combustible [...]. En habiendo carbón hay bombas de vapor, y en habiendo bombas se hace cuanto se quiere con abundancia, equidad y presteza [...]. La aplicación química del fuego a las máquinas mediante el vapor del agua debe causar antes de dos siglos una revolución extraordinaria en los progresos de la civilización, y hacer algún día casi cambiar la faz de la tierra. Las naciones que no lleguen a usar para todo las bombas, se quedarán mil años atrás de las otras, y serán inmediatamente subyugadas por ellas.»[27] El santanderino Gregorio González Azaola, a quien se debe este contrapunto tan pertinente a las anticuadas ideas de Elhuyar era, en el momento de escribirlo, delegado del rey en las fundiciones de cañones de La Cavada; antes había sido el principal animador de la «Compañía del Guadalquivir»,[28] y anteriormente el sucesor de Proust al frente del laboratorio de química montado en Madrid por el sabio francés.[29]

27. *Hornaguera y hierro. Verdadero recurso poderoso* [¡y quizás único!] *que le queda a España para recuperarse de tantas pérdidas como ha sufrido en estos últimos 200 años. Memoria sobre la formación de Compañías que beneficiando las ricas minas de carbón de piedra de España establezcan fundiciones de hierro a la inglesa; fabriquen bombas de vapor, carriles de hierro, puentes, cables, ruedas, cilindros y máquinas de toda especie; contraten la artillería de Marina; promuevan la conclusión de los canales de Castilla y Aragón; fomenten las fábricas de Cataluña y Valencia; exploten mil minerales preciosos; conserven los montes; alienten la agricultura; y den un impulso grande a todos los ramos de industria, por Don Gr. González Azaola, Comisionado por S.M. en las R. Fábricas de La Cavada,* Imp. de David, París, 1829 (pero el autor fecha su obra en 10 de noviembre de 1828, en el mismo París, «antes de salir a recorrer la Francia, Flandes e Inglaterra»), pp. 54, 55 y 58.
28. *Infra,* pp. 193-194.
29. José R. Carracido, *Estudios histórico-críticos de la ciencia española,* 2.ª ed., Madrid, 1917, p. 243.

La ley minera de 1825 prestó más atención a las ricas galenas —a menudo argentíferas— de la sierra de Gador, que al carbón mineral. Hasta el punto que las dos primeras empresas carboneras, dignas de tal nombre, sólo arrancaron unos años después, luego de ver removidos los obstáculos que la ley encarnaba. La «Real Compañía Asturiana de Minas» lo hizo a fines de 1833, cuando la desaparición de Elhuyar, fallecido el 6 de enero precedente, le permitió obtener finalmente la real orden de 14 de noviembre, eximiéndola, por un período de veinticinco años, del pago de cualquier impuesto. La «Sociedad de Minas de Carbón de Siero y Langreo» quedó escriturada en 1838, tras la real orden de 11 de septiembre de 1836, que triplicó la extensión de las pertenencias en el caso de minas de carbón, y la de 20 de julio de 1837, que rebajó a la quinta parte (de 1.000 a 200 reales) el canon de pertenencia.[30] Debe señalarse, por lo demás, que las peticiones de rectificación no se limitaron a las precedentes.[31]

Pero la historia de aquellas dos compañías aclara aún otros extremos del problema carbonero. En el origen, la «Real Compañía Asturiana» había sido pensada como una gran empresa siderúrgica en la que, por iniciativa del ministro de Marina Luis de Salazar y por mediación de González Azaola, debían confluir unos constitucionales exiliados —el guipuzcoano Joaquín Ferrer Cafranga, futuro ministro de Hacienda, en 1836, y el catalán Felipe Riera y Rosés, un día marqués de Casa Riera— y unos representantes destacados de las fábricas de hierro de Lieja, las más dinámicas del continente. La idea era fundir por métodos ingleses, mediante la hulla asturiana, el mineral vizcaíno. Aunque no figurase entre los iniciadores, el hombre clave del proyecto debía ser John Cockerill, famoso creador del complejo siderúrgico de Seraing, sin rival en Europa. Con el fin de reconocer el terreno, Cockerill viajó por el norte de España y recaló en Madrid en el verano de 1833. Sin embargo, el periplo resultó desalentador, por lo que el viajero abandonó la capital decidido

---

30. El texto de ambas reales órdenes puede leerse en los *Anales de Minas*, I, 1838, pp. 243-245.
31. Con fecha 7 de septiembre de 1835, por ejemplo, la Junta de Comercio de Barcelona elevó al gobernador civil de la provincia una solicitud de Gaspar Lleonart, Ignacio Aymerich y Luis Rullet, socios de una compañía formada para buscar carbón de piedra en los términos de Sant Sadurní d'Anoia y de Subirats, pidiendo que en vez de las 200 × 100 se les otorgaran 1.500 × 1.500 varas por pertenencia (Archivo de la Junta de Comercio de Barcelona, en la Biblioteca de Cataluña de la misma ciudad, libro 138, sin foliar).

a desentenderse de la empresa.[32] En adelante, los afanes de Cockerill, quien tenía verdadero interés en instalarse en España,[33] se localizarían en Cataluña: el 4 de agosto de 1834, la Junta de Comercio de Barcelona informaba favorablemente la pretensión de un «Juan Coqueril» de arrendar los edificios de la fundición de cañones y de la antigua ceca, con el objeto de montar en ellos una fábrica de maquinaria;[34] por las mismas fechas, la Comisión de Fábricas citaba en ejemplo «al acreditado maquinista Coqueril» quien, además de interesarse en el taller de maquinaria, iba a asociarse «con dos casas españolas, planteando en Cataluña una fábrica de hilados, tejidos y estampados de algodón»;[35] todavía en 1844, José Roura, catedrático de «química aplicada a las artes» en las escuelas de la citada Junta de Comercio, aduciría el juicio favorable del «célebre Mr. Cockerell, uno de los principales propietarios de minas en Bélgica, tan conocido por sus empresas y vastos conocimientos en esta materia, [juicio emitido] a su paso por esta capital»[36] para abonar las cualidades del carbón fósil de Surroca y Ogassa (en las inmediaciones de Sant Joan de les Abadesses), que se proponía explotar la sociedad «El Veterano Cabeza de Hierro».

Privada del concurso de su hombre fuerte, la «Asturiana» abandonó sus ilusiones metalúrgicas para replegarse sobre la extracción del carbón de Arnao, en Avilés. La falta de consumo marcó los primeros pasos de la compañía que formaban, a partes iguales, los belgas Nicolas-Maximilien y Adolphe Lesoinne, padre e hijo, y los españoles Ferrer y Riera. Una propuesta del último citado, que actuaba como director de la firma, para fundir minerales de cobre de América por encargo de una casa inglesa, la cual exigía la franquicia de

---

32. Cf. *La Compagnie Royale Asturienne des Mines*, pp. 15-30.

33. Según comunicación oral de G. Chastagnaret, quien ha tenido acceso directo a los fondos de archivo de la «Asturienne». Al parecer, Cockerill no era demasiado partidario de la independencia de Bélgica, impuesta a partir de 1830.

34. Archivo de la Junta de Comercio de Barcelona, libro 138.

35. *Memoria sobre la necesidad del sistema prohibitivo en España, que da a luz la Comisión de Fábricas de Hilados, Tejidos y Estampados de Algodón del Principado de Cataluña*, Imp. de Tomás Gaspar, Barcelona, 1834, p. VIII. El establecimiento efectivo de la citada fábrica en Barcelona vendría confirmado en fuentes belgas (cf. *Cockerill, 1817-1927. Album commémoratif publié à l'occasion du 110e anniversaire de la fondation des usines*, Bruselas, 1928, p. 18. Debo la consulta de este libro a la amabilidad del profesor Herman van der Wee).

36. *Reseña de todos los datos y documentos justificativos, que publica la sociedad El Veterano para dar un conocimiento exacto de la riqueza mineralógica que posee y de los proyectos que va a realizar para su esplotación*, Imp. de Alberto Frexas, Barcelona, 1849, pp. 20-21. Debo el conocimiento de este folleto a la generosidad de Josep Fontana.

derechos para todo el metal que se reexportare, fue desestimada por la Real Sociedad Económica de Asturias con el argumento de que, más que una verdadera industria, lo que se buscaba era una simple especulación comercial, basada en la baratura de los jornales (que «están por un pedazo de pan») y en el beneficio de sólo cuatro socios, entre ellos dos extranjeros.[37] Así, a pesar de las exenciones fiscales, a pesar de la localización de los criaderos concedidos a orillas del mar, la «Asturiana de Minas de Carbón» vegetó, por espacio de quince años, por la extrema dificultad de colocar la hulla extraída. La solución sólo llegó en 1849, fecha en que el combustible empezó a utilizarse para fundir al horno alto los calaminas que la misma sociedad sacaba de Guipúzcoa. La obtención de una tonelada de zinc, contenida en dos y media de mineral, exigía siete de combustible. La nueva industria metalúrgica potenciaba, al fin, la minería del carbón, aunque con escaso beneficio para el país. Pues la primera «Asturiana» tuvo que ceder el puesto, en 1853, a la «Compagnie Royale Asturienne des Mines. Société pour la Production du Zinc en Espagne», con sede en Bruselas y netísimo predominio del capital extranjero. El primer consejo de administración de la misma estaba presidido, en efecto, por Jonathan-Raphäel Bischoffsheim y Charles Visschers, director y administrador, respectivamente, de la «Banque Nationale de Belgique». Otro miembro relevante del consejo era Eugène Péreire, uno de los futuros fundadores del Crédito Mobiliario Español. En cambio, ni Ferrer, ni Riera formaban parte de él.

De manera muy significativa, el segundo intento de movilizar el potencial térmico de Asturias siguió un curso paralelo al del primero. En 1838, al parecer después de largas negociaciones,[38] un judío de origen sevillano, Alejandro Aguado, banquero en París, en donde —por afrancesado— había tenido que refugiarse en 1814, honrado a pesar de ello por Fernando VII con el título de marqués de las Marismas del Guadalquivir, por haber negociado fuera algunos empréstitos españoles, obtuvo unas extensas concesiones hulleras en la cuenca central del principado. Ilusionado con la idea de dar salida marítima al combustible producido por la «Socie-

37. Cf. el *Informe de la R. Sociedad Económica de Asturias al S. Intendente de la Provincia sobre establecer en el país la fundición de los minerales de cobre de América*, Oficina de Pedregal y C., Oviedo, 1833.

38. «El ministro Ballesteros, queriendo desarrollar este poderoso elemento de riqueza, la industria carbonífera y del hierro, comisionó a D. Gregorio González Azaola, el primer mineralogista español del siglo [...] trayendo de sus resultas al famoso banquero Aguado» (*De aranceles. Comisión parlamentaria*, Madrid, 1857, p. 183. Declaración de Antonio Collantes, en la sesión del día 6 de febrero de 1856).

dad de Siero y Langreo», Aguado resucitó el antiguo proyecto jovellanista de una carretera carbonera, emprendiéndola en seguida por su cuenta. A su término, en 1842, poco después de la muerte del banquero, la carretera de Sama al puerto de Gijón ya resultaba inadecuada. Por una parte, la técnica del transporte había evolucionado; por otra, los dos portazgos con que la viuda del constructor intentaba resarcirse eran insoportables. El carbón del interior seguía llegando demasiado caro a los puntos de embarque. En esta situación un nuevo empresario vino a subrogar a la casa de Aguado en las minas y el camino carbonero. El empresario era Fernando Muñoz, el esposo morganático de la reina madre M.ª Cristina, duque de Riánsares desde 1844. Muy pronto, Muñoz «empeñó su influencia y sus capitales en construir un ferrocarril que, con el título de ferrocarril de Langreo, partiese desde Gijón y no pasase de sus concesiones; ayudáronle a este propósito otros banqueros españoles y extranjeros a quienes convenía la idea por tener concesiones contiguas a las de aquél, y algunos otros accionistas particulares que ignoraban el género de especulación a que se libraban».[39] Para financiar su empresa, el influyente duque reclamó del Tesoro una subvención, que le fue otorgada por ley de 9 de marzo de 1849. Esta subvención, consistente en un interés del 6 por ciento a los capitales invertidos en el camino de hierro, fue la primera de las concedidas en España,[40] dio lugar a un violento debate en el Senado durante la legislatura de 1853, y parece haber influido decisivamente en la generosa orientación de la ley general de ferrocarriles de 1855.

De todos modos, el éxito de Riánsares y demás beneficiarios del tren minero fue mediocre. El problema de los transportes no se agotaba, como veremos, en el de los arrastres, por lo que el ferrocarril de Langreo no pudo superar, por sí solo, el cúmulo de obstáculos que se oponían al abastecimiento del mercado hullero español. Pendía, por otro lado, la cuestión de los «menudos» (entre el 40 y el 60 por ciento del fósil extraído), imposibles de aprovechar lejos de la bocamina. El desarrollo de la minería del carbón se presentaba, otra vez, inseparable del desarrollo de una metalurgia autóctona. El duque de Riánsares acabó transfiriendo sus concesiones a Adolphe d'Eichtal, el financiero francés (otro de los futuros fundadores del

39. *Información sobre el derecho diferencial de bandera y sobre los de aduanas exigibles a los hierros, al carbón de piedra y los algodones, presentada al Gobierno de Su Majestad por la Comisión nombrada al efecto en Real decreto de 10 de noviembre de 1865*, III: *Carbones*, Madrid, 1867, pp. 124 y 125.

40. *Memoria sobre el estado de las Obras Públicas en España en 1856*, Madrid, 1856, p. 70.

Crédito Mobiliario) que, como presidente de la «Compagnie Minière et Métallurgique des Asturies», había conseguido reencender, en 1852, los altos hornos de la fábrica de hierros de Mieres.[41] Igual que en la metalurgia del zinc, se necesitaban siete unidades de carbón —y tres de mena— para obtener una tonelada de hierro laminado.

Los establecimientos industriales de Mieres y de La Felguera («Sociedad Pedro Duro y Cía.», en actividad desde 1859, fecha en que, por otra parte, la nueva ley de minas rebajó el impuesto sobre el producto bruto de 5 a 3 por ciento, y concedió a favor del hierro y del carbón una exención por un período de veinte años) crearon, al fin, en la cuenca central de Asturias aquella demanda de hulla que, en vano, se había buscado fuera. Desde mediados del siglo XIX hasta 1906, en que fue superada por su vieja antagonista la «Metalúrgica Duro-Felguera»,[42] la empresa creada por d'Eichtal y mantenida siempre bajo dominio francés,[43] ocupó incesantemente el primer puesto entre los productores nacionales de carbón de piedra. Igual que en el caso de la «Asturiana», el afianzamiento de la sociedad iniciada por Aguado había venido por el camino de la reconversión metalúrgica. Pero también, como en el caso de la «Asturiana», la reconversión había implicado la entrega del negocio a la finanza extranjera.

La nueva dependencia respecto de la industria del hierro había de ser causa de satisfacciones, pero también de sinsabores, para la industria del carbón. Las fábricas de Mieres y de La Felguera, que

41. *Infra*, p. 171.
42. La producción de cada una de las principales sociedades asturianas puede seguirse puntualmente a través de las *Estadísticas mineras*. La comanditaria «Pedro Duro y Cía.», sin minas de consideración en su primera etapa, compró las famosas de «Santa Ana» —un día pertenecientes al general Prim (*Carbones*, p. 171) y luego, durante largo tiempo, a una sociedad francesa—, después de transformarse en anónima, en 1900. Más tarde, en 1906, también por compra, la «Sociedad Metalúrgica Duro-Felguera» se anexionó las pertenencias de la «Unión Hullera y Metalúrgica de Asturias», fundada en 1886 por fusión de las minas del grupo «La Justa» (propiedad del conde de Finat, de Cahen d'Anvers y de León Daguerre, sucesores, a su vez del banquero Lafitte), del grupo «Mosquitera» (de la «Sociedad d'Eichtal y Cía.») y del grupo «M.ª Luisa» (del marqués de Guadalamina). Cf. L. Adaro Ruiz-Falcó, *175 años de la siderometalurgia asturiana*, Cámara de Comercio, Industria y Navegación, Gijón, 1968, páginas 163 ss.
43. La «Compagnie Minière» pasó a ser «Houillère et Métallurgique des Asturies», de la parisina «Grimaldi et Cie.», durante 1865-1868; «Sociedad Numa Guilhou», del nombre de uno de los fundadores, con Prost, de la «Cía. General de Crédito en España», durante 1870-1879; y «Sociedad Fábrica de Mieres», controlada por el mismo Guilhou y sus sucesores, de 1879 en adelante. En 1889, la última sociedad se anexionó las pertenencias y talleres de la «Cía. de Minas y Fundiciones de Santander y Quirós», creada en 1867, con capital francés y sede en París (Adaro Ruiz-Falcó, *175 años de la sidero-metalurgia asturiana*, pp. 137 ss.).

acaparaban la mayor parte de la hulla producida, se desenvolvieron con mayores dificultades de las previstas. La crisis de las construcciones ferroviarias, a partir de 1866, y la tercera guerra carlista, de 1872 a 1876, situaron el consumo siderúrgico español por debajo de los cálculos menos favorables. Así, el período 1864 a 1879, correspondiente al de la hegemonía astur, fue también el de más acentuado estancamiento de la demanda y, por consiguiente, de la oferta de hierro. De esta forma, aquellos dos grandes establecimientos, situados a orillas del Caudal y del Nalón, aseguraron un consumo permanente, pero muy poco elástico, al combustible de las cuencas vecinas. En 1865 la provincia de Oviedo produjo 339.328 t de hulla, de las cuales 273.848 (o sea el 80,5 por ciento) fueron quemadas *in situ* y el pequeño resto, de 65.480, embarcadas en los puertos provinciales.[44] En 1881 el consumo interior sólo había ascendido a 364.484 t (75,3 por ciento del total extraído) y las salidas (entre las que contaban 18.840 proporcionadas a vapores) a 118.150.[45] Un progreso insignificante en todos los aspectos.

En los años posteriores a 1881, la reanimación del mercado de hierros hubiera podido dar un nuevo impulso a la extracción de fósil en el caso, lógico, de que la demanda siderúrgica hubiese incidido básicamente sobre Asturias. El porvenir inmediato se encargaría, no obstante, de torcer la lógica y defraudar todas las esperanzas. Como veremos en su momento, desde los años ochenta la siderurgia española desplaza su centro de gravedad de Asturias a Vizcaya, del país del carbón al país del mineral férrico. A partir de 1883, las fábricas ovetenses marchan a medio gas, muy por debajo de sus posibilidades, cada vez más distanciadas por las nuevas factorías de la ría de Bilbao.

En adelante, si quiere progresar, la industria carbonera asturiana no tendrá más remedio que situar fuera, en el Nervión sobre todo, la mayor parte de un potencial que las fábricas autóctonas, sin apenas posibilidades de expansión, son incapaces de absorber. Es la vuelta a la situación de los años iniciales, de 1825 a 1860, cuando el consumo se hallaba localizado más allá de los límites provinciales, fuese en las fundiciones de plomo y en los talleres de afinación de hierro del litoral penibético, fuese en las fábricas algodoneras de la costa catalana. Ya sabemos que entonces la ocasión no pudo aprovecharse por la carestía de los fletes; ahora cabe preguntarse si el

---

44. Datos sacados directamente de la *Estadística minera de 1865*.
45. Francisco Gascué, «La industria carbonera en Asturias», *Revista Minera*, XXXIV, 1883, pp. 537 y 551.

transcurso del tiempo y, en especial, la mayor proximidad del punto consumidor no permitieron, esta vez, dar adecuada réplica al envite.

La respuesta impone el previo repaso de la política arancelaria, desde los comienzos mismos de la formación del mercado. Desde el 1 de diciembre de 1821, la importación de carbones había estado prohibida,[46] excepto para la fundición de plomos de «San Andrés», en Adra,[47] y para la fábrica «Bonaplata», de Barcelona.[48] Luego, una real orden de 4 de agosto de 1832 levantó la veda, aunque exigiendo unos derechos de entrada tan elevados (65,21 u 86,95 reales por tonelada, según que el transporte se hiciera bajo pabellón nacional o extranjero) que equivalían a mantener la prohibición.[49] Cuatro años más tarde, el 28 de octubre de 1836, Heredia, que necesitaba la hulla inglesa para afinar el hierro en sus establecimientos de Marbella y de Málaga y estaba a punto de comprar la fábrica de «San Andrés», consiguió, para sí, una rebaja importante: 65,21 reales en vez de 86,95 y 43,47 en lugar de los 65,21 vigentes hasta entonces.[50] En 1837, otra real orden de 4 de agosto promulgó dicha rebaja con carácter general,[51] iniciándose con ella una nueva etapa de lenta, moderada pero perceptible liberalización, que había de culminar en el arancel librecambista de 1869, instaurador de un derecho uniforme, sin discriminación de banderas, de 5 reales por tonelada métrica. De entonces —finales de la cuarta década de la centuria— datan los inicios de la penetración del fósil británico en la península. Las cifras no pueden ser más expresivas: de sólo 5.042 t en 1838, se ha saltado a 128.564 en 1850, a 300.813 en 1860, a 634.496 en

46. Ramón M.ª de Mainar, *Compendio histórico de las aduanas de España...*, Madrid, 1851, p. 157.

47. Manuel Agustín Heredia, *Reformas de la leyes de aduanas con el objeto de acrecentar los aranceles de importación y exportación, exigidas por el progreso de la industria nacional y fomento de la marina y protección al comercio*, Málaga, 1841, p. 11 (no precisa la fecha del privilegio concedido a «San Andrés»).

48. La base undécima del contrato establecido, con fecha 20 de diciembre de 1831, entre José Bonaplata y la Real Hacienda estipuló, literalmente: «Queriendo el gobierno por su parte facilitar a Bonaplata todos los medios de establecer y generalizar estos métodos de industria, remunerarle sus servicios, e indemnizarle de la renuncia de sus privilegios, le permite por espacio de cinco años, contados desde el día en que se verifique el primer ingreso, la entrada libre sin ningún derecho del hierro colado, cobre y carbón de piedra que juzgue necesarios para su taller y fundición» (Archivo de la Junta de Comercio de Barcelona, legajo 80, n.º 1.060).

49. Cf. el texto de la real orden en *Anales de Minas*, I, 1838, pp. 234-236.

50. *Empresa de la ferrería situada en Málaga, titulada La Constancia. Memoria presentada en la Junta Revisora de Aranceles acerca de los derechos de importación que deben imponerse a las planchas y flejes extranjeros para proteger la fabricación de estas clases en España*, Imp. de Tomás Jordán, Madrid, 1840, p. 8.

51. Cf. el texto de la real orden en *Anales de Minas*, I, 1838, pp. 245-246.

1870 y a 1.023.318 en 1880.[52] Entretanto, las ventas de hulla ovetense fuera de la provincia, que en la primera fecha ascendieron a
13.261 t, sólo han avanzado hasta 27.630, 66.250, 115.997 y 118.000
en cada una de las cuatro siguientes.[53] La coincidencia entre la liberalización de las importaciones y la liberalización de las explotaciones
nacionales, decretadas una y otra a partir de 1836-1837, ya prejuzgaba
la poca fe del legislador en el desarrollo de las segundas. No obstante
ser el de localización más periférica, el carbón de Asturias tenía muy
escasas posibilidades de expansión fuera de las cuencas productoras.

Las barreras aduaneras poco podían para impedir la competencia
de los fósiles extranjeros. En 1865, después que el decreto de 27 de
noviembre de 1862 hubiera estipulado un arancel de 32,5 reales por
tonelada en bandera extranjera (que era la corriente), esto es, un
gravamen equivalente al 85 por ciento del coste del carbón inglés a
bordo en el puerto de embarque,[54] la hulla cribada de Newcastle
se vendía más barata que la del mismo tipo de Sama de Langreo en los
puertos de Cádiz y de Cartagena, y con una desventaja mínima, compensada de sobras por la mejor calidad (carbones más puros, menos
friables y con un poder calorífico entre el 10 y el 15 por ciento
superior), los arribos más sostenidos y las clasificaciones más regulares, en los restantes puertos, desde Sevilla a Barcelona. La tabla
1, que compara los precios de los dos productos en diversos puertos
peninsulares, permite fijar en la frontera de Portugal el finisterre del
carbón asturiano. Más allá, en el Atlántico Sur y en el Mediterráneo,
los carbones ingleses dominaban la partida. Exceptuábanse tan sólo
los puertos de Málaga y Adra, «donde las expediciones de carbón
asturiano se hacen por medio de buques franceses que vuelven cargados de plomo para Bélgica y Francia».[55] En cambio, sobresalía la especial baratura del combustible extranjero en Cádiz y Cartagena,
grandes exportadores de vinos y plomo en dirección al Reino Unido,
baratura que ilustra muy gráficamente la importancia de los retornos.

52. La cifra tocante a 1838 (y las de los años siguientes, hasta 1843) aparece con-
signada en el folleto *Voto particular emitido por el Señor D. Manuel Agustín Heredia
y otros cinco señores vocales de la Junta Consultiva de Aranceles en la cuestión sobre
los derechos que deben imponerse a las introducciones del carbón mineral extranjero*,
Imp. y Lib. de Martínez de Aguilar, Málaga, 1844, p. 6. Las de los años restantes, a
partir de 1850, proceden de las *Estadística(s) del comercio exterior de España*, publicadas por la Dirección General de Aduanas.
53. Las cifras relativas a 1838, 1850 y 1860 se encuentran en el libro de R. Oriol
y Vidal, *Carbones minerales de España. Su importancia, descripción, producción y consumo*, Imp. de J. M. Lapuente, Madrid, 1873, p. 25. Las demás proceden de las *Esta-
dística(s) minera(s)*.
54. *Carbones*, p. 26.
55. *Ibid.*, p. 27.

Tabla 1

Precio de venta de las hullas cribadas asturiana e inglesa en los puertos españoles, en 1865

(En pesetas por tonelada)

Hulla asturiana		Hulla inglesa		Diferencia a favor de la hulla asturiana	Diferencia a favor de la hulla inglesa
San Sebastián					
A bordo en Gijón	18,14	A bordo en Newcastle	9,50		
Fletes . . .	10,26	Fletes	23,56		
Total . .	28,40	Derechos . . .	8,12		
		Total . . .	41,18	12,78 (45,0 %)	
Bilbao					
A bordo en Gijón	18,14	A bordo en Newcastle	9,50		
Fletes . . .	6,50	Fletes	22,56		
Total . .	24,64	Derechos . . .	8,12		
		Total . . .	40,18	15,54 (63,0 %)	
Santander					
A bordo en Gijón	18,14	A bordo en Newcastle	9,50		
Fletes . . .	7,17	Fletes	18,19		
Total . .	25,31	Derechos . . .	8,12		
		Total . . .	35,81	10,50 (41,49 %)	
La Coruña					
A bordo en Gijón	18,14	A bordo en Newcastle	9,50		
Fletes . . .	9,12	Fletes	14,48		
Total . .	27,26	Derechos . . .	8,12		
		Total . . .	32,10	4,84 (17,7 %)	
Cádiz					
A bordo en Gijón	18,14	A bordo en Newcastle	9,50		
Fletes . . .	17,67	Fletes	17,67		
Total . .	35,81	Derechos . . .	8,12		
		Total . . .	35,29		0,52 (1,4 %)
Sevilla					
A bordo en Gijón	18,14	A bordo en Newcastle	9,50		
Fletes . . .	20,37	Fletes	23,03		
Total . .	38,51	Derechos . . .	8,12		
		Total . . .	40,65	2,14 (5,5 %)	
Málaga					
A bordo en Gijón	18,14	A bordo en Newcastle	9,50		
Fletes . . .	20,37	Fletes	21,61		
Total . .	38,51	Derechos . . .	8,12		
		Total . . .	39,23	0,72 (1,8 %)	

Hulla asturiana		Hulla inglesa		Diferencia a favor de la hulla asturiana	Diferencia a favor de la hulla inglesa
Adra					
A bordo en Gijón	18,14	A bordo en Newcastle	9,50		
Fletes . . .	16,40	Fletes	20,04		
Total . .	34,54	Derechos . . .	8,12		
		Total . . .	37,66	3,12 (9,0 %)	
Cartagena					
A bordo en Gijón	18,14	A bordo en Newcastle	9,50		
Fletes . . .	20,37	Fletes	17,67		
Total . .	38,51	Derechos . . .	8,12		
		Total . . .	35,29		3,22 (9,1 %)
Valencia					
A bordo en Gijón	18,14	A bordo en Newcastle	9,50		
Fletes . . .	20,37	Fletes	25,93		
Total . .	38,51	Derechos . . .	8,12		
		Total . . .	43,55	5,04 (13,0 %)	
Barcelona					
A bordo en Gijón	18,14	A bordo en Newcastle	9,50		
Fletes . . .	26,97	Fletes	29,16		
Total . .	45,11	Derechos . . .	8,12		
		Total . . .	46,78	1,67 (3,7 %)	

FUENTE: *Información sobre el derecho diferencial de bandera y sobre los de aduanas...,* III: *Carbones,* pp. 23-27.

En la bocamina y en los arrastres el combustible británico cobraba una ventaja irresistible. Las declaraciones de los productores ante la comisión encargada de preparar la reforma arancelaria permiten inventariar las causas de la inferioridad española. En lo que toca al laboreo propiamente dicho se mencionaron: la exigencia del derecho de superficie, inexistente en cambio en Inglaterra, en donde el minero se limitaba a pagar al propietario un tanto sobre el producto extraído; la pequeña dimensión de las pertenencias, paliada pero no solventada por la real orden de 11 de septiembre de 1836; la amenaza que constituía la «denuncia», que «debería borrarse de la legislación, como indigna de una nación civilizada»,[56] y la obligación del pueble forzoso y permanente de cuatro mineros por pertenencia. En lo que atañe a los arrastres fueron citados sobre todo: la falta de medios mecáni-

56. *Ibid.*, p. 29. De la respuesta de A. Curberte, director gerente de la francesa «Hullera de Santa Ana».

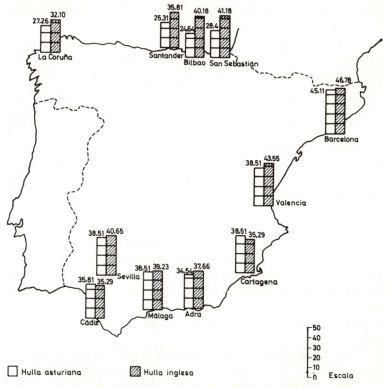

*Precio de venta de las hullas cribadas asturiana
e inglesa en los puertos españoles, en 1865*

cos de transporte desde las minas hasta el ferrocarril,[57] y las tarifas
de ese tren minero que, para recorrer los 39 km que separan a
Sama de Langreo de Gijón, cobraba a razón de 0,52 reales por
tonelada y kilómetro, esto es, un precio doble del que regía en
Inglaterra, Francia o Bélgica.[58] Este cúmulo de obstáculos explicaba
que la hulla cribada de Asturias saliera a 72,56 reales en Gijón (49 en
el embarcadero de Sama y 23,56 de portes ferroviarios), mientras que
la hulla inglesa resultaba a 38 reales a bordo en Newcastle. La diferencia a favor de la última —34,56 reales menos— cubría, por sí

57. Sólo la sociedad mencionada en la nota precedente disponía de tales medios:
«un ferrocarril de seis a siete km, que une sus obras subterráneas a un cargadero particular instalado sobre el ferrocarril de Sama a Gijón» (*ibid.*, p. 21).
58. La compañía del ferrocarril de Langreo justificó estas tarifas en una larga exposición incluida en el mismo volumen (*ibid.*, pp. 139-145).

sola, el importe de los elevados derechos de entrada (32,5 reales) que le serían cargados por las aduanas peninsulares.

En estas condiciones, los fletes eran decisivos. Primero, para establecer la cantidad de carbón mineral a consumir; segundo, para fijar la procedencia —británica o asturiana— de la hulla a importar. El coste del transporte marítimo desde Gijón a los demás puertos españoles no guardaba proporción con las distancias: «el flete desde Cardiff o Newcastle a Jamaica es todavía menor que el flete desde Gijón a Málaga; y el flete desde Gijón a Barcelona es próximamente el mismo que el de Newcastle a la India».[59] El coste del transporte desde Newcastle a los mismos puntos de España no era más pequeño en términos absolutos, aunque sí en términos relativos. En ambos casos se aducía la falta de retornos, que obligaba a las naves a regresar de vacío; en el de Gijón se añadía, además, el poco calado del puerto que, al no admitir buques superiores a 300 t, incluso con marea alta, gravaba fuertemente el tráfico de un producto ponderoso como el carbón.[60] De cualquier modo, la hulla llegaba siempre a un coste excesivo, que limitaba su consumo. En la costa cantábrica, de San Sebastián a La Coruña, la diferencia de los fletes compensaba, de sobras, otros inconvenientes del carbón de Asturias. En el resto del litoral hispánico la balanza se inclinaba del lado de la hulla inglesa.

La situación descrita, que corresponde a 1865, no estaba destinada a perdurar. En los años siguientes los costes de producción y de arrastre cambiaron poco, pero los derechos de entrada y los fletes desde Inglaterra sufrieron una baja radical. Hubo, por una parte, el arancel librecambista de 1869, que, no obstante la reacción a partir de 1874, dejó huella indeleble en el ordenamiento aduanero español. Vino, por otra, la desamortización del subsuelo, causante de un flujo incontenible de minerales españoles hacia el exterior. Como, al mismo tiempo, los factores endógenos cambiaban poco, Asturias quedó desarmada para sostener la pugna tradicional con el carbón de Inglaterra y Gales. En 1882, al comienzo de la resaca proteccionista, después de que la ley de 11 de julio de 1877 hubiese elevado los derechos de entrada de 1,25 ptas. (tasa de 1869) a 2,50 ptas. por tonelada, el fósil británico dominaba no sólo en el Atlántico Sur y en el Mediterráneo, sino también en el golfo de Vizcaya, feudo intangible hasta entonces del carbón astur. Las razones del éxito inglés ra-

59. *Ibid.*, p. 192.
60. *Ibid.*, p. 21.

dicaban en «la facilidad y la seguridad de los retornos, que permiten a la marina y comercio ingleses establecer corrientes constantes entre sus puertos y los nuestros. De Huelva llevan minerales de cobre; de Cádiz y Sevilla, minerales diversos, vinos, aceite, etc.; de Málaga y Valencia, mil productos agrícolas; de Almería, Garrucha y Cartagena, minerales de plomo, zinc, etc.; de Bilbao y Santander, minerales de hierro, y así de los demás puertos. Asturias, en cambio, no importa más que lo que necesita para su consumo interior, o poco más; aparte del mineral de hierro de Bilbao, que viene a Gijón en cierta cantidad, los demás artículos son de los que, con poco peso, representan mucho valor, comparativamente al carbón que tiene un valor ínfimo para gran peso».[61] La tabla 2 da fe de la nueva situación creada en 1882 con respecto a la de 1865.

En el curso de cinco años, desde el final de la tercera guerra carlista hasta 1881, las importaciones de combustible han aumentado en un 47 por ciento (1.023 millares de toneladas en la última fecha, frente a 695 en 1876), rompiendo el ritmo precedente, por la drástica rebaja de los fletes. En 1882, según muestra la tabla anterior, los portes desde Inglaterra a Santander ya se equiparan con los de Gijón a la capital montañesa, a pesar de la contigüidad de los dos puertos. Para Bilbao, un poco más alejado, los fletes desde Gijón son, en cambio, más baratos (por la existencia de aquel tráfico bilateral a que me refería hace un momento), pero tampoco alcanzan a anular la enorme ventaja, en lo que a costes se refiere, del carbón inglés en los puntos de embarque. Se trata, por lo demás, de una situación general que ahora afecta a todos los puertos españoles. La novedad con respecto a 1865 es manifiesta: entonces la competencia más allá de Galicia se entablaba comúnmente por la mejor calidad y el abastecimiento más regular de la hulla inglesa; ahora, en 1882, esas ventajas se completan con las de un coste más barato y se dejan sentir igualmente en el mismísimo litoral cantábrico, más acá del finisterre gallego. En rigor, las salidas marítimas de la hulla asturiana han acabado supeditadas al albur del pequeño comercio de cabotaje, de dimensiones liliputienses. Por ejemplo, las 99.306 t embarcadas en 1881 en los drops de Gijón (he descontado una partida de 18.844 t destinadas al consumo de vapores) se han distribuido entre cuarenta y ocho puertos peninsulares, veintinueve de los cuales han recibido menos de 1.000. A Bilbao, que encabeza la lista, no le han tocado

---

61. Gascué, «La industria carbonera en Asturias», p. 584.

TABLA 2

Precio de venta de las hullas cribadas asturiana
e inglesa en los puertos españoles, en 1882
(En pesetas por tonelada)

Hulla asturiana		Hulla inglesa		Diferencia a favor de la hulla asturiana	Diferencia a favor de la hulla inglesa
San Sebastián y Pasajes					
A bordo en Gijón	19,37	A bordo en Inglaterra	11,87		
Fletes y comisión	8,00	Fletes	10,50		
TOTAL . .	27,37	Derechos . . .	2,50		
		TOTAL . . .	24,87		2,50 (10,0 %)
Bilbao					
A bordo en Gijón	19,37	A bordo en Inglaterra	11,87		
Fletes y comisión	6,25	Fletes	8,75		
TOTAL . .	25,62	Derechos . . .	2,50		
		TOTAL . . .	23,12		2,50 (10,8 %)
Santander					
A bordo en Gijón	19,37	A bordo en Inglaterra	11,87		
Fletes y comisión	7,50	Fletes	7,50		
TOTAL . .	26,87	Derechos . . .	2,50		
		TOTAL . . .	21,87		5,00 (22,8 %)
La Coruña					
A bordo en Gijón	19,37	A bordo en Inglaterra	11,87		
Fletes y comisión	7,50	Fletes	10,50		
TOTAL . .	26,87	Derechos . . .	2,50		
		TOTAL . . .	24,87		2,00 (8,0 %)
Cádiz					
A bordo en Gijón	19,37	A bordo en Inglaterra	11,87		
Fletes y comisión	15,00	Fletes	12,50		
TOTAL . .	34,37	Derechos . . .	2,50		
		TOTAL . . .	26,87		7,50 (27,9 %)
Málaga					
A bordo en Gijón	19,37	A bordo en Inglaterra	11,87		
Fletes y comisión	15,00	Fletes	15,50		
TOTAL . .	34,37	Derechos . . .	2,50		
		TOTAL . . .	29,87		4,50 (15,0 %)
Barcelona					
A bordo en Gijón	19,37	A bordo en Inglaterra	11,87		
Fletes y comisión	17,50	Fletes	19,50		
TOTAL . .	36,87	Derechos . . .	2,50		
		TOTAL . . .	33,87		3,00 (8,86 %)

FUENTE: F. Gascué, «La industria carbonera en Asturias», pp. 553-554 y 567-568. Por mi cuenta, he cambiado los derechos —de 1,25 a 2,5 ptas.—, ajustándolos a la situación real de 1882, fecha a que se refiere la tabla.

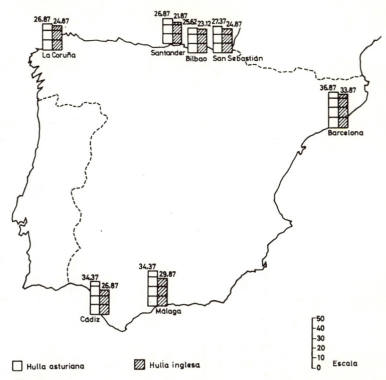

Precio de venta de las hullas asturiana e inglesa, en 1882

más que 19.215; en el Mediterráneo, la partida más cuantiosa, correspondiente a Adra, no llega a las 3.000.[62]

La tabla 3, que distingue el origen —español o extranjero— del consumo hispano, atestigua la inferioridad de la producción indígena, sólo paliada en el último quinquenio de la centuria; la tabla 4, que separa, dentro de dicha producción, las mayores contribuciones provinciales, revela el estancamiento asturiano desde 1871-1875 hasta 1886-1890, ambos períodos incluidos. En puridad, se trata de dos fenómenos complementarios. Las vicisitudes de la producción astur, preponderante en todo momento, determinan la parte de la producción nacional dentro del consumo español. Frustradas las esperanzas depositadas en la formación de un gran eje Gijón-Bilbao, desplazado a Vizcaya el centro de gravedad siderúrgico, la industria carbonera del

62. *Ibid.*, p. 551.

TABLA 3

Consumo y procedencia de carbones minerales en España, 1851-1913

(En toneladas)

Períodos	Cifras absolutas			Cifras porcentuales		
	1 Importación	2 Producción	3 (1 + 2) Consumo	1	2	3
1851-1855	787.148					
1856-1860	1.278.579					
1851-1860	2.065.727					
1861-1865	2.265.599	1.941.880	4.207.479	53,84	46,15	100
1866-1870	3.171.440	2.605.990	5.777.430	54,89	45,10	100
1861-1870	5.437.039	4.547.870	9.984.909	54,45	45,54	100
1871-1875	2.475.199	3.307.180	5.782.379	42,80	57,19	100
1876-1880	4.132.319	3.516.090	7.648.409	54,04	45,95	100

1886-1890	7.663.810	5.370.649	13.034.459	58,79	41,20	100
1881-1890	13.823.673	10.624.459	24.448.132	56,53	43,46	100
1891-1895	9.064.188	6.839.991	15.904.179	56,98	43,01	100
1896-1900	8.951.219	11.358.200	20.309.419	43,58	56,41	100
1891-1900	18.015.407	18.198.191	36.213.598	49,75	50,24	100
1901-1905	11.396.556	13.739.850	25.136.406	45,33	54,66	100
1906-1910	11.451.024	17.586.662	29.037.686	39,43	60,56	100
1901-1910	22.847.580	31.326.512	54.174.092	42,17	57,82	100
1911-1913	8.148.001	10.863.229	19.011.230	42,85	57,14	100
1861-1913	74.879.218	82.383.531	157.262.749	47,61	52,38	100

FUENTES: Cf. el apéndice 5, infra, p. 267.

TABLA 4

Hulla española. Principales provincias productoras, 1861-1913

(En toneladas)

Períodos	España	Asturias	Córdoba	Palencia	Ciudad Real	León	Sevilla	Gerona
1861-1865	1.941.880	1.428.690	65.920	356.620		31.002	34.970	13.672
1866-1870	2.605.990	1.855.800	268.800	413.630		17.490	32.490	13.100
1861-1870	4.547.870	3.284.490	334.720	770.250		48.492	67.460	26.772
1871-1875	3.307.180	1.940.380	715.560	549.760		24.395	56.790	22.939
1876-1880	3.516.090	1.956.050	705.460	690.060	4.500	38.976	93.830	23.391
1871-1880	6.823.270	3.896.430	1.421.020	1.239.820	4.500	63.371	150.620	46.330
1881-1885	5.253.810	2.316.370	1.005.020	1.198.750	106.370	62.272	368.047	192.396
1886-1890	4.879.515	2.510.440	918.915	514.310	221.055	67.290	405.965	232.458
						129.562	774.012	424.854

					390.295	178.501
1896-1900	11.358.200	6.683.550	1.663.220	567.640	984.619	688.662	596.770	165.237

| | | | | 360.740 | 411.511 | 145.790 | | |

1891-1900	17.427.965	10.032.790	2.682.025	1.128.380	1.396.130	832.452	987.065	343.738
1901-1905	13.739.850	7.977.340	1.721.720	566.730	1.398.470	1.090.720	877.700	94.364
1906-1910	17.586.662	11.161.390	1.943.740	633.420	1.548.670	1.399.260	841.250	57.535
1901-1910	31.326.512	19.138.730	3.665.460	1.200.150	2.947.140	2.489.980	1.718.950	151.899
1911-1913	10.863.229	7.052.950	1.028.660	357.760	987.040	907.760	494.500	34.548
1861-1913	81.122.229	48.232.200	11.055.820	6.409.420	5.662.235	4.471.617	4.192.607	1.028.141
	100	59,46	13,63	7,90	6,98	5,51	5,17	1,27

FUENTES: Cf. el apéndice 5, *infra*, p. 267. Debo aclarar que el total español correspondiente a 1861-1913 es inferior en 1.261 millares de toneladas al que se ofrece en la columna 2 de la tabla 3 por el hecho de que las *Estadística(s)* entre 1887 y 1892 se presentan por ejercicios económicos (de julio a junio), y no por años naturales, como las restantes. Esta anomalía impide conocer los datos provinciales tocantes al primer semestre de 1887 y al segundo semestre de 1893, pero no los datos globales de uno y otro, consignados, respectivamente, en la p. 14 de la *Estadística... de 1887-1888* (491 millares de toneladas) y en la p. 147 de la *Estadística... de 1892-1893* (770 millares).

antiguo principado no reemprende francamente la marcha adelante
hasta que, dentro de un clima de protección extremada, los años finales de la centuria aportan una serie de factores favorables. Cuentan
entre los más destacados: la explotación de las minas de Aller, desde
1883, por parte de Antonio López, primer marqués de Comillas, quien
necesita el carbón para alimentar las máquinas de su compañía «Trans-
atlántica» de vapores (esta explotación sería el punto de partida de la
importante sociedad «Hullera Española», creada por el segundo marqués, en 1892); [63] la terminación en el segundo semestre de 1894 de
las obras del ferrocarril de Ciaño-Santa Ana a Soto del Rey, enlazando
en este punto con el general de León a Gijón, abierto al servicio en
julio del mismo año,[64] y, sobre todo, la devaluación de la peseta que,
desde 1896, se erige en el baluarte más sólido opuesto a la entrada
de mercancías extranjeras. En cambio, permanecen la mayor parte de
los defectos estructurales o de base —desde la escasez de los retornos
hasta las deficiencias de los puertos de Gijón o de Avilés—, como
se encargará de recordar, en 1903, la flamante Liga Marítima Española.[65]

Fuera de Asturias, los comienzos y el desarrollo de la minería
del carbón fueron aún más difíciles. La menor riqueza de los cotos y
su localización menos periférica relegaron siempre las restantes cuencas a un lugar secundario. En la provincia de Córdoba, segunda en
importancia durante el período considerado, los trabajos sólo se
animaron en la séptima década del siglo por el aliciente de los ferrocarriles, que dieron lugar a las primeras sociedades dignas de tal
nombre: la «Fusión Carbonífera y Metalífera de Belmez y Espiel»,
fundada en 1858,[66] que reunió, como indica su nombre, los intereses
de numerosos pequeños propietarios, y sobre todo la «Houillère et
Métallurgique de Belmez», constituida en París, por Parent y Schaken,
los famosos constructores belgas de ferrocarriles, en 1865.[67] De
modo más concreto, las esperanzas cuajaron a partir de abril de
1868, fecha de la apertura al público de la línea férrea de Belmez al

63. R. Fuertes Arias, *Asturias industrial. Estudio descriptivo del estado actual de
la industria asturiana en todas sus manifestaciones*, Imp. I. de la Cruz, Gijón, 1902,
p. 183.

64. *Estadística minera de 1895*, p. 109.

65. Cf. la *Información de la Liga Marítima Española sobre protección a las industrias marítimas nacionales*, Madrid, 1903, especialmente p. 146.

66. Eugenio Fernández, *Fusión carbonífera y metalífera de Belmez y Espiel. Documentos relativos a su riqueza, organización y administración*, Imp. de J. M. Ducazcal, Madrid, 1858. Sobre la «Fusión» está al salir, en *Mélanges de la Casa de
Velázquez*, un artículo de G. Chastagnaret.

67. Oriol y Vidal, *Carbones minerales de España...*, p. 32.

castillo de Almorchón, que permitió conducir sin transbordos, aunque dando un enorme rodeo de 400 km, por Ciudad Real y Manzanares, el combustible a las fundiciones de plomo de Linares. Gracias al nuevo medio de transporte, la producción carbonera saltó de 23.709 t en 1867, a 79.457 en 1868,[68] situando definitivamente a Córdoba en segunda posición dentro de España, a costa de Palencia. Luego, en 1873, el estreno del enlace ferroviario entre Belmez y Córdoba redujo a casi la mitad la distancia hasta Linares. En 1881 la constitución, en París, bajo la presidencia de Cahen d'Anvers, de la «Société Minière et Métallurgique de Peñarroya», para fundir en la localidad de este nombre el plomo de Badajoz y Ciudad Real (más tarde, también el cordobés), significó la puesta en explotación de un

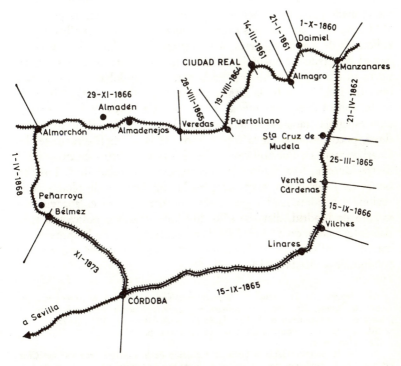

Cronología del doble enlace ferroviario
de Belmez con Linares

68. *Ibid.*, pp. 39 y 40.

nuevo distrito hullero,[69] próximo al de Belmez, al que la sociedad «Peñarroya» acabaría absorbiendo. En la misma fecha —1881— Belmez ya contribuyó, por otra parte, con 22.000 t de hulla y 2.300 de coque al abastecimiento de Madrid, computado globalmente en 96.523 toneladas.[70] Fracasaron, en cambio, todas las tentativas para llevar el combustible cordobés a las costas andaluzas, con especial perjuicio de las fábricas siderúrgicas malagueñas que, desde la utilización del carbón de piedra en las ferrerías del norte, tenían depositadas sus últimas esperanzas en la hulla de Belmez; el enlace ferroviario de 265 km, completado en noviembre de 1873, no produjo los efectos esperados: en 1882, el cribado de Belmez, que costaba a 21,50 ptas. puesto sobre ferrocarril en la localidad productora, salía a 36 ptas., en Málaga (14,50 ptas. de transporte), en tanto que, según muestra la tabla 2, el producto análogo de Asturias podía obtenerse en el mencionado puerto por menos de 35 ptas. y el de Inglaterra por 30.[71]

Como estos dos últimos precios ya eran excesivos, las fábricas meridionales de hierro siguieron ancladas en el uso del carbón vegetal, con el resultado de sucumbir al poco tiempo. Pero lo que aquí importa es sintetizar la historia carbonera de Córdoba, puntualizando que, de 1861 a 1913, la citada provincia produjo 11.055.820 t de hulla, cantidad equivalente al 13,63 por ciento de toda la extracción española (tabla 4), y añadir que el ejemplo de «Peñarroya» influyó, poco después, en la constitución de la «Société Française des Charbonnages de Puertollano», cabe la otra vertiente —norte— de la Sierra Morena,[72] ya dentro de la provincia de Ciudad Real. Los carbones de Puertollano, empleados en las fundiciones de plomo de la región, y mejor situados que todos los demás para el aprovisionamiento de Madrid, distante sólo 209 km, escalaron posiciones rápidamente, colocando a Ciudad Real en el cuarto lugar de las provincias, contando incluso desde 1861 —veinte años antes de empezar la producción— hasta 1913.

69. *Anuario de las minas y fábricas metalúrgicas de España,* preparado por la *Revista Minera, Metalúrgica y de Ingeniería,* bajo la dirección de Román Oriol, ingeniero de minas, profesor de la Escuela de Minas de Madrid, I, 1894, p. 73.

70. Gascué, «La industria carbonera en Asturias», p. 616.

71. *Ibid.*, p. 568.

72. No he podido aclarar la fecha de fundación de la «Société Française des Charbonnages de Puertollano» que, sin embargo, figura con un capital de 2 millones de francos, una plantilla de 320 obreros y una posición dominante dentro de la provincia de Ciudad Real en 1894 (*Anuario de las minas y fábricas metalúrgicas de España,* I, p. 75). F. Quirós Linares, autor de una interesante monografía sobre *La minería en la Sierra Morena de Ciudad Real* (Universidad de Oviedo, 1970), no ha tenido mejor suerte al tratar de resolver el problema.

Durante la misma etapa de 1861-1913, la tercera contribución en importancia fue la de Palencia (6.409.420 t, esto es, el 7,9 por ciento del total). En este caso, el principal impulso correspondió al Crédito Mobiliario Español que, en su primera etapa por lo menos, concibió la idea de crear un gran emporio minerometalúrgico, montado sobre el control del combustible.[73] Para ello, el Crédito introdujo grandes mejoras en la explotación de las concesiones que había adquirido en Barruelo de Santullán, en el extremo norte palentino, y, en especial, construyó un ramal ferroviario entre Orbó, a proximidad de las minas, y Quintanilla de las Torres, a 13 km, en la línea férrea de Alar a Santander. Primero, había habido que cargar la hulla en carretas, que la conducían a los almacenes de Alar; allí se descargaba; volvía a cargarse en las barcas, para llevarla a Valladolid por el canal de Castilla; sufría otra descarga, y cargada en galeras llegaba finalmente a Madrid. Más tarde, construido en 1857 el ferrocarril de Alar a Reinosa, mejoraron ya los transportes.[74] Por último, el enlace de Orbó a Quintanilla, abierto al tráfico el 4 de diciembre de 1863, permitió la circulación directa desde la bocamina a Valladolid y a la Corte, excluyendo de la competencia al carbón inglés llegado, con ventaja hasta entonces, por la línea de Alicante. El impacto del tren minero sobre los costes fue decisivo: antes de él, la hulla de Barruelo se cotizaba en Madrid a 21 reales el quintal menudo y a 23 el grueso; a partir de su inauguración, los mismos productos bajaron a 10 y 12 reales frente a los precios invariados de 17 y 19 reales a que salían sus homólogos británicos.[75] De esta forma, la repercusión sobre el consumo se dejó sentir en seguida: en 1865 la producción de Barruelo (53.740 t) ya fue la segunda de España, detrás de la de «Hullera y Metalúrgica de Asturias» (142.446 t).[76] Después, sin embargo, la progresión fue menos rápida de lo esperado, por el escaso éxito de los proyectos de la sociedad impulsora. Las ilusiones del Crédito Mobiliario de hacerse con «el comercio de los metales» habían pecado de optimistas. Su tentativa de crear una demanda alternativa, mediante el establecimiento de una serie de fábricas de ladrillos, resultó poco viable.[77] La demanda más importante, formada por los «Caminos de Hierro del Norte de España» y por las fábricas de gas de las dos

73. *Supra*, pp. 49-50.

74. Oriol y Vidal, *Carbones minerales de España...*, pp. 47 y 48.

75. «Inauguración del ferrocarril carbonero de Barruelo», artículo sin firmar publicado en la *Revista Minera*, XV, 1864, pp. 27-28.

76. Datos de la *Estadística minera de 1865*, pp. 92 y 98.

77. Tortella, «La evolución del sistema financiero...», pp. 96 ss.

capitales castellanas, no se manifestó muy elástica. En definitiva, la minería palentina del carbón avanzó trabajosamente, con perjuicio, además, de otras vecinas, como la leonesa, que no cesaron de lamentarse del trato de favor —tarifas especiales, reducidas— que los «Ferrocarriles del Norte» aplicaban a sus productos de Barruelo.[78]

En León, tras el fracaso de la fábrica siderúrgica de Sabero, cerrada a principios de 1863, la economía carbonera no conseguiría arrancar hasta 1894, en que el ferrocarril de La Robla permitió conducir el combustible a las fábricas de Vizcaya, hasta Valmaseda primero, hasta Luchana más tarde (1901), en un largo recorrido de 300 km;[79] a los diez años, en 1904, la producción de la provincia ya se acercaba al cuarto de millón de toneladas, situándose en cuarto lugar, tras las de Oviedo, Córdoba y Ciudad Real. Gracias a esta escalada de última hora, León consiguió compensar la ventaja que hasta entonces le había llevado Sevilla y situarse por delante de ella a la hora del balance global: 5,51 por ciento, frente al 5,17 de toda la hulla extraída en España a lo largo del medio siglo comprendido entre 1861 y 1913.

La cuenca carbonera sevillana, situada en Villanueva del Río, a 6 km de la confluencia del Huesna con el Guadalquivir, y a 38,5 de la capital de la provincia, había parecido, en un principio, una de las de mayores posibilidades. A pesar de ello, no obstante los precedentes dieciochescos, la explotación de la misma no cobró relevancia hasta la cuarta década del siglo XIX, en que la fábrica de hierros de El Pedroso empezó a utilizar sus productos para las labores de afino.[80] Desde entonces y hasta 1880 aproximadamente, las vicisitudes de la ferrería determinaron las fluctuaciones de la demanda y de la producción hullera. Después, cuando El Pedroso se hallaba en su fase final, entró en juego la compañía ferroviaria «Madrid-Zaragoza-Alicante», propietaria del coto «La Reunión» desde 1875, que explotó en régimen intensivo durante el resto del período considerado. A principios del siglo XX, se señalaron en la misma cuenca unos

78. Cf., por ejemplo, las quejas de «Palentina-Leonesa» en *Carbones*, pp. 82-83.
79. Pablo de Alzola, *Informe relativo al estado de la industria siderúrgica en España y de las reformas generales requeridas para que alcancen la debida extensión las fábricas de productos derivados y de maquinaria*, Bilbao, 1904, p. 20. El autor, presidente de la Liga Vizcaína de Productores, hace notar, sin embargo, la altísima proporción de «menudos» (80 por ciento) que dan los carbones leoneses, y la elevada proporción de cenizas y humedad que contienen tales menudos (cerca del 20 por ciento), lo que les hace desmerecer para la fabricación del coque, obligando a importarlo en grandes cantidades de Gran Bretaña.
80. Oriol y Vidal, *Carbones minerales de España...*, p. 91.

sondeos realizados por la empresa minera de Riotinto, sondeos abandonados ya en 1904, sin éxito al parecer.[81]

Las seis provincias mencionadas —Asturias, Córdoba, Palencia, Ciudad Real, León y Sevilla, por este mismo orden— han aportado, de 1861 a 1913, 80.023.859 t de hulla sobre un total de 81.122.229, esto es el 98,65 por ciento de la producción española. El resto, un pico del 1,35 por ciento (algo más de un millón de toneladas), no merecería la menor referencia de no encubrir los denodados esfuerzos de la región más industrializada por satisfacer, con recursos propios, sus imperiosas necesidades de combustible. Desde la generalización de la máquina de vapor, a partir de 1840, la industria manufacturera catalana se convirtió en consumidora destacada de carbón de piedra. Durante el quinquenio 1856-1860, por ejemplo, el puerto de Barcelona recibió el 52 por ciento de todas las importaciones españolas de fósil extranjero.[82] Para hacer frente a este consumo desde dentro, el principado no regateó iniciativas ni capitales. De 1849 a 1861, Barcelona sometió a la Junta Facultativa de Minas, creada en la primera fecha, 117 peticiones de concesión sobre combustible mineral, una cifra que la situaba en el segundo puesto de la escala provincial, inmediatamente detrás de Oviedo.[83]

En contraste con esa preocupación, los resultados fueron ínfimos. La tentativa más interesante corrió a cargo de la sociedad «El Veterano Cabeza de Hierro», constituida en Barcelona en junio de 1844, que, después de montar —sin éxito— una planta siderúrgica al horno alto en Camprodon,[84] se propuso conducir a la capital la hulla extraída de las minas de Surroca y Ogassa, cerca de Sant Joan de les Abadesses, en el pre-Pirineo gerundense. La obsesión de «El Veterano» fue asegurar el enlace ferroviario con Roses,[85] el puerto de mar más próximo, y, ya desde 1848, directamente con Barcelona. Pero la línea, de 116 km, no quedó completa hasta 1881, cuando la entidad promotora ya había sido subrogada por otra nueva denominada «Fe-

81. *Estadística minera de 1904.*

82. 665.167 t sobre un total de 1.278.579 (respuesta de la sociedad comanditaria «Jaumandreu, Salom y Giberga», *Carbones*, p. 46).

83. Aldana, *Consideraciones generales...*, p. 13. También, L. Castelain, *L'Espagne. Ses terrains houillers, ses minerais et ses chemins de fer*, Bruselas, 1864, tabla 3.

84. O. Ronquillo, *Diccionario de materia mercantil, industrial y agrícola*, III, 1855, p. 146. Al parecer, después de un primer intento, el horno fue reconstruido en 1858, adaptándolo para el uso del coque (*Revista Industrial*, Suplemento al n.° 151, 28 noviembre 1858). No he sabido encontrar otras noticias del establecimiento.

85. Cf. el folleto *Camino de hierro titulado de la Serenísima Señora Infanta Doña María Luisa Fernanda desde las minas de carbón de piedra inmediatas a San Juan de las Abadesas al puerto de Rosas*, Barcelona, 1844.

rrocarril y Minas de San Juan de las Abadesas». Luego, una vez asegurado el transporte, la explotación más intensa de las minas había
de revelarse como muy costosa, tanto por las fallas tectónicas del terreno, cuanto por las impurezas del producto. En rigor, el carbón de
Surroca y Ogassa no irradió nunca más allá de la parte alta del valle
del Ter, con sus límites en los pequeños núcleos fabriles de Vic y
Olot. En estas condiciones, la cifra máxima de producción, alcanzada
durante el ejercicio 1889-1890, no pudo pasar de 66.641 t. Poco después, en 1892, coincidiendo con ese modestísimo esplendor, la segunda sociedad explotadora consiguió endosar el negocio a la «Compañía de los Ferrocarriles del Norte», cuyas esperanzas se fueron diluyendo al paso de los años. Al final, el tercer propietario optó por
crear un consumo *in situ*, en forma de una fábrica de cemento, levantada cerca de las minas. De todos modos, en 1907 los técnicos ya
no ocultan su desengaño: «en resumen, puede afirmarse que la vida
minera de esta cuenca ha llegado ya a su último período, por agotamiento de las capas conocidas y de fácil acceso».[86] La industria catalana seguirá dependiendo del exterior en cuanto al suministro de
carbón de piedra.

---

86. *Estadística minera de 1907*, p. 185.

Capítulo 6

LAS DIFICULTADES DE LA SIDERURGIA

«Si el carbón desarrollando el calor crea la fuerza, el hierro constituye casi exclusivamente los medios de aprovechamiento y transmisión de la fuerza.» [1] El hierro es, por excelencia, el metal de la industrialización. Sus ventajas sobre la madera son evidentes. Por una parte, mayor resistencia y menor desgaste; por otra, adecuación a las exigencias de la producción en serie, «pues claro es que en la madera para reproducir diez veces un objeto es preciso hacer diez veces la misma mano de obra, mientras que en el hierro fundido basta hacerla una vez sirviéndose de los moldes».[2]

La agricultura, la industria textil y los modernos medios de transporte constituyen, en los casos más típicos, los principales sectores de la demanda siderúrgica.[3] El reflejo español de este fenómeno es perfectamente visible a partir de la cuarta década del siglo XIX.

Aunque viciada en su fin y en su desarrollo, la desamortización agraria, triunfante desde 1835, se traduce en una notable extensión de los cultivos, que lleva implícita la necesidad de aumentar los instrumentos de labor, desde los arados y las rejas hasta las herraduras de los mulos que tiran de ellos. Cierto que ese consumo se considera

1. *Información sobre el derecho diferencial de bandera y sobre los de aduanas...*, II: *Hierros*, 1867, p. 203. Respuesta de la «Asociación para la Reforma de los Aranceles de Aduanas».
2. *Hierros*, p. 341. Declaración oral de R. Navarro, director de la ferrería de Baicacoa, levantada bajo la dirección de Elorza e inaugurada a fines de 1863 (*Revista Minera*, XIV, 1863, p. 642).
3. Cf. P. Bairoch, *Révolution industrielle et sous-développement*, SEDES, París, 1963, especialmente pp. 85 ss., criticado, no obstante, muy severamente por D. Degrève, *D'une analyse historique de la Révolution industrielle à un diagnostic du sous-développement*, separata revisada de *Cultures et Développement. Revue Internationale des Sciences du Développement*, Université Catholique de Louvain, n.°ᵇ 2 y 3, 1971, en lo que se refiere a los cálculos sobre la demanda de hierros por el sector agrícola (pp. 43 ss.).

«de insignificancia» en relación con el de los otros dos sectores mencionados,[4] pero también es cierto que la ruptura de nuevas tierras y, en algunos casos, el mejor cultivo de las antiguas prolongó la resistencia de las forjas tradicionales hasta 1870.

La mecanización de la industria algodonera coincide, en el tiempo, con el proceso de la reforma agraria. La nueva maquinaria, movida por unas fuerzas exteriores al hombre —caballerías, agua o vapor— funciona con mayor rapidez y está sujeta, en consecuencia, a mayor desgaste. Si la «bergadana» o el telar manual eran de madera, la hiladora y el telar mecánico deben hacerse de hierro. Los pedidos de este metal por los industriales algodoneros catalanes debieron ser importantes. El batidor de un volante, de 3.100 kg de peso, exigía el empleo de 2.640 kg de hierro colado y 900 de batido. En una «selfactina» de 500 husos entraban 3.550 kg del primero, 990 del segundo y 200 de acero. En un telar, 600 kg de lingote y 110 de hierro batido.[5] Eso sin contar otras partidas, también muy considerables, como las empleadas en la construcción de los propios edificios fabriles. En la fábrica Batlló de Barcelona, terminada a fines de 1868, se utilizaron, por ejemplo, 450 columnas de hierro para sostener las «cuadras» de hilatura y otras 336 para sostener las bóvedas de la cuadra de tejidos.[6]

«Durante las guerras con Francia e Inglaterra, los corsarios dieron cuenta de casi toda nuestra marina mercante, quedando reducida en 1826 a muy pocos buques, de modo que todos los existentes hoy [la cita es de 1878] datan de 1830.»[7] Pero la reconstrucción naval del siglo XIX ha tenido que hacerse sobre bases nuevas. Tras

---

4. *Observaciones que varios fabricantes de hierro hacen sobre la exposición presentada a S.M. con fecha 15 de diciembre de 1862, por la Asociación para la Reforma de Aranceles,* Madrid, 1862, p. 14. En el mismo sentido, la declaración oral de López Ballesteros, director general de Impuestos Indirectos, lamentándose de que «hasta las caballerías que se dedican a la agricultura trabajan sin herraduras por la carestía del hierro» (*Hierros,* p. 295).

5. Datos aportados por «La Maquinista Terrestre y Marítima, S.A.» a la encuesta de 1866 (*Información sobre el derecho diferencial de bandera y sobre los de aduanas...,* I: *Derecho diferencial de bandera,* 1867, pp. 65-68).

6. *Diario de Barcelona,* 1868, p. 12.163. También C. Cornet y Mas, *Guía de Cataluña. Metódica descripción de la capital del Principado de Cataluña y de sus alrededores, unidos a la antigua población por medio del Ensanche,* Barcelona 1876, páginas 366-367.

7. *Información sobre las consecuencias que ha producido la supresión del derecho diferencial de bandera y sobre las valoraciones y clasificaciones de los tejidos de lana, formada con arreglo a los artículos 20 y 29 de la Ley de Presupuestos del año 1878-1879, por la Comisión especial arancelaria creada por R.D. de 8 de septiembre de 1878,* I: *Derecho diferencial de bandera,* Madrid, 1879, p. 822.

el ensayo que representó la navegación del *Real Fernando* por el Guadalquivir, desde 1817,[8] la marina de vapor parece estrenarse, en 1834, mediante la goleta *Valencia*, de la matrícula de Barcelona.[9] El barco de vela tradicional, navegando al albur del viento, tenía el casco de madera; el buque de vapor, que surca las aguas a contra-corriente, exige muy pronto el casco metálico, de hierro o acero. El año 1884, primero en que el desplazamiento de los vapores españoles rebasa el de los veleros, puede considerarse la fecha del triunfo defi-nitivo de la marina mercante moderna. Un año antes, en 1883, ha-bía quedado abierta al tráfico la mitad del trazado ferroviario espa-ñol. En este caso sobra toda ponderación acerca del papel que el hierro desempeña en el tendido de la red.

El fortísimo incremento de la demanda, desde el segundo tercio de la centuria, no fue contrarrestado por un desarrollo paralelo de la oferta siderúrgica. En 1879 España produjo menos de 70.000 t de hierro colado,[10] el producto de fondo, frente a un consumo que la re-vista inglesa *The Iron* estimaba en 285.000.[11] De 1910 a 1913 los hornos nacionales fundieron una media anual de 411 millares de toneladas de arrabio, contra la media alemana de 14.836 millares (36 veces más), la media británica de 9.792 (23 veces más), la me-dia francesa de 4.664 (11 veces más), o la media belga de 2.171 (5 veces más).[12]

Con esta base, carentes de hierros y aceros baratos, las empresas de construcciones mecánicas llevaron casi siempre una vida lánguida, plagada de dificultades, de rendimientos muy bajos.[13] A pesar de los esfuerzos tempraneros de varias firmas barcelonesas —«Bonapla-

---

8. Cf. el opúsculo *Idea de los barcos de vapor, o descripción de su máquina, re-lación de sus progresos, e indicación de sus ventajas por el Dr. D.M.M. del Mármol, catedrático por S.M. de física experimental en la Real Universidad de Sevilla, Etc.,* Sanlúcar, 1817 (reeditado en 1967 por la Subsecretaría de la Marina Mercante, bajo el título: *El «Real Fernando», primer vapor español, 1817-1967,* con una introducción de Julio Guillén).

9. Deduzco este dato del despoje de las inscripciones marítimas de Cádiz (1828 a 1868) y de Barcelona (1804 a 1878), incluidas en el volumen citado en la nota 7, pp. 68-69 y 231-269.

10. Exactamente, 68.740, según la *Estadística minera* correspondiente.

11. Citado por la *Revista Minera*, XXXI, 1880.

12. Datos del *Statistical Appendix*, recopilados por B.R. Mitchell, e incluidos en el vol. IV (*The Emergence of Industrial Societies*, t. 2, 1972) de *The Fontana Eco-nomic History of Europe*, que, bajo la dirección general de Carlo M. Cipolla, publica la editorial Collins, de Londres.

13. De 1856 a 1894, durante los 39 primeros años de su historia, «La Maquinista» sólo habría conseguido un beneficio neto anual del 4 por ciento (A. del Castillo, *La Maquinista Terrestre y Marítima, personaje histórico, 1855-1955,* Barcelona, 1955, p. 280).

ta», «Nueva Vulcano» y «La Maquinista Terrestre y Marítima, S. A.»— y de una sevillana —«Portilla Hnos. and White»—, la mayor parte de los pedidos de material agrícola y textil, ferroviario y de navegación fue servida, desde el principio, por fábricas extranjeras. En 1884 el recuento ya mencionado de los buques de vapor reveló que el 97 por ciento de las unidades y el 99 por ciento de los arqueos correspondían a navíos construidos fuera, generalmente en astilleros escoceses.[14] En 1914, el 97,8 por ciento de los 1.743.535 husos instalados para hilar el algodón habían sido suministrados por siete constructores ingleses.[15]

Pero la mayor de las ocasiones perdidas fue la de los caminos de hierro. En 1855, al promulgarse la ley general, España contaba con menos de 500 km de ferrocarriles en uso. Después, la red se desarrolló en la forma que expresa la tabla 1, esto es, en un tiempo largo del que emergen, sin embargo, tres decenios de inauguraciones intensas —1856-1865, 1876-1885, y 1886-1895—, el primero de ellos «febril».

TABLA 1

Desarrollo de la red ferroviaria española

Quinquenios	Km nuevos añadidos a la explotación	Total de km explotados al final del quinquenio	Quinquenios	Km nuevos añadidos a la explotación	Total de km explotados al final del quinquenio
1846-1850	28	28	1891-1895	1.529	11.529
1851-1855	449	477	1896-1900	674	12.203
1856-1860	1.441	1.918	1901-1905	1.128	13.331
1861-1865	2.913	4.831	1906-1910	430	13.761
1866-1870	641	5.472	1911-1915	1.420	15.181
1871-1875	646	6.118	1916-1920	546	15.727
1876-1880	1.360	7.478	1921-1925	291	15.976
1881-1885	1.453	8.931	1926-1930	713	16.689
1886-1890	1.069	10.000			

FUENTE: *El problema de los ferrocarriles españoles. Antecedentes, datos, soluciones*, Madrid, 1933, p. 26.

14. Benito de Alzola, *Estudio relativo a los recursos de que la industria nacional dispone...*, p. 389.
15. «Dictamen de la Comisión Especial Informadora y Asesora sobre la crisis de la industria textil algodonera», *Boletín del Comité Regulador de la Industria Algodonera*, III, 1930, pp. 1-58, especialmente 22-24.

Cuando sólo se vislumbraba, este desarrollo había hecho concebir grandes ilusiones siderúrgicas. En 1829, al preguntarle la Junta de Aranceles «acerca de los medios de hacer un ensayo de un carril de hierro desde las principales minas de carbón hasta el puerto más próximo», González Azaola mantuvo con ella una correspondencia dirigida a «persuadirla que todo el mérito de este primer ensayo sería que se hiciese el carril con hierro de España, en altos hornos y por operarios españoles, y con carbón de piedra de España, para lo cual convenía esperar unos meses, hasta que se organizase la empresa de minas y fundiciones que tenía propuesta al gobierno».[16] Entretanto, el inquieto santanderino se apresuraba a traducir, desde París, el tratado de ferrocarriles de Th. Tredgold para ilustrar a la Junta —y a la opinión, eventualmente— de los enormes beneficios, tanto directos como indirectos, del nuevo medio de transporte: «los carriles igualmente que los canales promueven la actividad del comercio en general, pero los carriles tienen además la inapreciable ventaja de fomentar directamente el beneficio de las minas en grande, las fundiciones de hierro que son el fundamento de casi todas las clases de industria, y la construcción de bombas y máquinas».[17] Pocos años

---

16. Alusión a la «Compañía Asturiana de Minas», en la laboriosa gestación de la cual intervino efectivamente González Azaola.

17. *Caminos de hierro. Tratado práctico del Ingeniero inglés Mr. Tredgold, sobre los caminos de carriles de hierro, y los carruages, máquinas de vapor y de gas, ya movibles ó loco-motrices, ya estables, y cuanto conviene saber para construirlos. Contiene una juiciosa comparación de los tres medios de comunicación interior, por canales, carreteras y caminos de hierro. Los principios para graduar la fuerza de los carriles, sus proporciones, gastos y productos; las condiciones para que sean útiles, económicos y durables, con los cálculos sobre el uso de caballerías, carros y bombas; su efecto útil, y su costo comparativamente; y una porción de tablas curiosísimas, y estampas para su inteligencia. Puesto en castellano por D. Gregorio González Azaola,* comisionado por *S.M. en las Reales Fábricas de Artillería de la Cavada,* Madrid, enero de 1831, pp. v y vi de la «Advertencia» preliminar. Para la historia de la técnica es interesante señalar que el mismo año salió vertida al castellano otra de las obras fundamentales de Tredgold, *Tratado de las máquinas de vapor y de sus aplicaciones a la navegación, minas, manufacturas, etc. Contiene la historia de la invención y mejoras sucesivas de estas máquinas, la exposición de su teoría..., escrito en inglés por el ingeniero civil Th. Tredgold y traducido al francés por F.N. Mellet, y de este idioma al castellano de orden del Rey, por D. Gerónimo de la Escosura..., vocal de la Real Junta de Fomento de la riqueza del reino,* Madrid, 1831, xxvi + 454 pp. y un atlas (desgraciadamente, Escosura se limitó, al revés de Azaola, a traducir el texto sin presentarlo con palabras propias). Por otra parte, me parece que la primera contribución original del autor español al tema ferroviario fue la memoria de José Mariano Vallejo, senador del reino por la provincia de Granada, *Nueva construcción de caminos de fierro, adaptable al territorio desigual y montuoso de nuestra Península, leída en la sección de ciencias físico-matemáticas del Ateneo de Madrid el 22 de mayo de 1844 ... con el retrato del autor, y un estracto de la Memoria sobre las carreteras, los caminos de tierra y los canales de navegación, por M. F. de Gerstner, impresa en Praga en 1813, y*

más tarde, a mediados de 1833, la Junta de Comercio de Barcelona informó positivamente la petición de Francisco M.ª Tassio para establecer una línea ferroviaria entre Reus y Tarragona, pero pidió que no se le concediese la franquicia de derechos para introducir «los hierros para carriles o guías o de ruedas para los carruajes, siendo estos artículos de mucho valor y muy crecido el capital que para ellos saldría del Reyno», sin haber pulsado antes las posibilidades de producirlos en España.[18] Tres meses después, disipadas esas dudas, la misma Junta barcelonesa adujo la puesta en marcha de las fundiciones de Marbella y del taller de laminación de Bonaplata para recomendar a la de Aranceles la prohibición del hierro colado extranjero destinado a carriles, «una primera materia para objetos de utilidad pública y ejercicio de una industria nueva ventajosísima al país».[19] En 1844, uno de los dos inspectores generales de minas combatió el temor de los ferrones vascos a un exceso de producción, mediante el argumento de la inminente demanda ferroviaria: «Para consuelo y satisfacción de unos y de otros, añadiremos que, con el furor de los caminos de hierro que se ha estendido en el día por todas las naciones de Europa, no hay minas ni hornos que basten a satisfacer los pedidos que hace el comercio».[20] En 1851, un catalán hizo público su proyecto de «una grande empresa de ferrería y fundición por el sistema moderno y ecocómico de altos hornos, a cargo de una sociedad anónima bajo el augusto nombre de Doña Isabel II», concebido en la esperanza de una próxima subida del precio de los hierros, «por los muchos millones de quintales de ese artículo que van a consumirse en los caminos de hierro proyectados» y, más concretamente, en la convicción de obtener «algunas contratas del gobierno o de particulares de empresas de caminos de hierro, para hacer los riles [sic] y demás hierros».[21] Et sic de caeteris.

---

traducida del alemán al francés por M.P.S. Girard, ingeniero en gefe de puentes y calzadas, y miembro del Instituto de Francia, e impresa en 1827. Con el final de la introducción del espresado M. Girard, Imp. Garrastaza, propia del mismo autor, Madrid, 1844. Vallejo presidía en aquel momento la citada sección del Ateneo. La memoria de Gerstner sería «la primera obra que se ha escrito (nunca) sobre esta materia» de ferrocarriles.

18. Archivo de la Junta de Comercio de Barcelona, libro 137, informe fechado el 13 de junio de 1833.

19. Ibid., informe fechado en 9 de septiembre de 1833.

20. J. Ezquerra del Bayo, «Resumen estadístico razonado de la riqueza producida por la minería de España durante el año de 1844», Anales de Minas, III, 1844, pp. 407-445. La cita corresponde a la p. 441.

21. F. Castanys y Masoliver, Memoria, presupuesto y bases para el establecimiento de una gran empresa de ferrería y fundición por el sistema más moderno y económico de altos hornos, a cargo de una sociedad anónima bajo el augusto nombre de Doña Isabel II, protectora de la industria, Barcelona, 1851, pp. 5 y 7.

Llegado el momento, los sueños no se convirtieron en realidad. La fiebre ferroviaria, culminante en los seis años comprendidos entre 1860 y 1865, trajo consigo una importación masiva de hierros extranjeros. La entrada tradicional de hierro fundido en lingotes (generalmente destinados a los hornos de segunda fusión) y de laminados corrientes (alambres, hoja de lata, plancha y, sobre todo, flejes, aros y chapas «para pipería y otros usos»), en cantidades muy modestas, se vio superada desde 1857 por la de hierro forjado, batido o estirado en barras, es decir, de laminados inferiores para carriles. El tendido de la red incidió sobre cada una de las partidas férricas (aumento notorio de las entradas de colado, acero y laminados corrientes), pero de forma especialísima sobre las de hierro en barras. Por lo demás, como todas las variedades registradas procedían del arrabio salido en primera fusión del alto horno, he podido calcular, por mi cuenta y riesgo, la cantidad de este último a que equivalía la suma de todas ellas. El resultado de mi cómputo revela que en cada uno de los años del quinquenio 1861-1865 (primero en ofrecer datos completos de producción) la entrada de materiales de hierro, sin contar las innumerables partidas de metal de segunda fusión, labrado o moldeado en piezas u objetos, ni las herramientas, superó siempre a toda la producción «moderna» española, entendiendo por «moderna» la de los altos hornos y no la de las forjas. Con mayor exactitud, la importación de hierro colado, hierro pudelado y hierro laminado durante dicho quinquenio fue más del doble (482.171 t frente a 228.277) del entero producto de la gran siderurgia indígena. De ella, el 62 por ciento llegó expresamente consignado como «material para ferrocarriles y obras públicas», dos destinos que en la práctica se confundían.[22] En términos monetarios, la compra de hierros extranjeros —descontadas las partidas que se han dicho— importó, en 1861-1865, la cantidad de 870 millones de reales, cifra equivalente al 45,4 por ciento de los valores creados por todas las ramas de la industria minera española en el mismo período de tiempo.[23]

Estos resultados tan negativos fueron la consecuencia directa del artículo 20, n.º 5 de la ley general de 1855, que había dispuesto «el

22. He desarrollado estos cálculos en mi trabajo «Los comienzos de la industrialización española (1832-1868): la industria siderúrgica», dentro del vol. *Ensayos sobre la economía española a mediados del siglo XIX,* Madrid, 1970, pp. 203-233.

23. Los valores de la importación proceden del *Statistical Abstract for the principal foreign countries in each year from 1860 to 1872,* Londres, 1875, Second Number (C.1.372), pp. 70-71 (citado por J. Fontana, *La vieja Bolsa de Barcelona, 1851-1914,* p. 26). Los valores creados por la minería se hallan en la *Estadística minera de 1865,* p. 24 y tabla 5 del Apéndice.

abono [a las compañías concesionarias], mientras la construcción y diez años después, del equivalente a los derechos marcados en el arancel de aduanas, y de los faros, portazgos, pontazgos y barcajes que deban satisfacer las primeras materias, efectos elaborados, instrumentos, útiles, máquinas, carruajes, maderas, coke y todo lo que constituya el material fijo y móvil que deba importarse del extranjero y se aplique exclusivamente a la construcción y explotación del ferrocarril concedido».[24] De hecho, franquicia absoluta a la entrada de todos los materiales necesarios al tendido y a la puesta en explotación de las líneas. La liberalidad del sistema no puede sorprender si se recuerda la presión de los capitales franceses sobre los legisladores del bienio progresista. No en vano «de los 11.378 km de vías de ancho normal en servicio al estallar la guerra europea, las compañías bajo control ultrapirenaico poseían 9.722, o sea el 85 por ciento». No en vano el Ministerio de Obras Públicas evaluó, en 1911, el coste de la red en cerca de 3.600 millones de pesetas, de los que los franceses habrían aportado el 60 por ciento, esto es, más de 2.000.[25]

El negocio ferroviario fue un negocio indirecto en el que contaron mucho las subvenciones estatales, las condiciones de colocación de los valores en las bolsas extranjeras —mal conocidas— y especialmente la formación de una demanda adicional importante para los productos mineros, metalúrgicos y mecánicos de los países inversores. En el último sentido me parece decisiva la confesión de Isaac Péreire, representante del grupo financiero especializado en construir ferrocarriles en las naciones menos desarrolladas: «con una salvedad, la de Italia, la cuantía de cuyos empréstitos ha exigido la exportación de algunas cantidades de numerario, por lo general Francia ha compensado su participación en las operaciones financieras foráneas mediante los productos de su agricultura o de su industria; así, es en gran parte por medio del abastecimiento en carriles, locomotoras, vagones, puentes metálicos, en una palabra, mercancías de toda clase, como se ha pagado la parte que hemos tomado en la construcción de las redes de fuera».[26]

La falta de consumo, que tanto los librecambistas como los proteccionistas consideraban el principal obstáculo a la prosperidad de la

24. *Colección legislativa de ferrocarriles, o recopilación de las leyes, reglamentos, instrucciones, decretos, reales órdenes y circulares expedidas para la explotación de las vías férreas desde 1855 hasta la fecha...*, Albacete, 1877, p. 6.
25. R. E. Cameron, *France and the Economic Development of Europe...*, páginas 263-275.
26. *Ibid.*, pp. 504-505.

industria del hierro, hubiera podido superarse de construirse los ferrocarriles españoles con material del país. A fines de 1862, cuando la fiebre ferroviaria batía su pleno, un grupo de ferreteros ya pudo denunciar, en términos implacables, la magnitud de la ocasión perdida: «La causa de esto [las dificultades del sector] es bien obvia. España, que sólo consume tres millones de quintales de hierro, recibe del extranjero 1.800.000. Nuestras fábricas a la hora presente habrían podido producir lo bastante para abastecer el mercado; pero lo ha impedido el estímulo que ha creído deber darse a las empresas de ferro-carriles, que tienen el privilegio de importar libre de derechos todo el hierro que necesiten. ¿Cómo se han de hacer pedidos de *rails* a nuestras fábricas? La industria nacional ferrera ha visto reducido por esa franquicia a la tercera parte del consumo su mercado, y no ha podido tener el desenvolvimiento a que estaba llamada. Lo que debía ser motivo de prosperidad y garantía de su vida, ha sido causa de su decadencia y peligro de su muerte».[27]

Los clamores de los fabricantes obligaron, al fin, a prestarles oído. La exención concedida por el art. 20, n.º 5, de la ley de 1855 rigió plenamente durante casi un decenio. Al cabo, la ley de presupuestos de 25 de junio de 1864 declaró «terminada la franquicia de derechos concedida al material que importen las empresas de ferrocarriles, dando en su lugar a éstas una cantidad alzada».[28] La medida animó en seguida a los productores. En 1865, después de haber gastado 100.000 pesetas en instalar las máquinas pertinentes, la barcelonesa «Herrería del Remedio» fabricó 1.000 t de raíles, «aunque convirtiendo el material viejo a nuevo».[29] En mayo de 1866 Ibarra declaró que la fábrica del «Carmen», de Baracaldo (Vizcaya), «se está ocupando de montar las máquinas necesarias para hacer rails y todo el material móvil y fijo que necesitan las compañías de ferro-carriles y por lo tanto podemos hacer ruedas, ejes y todo lo necesario a un camino de hierro».[30] En 1868, el establecimiento «Duro y Cía.», de La Felguera (Asturias), «en el taller de carriles instalado el año 67», elaboró «por cuenta de la sociedad constructora del ferrocarril del N.O. 19.234 quintales métricos de los 76.963 de hierro forjado obtenido».[31]

27. *Observaciones que varios fabricantes de hierro hacen sobre la exposición presentada a S. M. con fecha 15 de diciembre de 1862, por la Asociación para la Reforma de Aranceles*, Madrid, 1862, p. 8.

28. *Hierros*, p. 292.

29. *Ibid.*, p. 307.

30. *Ibid.*, p. 292.

31. *Estadística minera de 1868*, p. 65.

Sin embargo, además de ser ínfimas, estas producciones iniciales no tuvieron continuidad. Por un lado, el escaso rendimiento financiero de las líneas ya explotadas, causado por razones múltiples, pero en especial por «la falta de tráfico suficiente para rendir interés a los capitales invertidos»,[32] frenó, a partir de 1866, el trazado de la red; de esta forma, en el momento mismo en que las fábricas españolas se disponían a satisfacer una parte, por mínima que fuera, de la demanda, ésta se contrajo drásticamente. Por otro lado, las medidas restrictivas de 1864 no se aplicaban a los caminos de hierro en explotación, con lo que se esfumaron las últimas posibilidades: los primeros carriles, en efecto, duraban poco y debían reponerse con frecuencia. Sin contar otras renovaciones, en 1879 se estimaría, por ejemplo, que dos tercios del tendido, con un peso global de 500.000 t, ya se componía de vías de acero; todo este material, instalado en su mayor parte para sustituir a otro en desuso, procedía de fuera.[33]

La gran encuesta de 1866, preparatoria de la reforma arancelaria, reveló a la Administración la magnitud del fiasco. Uno a uno, todos los ferreteros llamados a informar coincidieron en la denuncia del ferrocarril como primerísimo causante de los males que les aquejaban. Pero las diatribas más aceradas salieron de labios de los representantes de las dos fábricas de Asturias que, durante la etapa de mayor dinamismo ferroviario, habían sido las más modernas de España. Por la «Sociedad Hullera y Metalúrgica» declaró el francés D. Marseville que la causa fundamental que se oponía al desarrollo de su industria «era la falta completa de ayuda de parte del gobierno, así como el error inmenso que ha cometido permitiendo que todo el hierro empleado en la construcción de los ferrocarriles fuese pedido al extranjero, cuando de haber asegurado la fabricación de éste a las forjas de España se hubiese desarrollado para siempre y asentado firmemente la producción de hierros. 4.417 km hechos hasta hoy, incluso unas vías dobles, costaron a lo menos por razón de 1.200.000 reales cada km, 5.201.000.000, de los cuales por lo menos la tercera parte se empleó en rails, locomotivas y otros varios hierros, es decir, 1.734.000.000 de reales, que fabricados por las forjas españolas hubiesen creado una industria, a la cual se dejó al contrario la mezquina elaboración de unas llantas y algunos balcones [...]. El pequeño consumo del reino, que no llega a 46.000 t anuales, no per-

32. *Hierros*, p. 364.
33. J. G. H., «El sistema Bessemer en España. Su historia y su porvenir», *Revista Minera*, XXX, 1879, pp. 353-354.

mite que se dé a la fabricación el desarrollo productor en la industria de todas las mejoras económicas».[34] El representante de «Duro y Cía.» recordó por su parte que «si en Francia, Bélgica y aun en Inglaterra mismo la metalurgia del hierro se ha desarrollado tan notablemente, esto es debido a la construcción de ferrocarriles con hierro del país, pues ellos son los mayores consumidores de hierro que puede haber. Desgraciadamente en España se ha hecho lo contrario; se ha permitido introducir todo el material móvil y fijo que esas compañías necesitan para la explotación de sus vías sin pagar derecho alguno, y la consecuencia natural ha sido que nosotros nos hemos visto precisados a continuar haciendo flejes, cortadillos, varillas para cortinas y otros artículos de poco peso, y que por consiguiente no pueden formar la base de una fabricación en gran escala».[35]

No obstante, el análisis sería incompleto si sólo se incluyesen los efectos de la política económica. Sin perjuicio de no disculpar nunca la enorme responsabilidad de las importaciones de material ferroviario, deben ponderarse además otros factores. La industria siderúrgica no formaba un sector aislado, sino que se insertaba en el contexto más general de la situación económica española. Así, aquella misma encuesta de 1866 descubriría que los productores de lingote caro (o sea, al carbón vegetal) depositaban muchas esperanzas en la mejora de los transportes, que había de poner a su alcance el combustible nuevo, reductor de los costes. En cambio, los productores de lingote barato (esto es, al coque) pensaban en términos internacionales, por lo que trazaron un panorama más complejo de los frenos que les atenazaban. Para ellos, las causas del retraso de la siderurgia eran múltiples, desde el estancamiento de la agricultura, que apenas consumía hierros, hasta la extrema carestía del dinero. Los pocos capitales existentes —alegó uno de ellos— «encuentran más lucro y comodidad en dedicarse a las operaciones bursátiles, sin que quieran oír proposición alguna que tenga por base establecimientos industriales».[36] «Duro y Cía.» se hubiera contentado con poder tomarlos al 6 por ciento anual.[37] El director de «Hullera y Metalúrgica de Asturias» se escandalizaba de que el interés estuviera «a 4 o 5 por ciento en París, y a 16 o 18 en Madrid» («a 21 si se repara que hoy día el que tiene que cobrar una cantidad cualquiera de giros sobre Madrid ha de pagar 3 y 4 por ciento más por este motivo, que es necesario en esa Corte recibir los

34. *Hierros*, p. 117.
35. *Ibid.*, p. 324.
36. *Ibid.*, p. 89 (respuesta de «Palentina-Leonesa»).
37. *Ibid.*, p. 71.

billetes del Banco»), concluyendo que «la única verdadera industria del país es, por ahora, tomar dinero a réditos».[38] En suma, las dificultades eran tantas que no extraña la retracción de la masa de posibles inversores. Durante la mayor parte del siglo XIX el recurso a la sociedad anónima, el instrumento de concentración capitalista más eficaz, estuvo vedado a las firmas siderúrgicas. La única excepción, formada por la «Palentina-Leonesa de Minas», que en 1845 se subrogó a la «Sociedad Palentina de Minas», nacida tres años antes,[39] fue obra de un visionario —Ramón de la Sagra— más que de un auténtico hombre de negocios,[40] y resultó incapaz de franquear el cabo de la reforma arancelaria de 1862. En los demás casos, los socios fueron poco numerosos y hubieron de comprometerse sin reservas.

Siendo mala, la situación no lo era igualmente para todos. Las diferencias técnicas conferían unas posibilidades distintas a las diversas fábricas de hierro. El estancamiento de la producción, en los momentos de mayor consumo, es un fenómeno global que oculta, sin embargo, la peculiaridad de una serie de trayectorias regionales. Dentro del conjunto, el rasgo sobresaliente es el relevo, en cabeza, de la siderurgia meridional por la siderurgia nórdica. Así se desprende de la tabla 2.

En 1826, Manuel Agustín Heredia, prior del Consulado de Málaga, gran exportador de líquidos (vinos y aceites), cuya fortuna procedía de la extracción del grafito de la serranía de Ronda en los tiempos revueltos de la guerra de la Independencia (1808-1814), formó una sociedad para explotar los criaderos de hierro magnético de Ojén, no lejos de Marbella.[41] La factoría, instalada a orillas del Río Verde, se proponía la obtención de flejes y planchas para pipería, por el procedimiento de las forjas a la catalana. Al poco tiempo, como la magnetita de Ojén presentaba muchas dificultades a la fusión por el

---

38. *Ibid.*, p. 118.
39. Esta empresa ha sido objeto de un buen estudio por parte de F. Quirós Linares, «La Sociedad Palentino-Leonesa de Minas y los primeros altos hornos al cok de España, en Sabero (1847-1862)», *Estudios Geográficos*, XXXII, n.° 125, 1971, pp. 657-671.
40. La participación de La Sagra, insinuada por Quirós (en la p. 660 del trabajo citado en la nota precedente), aparece confirmada por el *Boletín de Empresas, dedicado al mayor y más rápido acrecentamiento de la riqueza pública*, n.° 20, Imp. de la Topografía Española, Madrid, 9 abril 1845, p. 154. La Sagra, miembro de la Junta gubernativa de la Sociedad, fue el encargado de comprar en el extranjero la maquinaria para la ferrería.
41. He trazado una biografía de Heredia en mi artículo «Industrialización y desindustrialización del Sureste español, 1817-1913», pp. 3-80; cf. pp. 24-29. Esta contribución acaba de ser enriquecida por otra de Cristóbal García Montoro, publicada en *Anuario de Historia Moderna y Contemporánea*, n.° 1, Granada, 1974, pp. 119-129.

TABLA 2

Producción siderúrgica española
(Medias anuales en miles de toneladas)

| Años | Hierro colado | | | | | | Hierro forjado (sistema directo) |
	España	Málaga	Sevilla	Oviedo	Vizcaya	Santander	España
1861-1865	45,65	12,43	2,22	13,17	11,73		12,15
1866-1870	42,56	1,91	1,36	19,24	10,73		13,08
1871-1875	45,53	3,08	1,38	24,90	8,72		5,08
1876-1880	62,57	3,36	1,43	28,84	17,24		4,50
1881-1885	131,59	1,51 (1)	1,38 (3)	40,08	76,71		3,05
1886-1890	174,22			33,18	138,97		
1891-1895	185,49			44,30	?		
1896-1900	289,24			52,10	227,69		
1901-1905	354,69	28,01 (2)		61,19	230,07	22,23 (4)	
1906-1910	395,01			68,13	277,02	34,68	
1911-1913	412,22			65,68	298,14	41,00	

(1) Media de sólo 4 años, 1881-1884. En 1885 los hornos malagueños fueron apagados, continuando sólo la producción de hierro dulce, mediante el afino de lingote traído de Vizcaya, hasta el ejercicio 1890-1891.

(2) Los hornos malagueños estuvieron reencendidos de 1901 a 1906, por cuenta de una sociedad belga empeñada en la obtención de acero por el procedimiento Siemens.

(3) Los altos hornos de El Pedroso quedaron definitivamente apagados en 1887-1888.

(4) En el curso de 1902 iniciaron su producción las instalaciones de la sociedad «Nueva Montaña», principal impulsora de la siderurgia santanderina.

FUENTES: *Estadística(s) minera(s).*

método tradicional, Heredia se decidió a escuchar los consejos de Elorza, antiguo oficial de artillería que había aprovechado los años de exilio para estudiar las fábricas siderúrgicas de Inglaterra, Bélgica y el Harz, adoptando los procedimientos ingleses. Obtención de lingote al carbón vegetal en Río Verde (fábrica «La Concepción»), afinado y laminado a la hulla en la playa de Málaga (fábrica «La Constancia»). La procedencia del combustible mineral —de Asturias, de Inglaterra— determinó esta segunda localización junto a un puerto capaz, con fletes relativamente bajos, por la existencia de retornos. Los altos hornos, hornos puddler y hornos de reverbero de «La Concepción» y «La Constancia» han sido los primeros, con fines civiles, instalados en España.[42]

Inmediatamente, el estallido de la primera guerra carlista les ofreció una oportunidad excepcional. Paralización de las forjas septentrionales, desviación de la demanda hacia las fábricas del sur (las de Heredia, pero también las de la sociedad «El Pedroso» en la provincia de Sevilla, puestas en marcha igualmente por Elorza).[43] De 1833 a 1840 la siderurgia andaluza ha reemplazado a la del norte en el aprovisionamiento de hierros comunes. Hasta el punto de que, en 1840, Heredia se hallaba convertido en el primer ferretero español y su ejemplo estaba suscitando la imitación servil por parte de Juan Giró, flamante creador de la ferrería «El Ángel»,[44] con altos hornos en Río Verde y refinerías en Málaga. A pesar de los progresos de «El Pedroso», a pesar de haberse reencendido, en 1839, los antiguos hornos de Sargadelos,[45] en Lugo, e inaugurado otros nuevos en el norte, los dos empresarios malagueños —Heredia y Giró— aportaron en 1844 (fecha de las primeras estadísticas fehacientes) el 72 por ciento de toda la fundición española.[46] El impulso meridional era tan fuerte que hacía tambalearse las posiciones norteñas: «Con los nuevos establecimientos de hornos altos que se van creando y perfeccionando cada día, se han alarmado y con razón, los ferrones de las provincias llamadas exentas, las cuales piden protección y favor al go-

42. En cambio, los primeros hornos altos para usos militares (cañones y municiones) fueron muy anteriores, datando del reinado de Felipe IV. Cf. J. Alcalá-Zamora y Queipo de Llano, *Historia de una empresa siderúrgica española. Los altos hornos de Liérganes y La Cavada, 1622-1834*, Santander, 1974.

43. Parece que la ferrería de «El Pedroso» ya se hallaba instalada en 1817, pero los primeros responsables habrían sido incapaces de ponerla en marcha antes de la llegada de Elorza. Cf. Francisco de Luxán, «Viaje científico a Asturias...», p. 151.

44. La trayectoria de «El Ángel» es difícil de establecer. Su origen sería coetáneo al de «La Concepción», pero sus capacidades menores. Las dos ferrerías «empezaron a trabajar de la manera que podían hacerlo empresas que empezaban, estudiando cuantas obras se habían escrito sobre el hierro, y sin más enseñanzas ni más prácticas quisieron hacer hierros. Se engañaron lastimosamente, como no podía menos de suceder; y así es que después de cinco años de incesante trabajo, en cuyo período la empresa del Ángel sucumbió, habiendo perdido en este ensayo los socios algo más de 80.000 duros, la ferrería del rico capitalista de Málaga D. Manuel Agustín Heredia, que contaba con mayores recursos y numerario, pudo continuar». Transcurridos algunos años, «en vista de los adelantos de la ferrería de la Constancia [después de la intervención de Elorza], la empresa del Ángel se reorganizó, habiendo entrado muchos socios; y lo mismo sucedió con la del Pedroso en Sevilla, y ambas empezaron a copiar» (*De aranceles. Comisión parlamentaria*, Madrid, 1857, p. 455, declaración de Gros, representante de la sociedad, en la sesión del día 4 de febrero de 1856).

45. G. Schulz, *Estadística de la minería de Asturias y Galicia*, Madrid, 1841.

46. Tabla anexa al trabajo de Ezquerra del Bayo, «Resumen estadístico razonado de la riqueza producida por la minería de España...».

bierno».[47] Por fortuna, la revolución de los transportes permitía augurar una era de facilidades para todos.[48] Un vaticinio que, para desdicha, no había de cumplirse, lo que no obsta para destacar que, anticipándose una vez más a las restantes fábricas, la de Heredia haya realizado, antes de 1852, el que parece haber sido el primer ensayo español en la producción de carriles.[49]

Seguro de su negocio, el propietario de «La Constancia» decidió, en 1843, la adopción íntegra del combustible mineral. El modelo a seguir le pareció el de la firma «Butterley Iron Co.», cuyo establecimiento en el Derbyshire había visitado en 1840. Esta casa cebaba los altos hornos con antracita. La antracita, especie de coque natural, ofrecía sobre el artificial, obtenido por destilación (esto es, reducción) de carbones bituminosos, la ventaja de un menor volumen, por falta de poros, en relación con un poder calorífico semejante. Esa diferencia había de repercutir decisivamente sobre los costes del transporte.[50] La firma inglesa y otras americanas, muy numerosas,[51] habían resuelto el problema de la combustión menos activa de la antracita mediante la inyección de aire caliente. Para obtenerla en sus hornos, Heredia compró en Inglaterra los aparatos pertinentes.[52] Sin embargo, los dos años de ensayos que realizó con la antracita galesa se saldaron con un rotundo fracaso. Así, a partir de 1845, los altos hornos recién instalados en Málaga debieron cebarse, como los antiguos de Río Verde, por medio del carbón de leña. La idea de amortizar el viejo establecimiento de «La Concepción» y de concentrar todos los procesos en «La Constancia» hubo de ser abandonada. Un fracaso, cuyo verdadero alcance no podría medirse hasta más tarde. De momento, en cambio, sólo manifestaciones de sorpresa y de elogio. Entre ellas, las de extranjeros tienen un valor especial. Así la predicción favorable tanto a la marcha de las fábricas de Heredia como a las de «El Pe-

47. *Ibid.*, p. 440.

48. *Ibid.*, p. 441.

49. V. Martínez y Montes, *Topografía médica de la ciudad de Málaga*, Málaga, 1852, cap. XI.

50. M. A. Heredia, *Reformas de las leyes de aduanas...*, p. 10. Se estimaba que el consumo de antracita no había de sobrepasar el 60 por ciento del volumen de la hulla necesaria para obtener la misma cantidad de coque artificial.

51. P. Temin, *Iron and Steel in Nineteenth-Century America. An economic Inquiry*, Cambridge, Mass., 1964, pp. 58 ss. También V. F. Ellasberg, «Some Aspects of Development in the Coal Mining Industry, 1839-1918», en *Output, Employment and Productivity in the United States after 1800. Studies in Income and Wealth. Volume Thirty by the Conference on Research in Income and Wealth*, Nueva York, 1966, pp. 405-435.

52. R. H. Mottram y C. Coote, *Trough Five Generations. The History of the Butterley Company*, Londres, 1950, p. 60.

droso» realizada, en fecha tan temprana como la de 1834, por Le Play;[53] las manifestaciones de J. A. Blanqui, enviado especial del gobierno francés, en su *Rapport sur la situation économique et morale de l'Espagne*[54] y, sobre todo, la preciosa *Notice sur les usines à fer de Málaga* (1845), obra del ingeniero Pernollet, director de las minas de plomo argentífero de Poullaouen, en el Finistère, en la que tras el estudio minucioso de los costes de producción de «El Ángel» («La Constancia» no servía, por hallarse en el período de pruebas mencionado), poco diferentes de los de las refinerías de Basse Indre, se concluye recomendando la implantación de una fábrica similar en la costa vecina, y de características bastante parecidas, de Argelia.[55] ¡El modelo siderúrgico malagueño podía ser un modelo a exportar!

La hegemonía siderúrgica andaluza se mantuvo por espacio de treinta años. El retraso impuesto a la modernización de las ferrerías del norte por la guerra civil rebasó los límites estrictos del conflicto. La fábrica «La Merced», en Guriezo (Santander), dispuesta a adoptar el sistema inglés en 1833, fue destruida por los carlistas, quedando fuera de combate hasta 1846 en que la firma vasca «Ibarra y Cía.», asociada con el catalán Vilallonga y el francés Dupont, consiguió reabrirla.[56] En Sabero (León), los altos hornos instalados por «Palentina-Leonesa» no fueron encendidos hasta 1847; en Mieres (Oviedo), en 1848; en Bolueta (Vizcaya) y probablemente en Vera (Navarra), y en San José (Toledo), en 1849... Las cifras de producción disponibles ratifican seis lustros de predominio meridional: en 1844, Río Verde-Málaga, con 7.829 t, y Pedroso, con 1368, aportaron el 85,5 por ciento de todo el hierro colado español; en 1856, 4.811 y 1.890 t sobre un total de 15.227; en 1861, 17.051 y 1.981 sobre 34.532.[57] Luego, las cifras malagueñas, determinantes hasta entonces, acusaron un descenso rapidísimo, hasta situarse por debajo de las 1.000 t en 1867. Por otra parte, el rendimiento de «El Pedroso», siempre de modesta entidad, ya se había reducido en 1865.

---

53. F. Le Play, «Itinéraire d'un voyage en Espagne, précédé d'un aperçu sur l'état actuel et sur l'avenir de l'industrie minérale dans ce pays (20 avril-15 juillet 1833)», p. 183.

54. J. A. Blanqui, *Rapport sur la situation économique et morale de l'Espagne en 1846, par M. Blanqui (extrait du tome VI des Mémoires de l'Académie des Sciences Morales et Politiques)*, París, 1850, p. 39.

55. M. Pernollet, «Notice sur les usines à fer de Málaga, suivie de considérations relatives au traitement des minerais de fer en Algerie», *Annales des Mines*, 4.ª serie, VIII, París, 1854, pp. 595-634.

56. Madoz, *Diccionario...*, IX, 1847, p. 146.

57. Datos de las dos primeras *Estadística(s) minera(s)*, correspondientes a 1856 y 1861.

De esta forma, la contribución de las dos provincias andaluzas al producto siderúrgico de base bajó, de 55,1 por ciento en 1861, a 17,6 por ciento en 1866 y a 4,7 por ciento en 1868.

A la hegemonía andaluza le sucedió la preponderancia asturiana. Por espacio de quince años, de 1864 a 1879, las cifras ovetenses de lingote de primera fusión fueron siempre superiores a las de las restantes provincias, mientras que las de forjado eran superadas, algunas veces, por las de Vizcaya. Prescindiendo de la fábrica de armamento de Trubia, sin interés económico directo,[58] los orígenes de la moderna industria del hierro remontan, en Oviedo, a 1840, fecha de la llegada de un núcleo de capitalistas ingleses, dirigido por John Manby, con el fin de estudiar los cotos hulleros de Tudela y de Mieres.[59] Explorado el terreno, el grupo extranjero acabó por constituir, en 1844, en Londres, la «Asturiana Mining Company» para la explotación carbonera y creación de altos hornos y forjas en la proximidad de Mieres del Camino. Sin embargo, los obstáculos resultaron superiores a la capacidad de superación de la empresa que, tras un fugaz encendido de su primer horno alto en 1848,[60] fue declarada disuelta y en liquidación por real decreto de 26 de junio de 1849.[61] De esta forma, la fábrica de Mieres hubo de quedar parada hasta 1852, en que la «Compagnie Minière et Métallurgique des Asturies», constituida en París por «Grimaldi et Cie.», con un capital de 4 millones de francos distribuidos en 16.000 acciones, consiguió reanudar los trabajos. La nueva sociedad duraría hasta 1865, en cuya fecha fue reemplazada por la también francesa «Houillère et Métallurgique des Asturies», más ambiciosa que las precedentes, pues contaba con un haber de 15 millones de francos, destinados a adquirir, además, la acerería de Lena (perteneciente a «Compañía Lenense Asturiana», fundada en 1846 por Jacquart y Artega, dirigida desde 1848 por el ingeniero Adrien Paillette), un paquete de acciones del ferrocarril minero de Langreo a Gijón y las minas de hulla de Sama, pertenecien-

58. Indirectamente, la fábrica de Trubia ha sido «la escuela de la población obrera» de Asturias, en la que las otras fábricas siderúrgicas han reclutado su personal (Luxán, «Viaje científico a Asturias...», p. 190).

59. Para la siderurgia asturiana el trabajo de base es la obra póstuma de Luis de Adaro y Magro (completada por Gumersindo Junquera), *Criaderos de Asturias*, Madrid, 1916, que forma el tomo II de la serie *Criaderos de hierro de España*, del Instituto Geológico y Minero.

60. F. Sánchez Ramos, *La economía siderúrgica española*, I (y único): *Estudio crítico de la historia industrial de España hasta 1900*, CSIC, Madrid, 1945, p. 141.

61. El real decreto aduce la falta de adecuación de la sociedad a la nueva ley de anónimas (de 28 de enero de 1848) y aporta numerosas precisiones acerca de su pasivo; cf. *CLE*, XLVII, 2.º cuatrimestre 1849, Madrid, 1850, pp. 283-286.

tes al duque de Riánsares. A pesar de ello, la vida de «Houillère», iniciada en plena crisis industrial y financiera, fue aún más corta que la de las dos primeras sociedades propietarias del establecimiento de Mieres. Inmediatamente desengañados, sus directores hablaban, ya en febrero de 1866, de «marcharse de España, gritando a todos los otros industriales que tendrían alguna propensión a traer aquí dinero y trabajo, que no se atrevan a seguir nuestro ejemplo», pues «dentro de cinco o seis años se habrá acabado con nosotros, si seguimos bajo la incertidumbre [se refiere a la política arancelaria], pues no hay peor mal para las industrias».[62] De hecho, el plazo fue aún más corto: la compañía liquidó efectivamente en 1868;[63] en la subasta parisina de 1870 el negocio fue adquirido por la «Sociedad Numa Guilhou».

De todos modos, con independencia de las azarosas vicisitudes que hubo de soportar, la fábrica de Mieres marca un hito en la historia de la siderurgia española. Sus hornos, segundos del país en quemar carbón de coque,[64] el combustible que confiere verdadera «modernidad» a la industria, parecían trazar la pauta más segura para la consolidación del sector: la localización de las ferrerías en el país de la hulla, «que es la principal materia para la elaboración del hierro, pues [...] se necesitan siete unidades de carbón para producir una de hierro laminado, mientras que para esto mismo sólo son necesarias tres unidades de mineral».[65] El recurso al carbón de piedra debía provocar un descenso de los costes y, en correspondencia, el aumento del consumo. La producción asturiana, insignificante hasta entonces, ya se hizo notar en la primera *Estadística Minera*, la de 1856. Pronto, el ejemplo de la «Compagnie Minière» suscitaría imitaciones. En 1857, cuatro socios colectivos —Pedro y Julián Duro, Vicente Bayo y Federico Victoria Lecea— más tres comanditarios muy relevantes —Alejandro Mon y los marqueses de Campo Sagrado y de Pidal—[66] reunieron, en efecto, seis millones de reales para crear la «Sociedad Metalúrgica Duro y Cía.». La nueva fábrica, levantada en La Felguera, a orillas del Nalón y del Candín, encendió su primer alto horno, también al coque, el 22 de noviembre de 1859.[67] Este mismo año, con la intervención

---

62. *Hierros*, p. 118.
63. Adaro, *Criaderos...*, p. 530.
64. Antes que los de Mieres, en 1847 o principios de 1848, fueron cebados con coque los hornos de Sabero (Quirós Linares, «La Sociedad Palentino-Leonesa de Minas...», pp. 657-658).
65. *Hierros*, p. 317.
66. Campo Sagrado y Pidal habrían tomado una participación del 9 por ciento cada uno; Mon, otra del 6 por ciento (David Ruiz, «La antigua nobleza y la industrialización: el fenómeno asturiano», *Hispania*, XXXI, 1971, pp. 385-393; cf. p. 391, n. 14).
67. Luxán, «Viaje científico a Asturias...», p. 134.

del famoso artillero Francisco Antonio de Elorza, el técnico de «La Constancia», de «El Pedroso» y de la segunda etapa de Trubia,[68] se constituyó la «Sociedad Gil y Compañía» que montó, basándose igualmente en el combustible fósil, la ferrería de la Vega, separada de la de Duro (quien la tomaría en arriendo en 1864) por el ferrocarril de Langreo.[69] La fábrica de la Vega quedó especializada en la obtención de fundición gris, enviada a Riotinto para la cementación del cobre.[70]

Los tres establecimientos reseñados dieron un impulso espectacular a la producción de Asturias. En seis años, de 1856 a 1862, ésta salió multiplicada por 6,2, pasando a ser la más alta de España. En adelante, salvado el bache de 1862 —quizá por el desaliento causado por la liberalización arancelaria del ministro Salaverría— la ventaja del principado sería incontestada. La principal razón de este éxito debe buscarse en los costes. En 1865, la casa Heredia debía gastar 481,7 reales de carbón de leña para obtener una tonelada de lingote, en tanto que a «Duro y Cía.» le bastaban 106,9 reales de coque y 20,4 reales de «carbones para las calderas y calentar el viento» para conseguir el mismo fin. Aunque la mano de obra y algunas otras partidas eran un poco más elevadas en La Felguera, la diferencia en el combustible pesaba decisivamente en la fijación del coste final: 632,9 reales la tonelada de colado en Málaga, frente a 348,73 en Oviedo. La sobrecarga que pesaba sobre el hierro meridional era de un 81,49 por ciento más.

Algo parecido sucedía con el afino. El carbón de piedra exigido, en todo caso, para la obtención de una tonelada de hierro pudelado costaba 170 reales en «La Constancia», contra 58 en la fábrica de «Duro y Cía.»;[71] en el laminaje, por último, los costes del combustible ascendían, también por tonelada, a 84,1 y 59,5 reales, respectivamente.[72] De modo que, acumulando las diferencias precedentes a las que ya arrastraba la materia prima —el lingote de primera fusión— los precios finales resultaban ser: hierro pudelado, 1.177 reales por tonelada en Málaga y 652 en Oviedo; hierro laminado, 1.588 y 973 reales en cada caso.[73]

68. Elorza, nombrado director de Trubia en agosto de 1844, consiguió encender el horno «Daoíz» en agosto de 1848 (*ibid.*, p. 151).
69. Adaro, *Criaderos...*, pp. 521 y 530.
70. Luxán, «Viaje científico a Asturias...», p. 130.
71. *Hierros*, pp. 26 y 58.
72. *Ibid.*
73. *Ibid.*

TABLA 3

Costes de una tonelada de hierro de primera fusión
(En reales)

En «La Concepción» (1865)		En La Felguera (1864)	
Carbón vegetal . . .	481,72	Minerales	140,64
Mineral magnético . . .	62,60	Coque	106,92
Mineral hidratado . . .	21,28	Carbones para las calderas y	
Caliza y pizarra . . .	2,16	calentar el viento . .	20,40
Mano de obra	26,72	Caliza	18,88
Gastos generales y diversos	38,44	Mano de obra	22,17
TOTAL	632,92	Machaqueo de minerales y	
		caliza y movimiento de	
		los mismos	7,16
		Reparación y conservación .	8,68
		Contribuciones, administra-	
		ción y gastos generales .	23,88
		TOTAL	348,73

FUENTE: *Hierros*, pp. 24 y 52.

En las condiciones expuestas, las fábricas del sur no pudieron sostener la competencia. En 1862, «El Ángel» de Giró cerró para siempre jamás.[74] En 1866, haciendo honor a su nombre, «La Constancia», «que tenía acumulados en sus almacenes hierros por valor de tres millones de ducados [¡treinta millones de reales!], capital improductivo», declaró mantenerse únicamente con la esperanza de disponer un día del carbón de Córdoba.[75] Pero al llegar, en 1873, la hulla de Belmez no resolvió nada. Después de tomar un poco de aliento durante la tercera guerra carlista (1872-1876), la antigua ferrería de Heredia volvió a agonizar hasta su cierre, en 1890-1891.[76] Tres años antes les había llegado el turno a los hornos de «El Pedroso»,[77] en franca regresión desde 1865. Entre 1860 y 1870, el cambio de tercio marca muy claramente el comienzo de la desindustrialización del mediodía.[78]

74. También cerró en dicha fecha la ferrería de «San Ramón», en la Garrucha, cuyo origen desconozco (*Hierros*, p. 28).

75. *Hierros*, p. 275.

76. Más adelante serían reencendidos, de fines de 1900 a 1906, por cuenta de una sociedad belga, y de 1916 a 1918, aprovechando la circunstancia de la guerra europea (datos de las *Estadística(s) minera(s)*).

77. Un nuevo y efímero reencendido tuvo lugar de 1918 a 1921.

78. He tratado ampliamente este tema en mi artículo «Industrialización y desindustrialización del Sureste español, 1817-1913».

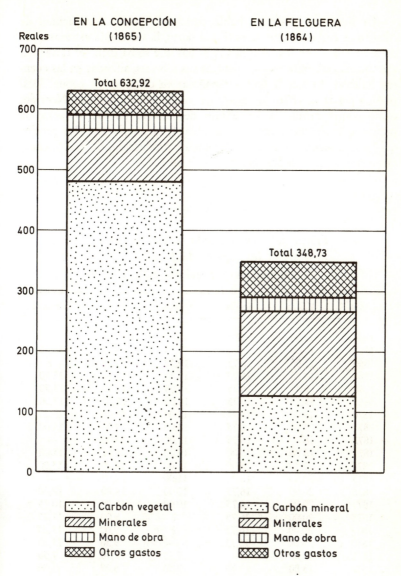

EN LA CONCEPCIÓN
(1865)

EN LA FELGUERA
(1864)

Reales

Total 632,92

Total 348,73

Carbón vegetal

Carbón mineral

Minerales

Minerales

Mano de obra

Mano de obra

Otros gastos

Otros gastos

Costes de producción del hierro colado

La siderurgia andaluza había periclitado por la incapacidad de surtirse de carbones minerales. En el norte, la siderurgia asturiana pudo sobresalir —en los términos relativos que se ha dicho al tratar del «problema carbonífero»—, mientras sus fábricas, situadas en las cuencas hulleras, fueron la únicas españolas en disponer de coque. Después, a partir de 1876, la llegada del coque galés a la ría de Nervión, como contrapartida de los envíos de mineral de hierro, abrió la puerta al esplendor vizcaíno. La tabla 4, que reproduce los precios del lingote según los diversos lugares de producción, da exacta cuenta de la reducción de los costes a partir de 1877.

TABLA 4

Precio del hierro colado, a pie de fábrica,
según los lugares de producción
(En pesetas por quintal métrico)

Años	Málaga	Sevilla	Oviedo	Vizcaya	Guipúzcoa
1864	15,00	?	?	?	?
1865	15,00	?	9,78	13,50	16,50
1866	15,00	16,75	10,12	13,50	?
1867	19,25	16,75	10,34	13,10	13,50
1868	19,25	16,75	14,00	13,10	13,50
1869	19,25	16,75	14,00	12,50	13,50
1870	19,00	16,75	12,00	13,00	13,50
1871	19,00	16,75	10,00	14,00	14,00
1872	18,00	16,75	12,00	14,00	—
1873	18,00	18,00	12,00	14,00	15,00
1874	25,50	18,00	11,00	14,00	15,00
1875	20,00	18,00	11,00	14,00	—
1876	20,00	16,75	10,00	14,00	12,50
1877	20,00	16,75	10,00	11,90	10,75
1878	20,00	16,75	?	9,00	11,25
1879	20,00	16,75	?	9,00	11,25
1880	20,00	16,75	—	9,50	11,25
1881	13,00	—	7,50	7,50	7,50
1882	13,00	13,50	7,50	6,25	7,50
1883	13,00	13,00	7,50	5,00	7,50
1884	13,50	14,00	5,00	6,00	12,00
1885	—	14,00	5,00	5,30	12,00

FUENTE: *Estadística(s) minera(s)* de los años respectivos.

Ptas. quintal métrico

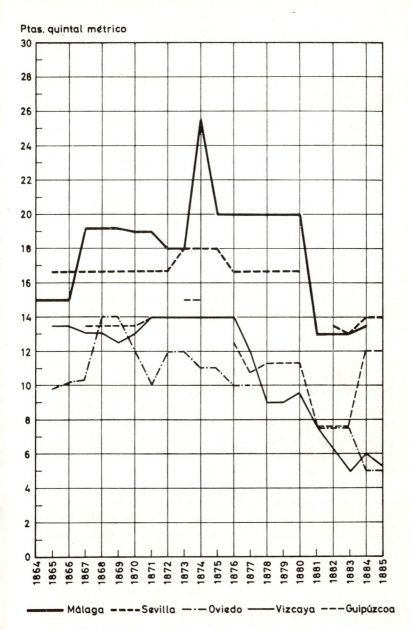

Precios del hierro colado, a pie de fábrica

Tradicionalmente, desde tiempos muy remotos, las ferrerías vascas habían sido las más activas de España. A fines del siglo XVIII su estado era muy floreciente,[79] hallándose especializadas en la producción de anclas y otros pertrechos navales, objeto de una intensa demanda por parte de Portugal, Francia e Inglaterra, amén de los arsenales españoles de La Carraca (Cádiz), Ferrol, Cartagena, Guarnizo y La Habana. Luego, la pérdida de los mercados coloniales, la decadencia de la marina de guerra tras el desastre de Trafalgar y la introducción en otros países de los procedimientos indirectos, al horno alto, sumieron a la industria férrica de Navarra, Guipúzcoa y Vizcaya en una profunda crisis, a la que contribuiría, por añadidura, la incidencia de la primera guerra carlista.[80] De modo que, según acabamos de ver, en 1840 la vascongada era una siderurgia atrasada, incluso en el plano nacional.

Este retraso no resultó fácil de colmar. En Vizcaya, la provincia más favorecida, el primer alto horno al carbón vegetal —el de «Santa Ana», en Bolueta— fue encendido en 1849, esto es, diecisiete años más tarde que en Málaga; en la misma Vizcaya, el primer alto horno al carbón de coque —uno de «El Carmen», de Baracaldo— fue encendido en 1865, es decir, diecisiete años más tarde que en Asturias. De 1861 a 1878, la producción vizcaína de hierro colado fluctuó siempre dentro de unos márgenes muy pequeños, desproporcionados no sólo en relación con sus posibilidades, sino también con sus tradiciones. El verdadero despegue no se produjo hasta 1879, fecha de la puesta en marcha de la fábrica «San Francisco», en el Desierto (Sestao), cuya instalación, en 1871, por obra de la sociedad inglesa «The Cantabria Iron Co. Ltd.» había quedado paralizada por el estallido de la guerra civil.[81] El nuevo establecimiento, dotado de cuatro hornos al coque, se convirtió inmediatamente en el más importante de España. En 1880, al año de funcionar, ya había proporcionado a Vizcaya, a costa de Asturias, el liderato en la producción de lingote. Cuatro años más tarde, en 1884, las 56.454 t de arrabio salidas de «San Francisco» sumaron el 45,4 por ciento de toda la producción nacional.

Por lo demás, la fábrica del Desierto fue sólo un primer paso. El

79. Cf. el libro de J. Almunia, *Contribución de la Real Sociedad Vascongada al progreso de la siderurgia española a fines del siglo XVIII*, Instituto del Hierro y del Acero, Madrid, 1951, que reproduce todo lo publicado sobre la metalurgia del hierro y sus aplicaciones en los 23 tomos (1771 a 1793) de los «Extractos» de las Juntas Generales de la Sociedad Vascongada.

80. Cf. la reseña histórica incluida en la *Estadística Minera de 1867*, pp. 146 ss.

81. Sánchez Ramos, *La economía siderúrgica española...*, p. 166.

éxito de su promotor —Francisco de las Rivas, primer marqués de Mudela, quien se había subrogado a la primitiva sociedad inglesa— sirvió de acicate a la creación de otras sociedades más importantes todavía. Así, en 1882, fueron escrituradas en Bilbao las compañías anónimas «La Vizcaya», el 22 de septiembre, y «Altos Hornos y Fábricas de Hierro y Acero», el 2 de septiembre, con sendos capitales de 12,5 millones de pesetas, amén de otros 12,5 en obligaciones en el caso de la segunda. Los fundadores de «La Vizcaya» fueron: José Antonio de Olano e Iriondo, Benigno de Salazar, Juan Durañona, Víctor y Benigno de Chávarri, Pedro de Gandarias, Federico de Echevarría, Emiliano de Olano y Loizaga, José M.ª de San Martín y Ramón de Larrinaga, de la casa «Olano, Larrinaga y Cía.» de Liverpool, casi todos «personas que deben su fortuna al comercio de minerales».[82] «Altos Hornos» se originó, en cambio, de la cesión del patrimonio de la antigua comanditaria «Ibarra y Cía.» (antes de 1860, «Ibarra, Mier y Cía.»), consistente en varias minas en Saltacaballo y, sobre todo, en las fábricas de «La Merced» y de «El Carmen». Verificada la adquisición de estos bienes, por 5,5 millones de pesetas, «Altos Hornos» empezó a funcionar, con efecto retroactivo de 1 de enero de 1882, a base de un consejo integrado por: José Vilallonga y Gipuló, Juan Barat y Priou, Jaime Girona y Agrafel, Joaquín Angoloti, Francisco Rodríguez de San Pedro, Juan Manuel Urquijo, Fernando Luis de Ibarra, Luis de Zubiría e Ibarra, Braulio Urigüen, Juan Gurtubay, Ramón Ibarra y Pedro Galíndez.[83]

Debe destacarse la poderosa participación catalana en la sociedad. Barat y Girona fueron los encargados de firmar la escritura de compraventa del patrimonio aportado por «Ibarra y Cía.». Vilallonga, por su parte, fue el verdadero motor de la empresa, cuya presidencia ostentó desde los comienzos hasta su muerte, acaecida en 1898. Esta participación refleja, al mismo tiempo, el fracaso de los catalanes por montar una siderurgia moderna en el principado y sus esfuerzos por encontrar una alternativa fuera de él. Girona era, además de administrador-fundador del Banco de Castilla,[84] el hermano pequeño de Manuel Girona, el financiero catalán más importante de su época, impulsor de múltiples empresas industriales, entre las que sobresalía la firma «Material para Ferrocarriles y Construcciones», continuadora

---

82. B. de Alzola, *Estudio relativo a los recursos de que la industria nacional dispone...*, p. 32.

83. *Altos Hornos de Vizcaya, 1902-1952*, p. 49.

84. F. Cabana, *Bancs i banquers a Catalunya. Capítols per a una història*, Edicions 62, Barcelona, 1972, p. 14.

de la vieja «Herrería del Remedio».[85] Mariano y José Vilallonga, de
Figueres, propietarios de una forja a la catalana en Darnius, en el
Pirineo, habían entrado en contacto con los Ibarra con motivo de
proveerse de mena de Triano, en Somorrostro. Las relaciones se
intensificaron hasta el punto que José, conocedor de las plantas de
Inglaterra, Bélgica y Francia, fue contratado para impulsar la reconstrucción y dirección de los altos hornos de Guriezo y, más tarde,
de Baracaldo. Luego, en 1860, mientras Mariano, sin olvidar la forja
familiar, ponía sus ilusiones en el proyecto de una gran ferrería «a la
inglesa», a establecer en Ripoll,[86] el hermano menor pasaba a formar
parte de la comandita «Ibarra y Cía.», para casarse el año siguiente
—1861— con Rafaela de Ibarra y Arámbarri, de la familia de sus
nuevos socios. Una vez integrado en el País Vasco, José Vilallonga no
paró hasta convencer a sus allegados, más ricos aún que antes desde
la fundación de la «Orconera», de que se transformasen en anónima
y estableciesen una fábrica siderúrgica nueva, sin precedentes en
España. Por méritos propios, no discutidos por nadie, el gerundense
fue nombrado primer presidente de «Altos Hornos, S.A.».[87] Consta,
por otra parte, que en 1894 Jaime Girona desempeñaba la primera
vicepresidencia de la entidad, y que Juan Barat, Manuel Girona y
Mariano Vilallonga ocupaban tres de los siete puestos restantes del
consejo de administración, que, de este modo, era en un 50 por ciento catalán.[88] El año siguiente los empresarios vascos confirieron a
José Vilallonga la presidencia de la recién creada Liga Vizcaína de
Productores, la poderosa patronal vascongada.[89] A mayor abundamiento, cuando en 1900 la antigua comanditaria «Pedro Duro y
Cía.», de tanta importancia en Asturias, se transformó en la anónima

85. El primer nombre de la sociedad fue el de «Herrería Barcelonesa», levantada
a fines de 1858 (*Revista Industrial*, n.º 154, Barcelona, 16 diciembre 1858, p. 298),
aunque sin funcionar hasta mediados de 1861 (*ibid.*, n.º 209, 10 julio 1861, p. 8).
En febrero de 1866 ya se denominaba «Herrería de Nuestra Señora del Remedio»
(*Hierros*, pp. 119-120). En diciembre de 1881 fue subrogada por la «Sociedad Material
para Ferrocarriles y Construcciones» (*Memoria presentada al jurado de la Exposición de
Minería de Madrid en 1883. Instalación núm. 204*, Madrid, 1883, p. 5).

86. *Hierros*, p. 13.

87. Las noticias sobre José Vilallonga proceden de la biografía de su esposa, escrita
por Amalia Chavarría y Arrondo, R.A.C., *Nació para ser madre. La vida y la obra
de Rafaela de Ybarra de Vilallonga, fundadora de la Congregación de los Santos Ángeles
Custodios*, Talleres gráficos Verdad, Buenos Aires, 1953, especialmente pp. 27 ss. Debo
la consulta de este libro, no venal, a la generosidad de mi colega Manuel González
Portilla, profesor de la Universidad de Bilbao.

88. *Anuario de las minas y fábricas metalúrgicas de España* dirigido por Román
Oriol, I, 1894, pp. 83-84.

89. Chavarría y Arrondo, *Nació para ser madre...*, p. 308.

«Sociedad Metalúrgica Duro-Felguera», Jaime Girona pasó a ocupar, por elección, la vicepresidencia del correspondiente consejo.[90]

«Altos Hornos» y «La Vizcaya», que en 1902 se fusionarían entre sí y con «La Iberia» (creada en 1888 para la obtención de hojalata) formando la «Sociedad Anónima Altos Hornos de Vizcaya», dieron un gran impulso a la producción. De 1861 a 1879 la provincia vasca había contribuido con el 22,77 por ciento a la producción española de lingote. De 1880 a 1913, su aporte ascendió al 65,74 por ciento del total. Después de la anticipación andaluza (1832-1863), tras la etapa de ligero predominio asturiano (1864-1879), Vizcaya se ha erigido en ciudadela inexpugnable de la siderurgia nacional. La venta de minerales al extranjero ha sido doblemente determinante, al proporcionar la base financiera imprescindible y el combustible necesario. Tras desembarcar la vena de hierro en Gran Bretaña, los barcos suplen la falta de retornos aceptando, a fletes muy bajos, la hulla y el coque que han de cebar los hornos establecidos a orillas del Nervión. De esta forma, en vez del eje Bilbao-Gijón,[91] se ha constituido el eje Bilbao-Cardiff. Contra todas las previsiones, la revolución industrial ha separado y no unido los destinos de Vasconia y de Asturias.

De acuerdo con la trayectoria que se había trazado, la sociedad «Altos Hornos» obtuvo el 8 de octubre de 1885 el primer lingote de acero Bessemer fabricado en la península.[92] Luego, durante el ejercicio 1888-1889, la misma empresa encendió el primer horno Martin-Siemens.[93] Al poco tiempo, desde la campaña 1892-1893, el acero había de imponerse definitivamente sobre el hierro dulce en España. La industria siderúrgica tomaba, al fin, nuevos rumbos. Con ella, también la industria complementaria de construcciones mecánicas. Gracias al acero, no más obstáculos por la carencia de lingote de moldeo, imprescindible hasta entonces para la fundición de piezas; y menor dependencia respecto de los materiales extranjeros. En el curso de las últimas décadas de la centuria, se multiplicaron en Vascongadas, Asturias y Cataluña los talleres metalúrgicos. En 1882 salió de las naves

90. Rafael Fuertes Arias. *Asturias industrial. Estudio descriptivo del estado actual de la industria asturiana en todas sus manifestaciones*, Gijón, 1902, páginas 272-273.
91. El descenso de los envíos de carbón de Asturias a Bilbao, desde 1882, puede verse en B. de Alzola, *Estudio relativo a los recursos de que la industria nacional dispone...*, p. 16.
92. *Monografía de la sociedad Altos Hornos de Vizcaya, de Bilbao. Año 1909*, Barcelona, s.a., p. 14.
93. Datos de la *Estadística minera de 1888-1889*. En cambio, Sánchez Ramos no sitúa hasta 1892 el comienzo del acero Martin-Siemens, y en la fábrica de «La Vizcaya» (*La economía siderúrgica...*, p. 230).

de «Material para Ferrocarriles y Construcciones» el primer vagón de
fabricación autóctona; en 1884, «La Maquinista Terrestre y Marítima», barcelonesa como la anterior, entregó la primera locomotora no
importada.[94] Como era lógico, el desarrollo más espectacular correspondió a Vizcaya que, en sólo veinte años, de 1877 a 1897, vio aumentar su población en un 47,76 por ciento. En un lapso de tiempo
poco diferente, de 1882 a 1908, el número de vapores de la matrícula
bilbaína ascendió de 74 al 180, y su desplazamiento de 65.775 a
339.021 t, lo que en términos relativos significó elevarse del 26,4 al
50,1 por ciento dentro del volumen global de la moderna flota mercante española. [95] Sólo en 1899 y 1900, coincidiendo con el ápice de
las salidas de mineral de hierro, se constituyeron en Bilbao catorce
compañías navieras, con unos capitales que sumaban 62 millones de
pesetas.[96] Se estima que, de 1896 a 1902, la compra de buques construidos en Inglaterra, por los armadores vizcaínos, importó 130 millones de pesetas.[97]

Sin embargo, el avance no se hizo sin dificultades. El retraso
en el establecimiento de los hornos Martin-Siemens comprometió las
disponibilidades de aceros baratos; los vicios del ordenamiento ferroviario mermaron las existencias de hierro viejo, imprescindible
para tales hornos; [98] la falta de tradición acumuló defectos y errores. Desde su arranque, la industria española de construcciones mecánicas necesitó de sacrificios y ayudas. La protección del Estado
hubo de manifestarse en una doble vertiente: trabas a la competencia exterior y estímulo a la producción autóctona, por medio de
leyes especiales. La concordancia de intereses con el sector agrario
impuso el arancel de 31 de diciembre de 1891, que liquidaba definitivamente la etapa de librecambio abierta en 1869; más tarde,
el arancel de 1906 no haría más que reforzar la tendencia fuertemente
proteccionista. Por otra parte, desde 1907, los gobernantes conser

94. Castillo, La Maquinista..., p. 220.
95. Un siglo de la vida del Banco de Bilbao. Primer Centenario (1857-1957), Bilbao,
1957, pp. 252 y 254.
96. G. Ibáñez García y V. de Vidauzárraga Acha, Orientaciones generales para el
desarrollo y prosperidad de la provincia de Vizcaya, Bilbao, 1933, p. 43.
97. Teófilo Guiard, La industria naval vizcaína. Anotaciones históricas y estadísticas desde sus orígenes hasta 1907, 2.ª ed. corregida y aumentada por Manuel Basas,
Biblioteca Vascongada Villar, Bilbao, 1968, p. 247.
98. Al parecer, las compañías de ferrocarriles venían obligadas a exportar los
carriles usados como material de desecho, «o a pagar un derecho de 25 ptas. la
tonelada, si se les daba aplicación en la Península; como el flete hasta los puertos
italianos no llegaba, ni con mucho, a dicha cantidad, las compañías salían favorecidas
exportándolo hacia aquel destino» (A. Barthe, «La industria metalúrgica española»,
Revista Nacional de Economía, IX, 1924, pp. 165-183).

vadores reiterarán las desgravaciones, los pedidos y las promesas
a las firmas industriales internas.[99]

Estas medidas, de carácter genérico, fueron completadas con otras
destinadas a proteger específicamente las dos principales ramas del
consumo siderúrgico. La ley de 24 de septiembre de 1896 remachó,
en efecto, las tarifas especiales de 1876-1877 para el adeudo de material ferroviario, estableciendo una mucho más elevada. Las barras-
carriles, las placas de unión, los muelles, las amarras, los topes, los
bastidores, las plataformas giratorias y otras piezas, así como los
coches y vagones, fueron gravados con unos tipos de dos a cuatro
veces superiores a los de antes; [100] las locomotoras, ausentes hasta
entonces del arancel, quedaron incorporadas a la nueva tarifa. Antes de consolidarse, el viraje ya dejó sentir sus efectos. Así, «Altos
Hornos», que había empezado a fabricarlos desde la instalación del
convertidor Bessemer, vendió en los cuatro años comprendidos entre
1886 y 1889 una suma de 50.406 t de carriles, cifra que, en peso,
representaba el 20,5 por ciento de las ventas totales de la sociedad
y el 59,33 por ciento de todas sus ventas de artículos de acero.[101]
Consta, por otra parte, que de 1904 a 1913 las fábricas de Vizcaya produjeron 602.218 t de carriles,[102] cantidad muy relevante si
se tiene en cuenta que la producción *española* de acero durante los
mismos años alcanzó, como máximo,[103] el peso de 2.881.820 t. La
demanda ferroviaria, menos intensa que en otras épocas, acunó, en
los últimos años del siglo XIX, el nacimiento del acero español. Esta
constatación refuerza, *a fortiori*, la tesis de la gran oportunidad perdida treinta años antes por la industria del hierro colado y del hierro
afinado, como consecuencia de la franquicia al material extranjero
acordada por la ley de junio de 1855.[104]

En cuanto a las industrias navieras, la protección del Estado adop-

99. Cf. J. Castel González Amezua, *Legislación protectora de la producción nacional*, Madrid, 1936.

100. Sánchez Ramos, *La economía siderúrgica española...*, pp. 344-349.

101. *La reforma arancelaria y los tratados de comercio*, I, 1890, p. 84.

102. Ibáñez García y Vidauzárraga Acha, *Orientaciones generales...*, p. 22.

103. Digo «como máximo», porque la cantidad de 2.881 millares de toneladas incluye, con los aceros, los hierros dulces, imposibles de desglosar (cf. las pp. 398 y 399
de mi contribución: «La economía española, 1829-1931», en *El Banco de España.
Una historia económica*, Madrid, 1970, pp. 317-417).

104. Excepcionalmente, como confirmación positiva de la idea que estoy de-
fendiendo, merece citarse la formación del importante centro metalúrgico de Valladolid a partir de los talleres de reparación montados por la «Compañía del Norte», en la
ciudad castellana, desde 1861 (cf. J. García Fernández, *Crecimiento y estructura urbana
de Valladolid*, Departamento de Geografía, Universidad de Valladolid, 1972).

tó caracteres originales. El 24 de junio de 1886, el Consejo de gobierno de la Armada decidió probar los aceros españoles en los astilleros de El Ferrol. Esta actitud fue completada, seis meses después, por la Ley de Construcción de la Escuadra, de 12 de enero de 1887, en cuyo preámbulo el ministro de Marina confesaba el deseo de fomentar la industria del país y robustecerla hasta que fuera capaz de satisfacer todas las necesidades del ramo de guerra. El Estado se mostraba dispuesto a sacrificar el Erario al desarrollo económico de la nación. No obstante haber suscitado enconadas polémicas,[105] esta política fue renovada en 1908 con la aprobación de un segundo programa naval y completada en 1909 mediante la Ley de Protección a las Industrias y Comunicaciones Marítimas que estableció, entre otras medidas, la de las primas a toda clase de embarcaciones, con tal que sobrepasaran las 10 t brutas de arqueo.[106] Debe reconocerse que, en las dos primeras ocasiones, las cantidades aportadas —190 y 200 millones de pesetas, respectivamente— significaron una ayuda sustanciosa a la incipiente industria de bienes de equipo. Así, «La Maquinista Terrestre y Marítima», que había llevado una vida lánguida desde su origen en 1855, entró en una fase de febril actividad entre 1887 y 1892, al verse adjudicar los motores de diez navíos de guerra, con una potencia de 51.650 caballos de vapor.[107] Así, «Astilleros del Nervión» y la «Sociedad Española de Construcción Naval» nacieron precisamente en 1888 y en 1909, al amparo de uno y otro programas.[108] Junto a estas firmas y dentro del mismo ramo, aunque con unos orígenes diferentes, hay que mencionar también la «Compañía Euskalduna de Construcción y Reparación de Buques», creada en 1900 como soporte de la «Naviera Sota y Aznar», especializada en el tráfico de Bilbao con Inglaterra. «Euskalduna» montó en seguida los astilleros más activos; de ellos salieron, entre 1902 y 1913, 27 unidades, con un desplazamiento de 67.928 t y un arqueo bruto

---

105. Fernández Almagro ha recordado, por ejemplo, la oposición iracunda de Joaquín Costa (*Política naval de la España Moderna y Contemporánea*, Madrid, 1946, p. 259).

106. J. L. García Delgado, «El proceso de acumulación de capital en el sector de la marina mercante española durante la I Guerra Mundial: principales rasgos y problemas», *Moneda y Crédito*, n.º 122, 1972, pp. 65-152; la referencia se localiza en las pp. 73-74.

107. Benito de Alzola, *Las primas a la construcción naval y a la navegación*, Bilbao, 1895, p. 189.

108. «Astilleros del Nervión» debutaron construyendo los cruceros *Infanta M.ª Teresa*, *Oquendo* y *Vizcaya*, de 7.000 t, que serían hundidos en aguas de Santiago de Cuba (Ibáñez García y Vidauzárraga Acha, *Orientaciones generales...*, página 20).

de 30.893.[109] Igual que la «Naval», «Euskalduna» aprovechó además sus instalaciones para construir máquinas de tracción, grúas
y material móvil para los caminos de hierro.[110]

Productora de buques metálicos y de toda clase de material fijo y
móvil para ferrocarriles, la España de principios del siglo XX podía sugerir la imagen de un país plenamente industrializado. Esa imagen
no corresponde a la realidad. El comercio exterior de la nación seguía
basándose, en 1913, en la venta de productos del suelo y del
subsuelo y en la compra de bienes manufacturados. La gama de artículos industriales ofrecida por las fábricas del país encubría una
debilidad congénita en la mayoría de ellas.

En el caso de la siderurgia, el problema principal era de costes,
que los productores achacaban sobre todo a la parvedad de la de-

TABLA 5

Costes de producción, en Vizcaya e Inglaterra,
de dos artículos siderúrgicos

(En pesetas por tonelada)

Lingote para acero (1886)			Chapa de acero Martin-Siemens de 1 mm de espesor (media de 1886-1889)		
Mineral de hierro	(1)	(2)	Llantón de acero	(1)	(2)
(1.980 kg) . .	16,33	31,18	(1.400 kg) . .	252,0	182,0
Coque (1.000 kg) .	26,00	13,50	Carbón mineral		
Castina (450 kg) . .	1,80	0,90	(1.750 kg) . .	35,0	14,0
Mano de obra . .	4,20	3,12	Efectos de almacén .	12,5	8,0
Material de reparacio-			Entretenimiento de		
nes	2,50	1,35	maquinaria . .	8,0	5,0
Gastos generales . .	2,10	1,05	Mano de obra . .	35,0	40,0
Amortización . .	1,65	1,31	Amortización . .	17,5	7,5
TOTAL . . .	54,58	52,41	TOTAL . . .	360,0	256,5
			A deducir: retal en		
			recortes (300 kg) .	— 25,5	— 21,0
			COSTE FINAL .	334,5	235,5

(1) Columnas correspondientes a Vizcaya.
(2) Columnas correspondientes a Inglaterra.

FUENTE: *La reforma arancelaria y los tratados de comercio*, II, 1890, pp. 400 y 404.

109. *Ibid.*, p. 28.
110. *Ibid.*, p. 27.

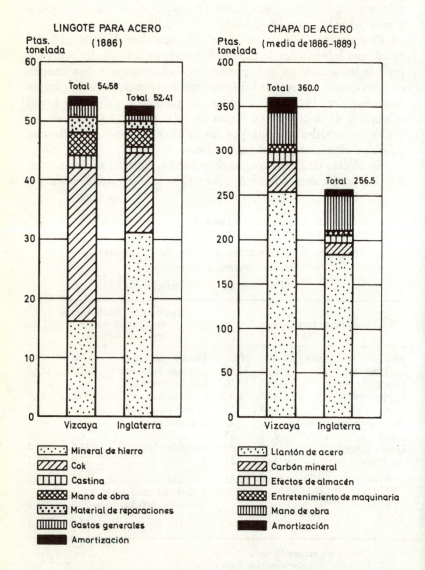

LINGOTE PARA ACERO (1886)

Ptas. tonelada

Total 54,58
Total 52,41

Mineral de hierro
Cok
Castina
Mano de obra
Material de reparaciones
Gastos generales
Amortización

Vizcaya   Inglaterra

CHAPA DE ACERO (media de 1886-1889)

Ptas. tonelada

Total 360,0
Total 256,5

Llantón de acero
Carbón mineral
Efectos de almacén
Entretenimiento de maquinaria
Mano de obra
Amortización

Vizcaya   Inglaterra

*Costes de producción de dos artículos siderúrgicos,
en Vizcaya e Inglaterra*

manda. Con todo, mirado con la perspectiva de hoy, parece igualmente justo acusar a una producción demasiado diversificada, que no supo limitarse a los bienes semielaborados. Los datos de la tabla 5, en que se comparan los costes de producción, en Vizcaya y en Inglaterra, de un hierro de primera fusión (el lingote para acero) y de otro fundido varias veces, pueden dar razón de mi aserto.

En 1886, el lingote vizcaíno para acero se obtenía al coste de 54,58 ptas. la tonelada, un precio que no desmerecía del coste del lingote inglés, pues sólo le superaba en un 4 por ciento. En 1886-1889, la chapa de acero Martin-Siemens de 1 mm de espesor resultaba al coste de 334,5 ptas. la tonelada en Vizcaya, y al coste de 235,5 en Inglaterra; en este caso, el sobreprecio español era del 42 por ciento. Como confirma la tabla, la ventaja vizcaína estaba del lado del mineral de hierro; su desventaja, del lado del combustible. En estas condiciones hubiera sido razonable limitarse a la primera fusión, es decir, al proceso que exige el mínimo consumo de energía, y dejar para otros países los procesos siderúrgicos ulteriores, en los que el coste adicional se identifica, en alto grado, con el de la hulla o del coque empleados. De haberse especializado en la producción de lingote, es posible —como sostiene Sánchez Ramos— [111] que Vizcaya hubiera alcanzado a exportarlo en grandes cantidades, sustituyendo, parcialmente al menos, el enorme flujo de mineral, mucho menos rediticio. Con esa especialización, y el consiguiente abandono de otras más difíciles para las que no se estaba dotado, se hubiera podido proceder a la liberalización de los materiales extranjeros en beneficio de los talleres nacionales.

111. *La economía siderúrgica española...*, pp. 154, 161 y 183.

Capítulo 7

LA INDUSTRIA ALGODONERA CATALANA

P. Vilar ha reconstituido los mecanismos del despegue catalán del siglo XVIII. Incremento demográfico y esplendor agrario durante la primera mitad de la centuria, forzando el inicio de los intercambios con el extranjero; crisis de este comercio y compensación en el ámbito del tráfico colonial americano; dificultades finiseculares y orientación de la burguesía mercantil hacia los negocios industriales. Apoyado en la baratura de los granos, el fuerte incremento de la población entre 1715 y 1735 se traduce en descenso del salario agrícola y aumento de la renta señorial, con mejora de la producción y de la productividad agrarias. El auge afecta sobre todo a la viticultura, favorecida por una fuerte demanda exterior. La participación de la burguesía barcelonesa en los arrendamientos de aquella renta permite canalizar una parte considerable de los capitales formados en el campo hacia las actividades mercantiles. La acumulación comercial viene a reforzar, de este modo, la primitiva acumulación agraria. Pero, a mediados de siglo, un nuevo desequilibrio entre hombres y recursos (por la reducción, en beneficio de la vid, del área destinada a los cereales) reintroduce la crisis demográfica. Unos veinte años más tarde, hacia 1770-1775, la oferta de mano de obra acusa el golpe. Al contrario de lo que sucediera en la primera mitad de siglo, los salarios aumentan, la renta decrece y los capitales deben orientarse hacia otra actividad: la fabricación de indianas. El beneficio industrial tiende así a relevar la renta señorial. La economía del país toma otros derroteros más modernos.[1]

1. P. Vilar, *La Catalogne dans l'Espagne moderne. Recherches sur les fondements économiques des structures nationales*, 3 vols., París, 1962 (existe una excelente versión catalana, en 4 vols., publicada por Edicions 62, Barcelona, 1964-1966).

Los primeros prados de indianas datan de 1736, 1737 y 1738,[2] el tisaje siguió casi inmediatamente,[3] los primeros intentos relevantes de enraizar la hilatura, por el torno tradicional,[4] se produjeron en 1765.[5] Pero ésas son precisiones eruditas, de escaso interés económico. Interesa mucho más saber que en 1768 ya existen veintidós fábricas en Barcelona, dos en Mataró y una en Manresa, el conjunto de las cuales consume unas 300 t de hilados, dispone de unos 1.100 telares y produce 78.000 piezas.[6] Se trata de un equipo modesto, aunque no despreciable, y sobre todo en rápido ascenso: de 1768 a 1784 la demanda de hilados se multiplica por tres; de 1784 a 1792 volverá a multiplicarse por más de dos.[7] Es de notar, por otra parte, que en la última fecha la mitad de dicha demanda ya habrá sido abastecida por la industria indígena. Este último progreso debe cargarse en la cuenta de la Real Compañía de Hilados de Algodón de América, creada en agosto de 1772 (después de obtenerse, en 1770, la reducción progresiva de la cuota de los hilados de Levante), por los mayores fabricantes barceloneses de indianas, con la finalidad de hilar colectivamente el algodón traído de(las posesiones del Nuevo Mundo.[8] Luego, el proceso de nacionalización de la hilatura se acelerará a partir de 1802, al disponerse con fecha 20 de septiembre la prohibición absoluta de los hilados extranjeros. Esta medida —junto

---

2. R. Grau y M. López, «Empresari i capitalista a la manufactura catalana del segle XVIII. Introducció a l'estudi de les fàbriques d'indianes», *Recerques*, n.° 4, 1974, pp. 19-57; la cita corresponde a la p. 23. Contribución esencial al estudio de la manufactura algodonera.

3. *Ibid.*, pp. 23-25, en contradicción con la idea tradicional de un retraso en el montaje de los telares, los autores señalan que, en 1750, las ocho fábricas de indianas establecidas en Barcelona ya sumaban más de 300 telares.

4. En 1967 fue preciso salir al paso de una desafortunada conmemoración del «Bicentenario de la industria española» que, tergiversando el sentido de unos textos, atribuía el invento de la máquina de hilar el algodón a Joan Canaleta, en 1765, esto es, ¡con anterioridad a las patentes inglesas! (Cf. mi denuncia de la falsificación en el semanario barcelonés *Destino*, 2.ª época, XXX, n.° 1.553, 13 mayo 1967, pp. 20-21.

5. Carrera Pujal, *Historia política y económica de Cataluña. Siglos XVI al XVIII*, IV, Barcelona, 1947, p. 146. Sin embargo, Grau y López putualizan que, por motivos coyunturales —el encarecimiento del algodón maltés— se había hilado algodón americano, en Mataró, antes de 1748.

6. P. Vilar, «La Catalogne industrielle. Réflexions sur un démarrage et sur un destin», dentro del vol. *L'industrialisation en Europe au XIXᵉ siècle. Cartographie et typologie*, Éditions du Centre National de la Recherche Scientifique, París, 1973, pp. 421-433; la referencia pertenece a las pp. 426-427.

7. *Ibid.*, p. 428.

8. Los aspectos institucionales del desarrollo algodonero en la segunda mitad del siglo XVIII se hallan bien sistematizados en el libro de M. Izard, *Industrialización y obrerismo. Las «Tres Clases de Vapor», 1869-1913*, Ariel, Barcelona, 1973, pp. 16-33.

con las dificultades del tráfico marítimo—,[9] fomenta la adopción de medios técnicos más modernos. Hasta entonces, la única máquina utilizada había sido la «bergadana», movida a mano, versión ampliada de la «jenny» inglesa. En 1803 se concede a los barceloneses Llorenç Clarós y Manuel Torner la primera licencia de uso de aguas —las de la Acequia Condal— para dar impulso a una «mule».[10] De 1804 a 1807 el número de concesiones hidráulicas otorgadas en Cataluña, con el mismo fin, habrá sido de trece más.[11]

El desarrollo inicial de la industria algodonera catalana —el que precede a la guerra de la Independencia— aparece íntimamente ligado al mercado americano. Fontana ha recordado que, en 1767, «dos años después de la primera medida autorizando el libre comercio, el gobierno aprueba las ordenanzas de las fábricas de tejidos de algodón redactadas por la Junta de Comercio de Barcelona, en las cuales se define qué hay que entender como "fábrica", para lo cual se señala un número *mínimo* de telares».[12] Vilar ha destacado como «hecho más relevante, la relación que se establece en 1772 [el año de la creación de la "Cía. de Hilados de Algodón de América"] entre el progreso de la hilatura y el hecho colonial», invocando como símbolo el dibujante de indianas barcelonés que tiene los ojos fijos en la moda limeña.[13] Las pocas cifras disponibles son claras en este sentido, pero también nos previenen contra el riesgo de subvalorar, por omisión, el peso, más decisivo todavía, del consumo metropolitano, regional o nacional. En 1793, año relativamente malo, los tejidos embarcados en Barcelona con destino a Ultramar sumaron 1.201 millares de metros, equivalentes al 14,1 por ciento de toda la producción.[14] En

---

9. En un informe redactado en 1833 para la Comisión de Fábricas, Eudald Jaumandreu había de recordar que la extensión de la hilatura salió favorecida, en los primerísimos años de la centuria, del control marítimo inglés, que impedía la llegada a Barcelona de los semimanufacturados de Levante (Izard, *Industrialización y obrerismo...*, p. 33).

10. Archivo de la Corona de Aragón, Real Patrimonio, *Llevador general de concesiones, 1769-1830,* fol. 296 v.º Ambos concesionarios figuran como comerciantes, pero Clarós era también propietario, desde 1790 por lo menos, de una conocida fábrica de «indianas» (se conservan algunos papeles de la misma en la razón social «Bertrand y Serra»).

11. 2 en 1804, 1 en 1805, 4 en 1806 y 6 en 1807.

12. J. Fontana, *Cambio económico y actitudes políticas...*, p. 39.

13. Vilar, «La Catalogne industrielle...», pp. 428-429.

14. Exportación de 747.759 varas de telas diversas, más 693.566 varas de «cotonías», que hay que referir a una producción total representada por la manufactura de 745.090 kg de fibra y 706.590 kg de hilados de importación (datos de Vilar, *La Catalogne dans l'Espagne moderne...,* III, pp. 117, 123 y 124). Mis cálculos se basan en las equivalencias siguientes: 1 kg de tejidos = 6,99 metros (cf. *Información sobre el derecho diferencial...,* IV: *Algodones,* p. 267); 1 kg de hilado = 0,83 kg de tejido,

1792, año récord esta vez, los tejidos enviados a las colonias habían sumado 2.467 millares de metros,[15] cantidad que, referida a la producción total,[16] supone el porcentaje 21,4. Estas proporciones bastan para explicar que las guerras de fines del XVIII y comienzos del XIX, con ruda incidencia sobre la navegación y el comercio exterior, fuesen causa de profundas crisis sufridas por las fábricas catalanas.[17] No autorizan, en cambio, a negligir la importancia, mucho mayor aún, del resto del producto textil, colocado en la península. Probablemente, como ha matizado Izard, el mismo auge de la exportación española a las Indias, gracias al comercio libre, generó la expansión económica de la periferia peninsular, con efectos sobre la demanda de tejidos catalanes.[18] En cualquier caso, de no ponderarse la existencia de un mercado interno, resultarían incomprensibles las cifras de importación de algodón en rama correspondientes a 1816-1820, cuando el tráfico colonial se hallaba efectivamente colapsado.[19] Baste decir que en 1819 y en 1820 ya se rebasó el nivel de producción de 1792.[20]

Afirmar la existencia de un consumo metropolitano no implica sostener la formación, *avant la lettre,* del mercado nacional. Creo que la aparente antinomia se aclara si se reflexiona sobre las dimensiones de la manufactura algodonera durante el siglo XVIII. La nueva

---

y 1 kg de algodón en rama = 0,90 kg de hilado. Por otra parte, mi cómputo de la producción excluye 1.387.793 varas de telas europeas, sobre todo de Silesia, destinadas «a ser teñidas en Cataluña y expedidas a las Indias en muy gran parte» (Vilar, *La Catalogne dans l'Espagne moderne...*, III, p. 118) que, de haber sido contadas, hubiesen rebajado en forma muy considerable el peso de las exportaciones.

15. Vilar, *La Catalogne dans l'Espagne moderne...*, III, pp. 517-518.

16. Obtenida de unas importaciones de 1.094.591 kg de algodón en rama y de 881.973 kg de hilado, con las reducciones que se han expuesto en la nota 14.

17. La última de estas crisis, iniciada en 1805, ha sido documentada con recurso a la masa de los jornales pagados por la fábrica de indianas de Juan Rull, por J. Fontana, *Cambio económico y actitudes políticas...*, p. 45, n. 72.

18. Izard, *Industrialización y obrerismo...*, p. 21.

19. Cf. los valores anuales de las exportaciones catalanas a América y al extranjero, en 1803-1807 y 1815-1819, publicados por Fontana, *Cambio económico y actitudes políticas...*, p. 47.

20. En 1819 se importaron 1.996 t de fibra, y 2.013 en 1820 (Nadal y Ribas, «Una empresa algodonera catalana. La fábrica "de la Rambla" de Vilanova, 1841-1861», *Annales Cisalpines d'Histoire Sociale*, n.º 1, Pavía, 1970, pp. 71-104; la referencia se halla en la p. 74, tabla 1. Ha salido una versión catalana del artículo en *Recerques. Història, economia, cultura*, n.º 3, 1974, pp. 47-80). Descontando la merma de 10 por ciento, la fibra entrada en 1820 habría dado 1.812 t de hilado, cantidad sensiblemente igual a la de 1792 (1.095 t de rama + 822 t de hilado = 1.867 t de hilado); hay que puntualizar, no obstante, que, al componerse íntegramente de materia bruta, sin ninguna manipulación, la partida de 1820 generó, una vez transformada en tejidos, un valor añadido muy superior al de la partida de 1792.

industria, que no conoce la energía del vapor y sólo tardíamente emplea la del agua, es una industria modesta, en parte doméstica, en parte fabril, en la que el establecimiento de Erasmo de Gónima, con sus 600 u 800 obreros, constituye la excepción que confirma la regla. Aunque están prohibidos desde 1767, la «Compañía de Hilados» no consigue casi nunca cerrar los talleres con menos de doce telares, que son mayoría. La inversión industrial suele producirse a un nivel muy modesto, incluso «liliputense». Cualquier obrero capaz de unos ahorros se cree destinado a comprar una «bergadana» o un telar manual, con los que constituir su propia empresa. Los fracasos son incontables. Pero el país bulle y se transforma. Con el algodón, detrás de los vinos, Cataluña se ha acostumbrado a producir «no para el consumo, sino para la venta», lo que supone un cambio «en el principio del modo de producción».[21] La innovación destaca por su valor cualitativo, antes que cuantitativo. Emerge un sistema de sociedad —incluso de mentalidad— diferente, cuya consistencia tendrá ocasión de ser probada en los años venideros.

Las crisis motivadas por las guerras contra Inglaterra llegaron a su cenit cuando la invasión del país por las tropas francesas. De 1808 a 1814, la guerra de la Independencia «cambió el hermoso semblante que presentaba Cataluña; dirigió [sic] las mejores y más fundadas esperanzas; paralizó el trabajo; detuvo sus progresos y la trajo muchos días de amargura y de dolor, arruinando las fortunas que se había consagrado al beneficio de la mina más rica que tienen los Estados, de aquella que nunca se apura y que continuamente se está reproduciendo. Aquellas ostentosas manufacturas que eran ya la envidia del extranjero, si no por lo que elaboraban por lo que podían elaborar, dirigidas por hombres activos y naturalmente industriosos, redujéronse a cenizas, y a montones de escombros las mayores fábricas [...]».[22] A mayor abundamiento, después de destruir las fábricas, la guerra franqueó la entrada a las manufacturas de fuera y precipitó el colapso definitivo del comercio colonial. De modo que, al producirse, en 1814, la retirada de los ejércitos napoleónicos, el principado había perdido una parte muy considerable de sus bienes de equipo y de sus mercados, siéndole imposible volver a la situación anterior a 1805. «Restablecido el gobierno legítimo, reapareció el movimiento industrial; pero era difícil reparar los males de seis años. Los capitales ha-

21. Vilar, «La Catalogne industrielle...», p. 430.
22. M. M.ª Gutiérrez, *Impugnación a las cinco proposiciones de Pebrer sobre los grandes males que causa la ley de aranceles a la nación en general, a la Cataluña en particular, y a las mismas fábricas catalanas*, Madrid, 1837, p. 145.

bían menguado horrorosamente y el país, que aun antes no se hallaba al nivel del estado de la fabricación, no fue partícipe de los progresos que había hecho entre tanto.»[23] Para colmo, la incapacidad del gobierno para reprimir el contrabando y su política de concesiones a sociedades privilegiadas no contribuirían, precisamente, a enderezar las cosas. Como diría Madoz, refiriéndose a 1814-1820, «si algún adelanto se hizo en aquella época para dar alguna animación a la desfallecida industria catalana, obra fue de los particulares, no resultando de la intervención del gobierno».[24]

La historia, tan poco conocida, de la «Compañía del Guadalquivir» ilustra ejemplarmente el último extremo. Atendiendo a una petición formulada el 7 de noviembre de 1814 por Alejandro Briarly y Gregorio González Azaola, la compañía fue otorgada por la real orden de 13 de agosto de 1815. El fondo social debía iniciarse con 10 millones de reales, ampliables hasta 20, y distribuidos en acciones de 2.500 reales cada una. El objeto de la sociedad, bastante confuso, apuntaba a facilitar la navegación por el Guadalquivir desde Córdoba, por lo menos, hasta el mar, a poblar las marismas, a desarrollar la economía de la región, a fomentar la marina mercante. A cambio, los privilegios concedidos eran: la facultad de poner en cultivo ciertos terrenos; la percepción de varias tasas sobre el tráfico, entre las cuales el 1/2 por ciento de los derechos cobrados por todos los Consulados de España; la propiedad de algunas islas pequeñas, siembras y plantaciones, así como la de las minas de carbón de piedra de Villanueva del Río; y, finalmente, la introducción por el río de 800 t de panas y acolchados en cada uno de los cuatro años por los cuales se concedía el privilegio, libres de derechos. Esta última gracia constituyó el cebo que atrajo a los capitalistas. La especulación con los algodones, prometedora de fabulosos rendimientos, y no el beneficio de la agricultura, «abrió los corazones y las arcas de varias personas opulentas de dentro y fuera del Reino», entre ellas las que formaban una firma inglesa que suscribió, por sí sola, 2.000 de las 8.015 acciones finalmente emitidas. Desde el principio, la «Compañía del Guadalquivir» fue objeto de vivísimas polémicas y contradicciones, especialmente por parte del ayuntamiento sevillano, empeñado en disputar la propiedad de las islas, y de los fabricantes textiles, que veían amenazada la reserva del mercado. Así, «en 1819, en los últimos tiempos del gobierno absoluto, cuando una expresión aven-

23. De un texto inédito de Aribau, citado por Fontana, *Cambio económico y actitudes políticas...*, p. 45.
24. Madoz, *Diccionario*, III, 1846, p. 457.

turada se consideraba un crimen de lesa majestad, no se tuvo inconveniente en decir al rey que, si no cesaban los intempestivos privilegios a la Compañía del Guadalquivir, este río, en vez de llevar agua, llevaría sangre y lágrimas de los desgraciados catalanes».[25] Después de un amplio debate en las Cortes, en el que Azaola, diputado por Burgos y por Sevilla, tomó personalmente la defensa de la entidad,[26] los privilegios de la compañía quedaron suprimidos, como anticonstitucionales, por una real orden de 14 de mayo de 1821. Debe señalarse, por lo demás, que, no obstante el artículo 54 del decreto de reforma de la Hacienda, de 30 de mayo de 1817, contrario a los privilegios comerciales, el sistema de concesiones para la importación de mercancías prohibidas, como trigo y harina, había sido corriente hasta 1820.[27] También que, una vez clausurado el Trienio, el sistema había de reaparecer con la segunda restauración de la monarquía absoluta. En el caso concreto de los algodones, antes de los famosos privilegios otorgados en 1829 al francés Dollfus,[28] pueden citarse, por lo menos, los concedidos a Félix Torres, por real orden de 11 de abril de 1825,[29] y a la casa madrileña de comercio titulada «Juan Manuel Gómez y Cía.», por real orden de 8 de agosto del mismo año.[30] En todas las ocasiones el motivo de la gracia fue la necesidad de allegar fondos para la Hacienda.[31]

A pesar de todo, la industria consiguió permanecer. Como ya había sucedido durante las crisis de fines del siglo XVIII y primeros años del XIX, las fábricas resisten mejor que el gran comercio, en un estado de colapso irreparable. Después de 1814, las cifras de producción recuperan en 1819-1820 los niveles de 1792, alcanzando una década más tarde, en 1831, fecha en que se importan 3.902 t

25. De un papel anónimo, del Trienio, entre los fondos de la Junta de Comercio de Barcelona, caja 102, n.º 492.

26. El debate, del que he tomado directamente la información, puede leerse en *Diario de Sesiones de Cortes. Legislatura de 1820*, III, Madrid, 1873, pp. 1839-1845, y *Diario de Sesiones de Cortes. Legislatura de 1821*, II, Madrid, 1871, pp. 1366-1370, 1375-1385 y 1394-1397.

27. Fontana, *La quiebra de la monarquía absoluta...*, pp. 320-323.

28. Cf. G. Graell, *Historia del Fomento del Trabajo Nacional*, Barcelona, s.a.

29. Archivo de la Junta de Comercio de Barcelona, caja 105, n.º 126.

30. *Ibid.*, n.º 134.

31. En el caso de Gómez y Cía., autorizada a importar, en el término de seis meses, 600 t de toda clase de géneros de algodón, la contrapartida fue la entrega de 500.000 reales de vellón por la exclusiva, y el anticipo de 4 millones por cuenta de los derechos a satisfacer a la entrada de los géneros (20 o 25 por ciento del valor de los géneros, según que llegaran en bandera nacional o extranjera). El motivo de la concesión era recaudar con qué atender a ciertas obras navales de urgencia, como la habilitación de buques, armamentos marítimos y gasto de arsenales.

de materia prima para elaborar,[32] una cota que no debía tener precedentes ni siquiera antes de 1808. En cambio, parece haber menguado, después de la guerra de la Independencia, el impulso mecanizador, estrenado con tanto ímpetu en 1803. Las seis concesiones de aguas para movimiento de hilanderas registradas en 1807 se han convertido en un límite imposible de volver a alcanzar. De 1815 a 1829 —fecha extrema de mi indagación— el máximo anual se sitúa en cuatro, obtenido en 1816, 1817 y 1825; de 1824 a 1829, la suma correspondiente a todo el sexenio no pasó de siete. En definitiva, la falta de capitales y la escasez de la demanda se han combinado para prolongar en Cataluña el reinado de la antigua «bergadana», típica del setecientos.

Su destronamiento sería obra de los años 1830, cuando algunos de los factores cambiaron de signo, pasando de negativos a positivos. El déficit de mano de obra —con probable alza de los salarios— al producirse la incorporación al trabajo de las generaciones *diezmadas,* nacidas en el período de calamidades comprendido entre 1800 y 1813,[33] y la repatriación de capitales de las antiguas colonias, ahora independientes, se conjugaron con otros elementos para dar el impulso decisivo a la mecanización de la manufactura. Accionadas por la energía hidráulica tradicional, o por la nueva del vapor, las «mule-jennies», pero también otras máquinas más modernas, como las «selfactinas» (desde 1844), arrinconaron definitivamente a las «bergadanas». Al mismo tiempo, aunque con ritmo no tan vivo, se produjo la sustitución del telar manual por el telar mecánico. La tabla 1 da fe de la intensidad del fenómeno.

El comentario de esta estadística ha de ser muy sencillo. La proporción de husos mecánicos, que era de 3,78 por ciento en 1835, había ascendido a 99,04 por ciento en 1861, lo que equivale a decir que la hilatura se mecanizó de punta a punta en el transcurso de sólo veintiséis años. El ritmo resulta impresionante. Debe advertirse, sin embargo, que la máquina que domina, por lo menor hasta 1850, es la «mule», de Crompton, avejentada y caduca para la época. De hecho, los grandes avances realizados a partir de 1830 no son, en buena parte, más que una recuperación del retraso acumulado durante el reinado de Fernando VII. En rigor, la industria catalana de

32. Archivo de la Junta de Comercio de Barcelona, libro 137, sin foliar (información de la Junta al Intendente de Cataluña, con fecha 18 agosto 1832).
33. Cf. J. Nadal, «Les grandes mortalités des années 1793-1812: effets à long terme sur la démographie catalane», en *Problèmes de mortalité. Méthodes, sources et bibliographie en demographie historique,* Lieja, 1965, pp. 409-421.

Tabla 1

Industria algodonera catalana: máquinas en activo

	1835	1841	1850	1861
Hilatura:				
Husos manuales (bergadanas o jennies)	691.949	315.162	183.778	7.366
Husos mecánicos				
Mule-jennies	27.220	323.937	475.490	?
Continuas	—	22.744	51.040	?
Selfactinas	—	—	96.328	?
Total	27.220	346.681	622.858	763.051
Husos Total	719.169	661.843	806.636	770.417
Tisaje:				
Telares manuales	?	24.880	24.008	12.026
Telares mecánicos	?	231	5.580	9.695
Telares Total	?	25.111	29.588	21.721

Fuentes: Para 1835 y 1841, L. Figuerola, _Estadística de Barcelona_, Madrid, 1849 (datos rectificados por nosotros en cuanto a telares); para 1850, censo realizado por la Junta de Fábricas (en el Archivo del Fomento del Trabajo Nacional), publicado, con algunos errores, por G. Graell, _Historia del Fomento del Trabajo Nacional_, Barcelona, s. a., pp. 442-463; para 1861, recopilación de los datos publicados por Giménez Guited, _Guia fabril e industrial de España, publicada con el apoyo y autorización del Gobierno de S. M._, Librería Española, Madrid, y Librería del Plus Ultra, Barcelona, 1862.

hilados de algodón no consiguió nunca ponerse al nivel de aquellas extranjeras, más modernas.[34] En 1846, por ejemplo, los fabricantes indígenas se lamentan de que «los ingleses usan únicamente de las máquinas continuas y _sel fac tynes_ [sic], que no necesitan de la mano del hombre sino para unir los hilos, haciéndolo todo lo demás la fuerza del vapor», con lo que «un hilador inglés puede dirigir 500 husos, mientras que un hilador español con el auxilio de la mull-genis, apenas puede dirigir de 240 a 300, y esto con la cooperación de un ayu-

34. L. Figuerola, en su _Estadística de Barcelona_, Madrid, 1849, p. 350, afirma: «No ha cambiado en verdad la situación de la industria nacional con respecto a la extranjera, por muy grandes que sean los esfuerzos hechos por los barceloneses. Somos importadores, imitadores cual en otros tiempos. Nos apoderamos tal vez con más prontitud que antes de las invenciones extrañas; no obstante, nuestros productos suponen la existencia de otros más perfectos, más cómodos o más baratos, en el país nativo o centro natural de su desarrollo».

yante, porque el hilador tiene que envolver el hilo en el huso y bajar el carro».[35] De ahí sus presiones en demanda de una política proteccionista.

Siguiendo una tendencia normal, la mecanización del tisaje aparece desfasada.[36] De 1841 a 1861, en un período apenas más corto que el considerado en la hilatura, el porcentaje de telares mecánicos pasó de 0,9 (231 sobre un total de 25.111) a 44,6 (9.695 de 21.721). Es decir, mecanización a medias, aunque no sin importancia.

El proceso que acabo de describir alteró profundamente la estructura del sector. Por una parte, el recurso a los agentes mecánicos afectó a la localización geográfica de la industria; por otra, el coste de las máquinas forzó un cierto grado de concentración de las empresas. Voy a analizar uno y otro hechos en la medida de lo posible. Esto es, refiriendo mi examen a la etapa 1850-1861, tan breve como dinámica, y excluyendo del mismo al tisaje, por la razón reconocida en la época de que por entonces «la industria de tejer en Cataluña no consiste en verdaderas fábricas o establecimientos propiamente tales, sino que son talleres diseminados; en una casa hay dos, en otra uno [...]».[37]

Empecemos por los cambios geográficos. Para liberarse de la servidumbre de la máquina primitiva —cabría llamarla «ingenio»— el industrial algodonero apeló a la fuerza de las caballerías, del agua o del vapor. Por razones obvias, la primera cedió pronto ante las dos restantes.[38] Pero las corrientes superficiales no se hallaban en cualquier parte, ni el carbón inglés, triunfante en el mercado, se introducía fácilmente tierra adentro. Hubo, por ello, el desplazamiento de las fábricas textiles hacia las riberas de determinados ríos y hacia cier-

---

35. *Exposición razonada que en forma de cartas dirige al Excmo. Sr. Ministro de Hacienda la Comisión de fábricas de hilados, tejidos y estampados de algodón de Cataluña sobre los dos sistemas de libertad, y de protección de la industria, y equivocada aplicación a varios artículos importantes del arancel de importaciones del extranjero,* Imp. y Librería Oriental, Barcelona, 1846, p. 53.

36. En el Reino Unido, mientras la hilatura ya se hallaba enteramente mecanizada, los telares manuales seguían predominando en 1834 (200.000 sobre un total de 300.000), se hallaban en franca minoría en 1850 (43.000 sobre 293.000) y a punto de desaparecer en 1861 (7.000 sobre 407.000). Cf. M. Blaug, «The Productivity of Capital in the Lancashire Cotton Industry during the Nineteenth Century», *The Economic History Review,* 2.ª serie, XIII, 1961, Apéndice C, p. 379.

37. *Información sobre el derecho diferencial de bandera y los de aduanas...,* IV: *Algodones,* p. 260.

38. Figuerola acertó a cifrar la progresión decreciente del consumo de paja y la progresión creciente de la erección de agentes mecánicos (*Estadística...,* pp. 200 y 330).

tas costas del litoral mediterráneo. La fábrica barcelonesa de «Bona-plata, Rull, Vilaregut y Cía.» (1832-1835), primera en instalar la máquina de Watt, fue considerada por los contemporáneos como un hito en la historia económica del país. En 1833, ya se le atribuyó la «completa revolución» de la hilatura; [39] en 1847, había de ser considerada como punto de partida de «una verdadera revolución industrial», [40] a secas.

Los cambios de localización operados entre 1850 y 1861 aparecen resumidos en la tabla 2, con el reparto de los husos por comarcas.

TABLA 2

Localización comarcal de la hilatura del algodón en 1850 y 1861

Comarcas	Husos manuales (%)		Husos mecánicos (%)		Husos total (%)	
	1850	1861	1850	1861	1850	1861
Alt Camp	—	1,24	1,71	2,87	1,32	2,86
Alt Penedès	28,12	—	0,85	0,83	7,14	0,83
Anoia	47,82	51,04	2,96	2,69	13,30	3,15
Bages	13,85	—	10,30	15,46	11,12	15,31
Baix Camp	—	—	1,29	4,57	0,99	4,53
Baix Llobregat . . .	0,13	—	5,76	6,26	4,46	6,21
Barcelonès	—	47,70	48,38	34,75	37,25	34,87
Berguedà	2,82	—	0,17	0,31	0,72	0,31
Cerdanya	—	—	0,62	—	0,48	—
Conca de Barberà . .	1,21	—	0,48	0,28	1,04	0,28
Garraf	—	—	3,64	7,58	2,81	7,51
Garrotxa	0,72	—	—	0,41	—	0,42
Gironès	—	—	2,81	2,28	2,17	2,27
Maresma	—	—	10,62	7,48	9,80	7,41
Osona	3,13	—	6,29	8,21	5,57	8,13
Pallars Jussà . . .	—	—	—	0,74	—	0,75
Ripollès	—	—	0,73	0,86	0,73	0,85
Vallès occidental . .	2,16	—	2,81	3,40	2,67	3,37
Vallès oriental . . .	—	—	—	0,04	—	0,04
Otras	—	—	—	0,86	—	0,86
CATALUÑA	100	100	100	100	100	100

FUENTES: Las de la tabla 1.

39. G. Graell, *Historia del Fomento del Trabajo Nacional*, p. 39.
40. Illas y Vidal, *Memoria sobre los perjuicios que ocasionaría en España...*, p. 50. La expresión, que no debe tener precedentes en España, merece una cita más completa: «en 1832 se verifica una verdadera *revolución industrial*: se levanta la fábrica de los

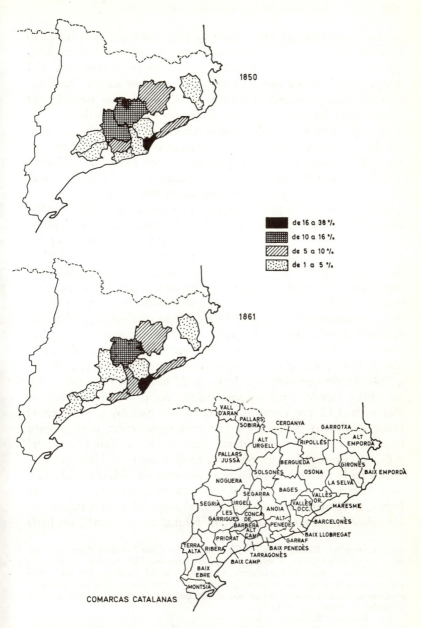

1850

de 16 a 38 %
de 10 a 16 %
de 5 a 10 %
de 1 a 5 %

1861

VALL
D'ARAN
PALLARS
SOBIRÀ
CERDANYA
GARROTXA
ALT
URGELL
RIPOLLÈS
ALT
EMPORDÀ
PALLARS
JUSSÀ
BERGUEDA
GIRONÈS
BAIX EMPORDÀ
SOLSONÈS
OSONA
NOGUERA
LA SELVA
BAGES
SEGARRA
VALLÈS
OR.
SEGRIÀ
URGELL
VALLÈS
OCC.
MARESME
CONCA
DE
BARBERÀ
ANOIA
LES
GARRIGUES
ALT
PENEDÈS
BARCELONÈS
ALT
CAMP
BAIX LLOBREGAT
PRIORAT
GARRAF
TERRA
ALTA
RIBERA
BAIX PENEDÈS
TARRAGONÈS
BAIX CAMP
BAIX
EBRE
MONTSIÀ
COMARCAS CATALANAS

*Localización comarcal de la hilatura de algodón
en 1850 y 1861*

Las enseñanzas de estos números son bastante claras. En 1850 como en 1861, existía un núcleo básico, la comarca de Barcelona, que con su prolongación, formada por el Maresme, concentraba el 47,05 y el 42,28 por ciento de todos los husos en activo. Era el núcleo con mejores accesos marítimos y, por tanto, más afectado por la revolución del vapor: en 1848, las fábricas algodoneras de la capital y sus alrededores —desde la desembocadura del Llobregat a la del Besòs— reunían 66 de las 89 máquinas de Watt (y 1.042 de los 1.868 caballos de fuerza) aplicadas a dicha industria.[41] En cambio, la distribución de los husos restantes, dispersos por un área mucho más extensa, presentaba unas alteraciones notorias, entre las que descuellan: 1) El gran descenso de las comarcas de Alt Penedès, Anoia y Conca de Barberà, formando un territorio compacto, lejos de los ríos caudalosos y sin salida al mar, que vieron disminuir, en conjunto, el número de sus husos de 170.258, cifra de 1850, a 32.886, cifra de 1861, o, lo que es lo mismo, del 21,48 al 4,26 por ciento del total, en el paso de los once años interpuestos; estas comarcas sumaban en 1850 el 77,15 por ciento de todos los husos de «bergadana» y fueron, al no haber podido resolver el problema de la fuerza motriz, las grandes víctimas de la mecanización.[42] 2) Los ascensos superlativos del Camp de Tarragona (Alt y Baix) y de la cornisa de Garraf que, gracias al vapor, aumentaron sus husos de 40.552 a 114.820, siempre mecánicos (excepto 92 manuales, en el Alt Camp, en 1861), viendo cómo su peso dentro de la hilatura catalana se alzaba de 5,12 por ciento en el punto de partida, a 14,90 en el punto de llegada. 3) La ganancia menos espectacular, pero también considerable, del Bages (Manresa), Baix Llobregat, Vallès occidental y Osona, situadas las tres primeras en la cuenca del Llobregat y la última en la del Ter, cuyos husos se elevaron de 188.824 a 254.525, y en porcentajes, con relación al conjunto, de 23,82 a 33,02. De esta forma, en el curso de un solo decenio el mapa fabril de Cataluña había salido hondamente alterado. El futuro, por lo demás, no haría

señores Bonaplata, Vilaregut, Rull y Cía. [...], se crea una industria algodonera base de todas las industrias en la actual organización europea». Más adelante, en la p. 67, se precisan las razones de esa primacía de la industria del algodón: «por ser la productora de objetos de más universal consumo, y la que más directamente promueve el aumento de marineros y buques con el transporte de la primera materia a través de anchos y ensoberbecidos mares».

41. Figuerola, *Estadística*..., p. 335.
42. El declive de la industria de Igualada, en el centro de la comarca del Anoia, ha sido estudiado por J. M.ª Torras Ribé, «Trayectoria de un proceso de industrialización frustrado: el caso de Igualada», comunicación presentada al Primer Coloquio de Historia Económica de España (Barcelona, mayo 1972).

sino reforzar esta tendencia sancionando especialmente la hegemonía de las comarcas fluviales.[43]

Pasemos ahora a la concentración de empresas. Creo que constituye una medida adecuada del fenómeno el hecho de que unas cantidades sensiblemente iguales de husos se repartieran entre 382 firmas en 1850 y entre 321 en 1861. Descenso muy apreciable que hubo de traducirse en un aumento del tamaño medio de las plantas y, en términos reales, en una creciente importancia de las grandes fábricas. En 1850 había sólo tres hilaturas de más de 10.000 husos cada una, las cuales sumaban un todo de 47.688,[44] equivalente al 6,01 por ciento del conjunto de los del país; once años más tarde, los establecimientos mayores de 10.000 husos ya eran seis, sumando 142.726 husos,[45] o sea, el 18,52 por ciento del total.

Este progreso implicó la movilización de capitales considerables. En algunos casos, los caudales invertidos fueron caudales repatriados de América.[46] En otros, quizá los más numerosos, hubo la formación de sociedades regulares colectivas, que muchas veces sacrificaron el objetivo de la rentabilidad financiera a corto plazo al objetivo de la continuidad del crecimiento de la empresa.[47] Por último, con la fundación de «La España Industrial, S. A.», apareció el recurso, más moderno, a la sociedad anónima.[48] En los ocho años siguientes, el número de éstas se elevó hasta 9, sumando 93 millones de reales.[49] Lue-

43. En 1931, las comarcas de Bages (24,1 por ciento), Berguedà (11,1 por ciento), Osona (11,1) y Ripollès (10,2), atravesadas por el Llobregat y el Ter, concentraban más de la mitad de los 1.954.791 husos de hilar. Cf. los datos locales en A. Manuz, *Contribución al estudio geográfico y estadístico de la industria textil española*, Barcelona, 1932, pp. 13 y 14.

44. «La España Industrial» y «Güell», ambas en Sants, con 20.596 y 16.568 husos respectivamente; «Güell, Ramis y Cía.», en Martorell, con 10.524 husos.

45. «La España Industrial», con 41.748; «La Industrial Algodonera», con 34.248; «La Fabril Algodonera», con 19.474; «Ferrer y Vidal», con 19.344; «Güell», con 16.512 y «La Manufactura Algodonera», con 11.400.

46. El caso más conocido es «Güell», de Sants.

47. Con E. Ribas, hemos estudiado la creación y la marcha de una de esas sociedades en nuestro artículo: «Una empresa algodonera catalana. La fábrica "de la Rambla" de Vilanova, 1841-1861», *Annales Cisalpines d'Histoire Sociale*, n.º 1, Pavía, 1970, páginas 71-104, reeditada en catalán, con algunas correcciones y algún aditamento en *Recerques*, n.º 3, 1974.

48. Cf. sobre esta empresa clave: *La España Industrial, S. A. fabril y mercantil... Libro del Centenario*, Barcelona, 1947. Debe señalarse que, de las 947 sociedades anónimas existentes en Gran Bretaña en septiembre de 1844, sólo una pertenecía al sector algodonero (A. D. Gayer, W. W. Rostow y A. J. Schwartz, *The Growth and Fluctuations of the British Economy, 1790-1850*, I, Oxford, 1953, pp. 415-416, y, en especial, S. Shapiro, *Capital and the Cotton Industry in the Industrial Revolution*, Ithaca, Nueva York, 1967, pp. 161 ss.).

49. Datos de la *Guía* de Giménez Guited, confirmados, en lo que se refiere a las

go, la promulgación de la ley general de ferrocarriles, en 1855, pareció ofrecer un terreno más atractivo para el inversionista, con el efecto de parar en seco, hasta después de 1868, la constitución de nuevas anónimas algodoneras. En 1862, se calculó que la Bolsa de Barcelona llevaba absorbidas 450.000 acciones de caminos de hierro; en 1866, al producirse el crack financiero, el cónsul inglés en la plaza estimó que «de 100 millones de dólares invertidos aquí en acciones y obligaciones, más de 50 lo son en obligaciones ferroviarias».[50] Sin duda, las dificultades de los fabricantes para abastecerse de materia prima, debidas a la guerra de Secesión americana, contribuyeron a reforzar la corriente. En cualquier caso, ni los más poderosos de ellos consiguieron resistir. Así, en 1878, Eusebio Güell, los hermanos Muntadas y Ferrer y Vidal —tres nombres primates dentro de la vieja guardia fabril— ingresaron al mismo tiempo en el consejo de administración de la «Compañía de los Ferrocarriles del Norte»,[51] coincidencia que permite suponer que todos procedían del consejo de administración de la «Compañía Barcelona-Zaragoza», acabada de absorber por la primera. En definitiva, la fiebre ferroviaria habría ejercido una honda influencia descapitalizadora sobre la industria catalana. Lo más extraordinario de la situación es que el año 1866, que consagró el hundimiento de los valores de ferrocarriles y la ruina de tantos especuladores, arrojó igualmente el dividendo más alto repartido nunca, antes y después, por «La España Industrial».[52]

Como sucediera cincuenta años en Inglaterra,[53] los costes de producción, y los precios de venta, de los tejidos acusaron en seguida el impacto de la revolución tecnológica. La producción de, textiles tradicionales, especialmente de lana, venía tropezando con una oferta poco elástica de materia prima —por la dificultad de aumentar los rebaños de ovinos— y con unos costes laborales difíciles de rebajar. La producción de manufacturas de algodón gozó, en cambio, de la doble ventaja que representaba la ausencia de estrangulamientos en las disponibilidades de fibra, por los rompimientos de tierras en los

---

sociedades de la provincia de Barcelona, por *Información sobre el derecho diferencial de bandera...*, IV: *Algodones*, p. 294.

50. Sánchez-Albornoz, *España hace un siglo...*, p. 50.

51. Izard, *Industrialización y obrerismo...*, p. 54, n. 84.

52. Tengo en preparación, con M. Izard, una monografía sobre «La España Industrial».

53. Cf. E. Baines, *History of the Cotton Manufacture in Great Britain*, Londres, 1835, reeditado, con una introducción bibliográfica de W. H. Chaloner, en 1966.

Estados meridionales de Norteamérica, y el alza del rendimiento de la mano de obra, por el auxilio de las máquinas de hilar y tejer.

En España, una y otra ventajas se dejaron sentir al mismo tiempo. La cuarta década del siglo XIX señaló, según hemos visto, el principio de la mecanización de la industria, pero también el límite de las posibilidades del algodón de Motril, sustituido con ventaja por el americano.[54] A partir de entonces, los progresos fueron rapidísimos. Descenso de los costes, baja de los precios y extensión del mercado. Generalización del sistema fabril (en la hilatura, sobre todo) y progresiva especialización de los obreros, que dejan de considerar su actividad como una fuente subsidiaria de ingresos. Igual que en el Reino

54. La trayectoria completa del algodón de Motril me es desconocida. Conozco sólo las cantidades del mismo entradas por la aduana de Barcelona en el curso de nueve años. En toneladas, son:

1824	1825	1826	1831	1834	1835	1836	1837	1838
310,3	392,0	301,2	272,5	431,0	542,4	454,5	406,5	534,8

Fuente: Los fondos de la Junta de Comercio que se citan en la tabla 4.

Es decir, una media de 334,5 t durante el trienio 1824-1826, equivalente al 15,7 por ciento de todo el algodón ingresado, y otra media de 435,8, equivalente al 12,1 por ciento de la importación total, durante el quinquenio 1834-1838. Una real orden de 6 agosto 1827 había gravado la fibra de cualquier otra procedencia, «atendiendo al fomento que necesita el cultivo de los algodones en la costa de Granada en su actual estado de decadencia» (un ejemplar en Archivo de la Junta de Comercio de Barcelona, caja 115, n.° 321). Otra real orden de 16 marzo 1830 prohibió el «jumel», «por lo mucho que perjudica al de Motril» (*ibid.*, caja 118, n.° 144). El 18 de agosto de 1832, en respuesta a un oficio del intendente de Cataluña sobre una representación del ayuntamiento motrileño al rey para que prohibiera el algodón de Nueva Orleans y recargara los derechos sobre el de Pernambuco, la Junta barcelonesa alegó en su contra que «el origen de la decadencia del algodón de Motril debe atribuirse a su mala recolección, que da lugar a su poca consistencia al hilado, lo que dimana de la premura en cogerlo sin estar en sazón y antes de que el sol enjugue el rocío de la noche, circunstancia que produce una fermentación perjudicial que, destruyendo su delicada fibra, hace que rompa a la menor impresión y que las ropas con él elaboradas queden deterioradas en el espacio de corto tiempo. Dicha circunstancia lo ha excluido de algunas fábricas españolas y tal vez de la concurrencia que había obtenido en los mercados franceses» (*ibid.*, libro 137, s.p.). En 1849, Figuerola advertirá que «el algodón de Motril ha ido menguando de un modo extraordinario, a pesar de la prohibición que impedía la concurrencia del de Egipto [el jumel], que es tenido por el de igual calidad al español» (*Estadística...*, p. 353). En 1857, la primera *Estadística general del comercio de cabotaje entre los puertos de la Península e islas Baleares* no traerá el menor rastro ni de embarques de algodón por los puertos granadinos de Motril-Calahonda, Albuñol y Almuñécar, ni de entradas de dicha procedencia por los puertos catalanes. Por otra parte, en lo que se refiere a «la concurrencia que había obtenido en los mercados franceses» —según el testimonio de la Junta de Comercio de Barcelona, en 1832— únicamente me cabe mencionar las tres autorizaciones para importar 400 balas (en 1808), 700 balas (en 1809) y 1.000 balas (en 1810) de algodón de Motril obtenidas por F.-B. Boyer-Fonfrède, propietario de una gran fábrica de hilatura en Toulouse (J.-J. Hemardinquer, «Crédit industriel et spéculation de 1799 à 1813: le cas Boyer-Fonfrède», *Annales du Midi*, LXXI, 1959, pp. 43-58).

Unido,[55] las indianas y similares, más baratos cada vez, desplazan del consumo a otros productos de mayor tradición.[56] Para satisfacer esa demanda, la producción algodonera se eleva a unas cotas insospechadas. El esplendor de finales del siglo XVIII ha quedado muy atrás. En 1860, en vísperas del conflicto civil norteamericano, que marca un corte en todas partes, las fábricas catalanas acaparan más de 8.000 de los 14.310 caballos de vapor instalados en toda España,[57] y absorben unas 20.000 t de fibra, esto es, diez veces más que en 1820, hallándose situadas en excelente posición dentro de Europa, por delante de las de Bélgica o de Italia, por ejemplo.[58] Por las mismas fechas, la entidad del algodón ha alcanzado la categoría de un lugar común, incluso en los manuales escolares.[59]

El primer extremo —la baratura creciente— aparece traducido en

55. A. P. Wadsworth y J. de Lacy Mann, *The Cotton Trade and Industrial Lancashire, 1600-1780*, Manchester, 1931, pp. 145-192, y Shapiro, *Capital and the Cotton...*, pp. 187-189.

56. Sirva de ejemplo concreto de ese desplazamiento el siguiente testimonio, espigado en el *Diccionario* de Madoz (XII, 1849, p. 60): en Navalmoral de Pusa (Toledo) la industria consiste en «fábricas de tejidos de lana y estameña morada y parda, las cuales van en decadencia por el uso del percal». En términos globales, la escalada del algodón dentro de la producción nacional de textiles puede apreciarse en la tablilla adjunta que, prescindiendo de los criterios impositivos (y, por consiguiente, de los valores absolutos) reproduce la parte que, en diversas fechas, ha correspondido a cada ramo específico en la recaudación conjunta por vía tributaria·

Años	Algodón	Lana y estambre	Lino y cáñamo	Seda	Otros (1)	Total textil
1856	48,0	15,3	11,4	4,1	21,1	100
1890-1891	57,7	17,9	3,4	3,1	17,8	100
1900	60,3	14,8	4,2	2,1	18,0	100
1910	63,0	12,1	3,6	2,4	18,8	100

(1) Esencialmente, tejidos de mezcla y establecimientos de blanqueo, teñido y estampado.

FUENTES: *Estadística(s) administrativa(s) de la contribución industrial y de comercio* de los años respectivos, sección 3.ª o 5.ª ("fabricación") según los casos.

57. Datos de la *Guía* de Giménez Guited.

58. Bélgica importó 15.378 t en 1860 (H. Galle, *La «famine du coton», 1861-1865. Effets de la guerre de Sécession sur l'industrie cotonnière gantoise*, Bruselas, 1967, p. 81). Italia, 12.400 t en 1861 (*Sommario di statistiche storiche italiane, 1861-1955*, Istituto Centrale di Statistica, Roma, 1958, p. 158).

59. Véanse, por ejemplo, las *Nociones de industria para las escuelas de instrucción primaria elemental, conforme a la Ley de Instrucción Pública* de F. Eyaralar, 3.ª ed., Madrid, 1860, en cuya lección primera se enseña: «A la industria se la califica de rural, pecuaria, minera, manufacturera, algodonera, etc., según tiene por objeto los vegetales, los ganados, las minas, las obras de manos, el especial del hilado y confección de tejidos de algodón, etc.» Luego, en la lección 29, se insiste: «La industria algodonera, aunque forma parte de la industria rural y de la manufacturera, es en el día de tal importancia que se hace de ella una mención especial», cosa que no ocurre, en contrapartida, con la siderurgia o con la metalurgia.

TABLA 3

Evolución de los precios de las indianas
y del algodón en rama

Quinquenios	Precio de las indianas (medias anuales)		Precio del algodón en rama (medias anuales)	
	Reales y cts. por cana	%	Pesetas por kg	%
1831-1835	10,52	100,0	2,90	100,0
1836-1840	8,74	83,0	2,79	96,2
1841-1845	7,41	70,4	1,88	64,8
1846-1850	5,46	51,9	1,77	61,0
1851-1855	4,91	46,6	1,63	56,1
1856-1860	4,38	41,6	1,78	61,3
1861-1865	5,27	50,0	4,79	165,1
1866-1870	4,01	38,1	4,09	141,0
1871-1875	3,32	31,5	2,25	77,5
1876-1880	3,10	29,4	1,72	59,3

FUENTES: El precio de las indianas, años 1831-1860, puede verse en J. O. Ronquillo, *Diccionario de materia mercantil, industrial y agrícola*, IV, Barcelona, 1857 (*sic*), p. 421, y en *Información sobre el derecho diferencial de bandera...*, IV: *Algodones*, p. 3; las cifras restantes, hasta 1880, las he obtenido directamente de los libros de facturas de la empresa «La España Industrial».

El precio del algodón en rama procede del artículo de L. Beltrán Flórez, «La evolución del precio del algodón en rama en España durante los siglos XIX y XX», *Anuario de la Industria Textil Española*, I, 1945, pp. 66-73.

la tabla 3, que reproduce las fluctuaciones del precio de la cana de indianas y el de la materia prima con que se elabora, desde 1831-1835 a 1876-1880.[60]

Las cifras de la columna segunda de la tabla indican que hubo un descenso superior al 70 por ciento en los precios de venta del producto algodonero, en el curso del medio siglo considerado. Por otra parte, las cifras de la columna cuarta permiten precisar que esta baja sólo en parte fue causada por la de la fibra. Durante los veinticinco primeros años, las dos series evolucionaron en forma bastante parecida: disminución paulatina y paralela, lo que permite deducir que la otra gran partida de los costes —la mano de obra— se redujo en grado similar. Durante los últimos, por el contrario, una serie —la del producto acabado— prolongó (salvo en 1861-1865) la tendencia anterior, mientras que la otra —la de la materia prima—

60. 1880 es el último año de fabricación de indianas en «La España Industrial».

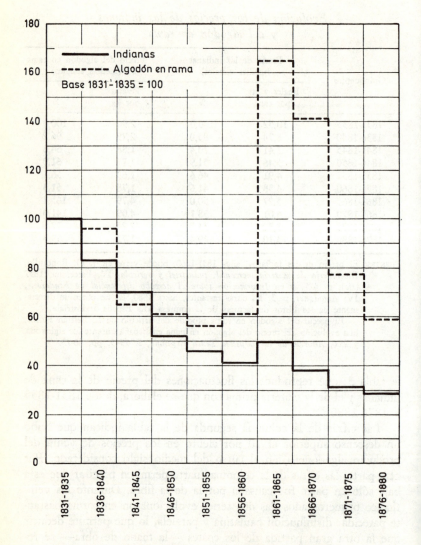

Evolución de los precios de las indianas
y del algodón en rama

no pudo sustraerse al influjo de las dramáticas vicisitudes (la guerra de Secesión americana) del país de origen. La diferencia entre ambas trayectorias constituye, sin duda, la mejor medida para considerar el impacto de la máquina.

El segundo extremo —el aumento de la producción— se desprende de la tabla 4 que agrupa, por períodos quinquenales, las cifras tocantes a la importación de materia prima [61] en Cataluña y en el Reino Unido, las tasas de crecimiento de cada lustro respecto del anterior y una relación de las fuerzas «algodoneras» entre los dos países:

TABLA 4

Consumo de algodón en rama por las industrias catalana y británica

(Medias anuales en toneladas) *

Quinquenios	Algodón consumido		Crecimiento quinquenal		
	Cataluña 1	Reino Unido 2	Cataluña 3	Reino Unido 4	1/2 × 100
1816-1820	1.424	48.535			2,93
1824-1827	2.291	76.999			2,98
1834-1838	3.906	158.850			2,46
			44	27	
1839-1843	5.636	202.487			2,78
			68	24	
1844-1848	9.517	252.474			3,76
			54	21	
1849-1853	14.663	306.452			4,78
			23	26	
1854-1858	18.114	384.471			4,71
			— 1	— 5	
1859-1863	17.861	365.420			4,88
			—10	2	
1864-1868	16.102	373.494			4,31
			48	37	
1869-1873	23.832	512.568			4,64
			34	9	
1874-1878	32.116	563.189			5,70
			26	11	
1879-1883	40.732	628.236			6,48
			4	4	

61. Una vez nacionalizada la hilatura, las entradas de algodón en rama constituyen «el barómetro que indica el progreso o la decadencia de la industria que la reproduce» (*Exposición razonada que en forma de cartas...*, p. 45).

Quinquenios	Algodón consumido		Crecimiento quinquenal		
	Cataluña 1	Reino Unido 2	Cataluña 3	Reino Unido 4	1/2 × 100
1884-1888	42.735	657.992			6,46
			27	8	
1889-1893	54.446	714.510			7,62
			18	5	
1894-1898	64.315	751.434			8,55
			17	0,4	
1899-1903	75.548	754.609			10,01
			7	8	
1904-1908	81.149	821.560			9,87
			— 1	6	
1909-1913	79.721	877.081			9,08

* Una tabla semejante, aunque por períodos trienales dentro de cada quinquenio, fue elaborada por P. Vilar en su trabajo «La Catalogne industrielle. Réflexions...» p. 422.

FUENTES: Las cifras catalanas proceden de la aduana de Barcelona, siendo inéditas las de 1816-1820 y 1824-1827 (legs. 55 y 85 de los fondos de la Junta de Comercio, en la Biblioteca de Cataluña), y publicadas las restantes por J. O. Ronquillo las de 1834-1855 (*Diccionario de materia mercantil, industrial y agrícola*, IV, Barcelona, 1857 p. 421), y por las *Estadística(s) del comercio exterior de España* las demás. Las cifras del Reino Unido proceden del *Abstract of British Historical Statistics* de B. R. Mitchell y Ph. Deane, p. 179.

Una primera ojeada a los datos de la tabla revela que el progreso de la fabricación catalana, a lo largo de casi un siglo, no se ha interrumpido nunca, salvo en 1858-1863 (por un factor completamente exógeno: el «hambre de algodón»), y en 1909-1913. En términos comparativos, este progreso le ha permitido ganar posiciones en relación con la industria británica, lo que no puede sorprender si se tiene en cuenta la mayor antigüedad y el enorme volumen de esta última.

Otro examen, no tan superficial, atento sobre todo a los guarismos de la columna tres, formada por los índices de crecimiento en cadena (o sea, porcentajes de aumento de cada quinquenio en relación con el inmediato anterior), descubre una marcha muy dinámica desde el término de la primera guerra carlista (1833-1839) y, en especial, de la regencia de Espartero.[62] Las dos tasas más elevadas cororespon-

62. Izard ha recordado la incidencia del levantamiento barcelonés contra Espartero, en 1842, «motivado en parte por el temor de un convenio con la Gran Bretaña, que ofrecía un apoyo financiero a la siempre tambaleante hacienda nacional, a cambio

den, en efecto, a la llamada Década Moderada (1844-1854), que asiste a la puesta en cultivo del primer gran lote de tierras desamortizadas. Por el contrario, el período siguiente muestra una clara desaceleración, producida por el cólera de 1854-1856 y la crisis de subsistencias de 1856-1857, que restringen el consumo textil, anulando una parte de los efectos positivos de la guerra de Crimea (exportación de excedentes granarios españoles, con aumento de la capacidad adquisitiva de las provincias productoras). Consta, por ejemplo, que en junio de 1857 «La España Industrial» salda el ejercicio del año económico con el peor balance desde su puesta en marcha, en 1849, y que otras fábricas, con menos recursos y capacidad de resistencia, lo hacen simplemente con déficit.[63] La crisis de la demanda tiene, para el observador, el interés de poner de relieve un rasgo menos coyuntural como es el progresivo endurecimiento del mercado, que somete a las empresas a una ruda competencia; para hacerle frente, los fabricantes deberán esforzarse por diversificar su producción y extender la gama de las telas más finas.[64] En 1861, salvado el problema de las subsistencias, el estallido de la guerra de Secesión americana señala el comienzo de un nuevo ciclo, de signo netamente regresivo. Contrariamente a lo sucedido en Inglaterra,[65] la falta de materia prima aprieta en Cataluña durante los últimos años del conflicto, empalmando en seguida con la nueva oleada de dificultades que plantean la crisis financiera de 1866 y la inestabilidad política de los dos años siguientes. Estos mismos hechos contribuyen a explicar, por compensación, las fuertes alzas industriales de 1869-1873 (quinquenio favorecido, también, por el enfrentamiento franco-prusiano) y de 1874-1878, en los que la industria algodonera parece retornar, en parte, a la línea de tendencia anterior a 1861. En conjunto, prescindiendo de los accidentes señalados, puede hablarse de una larga etapa de rápido crecimiento, de una duración de 40 o 50 años, desde la cuarta década de la centuria hasta 1880, que coincide muy exactamente con los de la extensión y expansión agrícolas. De 1834 —fecha en que principia la serie continua de cifras de entradas de algodón en

---

del fin de la prohibición de entrada de tejidos de algodón en España», así como de la «jamancia», movimiento de tipo popular, en 1843 (*Industrialización y obrerismo...*, p. 45).

63. Nadal y Ribas, «Una empresa algodonera...», pp. 99-100.

64. A esta exigencia obedece, por ejemplo, la fabricación de «chaconadas» desde 1861, en la fábrica «de la Rambla», de Vilanova (*ibid.*, p. 98).

65. Cf. W. O. Henderson, *The Lancashire Cotton Famine, 1861-1865*, Manchester, 1934, y J. H. Clapham, *An Economic History of Modern Britain*, II, 1938, pp. 80, 220, 225, 384 y 434.

rama— hasta 1880, la tasa acumulativa de crecimiento anual ha sido de 5,54 por ciento; de 1880 a 1913, la misma tasa descenderá a 2,28.[66]

Aquella coincidencia no es fortuita. La marcha de la industria algodonera, industria de consumo típica, pende muy directamente del rendimiento y de la comercialización de las cosechas. Por eso, desde 1820, fecha de la prohibición de los granos y legumbres extranjeros, los fabricantes barceloneses han sido los más solícitos defensores del cereal español. A cambio piden, naturalmente, que se mantenga la prohibición de los textiles de fuera, lo que se consigue con el arancel provisional de 1828, la ley represiva del contrabando, de 3 de mayo de 1830, y el real decreto de 30 de abril de 1832.[67] La independencia de la Tierra Firme americana obliga a plantear en términos nacionales el problema de la colocación, partida contra partida, de los excedentes de granos y tejidos. Como resumirá el análisis de un calificado observador extranjero, «aussi peut-on affirmer que la guerre [contra los franceses], en faisant perdre à l'Espagne ses colonies, lui a fait conquérir son territoire».[68] A partir de 1814, o de 1820, los destinos de la mayor parte del agro y de la provincia más industriosa se presentan como inseparables. Las palabras con que, muy pronto, lo proclaman los representantes de la última no pueden ser más expresivas: «Padres de la Patria: no es el espíritu de provincialismo el que dirige la pluma de esta Junta, es el interés general de la provincia el que reclama la observancia del sistema prohibitivo. La agricultura de las provincias interiores y la industria de las otras fundan su prosperidad en el cambio recíproco de sus productos, como lo tiene manifestado la Junta a las Cortes en 24 de junio de 1821, que con el estado demostrativo que acompañaba, evidenciaba el beneficio de más de 76 millones, valor que las provincias agricultoras habían recibido por el consumo que de sus productos había hecho la Cataluña, prescindiendo de precios y baratura y atendiendo sólo a que eran na-

66.   Operando con períodos de veinticinco años, Tortella ha calculado por su parte unos crecimientos medios anuales del 3,9 por ciento entre 1850 y 1875 y del 3,2 por ciento entre 1875 y 1900, que le llevan a concluir «que el algodón español nunca creció muy deprisa», que la ejecutoria reflejada por aquellas tasas «no es muy impresionante» (*Los orígenes del capitalismo...*, p. 204). Sin caer en el extremo opuesto, debo decir en su contra que, aparte ser convencional, la periodización por él adoptada podría extenderse a la etapa 1825-1850 en que el crecimiento medio acumulado de dicha industria ¡alcanzó la tasa de 7,73 por ciento y año!

67.   Izard, *Industrialización y obrerismo...*, p. 36-37.

68.   *Rapport sur la situation économique et morale de l'Espagne en 1846, par M. Blanqui (extrait du tome VI des Mémoires de l'Academie des Sciences Morales et Politiques)*, París, 1850, p. 35.

cionales [...]. La fraternidad que de todos los españoles debe hacer un solo corazón, sólo puede lograrse por medio de un comercio interior no interrumpido, y asegurado un comercio doméstico exclusivo».[69]

Creo que puede decirse que la reserva del mercado, sin más, constituye el meollo del pensamiento industrialista durante la primera mitad de la centuria. El régimen del comercio exterior es el único punto de la doctrina económica clásica que interesa verdaderamente en España, aunque sea para rechazarlo las más de las veces. Merece citarse, en este sentido, la trayectoria del malagueño Manuel M.ª Gutiérrez quien, habiéndose dado a conocer como traductor de Jean Baptiste Say, en 1816, abjura luego «de aquellos errores [librecambistas], que suelen producir las pasiones, la ignorancia, la imprevisión, o tal vez, el prurito de pensar con el siglo» [70] y acaba finalmente como servidor, no desinteresado,[71] de los algodoneros catalanes, para los que exige protección con el argumento de la inferioridad en que se encuentran respecto de la manufactura británica «que trabaja para un consumo universal, mientras que la de Cataluña sólo aspira a un consumo nacional».[72] La preocupación, no sólo por la reserva, sino además por la extensión del mercado interior vendrá más tarde, cuando los progresos de la producción fabril dejen al descubierto los retrasos de la evolución campesina. El nuevo planteamiento informará sin equívocos la declaración de los fabricantes de algodón guipuzcoanos —menos favorecidos que los catalanes— ante la Comisión encargada de preparar la reforma arancelaria, en 1866: «el porvenir de la industria algodonera no descansa solamente en las leyes que rigen esta industria de primer orden, sino que depende aún más de

69. *Representación que la Junta y Consulado nacional de comercio de Cataluña dirigen a las Cortes manifestando los funestos resultados que acarrearía a la España cualquier modificación en el sistema prohibitivo*, impreso, fechado en Barcelona el 14 de noviembre de 1822 (un ejemplar en el Archivo de la Junta de Comercio de Barcelona, caja 76, pliego n.° 9).

70. *Libertad de comercio. Traducción libre de dos cartas de la Cámara consultiva de Artes y Manufacturas de la ciudad de Elbeuf, en favor del sistema prohibitivo, al ministro de comercio y trabajos públicos; y de sus observaciones sobre un proyecto de reforma comercial. Con comentarios y aplicaciones, por don Manuel María Gutiérrez*, Imp. de I. Sancha, Madrid, 1835, p. 185. La referencia a la traducción de Say, que le fue recordada por el periódico librecambista *El Eco del Comercio*, se halla en la p. 183.

71. El 20 de enero de 1835 Gutiérrez escribió una carta a la Junta de Comercio, desde Madrid, pidiendo ayuda pues, habiendo caído en desgracia (?), se encontraba sin trabajo (Archivo de la Junta de Comercio de Barcelona, caja 112, n.° 34).

72. M. M.ª Gutiérrez, *Impugnación a las cinco proposiciones de Pebrer sobre los grandes males que causa la ley de aranceles a la nación en general, a la Cataluña en particular, y a las mismas fábricas catalanas*, Madrid, 1837, p. 174.

las leyes generales que sirven de regla al país, y de su mayor o menor riqueza. Esta riqueza estriba ella misma en la capacidad y aptitud al trabajo de los españoles, en su número, en su moralidad y, en general, en la producción nacional. Los medios que debe adoptar la Administración pública deben, pues, encaminarse a aumentar la producción nacional en general, teniendo presente que la prosperidad de uno de los ramos cualquiera de producción está íntimamente ligado a la prosperidad de todos los demás»; debe atenderse, sobre todo, a la situación agraria, «puesto que la prosperidad de la agricultura traerá necesariamente la de la industria».[73]

En cualquier caso, el campo siempre como telón de fondo de la industria textil. Pasando del terreno doctrinal al terreno factual, el estudio de la tercera balanza de cabotaje, correspondiente a 1859, fecha en que España contaba sólo con 1.148 km de vía férrea abiertos al público, permite conocer hasta qué punto había llegado a ser estrecho el vínculo que unía las ventas de tejidos de algodón y la comercialización de los cereales indígenas: computado en valor, el tráfico de dichos tejidos y de tales granos sumó, respectivamente, el 14,59 y el 13,09 por ciento del tráfico total; como enseña la tabla 5, ambas partidas ocupan, con mucha ventaja sobre las demás, los dos primeros puestos de la balanza.

El mismo argumento esgrimido para explicar la fase de expansión ha de valer para explicar la fase de depresión. A partir de los años 1880, el desarrollo fabril se desacelera, para acabar en retroceso durante el último quinquenio considerado, el de 1909 a 1913. Como siempre, los textiles deben acompasar su marcha a la del agro, que se presenta ahora bajo signo adverso. El alud de cereal ruso y americano caído sobre las costas españolas inmoviliza las cosechas de Castilla en los puntos de origen. La crisis agraria, de sobreproducción, o de falta de ventas, está a punto de desencadenar la crisis algodonera. En 1884-1888, las importaciones de fibra aumentan sólo en un 4 por ciento en relación con las del período precedente. En 1888, las dos fábricas quizá más representativas de Cataluña —la de Güell y «La España Industrial», ambas en Sants— se ven forzadas a una drástica reforma de su equipo y organización, con vistas a reducir los costes y sostener la competencia.[74] En 1890 se reconoce, de fuente

---

73. *Información sobre el derecho diferencial de bandera...*, IV: *Algodones*, pp. 99-100.

74. F. Alsina, *Fonaments de la reforma del trevall en la indústria cotonera catalana tal com s'és comensada en lo Vapor Vell de Sans*, Barcelona, 1889, p. 8, y *La España Industrial, S. A. ... Libro del Centenario*, pp. 63-64.

TABLA 5

Valores del comercio de cabotaje en 1859

Mercancías	Valores (reales de vellón)	%
Tejidos de algodón	455.827.035	14,59
Granos, harinas, legumbres y semillas .	409.011.387	13,09
Vino y aguardiente	252.554.002	8,08
Aceite	157.226.293	5,03
Tabaco	148.848.573	4,76
Hierro en barras y manufacturado . .	104.285.282	3,33
Tejidos de lana	101.315.523	3,24
Arroz	100.663.207	3,22
Pieles y curtidos	60.406.464	1,93
Total 9 artículos más importantes .	1.790.137.886	57,32
Total demás artículos	1.332.622.677	42,67
TOTAL GENERAL	3.122.760.563	100,00

FUENTE: B. C. Aribau, «Estadística general del comercio exterior y del de cabotaje en España, en el año de 1859», *La Verdad Económica. Revista Quincenal Científica, Industrial y Literaria*, I, n.º 5, 15 marzo 1861, p. 383.

oficial, que los capitales invertidos en la manufactura rinden unos intereses decrecientes.[75]

La situación es especialmente grave por coincidir con la intensificación de las entradas de tejidos extranjeros. Se trata de la contrapartida a pagar por la expansión internacional del vino español. En febrero de 1882, el tratado de comercio con la Francia filoxerada ha compensado las facilidades concedidas a los caldos ibéricos mediante una rebaja de los derechos a percibir sobre las manufacturas francesas. En agosto de 1886, el nuevo acuerdo comercial con la Gran Bretaña pone fin al litigio existente entre el vino meridional y los productos de la industria isleña. El contencioso arrancaba de veinte años antes, cuando el convenio mercantil entre Francia y el Reino Unido estipuló que cualquier vino introducido en el último país pagaría 1 o 2 shillings y 6 peniques por galón, según que su tenor alcohólico fuera inferior o superior a los 26° Sikes (11,09 °C). Notoriamente, la distinción se había hecho en perjuicio de los productores españoles, cuyos vinos son de mayor graduación que los franceses. En

75. *La reforma arancelaria y los tratados de comercio. Información escrita de la comisión creada por R. D. de 10-X-1889*, I, Madrid, 1890, p. 490.

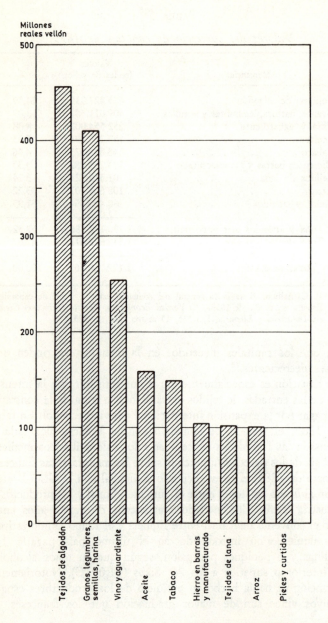

Millones
reales vellón

Valores del comercio de cabotaje en 1859

represalia, España excluyó a Gran Bretaña del trato de «nación más favorecida», aplicado a partir de 1877. De 1878 en adelante, la diferencia de derechos juega contra las exportaciones británicas y a favor de las exportaciones francesas y alemanas. En el caso concreto de los algodones, la Cámara de Comercio de Manchester señala que la desventaja inglesa en las aduanas españolas es de 33 por ciento para los hilados finos, de 45 por ciento para los tejidos, de 31 por ciento para los estampados y de 66 por ciento para colchas y cobertores. Como, por lo demás, la misma política se aplica a los restantes artículos industriales, la parte británica dentro de la importación española, que fuera de 31 por ciento en 1877, se halla reducida a 13 por ciento en 1886.[76] En esta fecha, la presión de los fabricantes ingleses obliga al Foreign Office a situar la divisoria entre vinos menos gravados y vinos más gravados, no en los 26 sino en los 30º Sikes (12,8º C).[77] El alza es suficiente para anular la discriminación de hecho que venían padeciendo los caldos españoles y poner fin al viejo pleito. Inmediatamente, los productos británicos recuperan posiciones en el mercado hispano.[78] De modo que, a fin de cuentas, la década de los años ochenta registra, en forma escalonada, el reforzamiento de los intercambios con Francia y la normalización de los intercambios con el Reino Unido. Ambos hechos confluyen en un aumento de la circulación de textiles extranjeros,[79] en el preciso momento en que el consumo, más afectado por la crisis cerealícola que por la expansión vinatera, tiende a restringirse.

Ante la inelasticidad de la demanda doméstica, agravada por el incremento de la competencia exterior, los fabricantes catalanes —como los harineros castellanos— ponen sus últimas esperanzas en los mercados de Cuba y Puerto Rico. Resultado de las presiones aunadas de unos y de otros son la Ley de Relaciones Comerciales con las An-

---

76. Saul, *Studies in British Overseas Trade*, pp. 137-138.
77. Gwinner, «La politica commerciale della Spagna negli ultimi decenni», p. 106 (cito, esta vez, por la edición italiana, porque en la p. 277 de la edición española se ha omitido, por inadvertencia, la frase correspondiente).
78. Cf. el gráfico, desgraciadamente sin la tabla numérica correspondiente, inserto en la p. 140 del libro citado de Saul.
79. La importación de tejidos de algodón, por quinquenios, evolucionó en la forma siguiente (en toneladas):

1872-1876	3.519	1887-1891	9.077
1877-1881	5.904	1892-1896	4.870
1882-1886	7.339	1897-1901	3.163

(datos de las *Estadística(s) del Comercio Exterior de España*, recopilados por L. Beltrán Flórez, *La industria algodonera española*, Barcelona, 1943, p. 136).

tillas, de 20 de julio de 1882, y el arancel cubano de 31 de diciembre de 1891, que constriñen a las últimas reliquias del imperio a consumir los excedentes de la metrópoli. La intención del legislador es, ni más ni menos, que extender el cabotaje a los territorios de Ultramar. Gracias a esas medidas, las exportaciones de tejidos de algodón, que habían sido de 458 t anuales en 1876-1880, saltan a 1.069 t en 1881-1885, a 3.315 en 1886-1890, a 7.859 en 1891-1895 y a 5.265 en 1896-1900.[80] Los envíos han culminado en 1893-1897 (9.101 t por año, esto es, el 17,2 por ciento de toda la producción española), cuando a las salidas normales se añadieron «las remesas considerables que se hacían para el vestuario de los batallones que sosteníamos en combatir la insurrección».[81] Al mismo tiempo, «el alza de los cambios, que vino a cohibir la importación»,[82] ayudaba a expugnar las últimas posiciones ocupadas por los productos extranjeros en el interior del país. En 1895 ya eran numerosos los establecimientos que habían introducido el doble turno, «trabajando de día y de noche, alumbradas las grandes salas de las fábricas con potentes focos eléctricos».[83]

El reforzamiento del pacto colonial,[84] dispuesto en 1882 y en plena vigencia a partir de 1886, ha sido un paliativo eficaz frente a las estrecheces del mercado interior. En fecha tan temprana como la de 1889, una Comisión de fabricantes no se recatará en confesarlo: «sin la ley de relaciones comerciales con las Antillas, que abrió una válvula de salida a nuestros productos, de seguro habría sufrido una catástrofe la industria algodonera española».[85] Hoy es fácil conjeturar que la contrapartida fue un nuevo y vigoroso impulso, posiblemente decisivo, al movimiento emancipador de las últimas colonias. A fines

80. *Ibid.*, p. 141.
81. P. de Alzola, *La política económica mundial y nuestra reforma arancelaria*, Bilbao, 1906, p. 239.
82. Diputación Provincial de Barcelona, *Exposición elevada al Excmo. Sr. Presidente del Consejo de Ministros al objeto de remediar la actual crisis industrial que se siente en Cataluña*, Barcelona, 1901, p. 6.
83. M. Escudé y Bartolí, *La producción española en el siglo XIX. Estadística razonada y comparada. Territorio. Población. Propiedad. Agricultura. Industria y Comercio*, Barcelona, 1895, p. 211.
84. El uso de esta expresión no obedece a una licencia mía, sino que responde a un empleo literal en los textos de la época, como lo prueba el que sigue, escrito por cuenta de los fabricantes catalanes: «Se ha dado a entender en todos los tonos por algunos cubanos que dicha ley [de Relaciones Antillanas] sanciona la explotación de la isla de Cuba por la península, o sea que representa otra etapa del *pacto colonial* [...]» (*La cuestión cubana. Contestación a las exposiciones que han elevado diversas corporaciones de la isla de Cuba al Excmo. Sr. Ministro de Ultramar, por la Comisión de propaganda del Fomento del Trabajo Nacional*, Barcelona, 1890, p. 49).
85. *La reforma arancelaria y los tratados de comercio*, I, p. 427.

de 1881, cuando aún regía el sistema aduanero antiguo, más llevadero para las criollos, José Martí, el héroe de la independencia cubana, ya había lanzado su anatema contra Santander, «que vive de las harinas que embarca a Cuba, forzada a recibirlas».[86] El 15 de julio de 1890, el gremio de importadores de tejidos de La Habana decidió «formar una Liga para oponerse a las altas tarifas exigidas a los artículos extranjeros».[87] La política metropolitana resultaba tanto más vejatoria cuanto que no iba acompañada de ningún trato de reciprocidad en el consumo de los productos coloniales. Muy al contrario, para favorecer la recuperación de su agricultura y estimular el cultivo peninsular de remolacha, España alteró sustancialmente los derechos percibidos a la entrada del azúcar antillano y filipino, elevándolos de 17,60 a 33,50 pesetas por cada 100 kg, a partir del 1 de julio de 1892.[88] De forma muy significativa, uno de los últimos intentos de la clase mercantil criolla consistió «en evitar por más tiempo que la ley de relaciones comerciales fuese la ley del embudo, ancha para España y estrecha para su país, manifestando —a través de una misión enviada a la metrópoli a principios de 1895— que si en la actual legislatura no se suprimía el impuesto que pagan los azúcares antillanos y no desaparecían las demás trabas que los productos de dicha procedencia sufren a su importación en la península, presentarían una proposición de ley recargando los productos peninsulares en Cuba con un impuesto transitorio equivalente al 90 por ciento de los derechos arancelarios que pagan en aquella isla los productos extranjeros».[89] El ingrediente económico fue un elemento decisivo en la emancipación cubana. En este sentido, resulta muy sugestiva la hipótesis de que, sin la crisis agraria —y algodonera— española de los años ochenta, el «desastre» de 1898 no hubiera llegado tan pronto.

Después del Tratado de París, «el exceso de la producción para el que no se encuentra destino»[90] sería la cantilena inacallable de

86. J. Martí, *Sobre España*, introducción, selección y notas de A. Sorel, Madrid, 1967, p. 132.

87. *La cuestión cubana. Contestación a las exposiciones...*, p. 7.

88. *Memoria sobre el estado de la renta de aduanas en 1897*, Madrid, 1898, p. 25. Los derechos mencionados eran derechos mínimos, como cobrados sobre el azúcar traído en barcos de pabellón español. Los azúcares nacionales estaban gravados con un derecho de consumos de 20 ptas./100 kg; en la práctica, este gravamen resultaba más reducido, puesto que se basaba en el cómputo —inferior a la realidad— de una producción de 5 por ciento de azúcar del peso de la caña y de la remolacha que las fábricas trabajaban (*ibid.*, p. 26).

89. F. Goitia, *Conferencias celebradas en marzo de 1895 entre la representación cubana y la de la Liga Nacional de Productores*, Imp. de la Vda. de Minuesa de los Ríos, Madrid, 1895, p. 23.

90. Diputación Provincial de Barcelona, *Exposición elevada...*, p. 10.

fabricantes y economistas. No obstante, la parte representada hasta entonces por la exportación no desapareció del todo. La vuelta de soldados e «indianos» significó la conservación, por traslado, de un cupo importante de los antiguos consumidores de Ultramar. El relevo en Cuba, Puerto Rico y Filipinas de los proveedores españoles por los norteamericanos exigió el transcurso de algún tiempo. La baja de la cotización internacional de la peseta, precipitada por los mismos acontecimientos de 1898, tuvo efectos compensadores, actuando como prima a las exportaciones. De esta forma, los envíos de tejidos de algodón durante el período postcolonial no bajaron nunca de 4.068 t —mínimo correspondiente a 1902—, cantidad equivalente al 39,5 por ciento de lo exportado en el año récord de 1897. Este hecho, junto a un débil renacer del campo español, explica el incremento relativamente elevado de las entradas de algodón en rama en 1899-1903, casi idéntico al de 1894-1898, incremento que sitúa a la industria catalana en su punto más alto en relación con la del Reino Unido (10,01 por ciento, una cota muy estimable). En cambio, desde 1904 la marcha comparada de las dos manufacturas cambia de signo: mientras la industria algodonera británica consigue remontar el vuelo, la de Cataluña se hunde en el marasmo y el estancamiento. De poco servirá para reanimarla la Mutua de Fabricantes de Tejidos, Reguladora del Mercado y Exportación, vigente de julio de 1907 a diciembre de 1908.[91] El problema del sector algodonero es de inelasticidad de la demanda interna, problema insoluble mientras permanezca el inmovilismo del agro nacional. En adelante, los períodos de expansión serán excepcionales, dependiendo de coyunturas extraordinarias. Por ejemplo, el conflicto de 1914 a 1918, que brindó la oportunidad de abastecer a los países beligerantes. Un fabricante barcelonés acertaría a definirla, años más tarde, en términos candorosos, perfectamente ilustrativos de la moral burguesa, o de la concepción deística hegeliana: «Al recrudecerse la crisis en proporciones verdaderamente alarmantes, surgió la *Providencia* en forma horrible de *guerra mundial*, y la industria consiguió ponerse de nuevo a flote».[92]

Fuera de Cataluña, la industria algodonera ha tenido muy poca entidad. De 1857 a 1913, las importaciones de materia prima por

91. La entidad y los objetivos de la Mutua pueden conocerse a través de la *Exposición que eleva el Directorio de esta entidad al Excmo. Sr. Presidente del Consejo de Ministros*, fechada en julio de 1908, e impresa el mismo año (sin pie de imprenta) en Barcelona.

92. E. Bertrand y Serra, «Un estudio sobre la industria textil algodonera», *Boletín del Comité Regulador de la Industria Algodonera*, IV, n.º 33, 1931, p. 85 (las palabras subrayadas lo están en el original).

los puertos del resto de España sumaron 192.467 t, esto es, el 7,46 por ciento de las entradas por el litoral catalán. De los 2.200.000 husos existentes en 1913,[93] más de 2 millones se hallan localizados en el principado. Contra las predicciones de algunos observadores,[94] las fábricas catalanas no han encontrado rival.

La constatación precedente no debe obstar para que se destaquen ciertas iniciativas. La prohibición absoluta de los tejidos extranjeros, mantenida después del arancel de 1841,[95] la libertad de exportación de la maquinaria inglesa, desde 1842, y la entrada en una fase de relativa estabilidad política, a partir de 1844, propiciaron la creación de varias fábricas en distintos puntos de la geografía peninsular. En Guipúzcoa fueron creados los establecimientos de Vergara (1846), Lasarte (1847) y Villabona (1859); el último se dedicaba sólo a estampar, en tanto que los dos primeros —obra de dos familias catalanas, los Brunet y los Blanc, enraizadas en el País Vasco— hilaban, con mule-jennies, y tejían con telares mecánicos.[96] En Santander, el comerciante Juan de Pedraja aprovechó las aguas del río Miera, a la altura de Riotuerto, cerca de donde habían existido las antiguas fundiciones reales de cañones de La Cavada, para montar, en 1848, una fábrica con 11.000 husos y 280 telares, todos mecánicos, que un incendio había de reducir a cenizas el año siguiente; [97] en adelante, la Montaña sería sólo pasillo de penetración del algodón en rama hacia Valladolid, en donde «Vidal, Semprún y Cía.» dieron origen al único núcleo algodonero castellano de alguna consistencia.[98] En Sevilla, la sociedad formada por Calzada, Munilla y De Storp tenía

93. Fédération Internationale des Associations Patronales de Filateurs et Manufacturiers de Coton, *Statistiques sur les stocks de coton existant en filatures au 1.ᵉʳ Mars 1913 avec bordereaux antérieurs pour faciliter les comparaisons*, Manchester, 1913, tabla de la p. 4 con las cifras, por países, de husos en activo.

94. En 1845, Ramón de la Sagra escribía a Blanqui: «Hállase aún [la industria algodonera] circunscrita al radio catalán; pero se le preparan rivales poderosos en Málaga, Cádiz, Sevilla, Irurzun, Pamplona, Avilés y otros puntos, donde a la filatura será asociado el tejido mecánico, ausiliado con las máquinas de vapor que miran con odio y resisten admitir los operarios barceloneses» (en G. Ferrer Valls, *Cartas históricas, filosóficas, estadísticas, agrícolas, industriales y mercantiles*, I, Imp. de José Torner, Barcelona, 1846, p. 264).

95. El nuevo arancel que, en sustitución del de 1826, empezó a regir el 1 de noviembre de 1841 mantuvo la prohibición de los trigos y de los algodones, previniendo, sin embargo, la inclusión de ambos a partir del año siguiente. De hecho, las dos partidas continuaron prohibidas hasta 1869, en que Figuerola hizo adoptar el primer arancel librecambista.

96. M. Ferrer Regales, *La industria de la España cantábrica*, Ediciones Moretón, Bilbao, 1968, pp. 35 y 40 (con algunos errores factuales) .

97. Madoz, *Diccionario*, XIII, 1849, pp. 497 y 768-769.

98. Giménez Guited, *Guía...*, p. 190.

instalada en 1849 una fábrica al vapor, con 3.720 husos de hilar y 2.648 de torcer, así como 17 telares mecánicos.[99] En Cádiz, provincia que había dado el único socio andaluz al grupo fundador del Instituto Industrial de España,[100] y en la que un tal Lucas Carceller ya había figurado, en 1842, como fabricante de tejidos en Algeciras,[101] se sabe de una importante «Fábrica Gaditana de Hilados y Tejidos de Algodón al Vapor» que, con un capital de 3 millones de reales y una plantilla de unos 250 obreros,[102] funcionó de 1847 a 1869.[103] En Málaga, Heredia y Larios unieron sus esfuerzos para crear, en 1846, la razón «Industria Malagueña, S.A.», que ha permanecido hasta los años 1960. En Alcoy (Alicante), sede de unas industrias lanera y papelera de mucha tradición,[104] el trabajo del algodón, reconocido desde 1849 por lo menos, marcó la pauta mecanizadora al introducirse, en 1853, el primer vapor en la fábrica de «Pérez Gavarró y Cía.»; en 1860, momento cumbre, el sector algodonero local se componía de 4.200 husos y 69 telares, mecánicos todos, distribuidos en dos plantas, una de las cuales llegaba a concentrar 106 obreros; [105] inmediatamente después, el «hambre de algodón» sería causa de dificultades insuperables; en 1899, sin rastro de hilatura, quedarán en activo 10 únicos telares, dedicados a la elaboración de cintas.[106] En Segorbe (Castellón) estuvo instalada, desde 1849 a 1861 por lo menos, una fábrica de hilados y tejidos al vapor, en un ex convento de capuchinos.[107] En las Baleares, por último, el ensayo más interesante corrió a cargo de dos navieros barceloneses —Tintoré y Plandolit— quienes, en unión con otros elementos de la localidad, fundaron en 1856 «Industria Mahonesa, S.A.», especulando con la especial baratura de los fletes en el puerto de Mahón, por la presencia del lazareto en el que venían obligados a purgar la cuarentena, del 15 de

99. Madoz, *Diccionario*, XIV, 1849, p. 406.

100. El senador José Primo de Rivera (*Revista Andaluza*, II, p. 344).

101. *Col. Leg. España. Parte segunda: desde 1 de enero hasta 25 de mayo de 1842*, Madrid, 1842, p. 201.

102. Rosetty, *Guía de Cádiz, San Fernando y su departamento para 1856*, Cádiz, 1855. Debo esta referencia a Jordi Maluquer de Motes.

103. N. Sánchez-Albornoz, «Cádiz, capital revolucionaria, en la encrucijada económica», dentro del volumen editado por C. E. Lida e I. M. Zavala, *La revolución de 1868. Historia, pensamiento, literatura*, Nueva York, 1970, pp. 80-108; la referencia corresponde a las pp. 99 y 100.

104. Cf. el trabajo de R. Aracil y M. García Bonafé, «Els inicis de la industrialització a Alcoi», *Recerques. Història, economia, cultura*, n.º 3, 1974, pp. 23-45.

105. Giménez Guited, *Guía...*, p. 14.

106. Datos de la tesis doctoral inédita, leída en la Universidad de Barcelona en 1973, de R. Aracil Martí, *Industria y sociedad en Alcoy: 1700-1900*.

107. Giménez Guited, *Guía...*, p. 75, y Madoz, *Diccionario*, XIV, 1849, p. 71.

abril al 15 de octubre de cada año, cuantos barcos procedían de América e iban destinados a cualquier puerto del Mediterráneo español.[108]

De estas tentativas, la más valiosa, en todos los sentidos, había de ser la encarnada por la fábrica de Málaga. La sociedad promotora, «Industria Malagueña, S.A.», escriturada el 23 de abril de 1847, vino a ser jurídicamente la segunda anónima algodonera española, a muy poca distancia de «La España Industrial», de Sants (Barcelona), constituida el mes de enero precedente. De hecho, sin embargo, el orden debe invertirse, por cuanto la fábrica malacitana ya se hallaba en servicio desde septiembre de 1846,[109] mientras que la de Sants no empezaría a producir hasta 1849. Una y otra rivalizaron durante bastante tiempo en cabeza de la producción española. La empresa meridional, que había empezado con un capital de 4,8 millones de reales, montó en terrenos contiguos a la ferrería «La Constancia» un establecimiento modernísimo, «a la inglesa», con husos de selfactina, telares mecánicos, máquinas de vapor y alumbrado por gas. En 1850 ya consumió 690 t de fibra, más que ninguna otra fábrica española;[110] en 1861 su potencial montaba a 39.400 husos, 774 telares,[111] un equipo muy próximo al de «La España» (41.748 husos y un millar de telares) y bastante superior al de la tercera planta española, perteneciente a la también barcelonesa «Industrial Algodonera, S.A.» (34.248 husos). Por otra parte, el éxito de «Industria Malagueña» había incitado a la creación de una segunda empresa, denominada «La Aurora», obra de Carlos Larios, sobrino del director de la primera, cuya fábrica, dotada de unos 7.000 husos y 350 telares, todos al vapor, se puso en marcha en 1858.[112] Como ya insinuaron algunos contemporáneos, el desarrollo de «Industria Malagueña» y de «La Aurora» habría tenido la virtud de contener, dentro de ciertos cauces, el enorme contrabando de textiles en el sur de la península. En todo caso, las exportaciones inglesas de géneros de algodón a Gibraltar se contraen en forma significativa a partir de 1847.[113]

108. M.ª L. Serra Belabre, «Repercusión de la guerra de Secesión en la economía menorquina», en *Homenaje a Jaime Vicens Vives*, II, Barcelona, 1968, pp. 653-666.
109. [J. Caveda], *Memoria presentada al Excmo. Sr. Ministro de Comercio, Instrucción y Obras Públicas por la Junta calificadora de los productos de la industria española, reunidos en la Exposición pública de 1850*, Madrid, 1851, p. 526.
110. *Ibid.*, p. 528.
111. *Sociedad Económica de Amigos del País, de Málaga. Acta de la sesión pública de adjudicación de premios celebrada el 19 de julio de 1863*, Málaga, 1863, p. 19. Los premios adjudicados son los correspondientes a la Exposición provincial celebrada en abril y octubre de 1862, en que fue visitada por Isabel II.
112. *Ibid.*, y Giménez Guited, *Guía...*, p. 124.
113. He reproducido las cifras tocantes a manufacturas de algodón inglesas desem-

TABLA 6

España: puertos de entrada del algodón en rama
(Medias anuales en toneladas)

| | I Cifras absolutas | | | | II Cifras porcentuales | | | |
Periodos	1 España	2 Barcelona	3 Málaga	4 Otros puertos	1' España	2' Barcelona	3' Málaga	4' Otros puertos
1857-1858 (1)	19.349	17.258	731	1.360	100	89,19	3,77	7,03
1861-1865	16.845	14.322	1.085	1.437	100	85,26	6,44	8,29
1866-1870	21.675	18.918	1.343	1.414	100	87,28	6,19	6,52
1871-1875	32.397	28.735	1.877	1.785	100	88,69	5,79	5,51
1876-1880	38.124	33.721	2.158	2.244	100	88,45	5,66	5,88
1881-1885	49.438	44.560	2.653	2.225	100	90,13	5,36	4,50
1886-1890	49.604	45.294	2.386	1.924	100	91,31	4,80	3,88
1891-1895	64.064	60.054	2.091	1.919	100	93,74	3,26	3,00
1896-1900	70.662	67.117	1.487	2.058	100	94,98	2,10	2,91
1901-1905	78.055	74.589	1.422	2.043	100	95,56	1,82	2,61
1906-1910	83.339	80.251	942	2.146	100	96,29	1,13	2,57
1911-1913	90.507	87.321	688	2.508	100	96,46	0,76	2,77

(1) Antes de 1857, y en 1859-1860, la información aduanera proporciona sólo los valores globales de las mercancías entradas o salidas, sin precisar ni clases, ni cantidades.

FUENTE: La serie anual formada por las *Estadística(s) del comercio exterior de España*, publicadas por la Dirección General de Aduanas.

La tabla 6 permite calibrar el peso exacto y la evolución hasta 1913 del núcleo algodonero malagueño.

Los primeros datos, de 1857-1858, años de crisis pero en los que la segunda fábrica entra en funcionamiento, revelan un consumo de 612 y 850 t de fibra, cifras que en promedio representan el 3,77 por ciento de toda la importación española. Luego, durante el quinquenio 1861-1865, a pesar del «hambre de algodón», ya se rebasan las 1.000 t por año, alcanzándose el porcentaje 6,44, el más alto de toda la serie. Después, los arribos seguirán en rápido aumento hasta 1881-1885, aunque no tanto como para sostener el fuerte ritmo barcelonés; en consecuencia, ascenso de las cifras absolutas, pero descenso de las cifras relativas. De 1886 en adelante, unas y otras ofrecen el mismo signo regresivo, imposible de cambiar. Las dificultades de los años ochenta, que en Cataluña traen la desaceleración industrial, originan en Málaga la decadencia pura y simple. De manera que, en 1913, el algodón desembarcado con destino a «Industria Malagueña» (667 t), única empresa superviviente, suma la quinta parte de las entradas portuarias en el año récord de 1884 (3.244 t). Para resumir: durante la etapa 1857-1885, Málaga había recibido un total de 47.047 t, cantidad similar a la importada por las restantes fábricas españolas (48.248) y quince veces inferior a la correspondiente a Cataluña (735.797); en el curso de la etapa 1886-1913, las entradas malagueñas bajan a 41.653 t, en tanto que las del resto de España ascienden a 57.969 y las de Cataluña a 1.837.625; la contribución malagueña al total español, que había sido del 5,67 por ciento durante la fase de esplendor, se ha reducido al 2,18 durante la fase de declive.

Inelasticidad de la demanda algodonera, crisis de sobreproducción. Un común denominador, a partir del cual hay que explicar dos trayectorias distintas. Es probable que Málaga, sin tanta tradición como Cataluña en el comercio con las Antillas, pudiera aprovecharse menos del reforzamiento del pacto colonial. No obstante, el elemento que configura la decadencia del foco algodonero andaluz debe buscarse en el país mismo. Además de puerto importador de fibra, Málaga lo era, en mayor grado aún, de tejidos acabados. De hecho, las dos partidas eran complementarias, formando el núcleo del consumo de una área cuyos límites desconocemos (¿los de la provincia?, ¿los de varias provincias?), pero que, en cualquier caso, pueden conside-

barcadas en Gibraltar, de 1831-1835 a 1896-1900, en mi artículo «Industrialización y desindustrialización del Sureste español, 1817-1913», p. 70, n. 252.

rarse como más o menos estables.[114] Sabíamos que la fabricación indígena había empezado a ceder en 1885; ahora la tabla 7 permite añadir que la entrada de textiles de fuera cedió también, por un período

TABLA 7

Importaciones de tejidos de algodón por los puertos
de las provincias de Málaga, Granada y Almería
(Medias anuales)

Períodos	Cifras absolutas (en toneladas)			Cifras porcentuales		
	Málaga	Granada	Almería	Málaga	Granada	Almería
1871-1875	2.627,2	171,7	590,6	100	100	100
1876-1880	2.779,0	144,2	399,9	105,7	83,9	67,7
1881-1885	3.275,8	152,1	492,2	124,6	88,8	83,3
1886-1890	3.012,0	100,8	461,9	114,6	58,7	78,2
1891-1895	2.850,1	83,3	531,1	108,4	48,5	89,9
1896-1900	4.809,8	72,0	667,1	183,0	41,9	113,6
1901-1905	5.232,7	68,9	1.190,6	199,3	40,1	201,5
1906-1910	2.302,4	25,5	1.967,5	87,6	15,4	333,1
1911-1913	2.707,7	32,3	2.142,7	103,0	18,8	362,8

FUENTE: La serie *Estadística general del comercio de cabotaje entre los puertos de la Península e islas Baleares*, publicada anualmente por la Dirección General de Aduanas.

de trece años,[115] en la misma fecha. Al coincidir en el tiempo, los dos descensos se confunden en uno sólo: flexión del consumo global de manufacturas algodoneras en el área malacitana. El endurecimiento del mercado, problema de ámbito nacional en los años 1880, adquiere en la Penibética unos caracteres más graves que en otras partes. La baja de la producción aparece allí acompañada de la baja del comercio. Las dificultades por que atraviesan «Industria Malagueña» y «La Aurora» no les son propiamente imputables, sino que constituyen el reflejo de una coyuntura económica muy adversa. La balanza demo-

114. La posible objeción de un relevo del transporte marítimo, que es el único que controlo, por el transporte ferroviario, tiene poco peso si se considera el nuevo ascenso de las llegadas por mar, desde 1897.
115. El desglose por años de las cifras quinquenales, tal como lo he reproducido en la p. 77 de «Industrialización y desindustrialización...», permite puntualizar que el bache importador se extendió de 1885 a 1897.

gráfica de las provincias de Granada y Málaga, que había dado un excedente de 85.974 habitantes entre 1857 y 1877, se saldaría con un déficit de 16.397 al término de los veinte años siguientes, en 1897. La merma debe cargarse en la cuenta del cólera de 1885, que tuvo uno de sus epicentros en Granada,[116] pero también de la temprana invasión de Málaga por la filoxera (desde 1879), de las dificultades de la caña de azúcar por la competencia de la remolacha,[117] del colapso de la siderurgia, etc. En definitiva, menos consumidores, como atestiguan las cifras censales, y probablemente menor consumo per cápita. La penúltima década del siglo xix es la de la frustración definitiva de las ilusiones industriales de la Andalucía oriental.

La situación mejoró muy a finales de la centuria. De 1898 a 1904 las entradas de tejidos por el puerto de Málaga alcanzaron unos niveles antes desconocidos. En cambio, las importaciones de algodón en rama siguieron decreciendo incesantemente. En este caso, la divergencia de las trayectorias seguidas por el consumo —al alza— y la producción —a la baja— denota una situación de inferioridad de las fábricas malagueñas respecto de las catalanas. Falto de información, sólo me atrevo a conjeturar que las pérdidas sufridas entre 1885 y 1896 impidieron a las primeras sostener la competencia, como antes. Luego, la nueva y drástica reducción del consumo, a partir de 1905, acabaría de complicar las cosas. Sin esperar más, «La Aurora» cerró sus puertas.[118]

---

116. Granada, con 10.235 muertos del cólera, ocupó el tercer puesto en la escala provincial (Nadal, *La población española...*, p. 158).

117. Introducida por un propietario cordobés, el conde de Torres Cabrera, a partir de 1878 (Nadal, «La economía española, 1829-1931», p. 392).

118. Desde 1905, las *Estadística(s) de la contribución industrial y de comercio* no incluirán más que un solo contribuyente, por el ramo del algodón, en la provincia de Málaga.

Capítulo 8

CONCLUSIÓN

Según la estimación de Vandellós, la renta nacional de España habría alcanzado, en 1914, la suma de 10.745 millones de pesetas, repartidos en la forma siguiente: 4.130 millones, es decir, el 38,4 por ciento, aportados por la agricultura y la ganadería; 2.785 millones, o sea el 25,9 por ciento, contribución de la minería, la industria y la artesanía, y 3.830, esto es, el 35,6 por ciento restante, cuota parte del comercio, las profesiones liberales, los empleados, los criados, las casas y los intereses del capital, excepto el invertido en la industria y el comercio.[1] Por otra parte, el censo de población de 1910 había dado una suma de 4.220.326 activos empleados en la agricultura, la silvicultura, la caza y la pesca, frente a sólo 1.034.885 empleados en las minas, la industria fabril y la construcción, lo que, en términos relativos, significa menos de una persona dedicada a actividades del sector secundario por cada cuatro trabajando en el sector primario. Estas dos series de datos son suficientes para concluir que, en los albores del siglo xx, España seguía siendo un país de base eminentemente agraria.

Rezagada con respecto de la mayoría de las naciones occidentales, España se separa igualmente de aquellas otras que no han iniciado su industrialización hasta muy entrada la centuria actual. El caso español es menos el de un *late joiner* que el de un intento, abortado en gran parte, de figurar entre los *first comers*. La historia de esta frustración es la que he intentado explicar en las páginas precedentes. Mi argumentación ha puesto un énfasis especial en el fracaso de las

---

1. J. A. Vandellós, «La richesse et le revenu de la péninsule ibérique», *Metron*, V, n.º 4, 1925, pp. 151-186. Hay traducción castellana, publicada en la *Revista de Economía Política*, VI, 1955, pp. 185-223.

dos desamortizaciones —la del suelo y la del subsuelo— que malograron las bases naturales, agrícola y minera, en que debía haberse asentado la revolución industrial, en el sentido clásico de la expresión. Como telón de fondo, se ha resaltado la incidencia de los apuros de la Hacienda, perpetuados por los vicios del sistema político y culpables de bastardear las leyes desamortizadoras, de restringir el mercado de capitales para la industria, de imponer una infraestructura (red ferroviaria) inadecuada. En última instancia, las vicisitudes de la economía española, a lo largo del siglo XIX, no pueden separarse de las de la época colonial, cuando el Tesoro se nutría de los caudales y del tráfico de América, y la incipiente burguesía periférica toleraba la permanencia del sistema señorial, compensada con la reserva de los mercados de Ultramar. Una explicación satisfactoria del fiasco, imposible por ahora, deberá atender en todo caso a una pluralidad de factores, íntimamente enlazados entre sí, rehuir de todos modos las tesis unilaterales o que no hinquen sus raíces en tiempos anteriores.

El problema básico consistió en la inadaptación del sistema político y social a las nuevas realidades económicas planteadas después de la pérdida de las posesiones continentales de América. Como diría Muchada en 1847: «desde esa época [la de la amputación colonial] se encuentra España reducida a sus propios recursos, luchando con los vicios de su antigua riqueza y con los malos hábitos. que aquella situación le hizo contraer en el orden interior de su gobierno; sin hacienda, sin crédito y sin gobierno; abandonadas la educación, la industria, la agricultura, las artes y en fin cuanto puede constituir la felicidad de un país».[2] Para desarrollarse, la industria decimonónica debiera haber contado con un mercado interior en estado de formación avanzado. Este mercado hubiera exigido, a su vez, un cierto grado de división del trabajo. Al fallar ambas condiciones, cada sector hubo de desenvolverse por su cuenta, sin llegar a componer, entre todos, una verdadera economía nacional. La hulla de Asturias no encontraba compradores, en tanto que, por falta de carbón, los campesinos de las tierras de pan llevar quemaban en los hogares la paja tan necesaria para el abonado de los predios:[3] estancamiento del sector energético y tradicionalismo del sector agrario, incapaces de darse recíprocamente la mano que unos y otros necesi-

2. J. P. Muchada, *La hacienda de España y modo de reorganizarla*, Madrid, 1847, 2 tomos. La referencia se encuentra en I, pp. 6-7.
3. L. Castelain, *L'Espagne. Ses terrains houilliers, ses minerais et ses chemins de fer*, Bruselas, 1864, p. 20.

taban. Los granos castellanos se pudrían en los graneros del interior, mientras Cataluña o Valencia gastaban cantidades ingentes en la adquisición de trigos extranjeros: despilfarro de recursos propios e hinchazón de las importaciones, con grave desequilibrio de la balanza comercial. Etcétera.

TABLA 1

Principales valores del comercio exterior español en 1850 y 1913

IMPORTACIÓN

1850		1913	
Artículos	Valores (%)	Artículos	Valores (%)
1. Algodón en rama . . .	12,7	1. Algodón en rama . . .	9,3
2. Azúcar	11,7	2. Maquinaria	8,7
3. Cacao	7,2	3. Hulla y coque	5,9
4. Tejidos de lana . . .	6,4	4. Productos químicos . .	4,5
5. Bacalao	5,4	5. Maderas	4,4
6. Tejidos de algodón . . .	4,7	6. Hierro y acero y sus manufacturas	4,1
7. Hilazas de cáñamo y lino	4,4	7. Embarcaciones	3,3
8. Tejidos de seda	3,8	8. Bacalao	2,9
9. Tejidos de hilo	2,9	9. Fibras textiles, excepto algodón	2,9
10. Cueros	2,2	10. Trigo y harina	2,7
11. Madera	2,2	11. Cueros y pieles	2,3
12. Hulla	2,0	12. Ganado	2,1

EXPORTACIÓN

1850		1913	
Artículos	Valores (%)	Artículos	Valores (%)
1. Vinos y aguardiente . .	28,3	1. Minerales	12,2
2. Lana	9,3	2. Vinos	11,9
3. Plomo en barras	9,1	3. Metales	11,6
4. Trigo y harina	7,1	4. Frutos verdes	8,1
5. Frutos secos	7,0	5. Conservas alimenticias . .	4,1
6. Tapones de corcho . . .	3,8	6. Frutos secos	4,4
7. Cochinilla	3,2	7. Tejidos de algodón . . .	3,9
8. Plata en pasta y moneda .	3,1	8. Tapones de corcho . . .	3,7
9. Aceite de oliva	2,9	9. Hortalizas	2,6
10. Seda en rama	2,6	10. Aceite de oliva	2,5
11. Sal	1,6	11. Lana	2,2
12. Jabón	1,4	12. Plata en pasta y moneda	1,7

FUENTES: *Estadística(s) del comercio exterior de España.*

Con todo, el fracaso de la industrialización ochocentista, considerada como un todo, no debe ocultar la consecución de algunos logros parciales. El cotejo de las balanzas mercantiles de 1913 y 1850, tal como se realiza en la tabla 1, señala el desarrollo de la producción textil como el más notorio de ellos. A mediados del siglo pasado, España destinaba el 36 por ciento de todos los valores de su importación a la compra de materiales y manufacturas textiles de fuera (13,2 por ciento invertidos en la adquisición de fibras; 4,7 por ciento en la de hilados; 18 por ciento en la de tejidos); en 1913, la misma entrada no representó, en valor, más que el 15 por ciento de la importación total, porcentaje del que los dos tercios correspondieron al algodón en rama, y el tercio restante a otras fibras también sin elaborar. La dependencia respecto de los manufacturados y semimanufacturados exteriores, tan gravosa en 1850, había terminado sesenta años más tarde. Una trayectoria aparentemente antagónica a la de los productos de la industria pesada que, de insignificantes en 1850, habían pasado a ocupar las primeras posiciones de la escala importadora en 1913. No se entienda, por supuesto, que el país había dejado de producir a principios del siglo XX lo que antes produjere. Si, en 1850, las compras españolas de «maquinaria» extranjera costaron sólo 8,4 millones de reales, esto es, menos que las de canela (por valor de 10 millones), cúlpese simplemente a la falta de demanda de máquinas. El hecho de que, en 1913, la adquisición de «maquinaria», «hierro y acero y sus manufacturas», «embarcaciones» y «hulla y coque» sumase en conjunto el 22 por ciento de los valores globales prueba, al mismo tiempo, la formación de aquella demanda y la incapacidad de la industria nacional para satisfacerla.

En términos más exactos, el retraso de la industria de hierro (símbolo de la industria de bienes de capital) respecto de la industria algodonera (emblema de la industria de bienes de consumo) se mide mediante el cotejo de los respectivos productos netos, o valores añadidos. Entonces, ¿cuáles fueron los productos netos de la siderurgia y del algodón españoles en 1913? La respuesta es sencilla para los «hierros», puesto que la *Estadística minera* correspondiente desglosa partidas y valores en la forma eficaz que refleja la tabla 2.

En suma, un valor global bruto de 76,7 millones de pesetas que, dada la naturaleza misma de las actividades minera y metalúrgica, puede tomarse como punto de partida para el cálculo del producto neto generado por el sector. Para acabar de perfilar este último, sólo proceden unas rebajas, más o menos importantes, por los motivos siguientes: 1) en la minería, igual que en la agricultura, la renta, o

TABLA 2

Producción siderúrgica en 1913
(Cantidades y valores)

	Toneladas	Pesetas
Lingote vendido (1)	53.447	4.595.036
Aceros laminados (2)	282.483	61.737.862
Aceros forjados (3)	8.224	2.879.900
Piezas fundidas	2.166	467.400
Productos elaborados (objetos fabricados)	23.463	7.026.000
TOTAL	369.783	76.706.198

(1) Lingote colocado directamente en el mercado, sin someterlo a ulteriores procesos.
(2) Desde «barras», «vigas» y «carriles» hasta «chapas», «llantón y palanquilla» y «hojalata».
(3) Con inclusión de los «dulces y martillados».

FUENTES: *Estadística minera de España. Año 1913*, p. 53.

sea el valor añadido, no se computaba en la totalidad, sino en el 90 por ciento del valor de la producción; [4] 2) en la siderurgia vizcaína, la de mayor entidad, así como en la santanderina, que en 1913 ocupaba el tercer puesto, detrás de la ovetense,[5] la mayor parte del carbón utilizado era de procedencia extranjera, y 3) la obtención del acero exigía grandes partidas de chatarra o hierro viejo, cuyo valor también debe descontarse. La primera significa dejar establecido el valor bruto de la tabla 2 en un 10 por ciento menos, o sea en la cantidad de 69.035.759 pesetas, un descuento que peca sin duda por exceso, puesto que se ha aplicado no sólo sobre el laboreo, sino además sobre el beneficio del mineral, pero cuya generosidad debe quedar más que compensada por el hecho de prescindir en mis cuentas del factor citado en tercer lugar (el coste de la chatarra), difícil de conocer con exactitud.

La rebaja impuesta por la procedencia de los carbones merece párrafo aparte. En 1913 Vizcaya importó 68.479 t de coque y 555.300 t de hulla extranjeros, frente a una importación del resto de

4. M. G. Mulhall, *The Dictionary of Statistics*, G. Routledge and Sons Ltd., Londres, 1892, p. 320.
5. Esta clasificación se refiere exclusivamente a la producción de hierro colado.

España, por vía marítima,[6] de 335.000 t de ambos productos, sin desglosar; Santander, por su parte, compró al exterior 2.511 t de coque y 117.731 t de hulla, contra una partida hispana, igualmente marítima y también indistinta, de 56.243 t.[7] Puede considerarse que toda la parte extranjera de esos carbones iba destinada a las fábricas de hierro. En el caso del coque, sin la menor quiebra. En el caso de la hulla, la atribución puede resultar excesiva, aunque sólo ligeramente si se tiene en cuenta que Vizcaya necesitaba un mínimo de 400.000 toneladas de ella, y Santander otro mínimo de 70.000 t, para obtener las 310.669 y 53.436 t de coque producidas por las baterías instaladas en las respectivas plantas siderúrgicas;[8] dadas las escasas aptitudes de la hulla asturiana y leonesa para la coquificación, entra dentro de lo lógico suponer que la materia prima era la hulla inglesa o galesa.[9] En definitiva, mi propuesta consiste en ir un poco más allá de la la realidad, descontando del valor añadido, tocante a toda la industria del hierro española, el importe íntegro de todo el coque y de toda la hulla británicos entrados en los puertos de Vizcaya-Santander (19.983.470 pesetas). En contrapartida —una contrapartida mucho más que suficiente— omito toda referencia, y todo descuento, relativos al coste de los combustibles fósiles de importación consumidos por las fábricas de laminados, forjados, piezas fundidas y productos elaborados de hierro, instaladas en Guipúzcoa, Barcelona y otras provincias. De esta forma, mi estimación final del producto neto de la industria siderúrgica en 1913 queda así: 69.035.759 — 19.983.470 = = 49.052.289 pesetas. Pienso que se trata de un máximo.

En el caso del algodón, el cómputo del valor añadido exige dejar fuera el precio de la materia prima y del combustible, atendiendo únicamente al de la mano de obra, así como a los gastos generales, a la amortización y a los beneficios. Disponemos para ello de las averiguaciones de los ingenieros al servicio de la Hacienda que, en 1899, se libraron al cálculo de costes y rendimientos, con vistas a un reajuste

---

6. El carbón llegado por mar era el asturiano; a él habría que añadir el de la cuenca leoneso-palentina, llevado a Bilbao por el ferrocarril de La Robla.

7. Datos de la *Estadística general del comercio de cabotaje entre los puertos de la Península e islas Baleares en 1913*, Madrid, 1915, y de la *Estadística general del co mercio exterior de España en 1913*, publicadas por la Dirección General de Aduanas, II, Madrid, 1914.

8. Datos de la *Estadística minera correspondiente al año 1913*.

9. En una monografía publicada por la fábrica de hierro más importante de Vizcaya, productora de la mayor parte del coque, se dice literalmente: «El carbón necesario para las baterías de cok, cuya procedencia en su mayor parte es la de Newcastle [...]» (*Monografía de la sociedad Altos Hornos de Vizcaya, de Bilbao. Año 1909*, Establec. gráfico Thomas, Barcelona, s. a., p. 20).

de la contribución industrial. Según ellos, una filatura media de 10.000 husos (6.500 de selfactina y 3.500 de continua *ring-throstle*) que trabajase algodón cardado de Norteamérica, clase *good-midding*, para obtener hilo del n.º 30 al 35 catalán,[10] producía por término medio 740 kg diarios de hilo, esto es, 222 t por año (300 jornadas de trabajo), valoradas así:

TABLA 3

Valor de 222 t de hilo, del n.º 30 al 35 catalán, en 1899

	Pesetas
Materia prima (243 t de rama, a 77 ptas. la bala de 50 kg) .	374.220
Combustible (720 t de carbón de piedra, a 40 ptas. una)	28.800
Mano de obra (preparación: 30.000 ptas.; hilatura: 33.300 ptas.)	63.300
Gastos generales	65.000
Amortización	56.830
Beneficio	106.710
TOTAL	694.860

FUENTE: *Memorias sobre la industria fabril, redactadas por los ingenieros al servicio de la investigación de la Hacienda Pública*, ed. oficial, Imp. de la Sucesora de M. Minuesa de los Ríos, Madrid, 1900, pp. 191-194.

Creo que, no obstante referirse a 1899, el cálculo precedente seguía siendo válido en 1913. Desde la pérdida de las últimas colonias hasta el estallido de la primera guerra mundial, la industria algodonera española pasó por una fase de estancamiento,[11] poco propicia a las innovaciones técnicas que hubiesen podido alterar, en forma significativa por lo menos, las cuatro últimas partidas de nuestra tabla.

10. Los sistemas de numeración más empleados son el francés o métrico, y el inglés. En el primero se toman por unidades el quilómetro y el 1/2 kg, de modo que el número francés de un hilo es el de quilómetros necesarios para que pese 500 gramos. En el inglés, la unidad de longitud son 840 yardas (= 768,079 m) y la de peso la libra inglesa (= 453 g), de manera que el número inglés de un hilo es el número de veces 840 yardas que se necesitan para que pese una libra. En Cataluña rige un sistema particular; en él se concede el número 1 cuando un paquete formado por 30 madejas de 500 canas pesa 33 libras catalanas, o lo que es lo mismo, se toma por número de un hilo el número de veces 776 m necesarios para que pese 440 g.

11. ¿No es significativo que las importaciones de algodón en rama fueran prácticamente iguales en ambas fechas (86.460 t en 1899, 88.242 en 1913)?

De modo que las 80.616 t de hilados fabricadas con las 88.242 t de fibra entradas en 1913, habrían supuesto un producto neto, o valor añadido, del orden de los 105.977.357 pesetas.[12]

Esta cantidad debe completarse con las que corresponden al tisaje y a los acabados. En 1899 se estimó que un telar mecánico que operase con hilos de trama del 37 catalán, y de urdimbre del 31 (en la proporción correspondiente a estos mismos géneros, o sea de 544 g de urdimbre por cada 456 g de trama), producía 650 kg de empesa, o tejido crudo, anuales, al coste que expresa la tabla 4:

TABLA 4

Valor de 650 kg de empesa, en 1899

	Pesetas
Materia prima	2.112,50
Combustible	57.60
Mano de obra	515,00
Gastos generales	130,00
Amortización	74,04
Beneficio	295,86
TOTAL	3.185,00

FUENTE: *Memorias sobre la industria fabril...*, pp. 198-200.

De donde se deduce que el producto neto incorporado a los 650 kg de tejido crudo sumaba 1.014,90 pesetas, lo que equivale a decir que, en la hipótesis de estabilidad durante los catorce años interpuestos, las 80.616 t de tejidos fabricadas en 1913 (en el tisaje no hay mermas) rindieron un valor añadido de 125.872.580 pesetas, cifra a acumular a la del producto generado por la hilatura.[13]

Queda por aclarar el rendimiento de los acabados. Su estimación fue orillada por los ingenieros al servicio de la Hacienda, por la extrema dificultad que siempre ha entrañado. Al contrario de lo que sucede con los hilados o con los tejidos, en este punto no hay un

12. $\dfrac{80.616 \times 291.840}{222} = 105.977.357.$

13. $\dfrac{80.616.000 \times 1.014,9}{650} = 125.872.580.$

artículo «típico», representativo del conjunto, apto por consiguiente para centrar los cálculos. Por el contrario, la variedad constituye el rasgo característico del denominado «ramo de agua». Desde el simple blanqueo hasta los estampados más complejos, un sinnúmero de géneros encubren las diversas manipulaciones sufridas por las empesas. Blanquear o teñir una pieza es una operación relativamente sencilla. Acabarla con un estampado constituye, por el contrario, la operación más personal, más especializada del ramo textil. Como corolario, también la más costosa, en términos de mano de obra, partida sustancial, como sabemos, del valor añadido que andamos buscando. Esta carestía es la que me ha incitado, a pesar de todo, a intentar una aproximación, forzosamente burda eso sí, al producto neto generado por el ramo, en 1913.

Mi punto de partida se halla, ahora, no en 1899, sino en la fecha mucho más alejada de 1860. Para entonces un cálculo pormenorizado de los técnicos de «La España Industrial, S.A.», primate entre las algodoneras, dejó establecido el coste del blanqueo de 100 kg de tejido crudo de las clases entrefinas y gruesas en la cantidad de 99,11 reales, de los que 61,57 tocaban a la fuerza motriz, ebullición, productos químicos y otros materiales, en tanto que los 37,54 restantes se referían al personal, al seguro contra incendios, a las contribuciones, a la amortización y a los intereses del capital fijo y circulante a 6 por ciento anual, constituyendo, pues, la expresión del valor añadido (aunque con exclusión del beneficio). En términos relativos, que son los que interesan, tal valor venía a representar el 1,89 por ciento del coste de la empesa. Por otra parte, la pieza de estampado más sencilla producida por la misma sociedad (50 metros de indianas de colores sobre fondo blanco, con un peso aproximado de 3,75 kg) resultaba a 102,55 reales, desglosados así: coste del crudo, 74,35 reales; coste del blanqueo y estampado, 28,20 reales, de los que 15,15 —equivalentes al 20,88 por ciento del coste del artículo salido del telar— correspondían al producto neto (también, beneficio excluido).[14]

No obstante referirse a 1860, espero no equivocarme demasiado al mantener que los porcentajes precedentes seguían siendo válidos, al menos para mis fines, en 1913. Con independencia de otros factores, debe ponderarse, en todo caso, la circunstancia de que los estampados fueran progresando, esto es, complicándose con el paso del tiempo. En 1860, el monto del valor añadido hubiese pasado de re-

14. *Información sobre el derecho diferencial de bandera y sobre los de aduanas...*, IV: *Algodones*, pp. 84-87.

presentar el 20,88 por ciento a representar el 25,91 por ciento del valor de la empesa, si en vez de tomar en cuenta las indianas de colores sobre fondo blanco, hubiese considerado las indianas de «colores de granza, dobles rosas, avivados».[15] De manera que, al inclinarme por los estampados más sencillos, pienso haber operado con criterios antiinflacionistas. A partir de ellos, y en la hipótesis, de que la producción se hubiese repartido por mitad entre blanqueados y estampados, los valores añadidos por el ramo de agua a las 80.616 t tejidas en 1913 habrían sido: 3.732.892 [16] + 41.203.395 [17] = = 44.936.287 pesetas. Agréguese la última cantidad a las que habíamos hallado para la hilatura y el tisaje, y se obtendrá la cifra global de 276.786.224 pesetas, expresión del producto neto de la industria algodonera en su conjunto.

Y ahora el contraste a que aspirábamos, que ha dado origen a tan laboriosas especulaciones. Divididos por los 49 millones de la siderurgia, los 276 millones de pesetas «añadidos» por el algodón arrojan un coeficiente de 5,63, índice muy elocuente de la relación de fuerza entre los dos sectores. En 1913, al término de la centuria tomada en consideración en este libro, la industria algodonera española «valía», como mínimo, cerca de seis veces más que la industria del hierro.

En principio, un resultado nada sorprendente. La preeminencia de la industria productora de bienes de consumo sobre la industria productora de bienes de capital es un rasgo constante de las fases iniciales de todos los procesos de industrialización. El retraso de la segunda, con mayores exigencias de recursos financieros, de tecnología y de mano de obra especializada, sólo puede colmarse con el transcurso del tiempo, a medida que los mismos fenómenos de desarrollo y de competencia con que se enfrenta la primera aceleran la demanda de maquinaria más moderna cada vez. De modo que, en régimen de economía de mercado por lo menos, se comprueba la existencia de un *pattern* general de industrialización, que se define por el empeoramiento progresivo de la situación relativa de la industria de bienes de consumo y la mejora paralela de la industria de bienes de capital. La *ratio* entre los productos netos, o valores añadidos, de una y otra se considera, precisamente, la expresión más adecuada de dicho *pat-*

---

15. *Ibid.*, pp. 86-87.

16. $\dfrac{60,196\ (=\ 1,89\ \%\ \text{de}\ 3.185) \times 40.308.000}{650} = 3.732.892.$

17. $\dfrac{664,439\ (=\ 20,86\ \%\ \text{de}\ 3.185) \times 40.308.000}{650} = 41.203.395.$

tern, en un momento determinado. Operando con este criterio, el alemán Hoffmann ha llegado a distinguir tres etapas o estadios industriales sucesivos:

en el Estadio I, la ratio sería de 5 ($\pm$1): 1
en el Estadio II, la ratio sería de 2,5 ($\pm$1): 1
en el Estadio III, la ratio sería de 1 ($\pm$ 0,5): 1

lo que significa que en E-I las industrias de bienes de consumo tienen una hegemonía indiscutible, siendo su producto neto, en promedio, cinco veces superior al de las industrias de capital; que en E-II tal hegemonía ha disminuido hasta el punto de que la relación entre los productos netos de una y otra industria se ha reducido aproximadamente a la mitad; y que en E-III se ha producido, por último, una inversión de fuerzas.

La tesis de Hoffmann sostiene que, en todos los países, la revolución industrial ha de pasar por estas tres etapas. La hegemonía de la industria de bienes de consumo es típica de las dos primeras, para dejar paso a la hegemonía de la industria de bienes de capital en la tercera. En consecuencia, la identificación del momento histórico en que una economía nacional penetra en un nuevo estadio, constituye un instrumento óptimo para clasificarla en relación con las demás. Por supuesto, la andadura depende tanto del ritmo interno de desarrollo cuanto del momento preciso en que éste dio comienzo. Así, para atender al segundo factor, Hoffmann ha procedido a distinguir una serie de períodos en los que encasillar las diversas naciones, según los tiempos reales en que empezaron a industrializarse (penetrando en el Estadio I). En la primera casilla, formada por los años 1770 a 1820, entrarían el Reino Unido, Suiza y los Estados Unidos de América; en la segunda, que comprende los años 1821 a 1860, Bélgica, Francia, Alemania, Austria, Rusia y Suecia; en la tercera, de 1861 a 1890, diversos Estados europeos, como Italia, Países Bajos, Dinamarca y Grecia, y otros exteriores, como Canadá y Japón; en la última, de 1891 a comienzos del tercer decenio del siglo xx —no hay que·olvidar que el original de Hoffmann es de 1930—, una serie cada vez más extensa de países, entre los que se cita a Hungría, la India, África del Sur, diversos territorios de América Latina (Brasil, México, Chile, Argentina), así como Australia, Nueva Zelanda y China.[18]

18. W. G. Hoffmann, *The Growth of Industrial Economies*, traducción del alemán por W. O. Henderson y W. H. Chaloner, 2.ª ed., Manchester University Press, 1968

El tránsito desde el E-I a los E-II y E-III de la industrialización, en que los bienes de capital presentan unos incrementos más rápidos que los de los bienes de consumo, se ha producido a velocidades variables, según los casos. Si el *pattern* es común, los tiempos y los ritmos son, por el contrario, particulares. Las naciones industriales más viejas —Reino Unido, Suiza, EE.UU.— habían rebasado el E-II, para acercarse al E-III, a fines del siglo XIX. Del grupo de sociedades industriales no tan viejas, la mayoría —Bélgica, Francia, Alemania, Austria y Suecia— mostraban, con diferencias de grado, una tendencia similar, por las mismas fechas,[19] en tanto que Rusia seguía anclada en el E-I. Dentro del tercer y cuarto grupos —los de las naciones que habían iniciado la carrera industrial a contar de 1861, o de 1891—, nadie había conseguido salir del E-I en 1913: en todas ellas el predominio de la industria de bienes de consumo seguía siendo aplastante.

Hasta aquí la teoría de Hoffmann. ¿Cómo encajar dentro de ella el caso español, completamente ausente del modelo? Antes he hecho hincapié en la ratio 5,63 entre los valores añadidos de las industrias algodonera y siderúrgica, lo que implica la permanencia dentro del E-I en la fecha límite de 1913. Por otra parte, en el primer capítulo de este trabajo, defendí la tesis de que los comienzos de nuestra industria moderna deben situarse entre 1831 y 1840. Sentadas ambas premisas, la conclusión se desprende por sí sola: después de iniciar el movimiento con las naciones del segundo grupo, esto es, con relativa prontitud, España se rezagó en relación con sus primeras acompañantes, para situarse en las posiciones de otras naciones industrialmente más jóvenes. En este sentido, y salvando todas las distancias, que son enormes, el caso español presenta cierta semejanza con el caso ruso. Durante la segunda mitad, y más especialmente durante el último tercio de la centuria pasada, el país vio frustradas sus esperanzas de alinearse entre las potencias de primera fila. En términos relativos, un verdadero retroceso.

Éxito del algodón, fracaso de la industria de bienes de equipo. En conjunto, carencia de una base sólida que permitiese a España

---

(la 1.ª ed. inglesa, de 1958, fue la versión ampliada y revisada de un trabajo publicado en 1931, por el Institut für Weltwirtschaft, de la Universidad de Kiel, con el título: *Stadien und Typen der Industrialiserung*).

19. El hecho de que, en 1901, la ratio entre los productos netos de las industrias de bienes de consumo y de bienes de capital fuera de 1,7 tanto en Inglaterra, país del grupo primero, como en Bélgica, país del grupo segundo, se explicaría por el desarrollo absolutamente excepcional del textil británico, destinado en gran parte a la exportación (Hoffmann, *The Growth...*, p. 82).

consolidarse como Estado industrial. La manufactura algodonera no habría cumplido la función de *leading sector* que durante un tiempo, y en términos generales, le atribuyeran autores tan respetables como Schumpeter [20] o Rostow.[21] En Gran Bretaña, en donde es actualísima, la crítica insiste en dos tipos de argumentos. Los unos tocan a la parte que corresponde al algodón dentro de la renta nacional; los otros, a las relaciones o función de arrastre de dicha industria frente a las restantes. Ph. Deane y H.A. Cole han calculado, por ejemplo, que es improbable que el algodón haya generado más del 5 por ciento de la renta del Reino Unido al final de la etapa del *take-off* rostowiano, que se extiende de 1783 a 1802; [22] la misma Deane y H. J. Habbakuk estiman, verbigracia, que la contribución de la industria del hierro a dicha renta no debió ser menor, en el mismo período, con lo que mal puede concederse el papel de protagonista al algodón sólo.[23] Por otra parte, deben tenerse en cuenta las limitaciones dimanantes de la naturaleza misma de la industria algodonera: el algodón «sirve un consumo de masa, por lo que es capaz de crecer hasta una dimensión considerable; mas, sus interrelaciones con otras industrias no son de la índole que permita estimular la expansión en cualquier parte. Su materia prima es importada y su ratio capital/producto es baja. El efecto multiplicador de la inversión en la industria algodonera no puede haber sido muy grande».[24]

En España el retraso de la investigación obliga a prescindir de los argumentos de la primera clase y a ceñirse a los de la segunda. Algunos de ellos, como la dependencia del exterior para el suministro de la fibra, se hallan muy enraizados, según sugiere el siguiente texto de Pedro Duro —el fundador del establecimiento siderúrgico de La Felguera— contrario a la introducción del hierro colado extranjero, para refinarlo y convertirlo en hierro dulce: «este sistema de fabrica-

20. «La historia industrial de Inglaterra [entre 1787 y 1842], puede resumirse casi en la de una sola rama: la industria algodonera» (*Business Cycles. A Theoretical, Historical and Statistical Analysis of the Capitalist Process*, I, McGraw-Hill Book Company Inc., Nueva York y Londres, 1939, pp. 270-271.

21. La industria del algodón es «el sector pautador inicial en el primer despegue» (*The Stages of Economic Growth. A Non-Communist Manifesto*, Cambridge University Press, Londres, 1960, p. 53.

22. *British Economic Growth, 1688-1959*, 2.ª ed., Cambridge University Press, Londres, 1967, tabla 42, pp. 185 y 188.

23. «El despegue en la Gran Bretaña», dentro del libro de W. W. Rostow, ed., *La economía del despegue hacia el crecimiento autosostenido*, versión española de C. Muñoz Linares, Alianza Editorial, Madrid, 1967, pp. 93-111.

24. *Ibid.*, p. 102. La cita se halla reproducida en la p. 66 del librito de S. D. Chapman, *The Cotton Industry in the Industrial Revolution*, The Macmillan Press Ltd., Londres, 1972, donde se presenta un ponderado estado de la cuestión.

ción representa en su casi totalidad trabajo extranjero y es el más perjudicial para la industria ferrera, pues, como se deja conocer, no saliendo de su suelo los carbones, la castina ni los minerales de hierro, deja de ser indígena esta industria *y se coloca en la misma situación que la algodonera* y algunas otras».[25] Pero la formulación global de las limitaciones que presenta el sector es reciente, debiéndose a la pluma inquieta de Nicolás Sánchez-Albornoz. El argumento de este autor es que el textil, igual que los ferrocarriles, no innovó apenas nada, reforzando, por el contrario, la economía tradicional. El fracaso se debería el género mismo de la industria (ligera, de consumo), pero además a las circunstancias específicas del país: la producción de tejidos habría sido simplemente «de carácter sustitutivo», con vistas a reemplazar a los que antes se importaban; en vez de crear una demanda nueva, los fabricantes habrían tendido a acomodarse a las condiciones del mercado, a apuntalar en definitiva a «la economía de subsistencia, en cuyo sector colocaba sus artículos».[26] «Mediada la centuria decimonónica era visible que [el algodón] no estaba en condiciones de desencadenar la transferencia masiva de mano de obra empleada en las actividades primarias hacia otras más especializadas y, por ende, mejor remuneradas. De haber ocurrido así, esto hubiera forzado a la agricultura a adaptarse a condiciones operativas de mayor rentabilidad. Al grueso de los campesinos ni se les pasó por

---

25. *Observaciones sobre la metalurgia del hierro, comparada entre España e Inglaterra, por Pedro Duro, socio administrador de la fábrica de La Felguera,* Imp. y estereot. de M. Rivadeneyra, Madrid, 1864, p. 20. Cabe puntualizar aún, que el prejuicio antialgodonero tuvo, en otros países por lo menos, manifestaciones mucho más antiguas, como lo revela el siguiente texto de Jean Antoine Chaptal, uno de los padres de la química industrial: «[...] le Gouvernement français doit s'occuper essentiellement des manufactures de laine, de soie, de lin, de chanvre, de la distillation des vins, de la fabrication des poteries et de tous les objets dont le sol lui présente avec abondance les matières premières. Ce n'est que par une interversion déplorable de cet ordre de choses qu'on a vu encourager, il y a un demi-siècle, les fabriques de coton, sans penser que le sort de ces établissements nourris par des matières du dehors, alloit être livré à toutes les chances des révolutions, à toutes les intrigues des cabinets, à toutes les variations des loix sur les douanes [...]»; luego, en nota a pie de página puntualiza: «Je ne parle que de ce qu'on auroit dû faire il y a cinquante ans. Aujourd'hui que les fabriques de coton forment une branche considérable de notre industrie; aujourd'hui que les travaux sur le coton occupent à-peu-près deux cent mille individus, le Gouvernement doit, sans doute, les protéger. Mais, a-t-il été d'une sage politique de les fixer en France? Leur introduction n'a-t-elle pas nui aux fabriques essentiellement nationales de drap, de soie, de lin, etc.? Le Gouvernement n'eût-il pas mieux fait d'appliquer ses encouragemens à ces dernières fabriques, et de laisser à nos rivaux les fils et les tissus de coton, comme moyen d'échange contre les produits de notre industrie et de notre sol? Voilà la question» (*Chimie appliquée aux arts,* I, Imprimerie de Crapelet, París, 1807, pp. XXXI-XXXIII.)

26. *España hace un siglo: una economía dual,* p. 18.

la imaginación desertar sus pueblos para engrosar las filas de los obreros textiles. El cambio hubiera implicado mucho en el orden económico, social e incluso mental. Esta repercusión imaginada sobre el mercado de trabajo representa, en resumidas cuentas, el resultado a esperar al término del proceso».[27] La prueba más clara de la ausencia de acción revulsiva por parte del textil sobre el agro sería, para Sánchez-Albornoz, el hecho de que «el proteccionismo agrícola en límites que mantuvieran la rentabilidad de las tierras de productividad marginal, o sea básicamente a favor de la cerealicultura, fue apoyado por los industriales».[28]

La tesis tiene el mérito de referirse, aunque sea implícitamente, al modo de producción, pero reclama, en mi modesto sentir, algunas rectificaciones. En síntesis me parece que los puntos controvertibles se reducen a tres: 1) la falta de acción de la industria sobre el sector agrario; 2) el carácter simplemente «sustitutivo de importaciones» de la manufactura algodonera, y 3) la adopción de la alternativa proteccionista, por el peso de los intereses textiles.

Para Sánchez-Albornoz, la industria debiera haber sido el motor de los cambios agrícolas. En rigor, son más numerosos los partidarios de invertir los términos y considerar los cambios agrícolas como la condición indispensable, aunque no suficiente, del despegue industrial. En cualquier caso, la historia del algodón catalán, con la que se identifica en la práctica la historia del algodón español, sería ininteligible de no atender a las mutaciones *previas* sufridas por la agricultura y el comercio del principado. La obra ingente de Vilar está ahí para recordarnos que, desde 1715 aproximadamente, la transición catalana hacia el modo de producción capitalista se opera a partir de la intensificación y especialización de los cultivos (viñedo, frutales, morera, etc.), que acostumbrarían a Cataluña a producir, no para el consumo, sino para la venta.[29] En este modelo, la especialidad industrial sólo se añade en el último cuarto del siglo XVIII, como remate y consolidación de un proceso desencadenado bastantes años antes. Las fábricas de indianas, que simbolizan los cambios de mentalidad y de organización social —invocados, con harta razón, por Sánchez-Albornoz— deben mirarse como punto de llegada mejor que como punto de partida. El campo catalán procuró los primeros

27. *Ibid.*, p. 17.
28. *Ibid.*, p. 18.
29. Tesis central de *La Catalogne dans l'Espagne moderne*, subrayada de nuevo, casi en los mismos términos que empleo en mi texto, en su trabajo ya citado «La Catalogne industrielle. Réflexions sur un démarrage et sur un destin».

capitales a la industria; el campo catalán liberó los brazos que nutrirían la aglomeración barcelonesa y, desde mediados de siglo xix, las colonias fabriles instaladas en los cursos del Llobregat y alto Ter; [30] el mismo campo absorbió, desde el origen, una parte sustancial de los tejidos indígenas. Hacia 1850, cuando la población del territorio giraba en torno a las 800.000 personas, los establecimientos algodoneros ya daban ocupación a un censo de 75.436 —18.263 en el ramo de hilatura, 54.805 en el ramo de tisaje y 2.368 en el ramo «de agua»—,[31] cifra muy respetable que explica, entre otras cosas, los orígenes catalanes del movimiento obrero español.

El segundo extremo a discutir es el pretendido carácter «sustitutivo de importaciones» de la industria algodonera nacional. Digamos, de entrada, que el concepto —«industrialización sustitutiva de importaciones»— es un concepto acuñado en relación con ciertos desarrollos *actuales*, que no se aplica sin equívocos.[32] Aunque es innegable que durante bastante tiempo los manufacturados y semimanufacturados ingleses y franceses representaron una parte considerable del consumo español, la *creación* del mercado en las dimensiones que tenía en 1913, o en 1880, o en 1860, fue obra principalísima de los fabricantes autóctonos, quienes —como he señalado en su lugar— impusieron el algodón a costa de otras fibras tradicionales y rebasaron prestamente la aportación de los fabricantes foráneos. En este sentido me parece reveladora la tabla 5, que nos trae la *sorpresa*[33] de ver a España situada en el sexto lugar de Europa por el algodón hilado *por cabeza*, a no mucha distancia de Alemania y de Francia, y muy por delante de Holanda, Austria, Suecia-Noruega, Grecia, Italia, Rusia-Polonia y Portugal.

Por otra parte, si de la producción pasamos al consumo, la misma

30. La inmigración de elementos de otras regiones sólo empieza a adquirir importancia muy a finales de la centuria.

31. Censo obrero realizado, a escala empresarial, por la Junta de Fábricas de Cataluña, y publicado por Guillermo Graell en su *Historia del Fomento del Trabajo Nacional*, pp. 442-492, salvo el cupo tocante al «ramo de agua», extraído directamente del original del censo —conservado en el archivo del propio Fomento— por Jordi Maluquer.

32. Cf. el libro de A. Maizels, *Industrial Growth and World Trade. An Empirical Study of Trends in Production, Consumption and Trade in Manufactures from 1899-1959, with a Discussion of Probable Future Trends*, Cambridge University Press, Londres, 1965 (existe una edición abreviada de la obra, publicada por la misma editorial, con el título *Growth and Trade*, en 1970).

33. Con este término preciso de «sorpresa» calificó el alemán Gwinner, en 1897, la impresión que podía causar a muchos observadores extranjeros el desarrollo alcanzado hasta aquella fecha por la industria algodonera española («La política comercial de España en los últimos decenios, p. 285).

TABLA 5

*Algodón hilado y géneros consumidos por cabeza,
durante el ejercicio 1882-1883*

(En libras inglesas)

Países	Habitantes (en miles)	Algodón hilado		Géneros de algodón consumidos	
		Total (en miles de libras)	Por cabeza	Total (en miles de libras)	Por cabeza
Reino Unido . .	36.100	1.508.000	41,80	273.000	7,56
Suiza	2.846	49.400	17,35	17.112	6,01
Bélgica . . .	5.586	62.160	11,13	55.270	9,89
Alemania . . .	45.234	321.600	7,11	340.600	7,53
Francia . . .	37.677	249.600	6,62	259.600	6,89
España	16.938	98.845	5,83	101.615	6,00
Holanda . . .	4.382	21.750	5,00	34.750	8,00
Austria . . .	37.882	171.600	4,53	199.845	5,27
Suecia y Noruega	6.490	27.200	4,19	37.897	5,84
Grecia	1.989	7.150	3,60	11.910	6,00
Italia	28.469	94.300	3,31	144.300	5,06
Rusia y Polonia	84.058	264.000	3,14	278.000	3,31
Portugal . . .	4.745	7.700	1,62	20.040	4,22
TOTAL EUROPA .	312.396	2.883.305	9,23	1.773.939	5,67
TOTAL CONTINEN- TE sin R.U. . .	276.296	1.375.305	4,98	1.500.939	5,43

FUENTE: Thomas Ellison, *The Cotton Trade of Great Britain*, 2.ª ed. (la primera fue en 1886), Frank Cass & Co. Ltd., Londres, 1968, pp. 147-148.

tabla nos enseña que el consumo per cápita español de algodones era mediano, pero con la peculiaridad de ser satisfecho desde dentro. En 1882-1883, después de media centuria de fuerte expansión y justo en el momento en que empezaba a hacer crisis la inelasticidad de la demanda, España se autoabastecía de textiles «modernos» en la proporción de 97 por ciento (5,83 libras dentro de 6,00), un porcentaje superado por los del Reino Unido, Suiza y Bélgica —países exportadores netos—, pero del mismo orden que los correspondientes a Francia (96 por ciento) y Alemania (94 por ciento). Quizá pueda hablarse de una industria relativamente fuerte, para un Estado indudablemente débil. El contraste resulta mucho más acusado todavía si se recuerda que la industria algodonera española presenta un grado de concentración probablemente sin analogías en otros países extensos

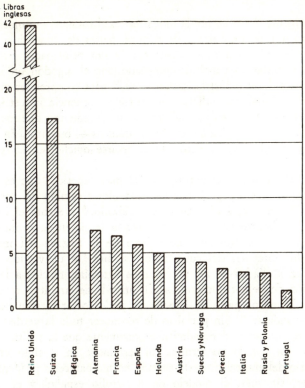

Algodón hilado por cabeza, en 1882-1883

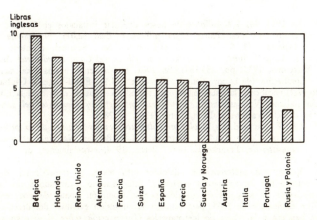

Géneros de algodón consumidos por cabeza, en 1882-1883

del continente.[34] De hecho, la industria textil catalana era mucho más poderosa que las de Suiza o de Bélgica, países de dimensiones similares y de población muy superior a la del principado. Entonces, bastará recordar el papel desempeñado por el algodón en las primeras fases de la industrialización suiza,[35] para comprender que, con el algodón, Cataluña pudiera convertirse en potencia industrial a lo largo del siglo XIX. Los mercados para sus excedentes, que los belgas y suizos —para no hablar de los británicos— buscaron en el exterior, Cataluña los encontró, sin esforzarse mucho, en el resto de España.

Por ahí llegamos al punto final, el más debatido, que es el que se refiere al precio pagado por los españoles a cambio del desarrollo catalán. El debate, profundamente enraizado,[36] presenta el inconveniente de haberse polarizado en torno a la polémica protección o librecambio. Los catalanes, defensores de la reserva del mercado, contra los intereses del consumidor, se habrían convertido en los más sólidos aliados de los propietarios agrícolas, reacios a la racionalización del sector. De esta forma, privada de auténtica revolución agraria, la mayor parte de España no pudo tomar el tren de la revolución industrial. Sin perjuicio de reconocer toda la verdad que el argumento encierra, debe admitirse igualmente que la política económica de un Estado no termina, ni terminaba en el siglo XIX, con el manejo del arancel. En este sentido no me parecería prudente contraponer, sin más, el modelo de desarrollo español y el modelo de desarrollo portugués, marcado, ése sí, en forma clara por la opción

34. En 1913, los 7,2 millones de husos de hilar instalados en Francia se repartían en cuatro regiones: Norte (2,09 millones), Este (2,01), Normandía y Oeste (1,36), «dispersos» (1,75) (según un artículo de Max Sturmel, diputado del Alto Rhin, en el diario *L'Aube*, reproducido en el *Boletín del Comité Industrial Algodonero*, VIII, Barcelona, 1935, pp. 183-185). En 1961, respondiendo a una localización tradicional, Lombardía (48,1 por ciento), Piemonte (24,1), Friuli-Venezia Giulia (9,7) y Veneto (7,2) encabezan la lista de las once regiones en que se distribuía la hilatura del algodón italiana (V. Castronovo, *L'industria cotoniera in Piemonte nel secolo XIX*, Archivio dell'Unificazione Italiana, Turín, 1965, p. 289).

35. Cf. W. Rappard, *Le révolution industrielle et les origines de la protection du travail en Suisse*, Berna, 1914, y, sobre todo, J.-F. Bergier, *Naissance et croissance de la Suisse industrielle*, Francke Editions, Berna, 1974, especialmente, pp. 58 ss. («Le coton, roi»).

36. Véase, con preferencia a cualquier otro texto, la transcripción del debate oral suscitado por las respuestas escritas al interrogatorio formulado a los fabricantes y comerciantes de artículos de algodón por la Comisión nombrada por real decreto de 10 de noviembre de 1865, para estudiar la supresión eventual del derecho diferencial de bandera y la rebaja de los aranceles (*Información sobre el derecho diferencial de bandera y sobre los de aduanas...*, IV: *Algodones*, pp. 218-301).

librecambista.[37] El modelo español es más complejo y no seré yo, en este momento, quien se atreva a formalizarlo. Pero no estará de más que insista, a modo de ejemplo, en la política extremadamente liberal aplicada al laboreo y a la exportación mineras (con la salvedad del carbón), a partir de 1869.

Es frecuente imputar a Cataluña la falta de desarrollo del resto de España. Con la misma lógica, conviene plantearse el porqué del desarrollo catalán, a pesar del no desarrollo español. Lo que sorprende —concluyo citando literalmente a Vilar— «es que, contrariamente a lo sucedido en América Latina, dos regiones por lo menos, después de haberse adentrado por la senda industrial, han permanecido dentro de ella, al menos en términos relativos. Explicar el fenómeno por el espíritu de empresa de sus hombres [como hacen tantos catalanes y vascos] o por su mística proteccionista [como hacen tantos españoles no catalanes ni vascos], me parece que equivale a invertir el orden causal. Una mística económica nace de la economía misma».[38]

37. Cf. los excelentes libros de Miriam Halpern Pereira, *Livre câmbio e desenvolvimento económico. Portugal na segunda metade do século XIX*, Cosmos, Lisboa, 1971, y *Assimetrias de crescimento e dependência externa (Comparaçâo entre dois períodos da história contemporânea portuguesa, 1847-1914 e 1940-1970)*, Seara Nova, Lisboa, 1974.

38. «La Catalogne industrielle. Réflexions sur un démarrage et sur un destin», p. 433.

APÉNDICES ESTADÍSTICOS

Producción española de plomo en barras, 1822-1868

(En toneladas métricas)

Años	1 Granada	2 Almería	3 (1 + 2)	4 Murcia	5 Jaén	6 Córdoba	7 España
1822			12.472				
1823			22.425				
1824			26.105				
1825			29.785				
1826			33.465				
1827			37.076				
1828			37.076				
1829			37.076				
1830			32.890				
1831			27.600				
1832			27.600				
1833			27.600				

Años	1 Granada	2 Almería	3 (1 + 2)	4 Murcia	5 Jaén	6 Córdoba	7 España
1834			21.620				
1835			24.302				
1836			23.531				
1837			20.782				
1838			23.470				
1839			27.600				
1840			23.153				
1841			21.869				
1842			18.814	17			
1843			15.704	1.295			
1844			15.568	3.417	699		20.482
1845			16.599	8.223	860		25.169
1846			15.874	10.672	?		?
1847			20.483	5.474	?		?
1848			17.247	6.498	3.109		28.939
1849			17.118	8.858	?		?
1850			?	11.626	?		?
1851			?	15.017	?		?
1852			23.321	16.063	?		?
1853			?	16.737	?		?
1854			?	14.917	?		?

1857	?		?	?	?	?
1858	?		?	?	?	?
1859	?		?	?	?	?
1860	?		?	?	?	?
1861	4.914	23.086	22.038	10.284	1.535	62.401
1862	2.742	25.409	17.415	13.773	1.508	61.768
1863	3.169	31.098	19.891	15.383	2.052	72.360
1864	2.910	28.206	16.269	15.142	2.370	65.421
1865	2.868	19.416	16.811	19.152	2.885	61.959
1866	2.406	23.640	16.625	20.980	3.100	67.876
1867	2.846	26.280	22.605	17.977	599	71.564
1868	2.671	25.786	16.958	19.692	5.233	72.800
1869	2.752	26.700	12.058	29.336	6.037	83.698
1870	1.988	24.796	26.971	16.657	7.027	85.051
1871	814	26.580	33.069	17.694	4.674	91.994
1872	581	28.223	28.420	25.583	5.468	101.522
1873	—	26.472	17.753	39.903	5.583	99.682
1874	1.046	27.977	15.908	48.248	5.172	106.218
1875	533	19.547	30.989	55.801	5.745	119.653
1876	968	20.574	34.376	55.842	6.153	127.495
1877	670	18.655	33.201	16.283	482	80.822
1878	398	16.800	32.629	13.551	10.352	86.090
1879	548	22.395	34.682	12.612	7.532	90.117
1880	91	19.259	35.241	4.236	8.539	79.808

Años	1 Granada	2 Almería	3 (1 + 2)	4 Murcia	5 Jaén	6 Córdoba	7 España
1881	—	19.067		42.798	4.940	10.812	90.672
1882	—	17.391		36.426	4.977	14.776	88.339
1883	—	20.999		32.688	5.447	25.730	99.312
1884	—	15.444		36.411	—	16.179	83.304
1885	—	10.857		33.352	17.661	12.656	88.615
1886	—	8.013		38.406	27.798	16.897	105.942
1887-88	—	14.028		48.394	32.559	35.740	145.455
1888-99	—	11.333		63.546	25.550	20.610	131.458
1889-90	—	19.612		116.895	28.362	17.616	191.196
1890-91	—	20.132		85.273	27.122	17.085	155.646
1891-92	—	18.567		97.912	27.901	15.844	166.189
1892-93	—	15.162		85.898	28.360	19.121	151.714
1894	—	13.295		85.466	31.530	17.794	152.621
1895	—	13.707		79.636	38.847	25.260	160.786
1896	—	11.638		81.922	36.169	32.971	167.017
1897	—	15.454		86.746	26.774	34.507	166.370
1898	—	11.429		88.449	29.163	36.185	167.351
1899	—	8.958		72.802	42.254	35.901	162.613
1900	—	7.627		76.972	42.281	40.900	172.530
1901	—	7.535		79.186	42.459	36.122	169.294

1904	—	4.804	71.451	58.812	39.812	179.546
1905	—	5.534	73.944	54.693	46.574	185.598
1906	—	5.340	73.105	47.841	54.588	185.380
1907	—	4.981	67.916	47.245	60.912	186.497
1908	—	4.471	72.821	41.185	64.631	188.061
1909	—	3.649	71.592	38.585	58.852	179.993
1910	—	3.539	62.166	54.514	64.220	190.523
1911	—	2.691	63.491	57.217	60.158	189.919
1912	—	1.459	98.463	64.358	61.520	232.612
1913	—	141	65.788	62.323	65.014	198.829

FUENTES: Los datos a partir de 1861 proceden de las *Estadística(s) minera(s)* y han sido recopilados por González Llana. Los anteriores han sido sacados de la *Revista Minera*, III, 1852, p. 539, y IV, 1853, pp. 109 y 651, para formar la columna 3; de la misma *Revista Minera*, VIII, 1857, p. 327, para la columna 4; y de Ezquerra del Bayo, «Resumen estadístico razonado de la riqueza producida por la minería de España durante el año de 1844»; Cavanilles, *Memoria sobre la minería del Reino en fin del año de 1845*, y Collado y Ardanuy, *Apuntes para la historia contemporánea de la minería española...*, para las columnas 5 y 7.

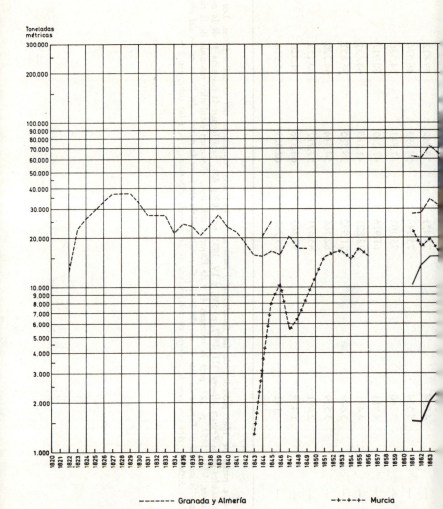

------- Granada y Almería   -+-+-+- Murcia

Producción españ

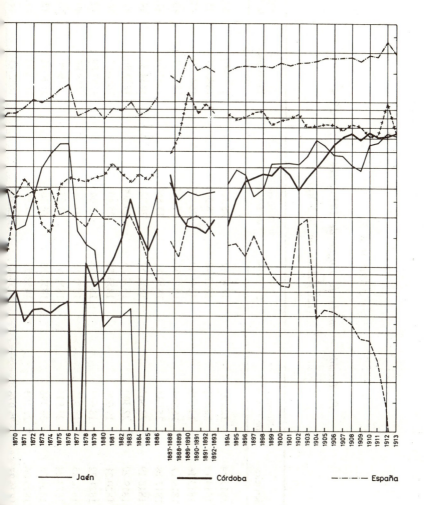

—— Jaén	—— Córdoba	—·—·— España

plomo en barras, 1822-1868

APÉNDICE 3

Producción española de azogue de 1813-1814 a 1913-1914

(En frascos de 34,5 kg)

Ejercicios	Número de frascos	Ejercicios	Número de frascos	Ejercicios	Número de frascos
1813-14	12.293	1846-47	28.368	1879-80	45.127
1814-15	18.851	1847-48	28.500	1880-81	45.588
1815-16	15.075	1848-49	26.935	1881-82	46.137
1816-17	16.064	1849-50	15.560	1882-83	46.614
1817-18	25.083	1850-51	15.860	1883-84	47.732
1818-19	22.863	1851-52	20.224	1884-85	44.757
1819-20	22.300	1852-53	23.406	1885-86	47.852
1820-21	19.000	1853-54	25.403	1886-87	50.920
1821-22	18.693	1854-55	16.645	1887-88	52.100
1822-23	19.985	1855-56	27.547	1888-89	49.304
1823-24	20.833	1856-57	15.084	1889-90	50.297
1824-25	26.396	1857-58	26.763	1890-91	48.053
1825-26	27.103	1858-59	17.496	1891-92	47.303
1826-27	25.076	1859-60	23.208	1892-93	44.662

Año		Año		Año	
1829-30	26.425	1862-63	21.972	1895-96	40.306
1830-31	25.784	1863-64	21.555	1896-97	46.600
1831-32	25.374	1864-65	29.365	1897-98	46.600
1832-33	28.841	1865-66	32.440	1898-99	46.000
1833-34	28.724	1866-67	27.375	1899-1900	31.874
1834-35	28.724	1867-68	26.859	1900-01	25.100
1835-36	27.652	1868-69	34.520	1901-02	30.000
1836-37	26.791	1869-70	34.828	1902-03	32.000
1837-38	22.921	1870-71	34.341	1903-04	30.000
1838-39	33.100	1871-72	32.893	1904-05	32.000
1839-40	30.860	1872-73	33.480	1905-06	36.000
1840-41	24.279	1873-74	28.286	1906-07	36.000
1841-42	26.671	1874-75	36.640	1907-08	34.609
1842-43	26.943	1875-76	36.376	1908-09	36.600
1843-44	27.072	1876-77	38.410	1909-10	34.908
1844-45	28.296	1877-78	40.756	1910-11	36.000
1845-46	29.157	1878-79	41.930	1911-12	36.000
				1912-13	36.000
				1913-14	30.000

FUENTE: XIV Congreso Geológico Internacional, Madrid 1926. Excursión B-1. Minas de Almadén, Madrid, 1926.

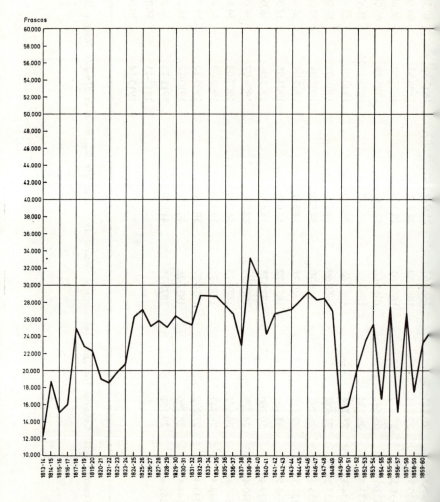

Producción españ.

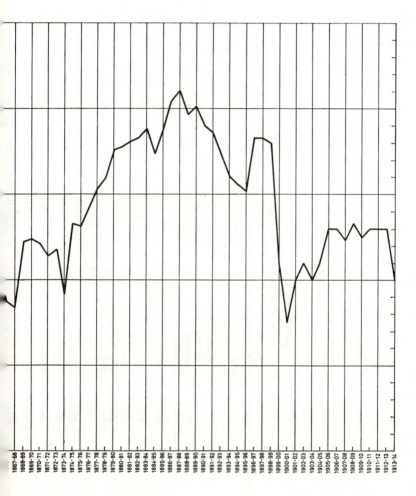

e de 1813-1814 a 1913-1914

APÉNDICE 4

Constitución de sociedades mercantiles
(colectivas, comanditarias y anónimas), 1886-1913

Años	España N.°	España Capital (en miles de ptas. corrientes)	Barcelona N.°	Barcelona Capital (en miles de ptas. corrientes)	Madrid N.°	Madrid Capital (en miles de ptas. corrientes)	Vizcaya N.°	Vizcaya Capital (en miles de ptas. corrientes)
1886	854	242.621	270	188.884	85	17.132	22	8.500
1887	929	269.139	267	68.106	93	115.104	28	5.493
1888	881	264.126	219	10.641	89	140.360	32	44.590
1889	929	310.786	260	33.744	97	120.047	44	9.759
1890	897	236.515	247	21.677	72	89.599	48	28.991
1891	984	284.276	299	25.008	80	151.723	35	48.354
1892	995	121.112	255	17.485	72	20.917	43	27.475
1893	949	133.465	289	38.386	64	21.394	33	19.484
1894	1.031	191.609	297	32.335	77	42.540	61	54.619
1895	957	119.723	307	27.516	70	26.951	40	13.583

Año							
1898	944	116.003	250	13.332	78	36.295	49	20.342
1899	1.180	368.187	313	43.936	127	137.644	83	47.266
1900	1.317	540.404	310	32.720	113	38.444	118	168.568
1901	1.357	878.860	293	69.089	98	132.412	153	483.263
1902	1.371	439.752	338	134.929	115	68.151	98	85.928
1903	1.286	379.708	292	101.321	112	143.176	99	47.583
1904	1.268	205.148	297	39.822	122	40.679	72	25.880
1905	1.260	229.657	341	46.877	105	52.418	64	16.492
1906	1.176	461.557	323	22.700	101	160.945	84	52.434
1907	1.229	511.618	321	31.186	131	66.036	80	29.205
1908	1.191	330.399	326	48.808	112	52.671	77	25.210
1909	1.166	216.613	280	29.711	121	66.604	79	13.067
1910	1.157	253.567	301	53.767	117	49.565	74	17.447
1911	1.149	308.275	304	73.677	108	95.512	79	12.709
1912	1.198	298.712	317	63.336	105	83.232	68	17.101
1913	1.291	197.321	340	45.277	102	35.818	85	15.190

FUENTES: *Estadística del registro mercantil formado por la Dirección General de los registros civil y de la propiedad y del notariado*, Establecimiento tipolitográfico Sucs. de Rivadeneyra, Madrid, 1901; *Estadística del registro mercantil formado por el negociado 4.° de la Dirección General de los registros y del notariado*, Madrid, 1911, y *Anuario de los registros y del notariado*, de la Dirección General de los Registros y del Notariado, volúmenes correspondientes a 1911-1913.

APÉNDICE 5

Producción e importación de bulla

(En miles de toneladas)

Años	Producción								Importación
	España	Asturias	Córdoba	Palencia	Ciudad Real	León	Sevilla	Gerona	
1836 . .							1,38		
1837 . .							1,30		
1838 . .		11,50					1,38		
1845 . .		33,54	1,52	0,7		1,06	2,76	0,39	
1849 . .		?	?	?		?	?	?	74,64
1850 . .		?	?	?		?	?	?	128,56
1851 . .		?	?	?		?	?	?	161,62
1852 . .		?	?	?		?	?	?	139,09
1853 . .		?	?	?		?	?	?	186,45
1854 . .		37,75	?	?		?	?	?	151,89

Año									
1857 . .		84,84	?	?		?	?	?	213,93
1858 . .		103,31	?	?		?	5,00	?	291,21
1859 . .		?	?	?		?	?	1,22	308,80
1860 . .		278,43	8,31	21,77		6,21	2,22	1,80	300,81
1861 . .	331,05	252,12	12,95	53,01		2,73	4,83	1,78	394,34
1862 . .	360,24	270,75	11,07	65,56		4,17	4,00	2,11	404,74
1863 . .	401,30	307,39	12,90	60,67		6,79	9,02	2,27	671,47
1864 . .	387,90	259,11	16,72	88,87		11,00	7,80	2,89	418,84
1865 . .	461,39	339,32	12,28	88,51		6,51	9,32	4,62	376,21
1866 . .	393,10	272,01	16,46	82,56		3,06	15,36	2,76	433,12
1867 . .	511,54	411,34	23,70	65,38		1,70	5,72	2,21	428,81
1868 . .	529,05	358,23	71,55	90,60		3,07	1,40	2,83	380,18
1869 . .	550,38	367,19	79,45	89,46		5,83	5,37	2,70	432,91
1870 . .	621,83	447,03	77,64	85,63		3,83	4,64	2,59	634,50
1871 . .	589,70	370,96	119,23	82,50		3,37	10,12	3,10	544,91
1872 . .	687,79	424,49	142,07	101,13		6,18	9,20	4,02	494,21
1873 . .	658,74	375,01	144,85	113,67		5,20	14,67	4,94	488,21
1874 . .	709,15	388,72	176,33	119,25		4,72	13,50	6,38	438,44
1875 . .	666,80	381,20	133,08	133,21		4,93	9,30	4,50	509,43
1876 . .	720,41	394,35	153,01	155,67		6,52	5,75	4,31	695,41
1877 . .	652,36	365,15	129,60	135,52		7,01	9,48	5,10	829,09
1878 . .	649,67	380,75	123,50	115,79		6,97	17,84	4,80	829,11
1879 . .	667,86	387,34	132,85	120,55	0,50	9,20	13,80	2,78	841,12
1880 . .	825,79	428,46	166,50	162,53	4,00	9,26	46,96	7,13	937,59

| Años | Producción | | | | | | | | Años | Importación |
	España	Asturias	Córdoba	Palencia	Ciudad Real	León	Sevilla	Gerona		
1881 . .	1.171,41	483,67	268,77	324,32	4,80	8,02	56,22	24,70		1.023,37
1882 . .	1.165,51	483,03	226,44	317,58	13,33	15,79	70,00	36,17		1.156,63
1883 . .	1.044,48	469,62	194,80	216,44	10,65	16,17	90,00	46,53		1.287,09
1884 . .	952,97	445,22	161,92	172,37	38,95	11,85	81,43	41,21		1.356,95
1885 . .	919,44	434,87	153,09	168,04	38,64	10,45	70,40	43,78		1.335,82
1886 . .	977,56	468,96	146,99	184,49	39,22	9,32	82,69	45,78		1.420,57
									1887	1.408,26
1887-88 .	1.014,89	519,41	226,05	82,62	38,54	12,15	93,31	42,55	1888	1.502,33
1888-89 .	1.087,93	563,68	200,23	87,08	73,02	15,18	90,00	56,99	1889	1.614,95
1889-90 .	1.168,26	620,70	225,79	97,28	42,46	20,54	89,80	66,64	1890	1.717,70
1890-91 .	1.261,75	675,38	239,71	125,68	55,62	20,20	100,35	40,98	1891	1.863,33
1891-92 .	1.296,46	707,26	216,21	137,03	79,60	19,09	104,13	30,73	1892	1.869,95
1892-93 .	744,09	403,53	136,78	73,88	90,63	20,00	48,13	41,49	1893	1.746,99
1894 . .	1.659,27	974,95	268,22	152,56	102,30	36,19	80,46	44,39		1.840,74
1895 . .	1.739,07	1.008,96	277,74	134,43	111,18	58,42	107,40	41,40		1.725,18
1896 . .	1.852,94	1.110,56	295,88	130,36	109,93	51,52	112,99	41,22		1.882,59
1897 . .	2.010,96	1.257,36	307,30	91,91	130,55	74,62	123,98	24,93		1.852,97
1898 . .	2.414,12	1.397,15	365,53	106,66	201,10	189,88	121,07	32,10		1.440,57
1899 . .	2.565,44	1.557,91	347,55	117,99	236,66	149,19	120,40	35,40		1.783,45
								21,50		1.091,64

1902 . .	2.614,01	1.441,44	335,72	124,95	288,33	196,65	196,50	26,73	2.308,70
1903 . .	2.587,65	1.418,42	334,77	116,07	280,48	216,30	200,00	17,55	2.265,97
1904 . .	2.903,77	1.748,42	350,23	102,50	289,03	243,40	156,10	13,34	2.307,07
1905 . .	3.067,83	1.915,22	369,30	93,99	299,53	202,58	177,00	10,19	2.351,69
1906 . .	3.095,04	1.867,08	402,19	110,74	272,42	266,91	165,00	10,71	2.427,20
1907 . .	3.531,34	2.194,12	403,03	107,91	337,57	301,17	176,00	11,54	2.135,92
1908 . .	3.697,65	2.375,61	409,31	141,52	316,55	267,26	173,25	13,14	2.218,64
1909 . .	3.662,57	2.395,07	361,51	138,73	319,80	272,80	163,00	11,26	2.353,39
1910 . .	3.600,06	2.329,51	367,70	134,52	302,33	291,12	164,00	10,88	2.315,88
1911 . .	3.454,35	2.266,04	340,35	120,75	284,66	269,01	162,25	11,28	2.371,91
1912 . .	3.625,67	2.373,40	333,34	109,09	333,01	310,50	154,25	12,07	2.677,76
1913 . .	3.783,21	2.413,51	354,97	127,92	369,37	328,25	178,00	11,19	3.098,33

FUENTES: «Producción»: Datos anteriores a 1861, R. Oriol y Vidal, *Carbones minerales de España. Su importancia, descripción, producción y consumo*, Madrid, 1873, pp. 26, 40, 55, 67, 86 y 91. Datos a partir de 1861: la serie *Estadística(s) minera(s)*.

«Importación»: La serie *Estadística(s) del comercio exterior de España*, publicadas por la Dirección General de Aduanas.

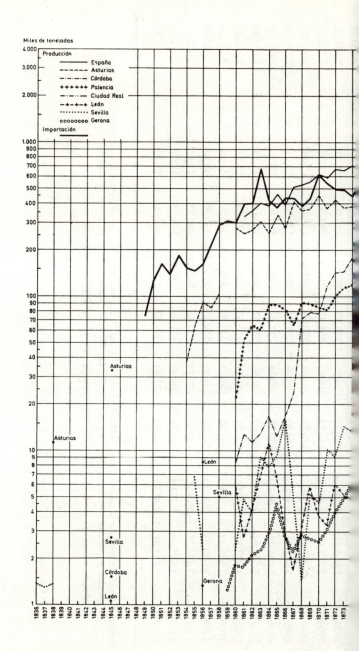

Producció

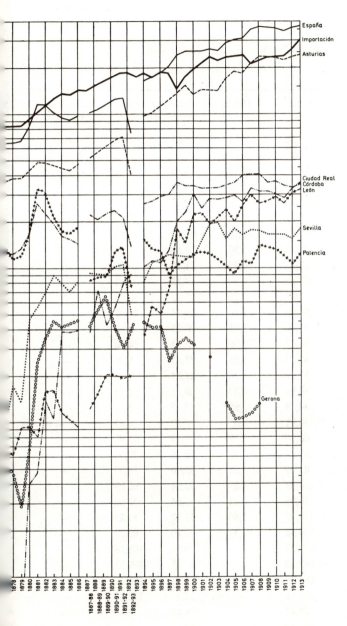

España
Importación
Asturias

Ciudad Real
Córdoba
León

Sevilla

Palencia

Gerona

ortación de hulla

Producción de hierro colado
(En miles de toneladas)

Años	España	Málaga	Asturias	Vizcaya	Santander
1856 . . .	15,22	4,81	2,65	3,15	—
. . . .	. . . .	. . .	. . . .	. . .	. . . . . .
1861 . . .	34,53	17,05	10,33	?	—
1862 . . .	48,10	10,4?	16,54	8,65	—
1863 . . .	45,33	10,36	6,88	12,56	—
1864 . . .	50,77	12,14	16,08	12,80	—
1865 . . .	49,53	12,16	16,04	12,90	—
1866 . . .	39,25	5,50	13,16	9,79	—
1867 . . .	41,93	0,89	21,15	10,00	—
1868 . . .	43,16	0,70	19,72	11,11	—
1869 . . .	34,48	0,72	15,72	10,42	—
1870 . . .	54,00	1,74	26,44	12,31	—
1871 . . .	53,60	3,65	20,93	15,45	—
1872 . . .	56,46	1,96	26,33	14,80	—
1873 . . .	42,82	2,04	23,45	9,00	—
1874 . . .	37,87	3,20	27,59	1,44	—
1875 . . .	36,90	4,55	26,21	2,90	—
1876 . . .	44,49	5,99	30,39	5,35	—
1877 . . .	46,91	4,35	24,15	8,65	—
1878 . . .	66,76	2,57	29,63	17,46	—
1879 . . .	68,74	1,97	29,16	20,54	—
1880 . . .	85,93	1,92	30,86	34,20	—
1881 . . .	114,39	1,8?	38,14	62,99	—
1882 . . .	120,06	0,91	47,34	58,92	—
1883 . . .	139,92	1,86	38,52	85,23	—
1884 . . .	124,36	1,37	40,10	68,13	—
1885 . . .	159,22	—	36,30	108,29	—
1886 . . .	147,70	—	30,63	109,53	—
1887-88 . .	184,04	—	27,91	154,52	—
1888-89 . .	185,71	—	32,01	152,85	—
1889-90 . .	179,43	—	34,16	?	—
1890-91 . .	192,30	—	33,83	?	—

Años	España	Málaga	Asturias	Vizcaya	Santander
1891-92 . .	155,93	—	39,86	?	—
1892-93 . .	173,31	—	44,62	?	—
1894 . . .	169,34	—	47,68	?	—
1895 . . .	236,05	—	55,53	?	—
1896 . . .	260,99	—	52,48	206,70	—
1897 . . .	316,87	—	51,72	265,15	—
1898 . . .	262,49	—	?	218,11	—
1899 . . .	295,84	—	?	220,80	—
1900 . . .	310,00	—	?	?	—
1901 . . .	330,61	17,86	55,72	245,15	0,78
1902 . . .	326,43	34,78	55,72	220,40	2,40
1903 . . .	379,66	33,58	66,96	229,47	34,56
1904 . . .	358,48	29,46	63,38	212,30	36,88
1905 . . .	378,27	24,39	64,17	243,02	36,51
1906 . . .	379,17	25,05	65,23	244,48	35,26
1907 . . .	355,24	—	57,14	255,14	33,33
1908 . . .	403,55	—	60,42	296,68	30,82
1909 . . .	428,62	—	78,59	302,29	38,82
1910 . . .	408,46	—	79,26	286,51	35,15
1911 . . .	408,66	—	73,37	291,21	36,92
1912 . . .	403,24	—	63,96	291,40	40,28
1913 . . .	424,77	—	59,70	311,82	45,79

FUENTES: La serie *Estadística(s) minera(s)*.

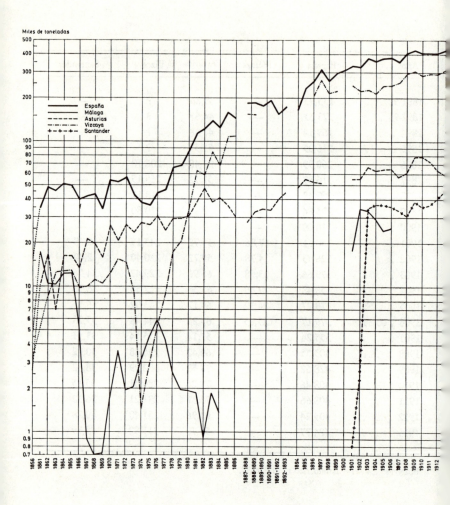

Miles de toneladas

——————	España
— — — —	Málaga
- - - - -	Asturias
-·-·-·-	Vizcaya
+-+-+-+	Santander

Producción de hierro colado

APÉNDICE 7

Importaciones de algodón en rama
(En toneladas)

Años	Barcelona	Málaga	España
1816	867		
1817	1.109		
1818	1.137		
1819	1.996		
1820	2.013		
1821	?		
1822	?		
1823	?		
1824	2.647		
1825	1.318		
1826	2.417		
1827	2.782		
1828	?		
1829	?		
1830	?		
1831	3.902		
1832	?		
1833	?		
1834	3.416		
1835	2.912		
1836	3.682		
1837	4.341		
1838	5.178		
1839	3.740		
1840	8.387		
1841	8.449		
1842	4.933		
1843	2.672		
1844	7.078		
1845	15.419		
1846	6.898		
1847	7.426		
1848	10.753		

Años	Barcelona	Málaga	España
1849	12.351		11.908
1850	15.271		15.744
1851	14.768		15.343
1852	15.958		16.166
1853	14.968		16.257
1854	14.647		16.958
1855	17.131		17.155
1856	25.808		27.554
1857	14.217	612	17.292
1858	18.767	850	21.407
1859	21.773	?	24.369
1860	21.207	?	23.930
1861	20.053	1.297	26.570
1862	11.435	791	12.714
1863	14.841	1.335	16.556
1864	12.450	953	13.814
1865	12.832	1.052	14.570
1866	16.671	1.434	19.008
1867	18.192	1.409	20.518
1868	20.364	1.018	22.417
1869	16.195	842	19.630
1870	23.168	2.012	26.804
1871	31.441	1.297	35.160
1872	25.094	1.548	28.037
1873	23.263	2.010	27.245
1874	34.136	2.144	37.821
1875	29.742	2.386	33.722
1876	35.202	2.396	39.178
1877	30.398	2.009	33.963
1878	31.105	2.172	35.951
1879	31.499	2.356	36.746
1880	40.400	1.859	44.778
1881	41.143	2.398	45.085
1882	42.011	2.064	46.385
1883	48.570	2.867	54.297
1884	47.594	3.244	52.622
1885	43.484	2.692	48.803
1886	41.379	2.557	45.812

Años	Barcelona	Málaga	España
1887	41.868	2.478	46.277
1888	38.350	2.248	42.401
1889	59.417	2.305	63.691
1890	45.455	2.342	49.838
1891	56.329	2.024	60.730
1892	56.956	2.272	61.453
1893	55.032	2.009	58.520
1894	63.974	2.507	68.192
1895	67.979	1.642	71.426
1896	56.120	1.409	59.311
1897	72.182	1.677	75.960
1898	61.321	1.893	65.376
1899	83.220	930	86.461
1900	62.741	1.525	66.200
1901	73.932	2.013	78.264
1902	81.582	1.298	85.208
1903	76.267	1.844	79.930
1904	67.674	1.249	70.500
1905	73.493	705	76.373
1906	82.961	1.918	87.032
1907	88.791	1.117	91.569
1908	92.827	345	94.912
1909	66.885	430	70.572
1910	69.789	898	72.608
1911	87.587	543	90.417
1912	89.148	855	92.863
1913	85.199	667	88.242

Fuentes: Los legajos 55, n.º 23 (datos de 1816-1820 y 1824) y 85, n.ºˢ 36, 37 y 53 (datos de 1825 y 1826) y libro 137 (datos de 1831, proporcionados por el intendente de Cataluña, con fecha 8-VIII-1832) de la Junta de Comercio de Barcelona; J. Fontana, «Colapso y transformación del comercio exterior español...», p. 10 (datos de 1827); O. Ronquillo, *Diccionario de materia mercantil, industrial y agrícola*, IV, Barcelona, 1857, p. 421 (datos de 1834 a 1848), las *Estadística(s) del comercio exterior de España*, de la Dirección General de Aduanas (datos de 1849 a 1913).

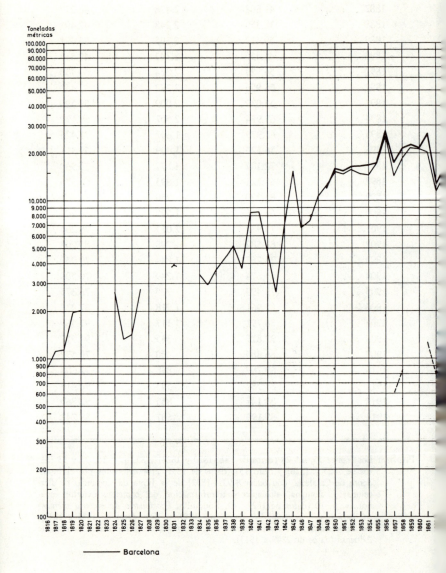

Barcelona

Importacione

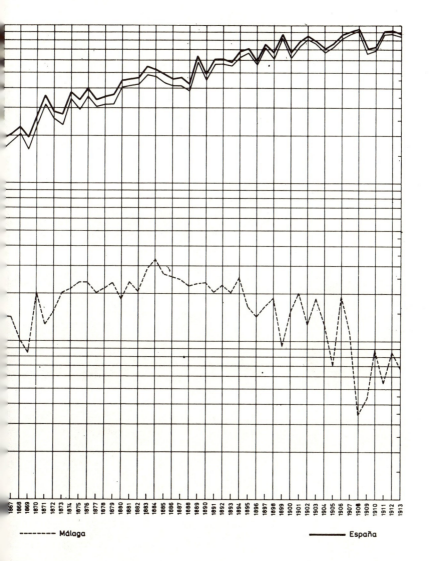

1867 1868 1869 1870 1871 1872 1873 1874 1875 1876 1877 1878 1879 1880 1881 1882 1883 1884 1885 1886 1887 1888 1889 1890 1891 1892 1893 1894 1895 1896 1897 1898 1899 1900 1901 1902 1903 1904 1905 1906 1907 1908 1909 1910 1911 1912 1913

-------- Málaga   ———— España

lón en rama

BIBLIOGRAFÍA *

Actas y comunicaciones de la 1.ª Asamblea intercomarcal de investigadores del Penedès y Conca d'Òdena, Martorell, 1950.

ADAM, J.-P.: *Instauration de la politique des chemins de fer en France*, PUF, París, 1972.

ADARO Y MAGRO, Luis de: *Criaderos de Asturias* (obra completada por Gumersindo Junquera), que forma el tomo II de la serie *Criaderos de hierro de España*, Instituto Geológico y Minero, Madrid, 1916.

ADARO RUIZ-FALCÓ, L.: *175 años de la sidero-metalurgia asturiana*, Cámara de Comercio, Industria y Navegación, Gijón, 1968.

ALCALÁ-ZAMORA Y QUEIPO DE LLANO, José: *Historia de una empresa siderúrgica española. Los altos hornos de Liérganes y La Cavada, 1622-1834*, Santander, 1974.

ALDAMA, José de: «Proyecto de ley para la enajenación de las minas reservadas al Estado», *Revista Minera*, IX, 1858, pp. 305-322 y 338-352.

ALDANA, Lucas de: *Consideraciones generales sobre la industria hullera de España*, Oficina Tip. del Hospicio, Madrid, 1862.

—: *Las minas de Riotinto en el curso de siglo y medio*, Madrid, 1875.

—: «Inminencia del arriendo de las minas de Linares», *Revista Minera*, XX, 1869, pp. 97-113.

—: «El año 1871 bajo el aspecto mineralúrgico comercial», *Revista Minera*, XXIII, 1872, pp. 285-296.

ALMUNIA, J.: *Contribución de la Real Sociedad Vascongada al progreso de la siderurgia española a fines del siglo XVIII*, Instituto del Hierro y del Acero, Madrid, 1951.

ALONSO HERRERA, Gabriel: *Agricultura general*, IV, Imp. Real, Madrid, 1819.

ALSINA, Ferran: *Fonaments de la reforma del trevall en la indústria cotonera catalana tal com s'es comensada en lo Vapor Vell de Sans*, Imp. La Renaixensa, Barcelona, 1889.

Altos Hornos de Vizcaya, 1902-1952, Talleres Hauser y Menet, Bilbao, 1952.

ALZOLA, Benito de: *Estudio relativo a los recursos de que la industria nacional dispone para la construcción y armamentos navales*, Madrid, 1886.

—: *Las primas a la construcción naval y a la navegación*, Bilbao, 1895.

---

* Bibliografía e índice onomástico al cuidado de Teresa Boada.

ALZOLA, Pablo de: *Informe relativo al estado de la industria siderúrgica en España y de las reformas generales requeridas para que alcancen la debida extensión las fábricas de productos derivados y de maquinaria*, Bilbao, 1904.

—: *La política económica mundial y nuestra reforma arancelaria*, Imp. de la Casa de Misericordia, Bilbao, 1906.

AMOR, A., y otros: *Informe sobre la mejora y aumento de la cría caballar, dirigido al Supremo Consejo de Guerra por los Tenientes generales don A. Amor, don Manuel Freyre, el marqués de Casa Cagigal y el mariscal de campo don D. Ballesteros...*, Barcelona, 1818.

ANES, Gonzalo: *Las crisis agrarias en la España Moderna*, Taurus, Madrid, 1970.

—: «La agricultura española desde comienzos del siglo XIX hasta 1868: algunos problemas», en *Ensayos sobre la economía española a mediados del siglo XIX, Banco de España*, Madrid, 1970, pp. 235-263.

ANDRÉS ÁLVAREZ, Valentín: «Historia y crítica de los valores de nuestra Balanza de Comercio», *Moneda y Crédito*, n.º 3, 1943, pp. 11-25.

—: «Las balanzas estadísticas de nuestro comercio exterior», *Revista de Economía Política*, I, 1945, pp. 73-94.

Annuaire statistique de la France, 1966. Résumé rétrospectif, Institut National de la Statistique et des Études Économiques, París, 1966.

Anuario de las minas y fábricas metalúrgicas de España, preparado por la *Revista Minera, Metalúrgica y de Ingeniería*, bajo la dirección de Román Oriol, I, Madrid, 1894.

Anuario de minería, metalurgia, electricidad e industrias químicas de España (continuación del *Anuario de las minas y fábricas metalúrgicas de España*), editado por *Revista Minera, Metalúrgica y de Ingeniería*, bajo la dirección de A. Contreras y de R. Oriol, XIII, Madrid, 1913.

Anuario de los ferrocarriles. Año 1.º: 1874, C. Bailly-Baillières, Madrid, 1874.

Antología de las Cortes Constituyentes, 1869-1870, III, Madrid, 1914.

ARACIL MARTÍ, R.: *Industria y sociedad en Alcoy: 1700-1900*, tesis doctoral inédita, leída en la Universidad de Barcelona, 1973.

— y Mario García Bonafé: «Els inicis de la industrialització a Alcoi», en *Recerques. Història, economia, cultura*, n.º 3, 1974, pp. 23-45.

ARIBAU, Buenaventura Carlos: «Estadística general del comercio exterior y de cabotaje en España, en el año de 1859», *La Verdad Económica. Revista Quincenal Científica, Industrial y Literaria* (Madrid), I, n.º 5, 15 marzo 1861.

—: «Ley de cereales» (2.ª parte), *La Verdad Económica. Revista Quincenal Científica, Industrial y Literaria*, I, 1861.

ARRIETA, Juan de: «Despertador», diálogo II, en Gabriel Alonso Herrera, *Agricultura general*, IV, Imp. Real, Madrid, 1819.

ARROYO, L., y Diego Templado: «Catálogo de criaderos de plomo y cinc del distrito minero de Cartagena», *Boletín Oficial de Minas y Metalurgia*, XI, 1927.

ARTOLA, Miguel: *La burguesía revolucionaria (1808-1874)*, Alianza Editorial-Alfaguara, Madrid, 1973.

AVERY, D.: *Not on Queen Victoria's Birthday. The Story of the Rio Tinto Mines*, Collins, Londres, 1974.

BAINES, Edward: *History of the Cotton Manufacture in Great Britain*, Londres, 1835; reeditado, con una introducción bibliográfica de W. H. Chaloner, por Franck Cass & Co. Ltd., Londres, 1966.

BAIROCH, Paul: *Révolution industrielle et sous-développement*, SEDES, París, 1963.

Banco de España. Una historia económica, El, Banco de España, Madrid, 1970.

BANCO HISPANO AMERICANO: *El primer medio siglo de su historia*, Imp. Maestre, Madrid, 1951.

BARTHE, A.: «La industria metalúrgica española», *Revista Nacional de Economía*, IX, 1924, pp. 165-183.

BELTRÁN FLÓREZ, Lucas: *La industria algodonera española*, Ministerio de Trabajo, Sección de Trabajo de la Industria Textil Algodonera, Barcelona, 1943.

—: «La evolución del precio del algodón en rama en España durante los siglos XIX y XX», *Anuario de la Industria Textil Española*, I, 1945, páginas 66-73.

BELL, Isaac L.: *The Iron Trade of the United Kingdom compared with that of the other Chief Iron making Nations*, British Iron Trade Association, Londres, 1886.

BERGIER, J.-F.: *Naissance et croissance de la Suisse industrielle*, Francke Editions, Berna, 1974.

BERNAL, Antonio-Miguel: *Orígenes de las agitaciones campesinas andaluzas. Disolución del régimen señorial y formación de la burguesía agraria, 1798-1868*, tesis doctoral inédita, leída en la Universidad de Sevilla durante el curso 1972-1973.

—: «Bourgeoisie rurale et prolétariat agricole en Andalousie pendant la crise de 1868», *Mélanges de la Casa de Velázquez*, París, 1971, pp. 327-346.

—: *La propiedad de la tierra y las luchas agrarias andaluzas*, Ariel, Barcelona, 1974.

BERTRAND Y SERRA, Eusebio: «Un estudio sobre la industria textil algodonera», *Boletín del Comité Regulador de la Industria Algodonera* (Barcelona), IV, n.° 33, 1931.

BÉTHENCOURT, Agustín de: *Mémoire sur la force expansive de la vapeur de l'eau, lû à l'Académie Royale des Sciences par Mr. Béthencourt, 15 diciembre 1789.*

BLANQUI, J. A.: *Rapport sur la situation économique et morale de l'Espagne en 1846, par M. Blanqui (extrait du tome VI des Mémoires de l'Académie des Sciences Morales et Politiques)*, París, 1850.

BLAUG, M.: «The Productivity of Capital in the Lancashire Cotton Industry during the Nineteenth Century», *The Economic History Review*, 2.ª serie, XIII, 1961, Apéndice C.

BOGOLJÚBOV, A.: *Un héroe español del progreso: Agustín Béthencourt*, prólogo de Julio Caro Baroja y epílogo de J. A. García Diego, Seminarios y Ediciones, S. A., Madrid, 1973.

Boletín de Empresas, dedicado al mayor y más rápido acrecentamiento de la riqueza pública, n.° 20, Imp. de la Topografía Española, Madrid, 9 abril 1845.

BONILLA, Heraclio: «La congiuntura commerciale del XIX secolo in Perú», *Rivista Storica Italiana*, LXXXIII, 1971, pp. 73-94.

BORREGO, Andrés: *Principios de economía política*, Imp. de la Sociedad de Operarios del mismo Arte, Madrid, 1844.

—: *Sucinta y verídica historia de la hacienda española*, Madrid, 1871.

—: *Historia, antecedentes y trabajos a que han dado lugar en España las discusiones sobre la situación y el porvenir de las clases jornaleras*, Madrid, 1890.

BOURGOING, J. F.: *Tableau de l'Espagne Moderne*, 3.ª edición corregida y aumentada, III, Chez Lerrault, Frères, Lib., París, 1803.

BRODER, Albert: «Les investissements français en Espagne au XIXᵉ siècle. Essai de quantification des investissements privés», comunicación presentada al 2ᵉ Colloque des Historiens Economistes Français, París, 4-6 octubre 1973.

BUSTELO GARCÍA DEL REAL, F.: «Algunas reflexiones sobre la población española de principios del siglo XVIII», *Anales de Economía*, 3.ª época, n.° 15, 1972, pp. 89-106.

CABALLERO, Fermín: *Fomento de la población rural*, Imp. Nacional, Madrid, 1864.

CABANA, Francesc: *Bancs i banquers a Catalunya. Capítols per a una història*, Edicions 62, Barcelona, 1972.

CABRILLANA, N.: «Villages desertés en Espagne», en *Villages desertés et histoire économique, XIᵉ-XVIIIᵉ siècles*, SEVPEN, París, 1965, pp. 461-512.

CAMERON, R. E.: *France and the Economic Development of Europe, 1800-1914. Conquests of Peace and Seeds of War*, Princeton University Press, Princeton, N. J., 1961. (Hay trad. cast.: *Francia y el desarrollo económico de Europa, 1800-1914*, Tecnos, Madrid, 1972.)

Camino de hierro titulado de la Serenísima Señora Infanta Doña María Luisa Fernanda desde las minas de carbón de piedra inmediatas a San Juan de las Abadesas al puerto de Rosas, Imp. Verdaguer, Barcelona, 1844.

CÁRDENAS: *Ensayo sobre la historia de la propiedad territorial en España*, II, Madrid, 1880.

CARMAGNANI, M.: *Sviluppo industriale e sottosviluppo economico. Il caso cileno (1860-1920)*, Fondazione Luigi Einaudi, Turín, 1971.

CARR, Raymond: *Spain 1808-1939*, Oxford University Press, 1966. (Hay trad. cast.: *España 1808-1939*, Ariel, Barcelona, 1969.)

CARRACIDO, José R.: *Estudios histórico-críticos de la ciencia española*, 2.ª ed., Madrid, 1917.

CARRERA PUJAL, Jaime: *Historia política y económica de Cataluña. Siglos XVI al XVIII*, IV, Barcelona, 1947.

CASAÑAS VALLÉS, M.: *El ferrocarril en España, 1844-1868*, tesina inédita, presentada en junio de 1973 en la Facultad de Letras de la Universidad Autónoma de Barcelona.

CASARES ALONSO, A.: *Estudio histórico-económico de las construcciones ferroviarias españolas en el siglo XIX*, Inst. Iberoamericano de Desarrollo Económico, Madrid, 1973.

CASTANYS Y MASOLIVER, Francisco: *Memoria, presupuesto y bases para el establecimiento de una gran empresa de ferrería y fundición por el sistema más moderno y económico de altos hornos, a cargo de una sociedad anónima bajo el augusto nombre de Doña Isabel II, protectora de la industria*, Imp. de «El Barcelonés», Barcelona, 1851.

CASTEL GONZÁLEZ AMEZUA, J.: *Legislación protectora de la producción nacional*, Madrid, 1936.

CASTELAIN, L.: *L'Espagne. Ses terrains houillers, ses minerais et ses chemins de fer*, Bruselas, 1864.

CASTILLO YURRITA, Alberto del: *La Maquinista Terrestre y Marítima, personaje histórico, 1855-1955*, Imp. Gráf. Seix y Barral Hnos., Barcelona, 1955.

CASTRONOVO, V.: *L'industria cotoniera in Piemonte nel secolo XIX*, Archivio dell'Unificazione Italiana, Turín, 1965.

CAVANILLES, Rafael: *Memoria sobre la minería del Reino en fin del año de 1845*, en *Anales de Minas*, IV, 1846, pp. 403-505.

[CAVEDA, José]: *Memoria presentada al Excmo. Sr. Ministro de Comercio, Instrucción y Obras Públicas por la Junta calificadora de los productos de la industria española, reunidos en la Exposición pública de 1850*, Madrid, 1851.

CENTRO DE ESTUDIOS HIDROGRÁFICOS: *Plan Nacional de Obras Hidráulicas*, III, Sucs. de Rivadeneyra, Madrid, 1933.

CIPOLLA, Carlo M.: «Four Centuries of Italian Demographic Development», en D. V. Glass y D. E. C. Eversley, eds., *Population in History. Essays in Historical Demography*, Arnold, Londres, 1965.

— ed.: *The Fontana Economic History of Europe*, 4 tomos, Collins Publishers, Londres, 1972-1973.

CÍRCULO MINERO DE BILBAO: *Las minas de hierro de la provincia de Vizcaya. Progresos realizados en esta región desde 1870 a 1899*, Bilbao, 1900.

CLAPHAM, J. H.: *An Economic History of Modern Britain*, II, University Press, Cambridge, 1938.

CLAVIJO FAJARDO, José: *Mercurio histórico y político. Extractos de los registros de la Academia de Ciencias de París*, Madrid, febrero 1791.

CLEMENCÍN, P. M.ª, y J. M.ª Buitrago: *Adelantos de la siderurgia y de los transportes mineros en el Norte de España*, Madrid, 1900.

Cockerill, 1817-1927. Album commémoratif publié à l'occasion du 110ᵉ anniversaire de la fondation des usines, Bruselas, 1928.

Colección de los Decretos y Órdenes Generales de la primera legislatura de las Cortes Ordinarias de 1820 y 1821, desde 6 de julio hasta 9 de noviembre de 1820, Imp. del Gobierno, Madrid, 1821.

Colección de los Decretos y Órdenes Generales expedidos por las Cortes desde primero de marzo hasta 30 de junio de 1822, Imp. del Gobierno, Madrid, 1822.

Colección Legislativa de España, años 1842, 1849, 1850, 1868, 1870.

Colección legislativa de ferrocarriles, o recopilación de las leyes, reglamentos, instrucciones, decretos, reales órdenes y circulares expedidas para la explotación de las vías férreas desde 1855 hasta la fecha..., Imp. de Joaquín Díaz, Albacete, 1877.

COLLADO y ARDANUY, Benito de: *Apuntes para la historia contemporánea de la minería española en los años 1825 a 1849*, Imp. del Colegio de Sordomudos y Ciegos, Madrid, 1865.

COMES, José: *Memoria sobre el carbón de piedra para persuadir y facilitar su uso en Cataluña*, leída en la Real Academia de Ciencias Naturales y Artes de Barcelona (5 julio 1786), Imp. de Francisco Surià y Burgada, Barcelona, 1786.

Comisión de estudio del desagüe de Sierra Almagrera, I, Madrid, 1891.

Compagnie Royale Asturienne des Mines, 1853-1953, La, París, 1954.

Compañía de los caminos de hierro del Norte de España, 1858-1939, II: *Cuadros estadísticos*, Espasa Calpe, S. A., Madrid, 1940.

CONTRERAS, Pedro Julián: *Opúsculo del estado actual de la minería de la Sierra de Gádor, algunas de las causas de su decadencia, y medios que contribuyen a su fomento, que presenta al Gobierno el escribano de la Inspección del distrito de Granada*, Viuda de Moreno, Hijos y Cía., Granada, 1836.

Copper Handbook, The, 1908.

CORNET Y MAS, Cayetano: *Guía de Cataluña. Metódica descripción de la capital del Principado de Cataluña y de sus alrededores, unidos a la antigua población por medio del Ensanche*, E. Puig-Edit. López, Barcelona, 1876.

crisis agrícola y pecuaria, La, I, IV, Sucs. de Rivadeneyra, Madrid, 1887.

crisis de subsistencias de España en el siglo XIX, Las, Instituto de Investigaciones Históricas, Rosario (Argentina), 1963.

cuestión cubana. Contestación a las exposiciones que han elevado diversas corporaciones de la isla de Cuba al Excmo. Sr. Ministro de Ultramar, por la Comisión de propaganda del Fomento del Trabajo Nacional, La, Suplemento al n.° 6 de *El Economista*, Tip. Hispano Americana, Barcelona, 1890.

CHAPMAN, S. D.: *The Cotton Industry in the Industrial Revolution*, The Macmillan Press Ltd., Londres, 1972.

CHAPTAL, Jean Antoine: *Chimie appliquée aux arts*, I, Imprimerie de Crapelet, París, 1807.

CHASTAGNARET, Gérard: «La législation de 1825 et l'évolution des activités minières en Espagne», comunicación presentada al Primer Coloquio de Historia Económica de España (Barcelona, mayo 1972).

CHAVARRÍA Y ARRONDO, Amalia: *Nació para ser madre. La vida y la obra de Rafaela de Ybarra de Vilallonga, fundadora de la Congregación de los Santos Ángeles Custodios*, Talleres gráficos Verdad, Buenos Aires, 1953.

CHECKLAND, J. G.: *The Mines of Tharsis. Roman, French and British Enterprise in Spain*, G. Allen & Unwin Ltd., Londres, 1967.

DEANE, Ph., y H. A. Cole: *British Economic Growth, 1688-1959*, 2.ª ed., Cambridge University Press, Londres, 1967.

— y H. J. Habbakuk: «El despegue en la Gran Bretaña», en W. W. Rostow, ed., *La economía del despegue hacia el crecimiento autosostenido*, versión española de C. Muñoz Linares, Alianza Editorial, Madrid, 1967, pp. 93-111.

XIV Congreso Geológico Internacional, Madrid, 1926. Excursión B-1. Minas de Almadén, Instituto Geológico de España, Madrid, 1926.

Decretos del Rey Don Fernando VII, IV (1817), Madrid, 1818.

Decretos del Rey N. Sr. Don Fernando VII, X, Imp. Real, Madrid, 1826.

DEGRÈVE, D.: *D'une analyse historique de la Révolution industrielle à un diagnostic du sous-développement*, separata revisada de *Cultures et Développement*. *Revue Internationale des Sciences du Développement*, Université Catholique de Louvain, n.°ᵉ 2 y 3, 1971.

Diario(s) de Sesiones de Cortes. Legislatura(s) de 1820, III, Madrid, 1873; *de 1821*, II, Madrid, 1871.

Diario de Sesiones de las Cortes Constituyentes, X, Imp. de J. A. García, Madrid, 1870.

Diario de las Sesiones de Cortes. Congreso de los Diputados. Legislatura de 1872 a 1873, IV, Madrid, 1873.

Diario de Sesiones del Congreso. Legislatura de 1894-1895, V.

Diaro Mercantil de Cádiz, 4 julio 1830.

DÍAZ DEL MORAL, Juan: *Historia de las agitaciones campesinas andaluzas*, 2.ª ed., Alianza Editorial, Madrid, 1967.

«Dictamen de la Comisión Especial Informadora y Asesora sobre la crisis de la industria textil algodonera», *Boletín del Comité Regulador de la Industria Algodonera*, III, 1930, pp. 1-58.

DIPUTACIÓN PROVINCIAL DE BARCELONA: *Exposición elevada al Excmo. Sr. Presidente del Consejo de Ministros al objeto de remediar la actual crisis industrial que se siente en Cataluña*, Tip. Casa Provincial de Caridad, Barcelona, 1901.

DIRECCIÓN GENERAL DE LOS REGISTROS Y DEL NOTARIADO: *Anuario de los registros del notariado*, volúmenes correspondientes a 1911-1913.

DURO, Pedro: *Observaciones sobre la metalurgia del hierro, comparada entre España e Inglaterra, por Pedro Duro, socio administrador de la fábrica de La Felguera*, Imp. y est. de M. Rivadeneyra, Madrid, 1864.

Elementos para el estudio del problema ferroviario en España recopilados bajo la dirección del Excmo. Sr. D. Francisco Cambó y Batlle, ministro de Fomento, II, Artes Gráficas Matev, Madrid, 1918.

ELHUYAR, Fausto: *Memoria sobre el influjo de la minería en la agricultura, industria, población y civilización de la Nueva-España en sus diferentes épocas*, Imp. de Amarita, Madrid, 1825.

—: *Memoria sobre la formación de una ley orgánica para gobierno de la minería en España*, publicada en *Anales de Minas*, Dirección General del Ramo, I, 1838, pp. 1-223.

ELLASBERG, V. F.: «Some Aspects of Development in the Coal Mining Industry, 1839-1918», en *Output, Employment and Productivity in the United States after 1800. Studies in Income and Wealth. Volume Thirty by the Conference on Research in Income and Wealth*, Nueva York, 1966, pp. 405-435.

ELLISON, Thomas: *The Cotton Trade of Great Britain*, 2.ª ed. (1.ª en 1886), Frank Cass & Co. Ltd., Londres, 1968.

Empresa de la ferrería situada en Málaga, titulada La Constancia. Memoria presentada en la Junta Revisora de Aranceles acerca de los derechos de importación que deben imponerse a las planchas y flejes extranjeros para proteger la fabricación de estas clases en España, Imp. de Tomás Jordán, Madrid, 1840.

Ensayos sobre la economía española a mediados del siglo XIX, Banco de España, Madrid, 1970.

Escudé y Bartolí, Manuel: *La producción española en el siglo XIX. Estadística razonada y comparada. Territorio. Población. Propiedad. Agricultura. Industria y Comercio*, Lib. de Antonio Bartiños, Tip. Española, Barcelona, 1895.

España Industrial, S. A. fabril y mercantil... Libro del Centenario, La, Barcelona, 1947.

Estadística(s) administrativa(s) de la contribución industrial y de comercio, años 1856, 1890, 1891, 1900, 1910.

Estadística(s) general(es) del comercio de cabotaje entre los puertos de la Península e islas Baleares, Dirección General de Aduanas, Madrid, años 1871 a 1913.

Estadística(s) minera(s), años 1856, 1861 a 1913.

Estadísticas de presupuestos, publicadas por la Intervención general del Ministerio de Hacienda, de 1850 a 1890-1891 y de 1890-1891 a 1907.

Estadística del registro mercantil formado por la Dirección General de los registros civil y de la propiedad y del notariado, Establ. tipolitográfico Sucs. de Rivadeneyra, Madrid, 1901.

Estadística del registro mercantil formado por el negociado 4.º de la Dirección General de los registros y del notariado, Madrid, 1911.

Estadística(s) del comercio exterior de España, Dirección General de Aduanas, Madrid, años 1849 a 1913.

Estevan Senís, M.ª Teresa: «La minería cartagenera, 1840-1919. Aspectos económicos y sociales», *Hispania*, n.º 101, 1966, pp. 61-95.

—: «La explotación minera de la Sierra de Cartagena (1840-1919)», *Saitabi*, XVII, 1967, pp. 211-234.

Estudios de historia social de España, II, CSIC, Madrid, 1952.

Exposición razonada que en forma de cartas dirige al Excmo. Sr. Ministro de Hacienda la Comisión de fábricas de hilados, tejidos y estampados de algodón de Cataluña sobre los dos sistemas de libertad, y de protección de la industria, y equivocada aplicación a varios artículos importantes del arancel de importaciones del extranjero, Imp. y Librería Oriental, Barcelona, 1846.

Eyaralar, F.: *Nociones de industria para las escuelas de instrucción primaria elemental, conforme a la ley de Instrucción Pública*, 3.ª ed., Madrid, 1860.

Ezquerra del Bayo, Joaquín: «Datos sobre la estadística minera de 1839», *Anales de Minas*, II, 1841, pp. 281-346.

—: «Resumen estadístico razonado de la riqueza producida por la minería de España durante el año de 1844», *Anales de Minas*, III, 1844, pp. 407-445.

Fédération Internationale des Associations Patronales de Filateurs et Manufacturiers de Coton: *Statistiques sur les stocks de coton existant en filateurs au 1.er Mars 1913 avec bordereaux antérieurs pour faciliter les comparaisons*, Manchester, 1913.

Fernández, Eugenio: *Fusión carbonífera y metalífera de Belmez y Espiel. Documentos relativos a su riqueza, organización y administración*, Imp. de J. M. Ducazcal, Madrid, 1858.

Fernández Almagro, Melchor: *Política naval de la España Moderna y Contemporánea*, Instituto de Estudios Políticos, Madrid, 1946.

FERRER REGALES, Manuel: *La industria de la España cantábrica*, Ediciones Moretón, Bilbao, 1968.

FERRER VALLS, G.: *Cartas históricas, filosóficas, estadísticas, agrícolas, industriales y mercantiles*, I, Imp. de José Torner, Barcelona, 1846.

FIGUEROLA, Laureano: *La reforma arancelaria de 1866*, Imp. Tello, Madrid, 1879.

—: *Estadística de Barcelona en 1849*, reedición del Instituto de Estudios Fiscales, Madrid, 1968.

FLINN, M. W.: «British Steel and Spanish Ore, 1871-1914», *The Economic History Review*, 2.ª serie, VIII, , n.º 1, 1955, pp. 84-90; versión castellana en *Revista de Economía Política*, mayo-agosto 1957, pp. 607-619.

FLÓREZ ESTRADA, Álvaro: «Del uso que debe hacerse de los bienes nacionales», *El Español* (28 febrero 1836), reproducido en *Obras*, I, Biblioteca de Autores Españoles, Madrid, 1958.

FONTANA LÁZARO, Josep: «La gran crisi bladera del segle XIX», *Serra d'Or*, 2.ª época, n.º 11, noviembre 1960, pp. 21 y 22.

—: *La vieja Bolsa de Barcelona, 1851-1914*, Instituto Municipal de Historia, Barcelona, 1961.

—: «Colapso y transformación del comercio exterior español entre 1792 y 1827. Un aspecto de la crisis de la economía del Antiguo régimen en España», *Moneda y Crédito*, n.º 115, 1970, pp. 3-23.

—: *La quiebra de la monarquía absoluta, 1814-1820 (La crisis del Antiguo régimen en España)*, Ariel, Barcelona, 1971.

—: *Hacienda y Estado en la crisis final del Antiguo régimen español: 1823-1833*, Instituto de Estudios Fiscales, Madrid, 1973.

—: *Cambio económico y actitudes políticas en la España del siglo XIX*, Ariel, Barcelona, 1973.

—: «Comercio colonial e industrialización: una reflexión sobre los orígenes de la industria moderna en Cataluña», comunicación presentada al Primer Coloquio de Historia Económica de España (Barcelona, mayo 1972), en J. Nadal y G. Tortella, eds., *Agricultura, comercio colonial y crecimiento económico en la España contemporánea*, Ariel, Barcelona, 1975.

FRIDLIZIUS, C.: «The Crimean War and the Swedish Economy», *Economy and History*, III, Lund, 1960, pp. 56-103.

FUERTES ARIAS, Rafael: *Asturias industrial. Estudio descriptivo del estado actual de la industria asturiana en todas sus manifestaciones*, Imp. F. de la Cruz, Gijón, 1902.

Gaceta de Madrid, 27 febrero 1857.

Gaceta Minera, Industrial, Comercial y Científica. Eco de los Distritos Mineros del Este de la Península, I, II, III, Cartagena, 1883, 1884, 1885, respectivamente.

GALLE, H.: *La «famine du coton», 1861-1865. Effets de la guerre de Sécession sur l'industrie cotonnière gantoise*, Université Libre de Bruxelles, Institut de Sociologie, Bruselas, 1967.

GAMINDE, B. F. de: *Memoria sobre el estado actual de las lanas merinas españolas y su cotejo con las extranjeras: causas de la decadencia de las primeras y remedio para mejorarlas*, Aguado, Madrid, 1827.

García Delgado, José Luis: «El proceso de acumulación de capital en el sector de la marina mercante española durante la I Guerra Mundial: principales rasgos y problemas», *Moneda y Crédito*, n.° 122, 1972, pp. 65-152.

García Fernández, Jesús: *Crecimiento y estructura urbana de Valladolid*, Departamento de Geografía, Universidad de Valladolid, 1972.

García-Lombardero, Jaime: *La agricultura y estancamiento económico en Galicia en la España del antiguo régimen*, Siglo XXI de España, Madrid, 1973.

García Montoro, Cristóbal: «Notas para la bibliografía de Manuel Agustín Heredia, 1786-1846», *Anuario de Historia Moderna y Contemporánea*, n.° 1, Universidad de Granada, 1974, pp. 119-129.

Garrabou, Ramón: *La depresión de la agricultura española en el último tercio del siglo XIX: la crisis triguera*, tesis doctoral inédita, leída en la Universidad Autónoma de Barcelona, curso 1972-1973.

Garrido, Fernando: *La España Contemporánea. Sus progresos morales y materiales en el siglo XIX*, 2 vols., Salvador Manero, Barcelona, 1865.

Gascué, Francisco: «La industria carbonera en Asturias», *Revista Minera*, XXXIV, 1883.

Gayer, A. D., W. W. Rostow y Anna J. Schwartz: *The Growth and Fluctuations of the British Economy, 1790-1850*, I, Oxford, 1953.

Gil Olcina, Antonio: *El campo de Lorca. Estudio geográfico*, tesis doctoral inédita, leída en la Universidad de Valencia, 1967.

Giménez Guited, F.: *Guía fabril e industrial de España, publicada con el apoyo y autorización del Gobierno de S. M.*, Librería Española, Madrid, y Librería del Plus Ultra, Barcelona, 1862.

Giralt i Raventós, Emili: «Evolució de l'agricultura al Penedès. Del cadastre del 1717 a l'època actual», en *Actas y comunicaciones de la 1.ª Asamblea intercomarcal de investigadores del Penedès y Conca d'Òdena*, Martorell, 1950.

—: «Problemas históricos de la industrialización valenciana», *Estudios Geográficos*, XXIX, 1968, pp. 369-395.

Glass, D. V., y D. E. C. Eversley, eds.: *Population in History. Essays in Historical Demography*, Arnold, Londres, 1965.

Goitia, F.: *Conferencias celebradas en marzo de 1895 entre la representación cubana y la de la Liga Nacional de Productores*, Imp. de la Vda. de Minuesa de los Ríos, Madrid, 1895.

Gómez de Salazar, I.: «Almadén», *Revista Minera*, XXII, 1871, pp. 317-329.

Gómez Mendoza, Josefina: «Las ventas de baldíos y comunales en el siglo XVI. Estudio de su proceso en Guadalajara», *Estudios Geográficos*, n.° 109, 1967.

Gómez Pardo, Lorenzo *Dos memorias sobre el influjo que ha tenido la extraordinaria producción de las minas de plomo de la Sierra de Gádor en la decadencia general de la mayor parte de este metal en Europa, así como en la actual de las de Alemania, y más especialmente en las de Harz*, Imp. Real, Madrid, 1834.

González Azaola, Gregorio: *Hornaguera y hierro. Verdadero recurso poderoso que le queda a España para recuperarse de tantas pérdidas como la sufrido en los últimos 200 años. Memoria sobre la formación de Compañías que beneficiando las ricas minas de carbón de piedra de España establezcan fundiciones de hierro a la inglesa; fabriquen bombas de vapor, carriles de hierro, puentes, cables, ruedas, cilindros y máquinas de toda especie; con-*

traten la artillería de Marina; promuevan la conclus.ón de los canales de Castilla y Aragón; fomenten las fábricas de Cataluña y Valencia; exploten mil minerales preciosos; conserven los montes; alienten la agricultura; y den un impulso grande a todos los ramos de industria, por Don Gr. González Azaola, Comisionado por S. M. en las R. Fábricas de La Cavada, Imp. de David, París, 1829.

GONZÁLEZ GORDON, J. M.: *Jerez, Xérès, Sherry*, Imp. Jerez Industrial, Jerez de la Frontera, 1948.

GONZÁLEZ LLANA, Emilio: *El plomo en España*, Ministerio de Industria y Comercio, Dirección General de Minas y Combustible, Madrid, 1949.

GRAELL, Guillermo: *Historia del Fomento del Trabajo Nacional*, Barcelona, s. a. [1911].

—: *La cuestión catalana*, A. López Robert, impr., Barcelona, 1902.

GRAU, Ramon, y M. López: «Empresari i capitalista a la manufactura catalana del segle XVIII. Introducció a l'estudi de les fàbriques d'indianes», *Recerques*, n.° 4, 1974, pp. 19-57.

GUIARD, Teófilo: *La industria naval vizcaína. Anotaciones históricas y estadísticas desde sus orígenes hasta 1907*, 2.ª ed. corregida y aumentada por Manuel Basas, Biblioteca Vascongada Villar, Bilbao, 1968.

[GUITIAN, C., Fernando B. Villasate, y José Abbad]: *Memoria sobre el aprovechamiento industrial de los yacimientos de pirita ferro-cobriza de la provincia de Huelva*, Tip. Lit. A. de Ángel Alcoy, Madrid, 1916.

GUTIÉRREZ, Manuel M.ª: *Libertad de comercio. Traducción libre de dos cartas de la Cámara consultiva de Artes y Manufacturas de la ciudad de Elbeuf, en favor del sistema prohibitivo, al ministro de comercio y trabajos públicos; y de sus observaciones sobre un proyecto de reforma comercial. Con comentarios y aplicaciones, por don Manuel María Gutiérrez*, Imp. de I. Sancha, Madrid, 1835.

—: *Impugnación a las cinco proposiciones de Pebrer sobre los grandes males que causa la ley de aranceles a la nación en general, a la Cataluña en particular, y a las mismas fábricas catalanas*, Imp. de Don Marcelino Calero, Madrid, 1837.

GWINNER, A.: «La política commerciale della Spagna negli ultimi decenni», en *Biblioteca dell'Economista*, 4.ª serie, vol. I, parte segunda, Turín, 1897, pp. 95-143. (Hay trad. cast.: «La política comercial de España en los últimos decenios», en *Textos olvidados*, presentación y selección de Fabián Estapé Rodríguez, Instituto de Estudios Fiscales, Madrid, 1973.)

HALPERN PEREIRA, Miriam: *Livre câmbio e desenvolvimento económico. Portugal na segunda metade do século XIX*, Cosmos, Lisboa, 1971.

—: *Assimetrias de crecimiento e dependência externa (Comparação entre dois períodos de história contemporânea portuguesa, 1847-1914 e 1940-1970)*, Seara Nova, Lisboa, 1974.

HAMILTON, E. J.: «The First Twenty Years of the Bank of Spain», *The Journal of Political Economy*, LIV, 1946.

—: *War and Prices in Spain, 1651-1800*, Cambridge, Mass., 1947.

—: «El Banco Nacional de San Carlos (1782-1829)», en *El Banco de España. Una historia económica*, Banco de España, Madrid, 1970.

HEMARDINQUER, J.-J.: «Crédit industriel et spéculation de 1799 à 1813: le cas Boyer-Fonfrède», *Annales du Midi*, LXXI, 1959, pp. 43-58.

HENDERSON, W. O.: *The Lancashire Cotton Famine, 1861-1865*, University Press, Manchester, 1934.

—: *Britain and Industrial Europe, 1750-1870*, 2.ª ed., University Press, Liverpool, 1965.

HEREDIA, Manuel Agustín: *Reformas de las leyes de aduanas con el objeto de acrecentar los aranceles de importación y exportación, exigidas por el progreso de la industria nacional y fomento de la marina y protección al comercio*, Málaga, 1841.

—: *Voto particular emitido por el Señor D. Manuel Agustín Heredia y otros cinco señores vocales de la Junta Consultiva de Aranceles en la cuestión sobre los derechos que deben imponerse a las introducciones del carbón mineral extranjero*, Imp. y Lib. de Martínez de Aguilar, Málaga, 1844.

HERR, R.: «Hacia el derrumbe del Antiguo régimen: crisis fiscal y desamortización bajo Carlos IV», *Moneda y Crédito*, n.º 118, 1971, pp. 37-100.

Historical Statistics of the United States. Colonial Times to 1957, preparado por el Bureau of the Census y el Social Science Research Council, Washington, 1961.

HOFFMANN, W. G.: *The Growth of Industrial Economies*, trad. del alemán por W. O. Henderson y W. H. Chaloner, 2.ª ed., Manchester University Press, 1968 (la 1.ª ed. inglesa, de 1958, fue la versión ampliada y revisada de un trabajo publicado en 1931, por el Institut für Weltwirtschaft, de la Universidad de Kiel, con el título: *Stadien und Typen der Industrialiserung*).

IBÁÑEZ GARCÍA, G., y V. de Vidauzárraga Acha: *Orientaciones generales para el desarrollo y prosperidad de la provincia de Vizcaya*, Bilbao, 1933.

IGLÉSIES, Josep: «La Real Academia de Ciencias Naturales y Artes en el siglo XVIII», *Memorias de la Real Academia de Ciencias y Artes de Barcelona*, vol. XXXVI, n.º 1, Barcelona, 1964, pp. 183-656.

—: *La crisi agraria de 1879-1900: la filloxera a Catalunya*, Edicions 62, Barcelona, 1968.

ILLAS Y VIDAL, Juan: *Memoria sobre los perjuicios que ocasionaría en España, así en la agricultura como en la industria y comercio, la adopción del sistema del libre cambio*, Imp. de D. Agustín Gaspar, Barcelona, 1849.

IMLAH, Albert H.: *Economic Elements in the Pax Britannica. Studies in British Foreign Trade in the Nineteenth Century*, Russell & Russell, Nueva York, 1969.

«Inauguración del ferrocarril carbonero de Barruelo», *Revista Minera*, XV, 1864, pp. 27-28.

Informe de la R. Sociedad Económica de Asturias al S. Intendente de la Provincia sobre establecer en el país la fundición de los minerales de cobre de América, Oficina de Pedregal y C., Oviedo, 1833.

Información de la Liga Marítima Española sobre protección a las industrias marítimas nacionales, Madrid, 1903.

Información sobre el derecho diferencial de bandera y sobre los de aduanas exigibles a los hierros, el carbón de piedra y los algodones, presentada al Gobierno de Su Majestad por la Comisión nombrada al efecto en Real decreto

de 10 de noviembre de 1865, I: *Derecho diferencial de bandera*; II: *Hie-rros*; III: *Carbones*; IV: *Algodones*, Imprenta Nacional, Madrid, 1867.
Información sobre las consecuencias que ha producido la supresión del derecho diferencial de bandera y sobre las valoraciones y clasificaciones de los te-jidos de lana, formada con arreglo a los artículos 20 y 29 de la Ley de Presupuestos del año 1878-1879, por la Comisión especial arancelaria crea-da por R. D. de 8 de septiembre de 1878, I: *Derecho diferencial de bandera*, Madrid, 1879; III: *Industria lanera*, Madrid, 1883.

IZARD, Miquel: *Industrialización y obrerismo. Las «Tres Clases de Vapor»*, *1869-1913*, Ariel, Barcelona, 1973.

J. G. H.: «El sistema Bessemer en España. Su historia y su porvenir», *Revista Minera*, XXX, 1879, pp. 353-354.

JENKS, L. H.: *The Migration of British Capital to 1875*, 2.ª ed., Th. Nelson and Sons, Londres y Edimburgo, 1963.

JIMÉNEZ DE GREGORIO, Fernando: «El pasado económico-social de Belvís de la Jara, lugar de la tierra de Talavera (Aportación al conocimiento de la his-toria social de España)», en *Estudios de historia social de España*, II, CSIC, 1952, pp. 613-739.

JIMÉNEZ DE SAAVEDRA, F. de: «Estado que manifiesta la situación de las minas que se están elaborando en la provincia de Asturias, por cuenta de la com-pañía minera del Sr. Rein, del comercio de Málaga», *El Comercio de Ambos Mundos*, n.º 16, 25 julio 1825.

JOHNSTON, B. F., y J. W. Mellor: «The Role of Agriculture in Economic Development», *American Economic Review*, 1961.

JONES, E. L.: *Agriculture and Economic Growth in England, 1680-1815*, Methuen, Londres, 1967.

—: «Le origine agricole dell'industria», en *Agricoltura e sviluppo del ca-pitalismo. Atti del Convegno organizzato dall'Istituto Gramsci (Roma, 20-22 aprile 1968)*, Roma, 1970, pp. 292-316.

JOVELLANOS, Gaspar Melchor de: *Obras de Don G. M. de Jovellanos*, edición y estudio preliminar de don Miguel Artola, Biblioteca de Autores Espa-ñoles, V, Madrid, 1956.

LABRADOR, Camilo: *Economía político-práctico o examen del proyecto de arre-glo de la deuda de España*, Imp. de los Sres. Andrés y Díaz, Madrid, 1850.

LE PLAY, F.: «Itinéraire d'un voyage en Espagne, précédé d'un aperçu sur l'état actuel et sur l'avenir de l'industrie minérale dans ce pays (20 avril-15 juillet 1833)», *Annales des Mines*, 3.ª serie, V, París, 1834, pp. 175-236.

LEVY-LEBOYER, M.: *Les banques européennes et l'industrialisation internationa-le dans la première moitié du XIX⁰ siècle*, PUF, París, 1964.

LIDA, Clara E., e Iris M. Zavala, eds.: *La revolución de 1868. Historia, pen-samiento, literatura*, Las Américas Publishing Co., Nueva York, 1970.

LIVI BACCI, M.: «Fertility and Nuptiality Changes in Spain from the Late 18th to the Early 20th Century», *Population Studies. A Journal of Demography*, XXII, n.º 1, 1968.

Luxán, Francisco de: «Viaje científico a Asturias y descripción de las fábricas de Trubia, de fusiles de Oviedo, de zinc de Arnao y de hierro de la Vega de Langreo», *Memorias de la Real Academia de Ciencias de Madrid*, 3.ª serie, III, 1.ª parte, 1861, pp. 105-192.

Llombart, V.: «Anotaciones a la introducción del Ensayo sobre la población de Malthus en España», *Moneda y Crédito*, n.º 126, 1973, pp. 79-86.

Madoz, Pascual: *Diccionario geográfico-estadístico-histórico de España y sus posesiones de Ultramar*, III (1846), IX (1847), XI (1848), XII (1849), XIII (1849), XV (1849), Madrid.

Mainar, Ramón M.ª de: *Compendio histórico de las aduanas de España...*, Madrid, 1851.

Maizels, A.: *Industrial Growth and World Trade. An Empirical Study of Trends in Production, Consumption and Trade in Manufactures from 1899-1959, with a Discussion of Probable Future Trends*, Cambridge University Press, Londres, 1965 (existe una edición abreviada, publicada por la misma editorial en 1970, con el título *Growth and Trade*).

Manuz, A.: *Contribución al estudio geográfico y estadístico de la industria textil española*, Imp. de A. Ortega, Barcelona, 1932.

Mármol, M. M. del: *Idea de los barcos de vapor, o descripción de su máquina, relación de sus progresos, e indicación de sus ventajas por el Dr. D. M. M. del Mármol, catedrático por S. M. de física experimental en la Real Universidad de Sevilla, Etc.*, Sanlúcar, 1817, reeditado en 1967 por la Subsecretaría de la Marina Mercante, bajo el título: *El «Real Fernando», primer vapor español, 1817-1967*, con una introducción de Julio Guillén.

Martí, José: *Sobre España*, Introducción, selección y notas de A. Sorel, Ciencia Nueva, Madrid, 1967.

Martínez Alcíbar, Agustín: «Contestación al interrogatorio para la Información sobre el plan general de ferrocarriles, por el Ingeniero Jefe de minas de la provincia de Zaragoza», *Revista Minera*, XV, Madrid, 1864, pp. 705-712.

Martínez y Montes, V.: *Topografía médica de la ciudad de Málaga*, Málaga, 1852.

Matilla Tascón, Antonio: *Historia de las minas de Almadén*, I (único): *Desde la época romana hasta el año 1645*, Madrid, 1958.

Memoria presentada al jurado de la Exposición de Minería de Madrid en 1883. Instalación núm. 204, Madrid, 1883.

Memoria sobre la necesidad del sistema prohibitivo en España, que da a luz la Comisión de Fábricas de Hilados, Tejidos y Estampados de Algodón del Principado de Cataluña, Imp. de Tomás Gaspar, Barcelona, 1834.

Memoria sobre el estado de la renta de aduanas en 1897, Sucs. de Rivadeneyra, Madrid, 1898.

Memoria sobre el estado de las Obras Públicas en España en 1856, Madrid, 1856.

Memoria sobre las Obras Públicas en 1867, 1868 y 1869, comprendido lo relativo a ferrocarriles, presentada al Excmo. Sr. Ministro de Fomento por la Dirección Gral. de Obras Públicas, Madrid, 1870.

Memorias sobre la industria fabril, redactadas por los ingenieros al servicio de la investigación de la Hacienda Pública, ed. oficial, Imp. de la Sucesora de M. Minuesa de los Ríos, Madrid, 1900.

«Minas de Linares», art. sin firmar en *Revista Minera*, XXXI, 1884.

MITCHELL, B. R., y Ph. Deane: *Abstract of British Historical Statistics*, University Press, Cambridge, 1962.

MOLES, Enrique: *Discurso leído en el acto de su recepción por E. Moles y contestación de B. Cabrera el día 28 de marzo de 1934*, Academia de Ciencias Exactas, Físicas y Naturales, Imp. Renacimiento, Madrid, 1934.

MONASTERIO, José de: «Metalurgia del distrito de Almería», *Revista Minera*, IV, 1853, pp. 539-543 y 639-651.

Monografía de la sociedad Altos Hornos de Vizcaya, de Bilbao. Año 1909, Establecimiento gráfico Thomas, Barcelona, s. a.

MOTTRAM, R. H., y C. Coote: *Trough Five Generations. The History of the Butterley Company*, Londres, 1950.

MUCHADA, J. P.: *La hacienda de España y modo de reorganizarla*, 2 tomos, Madrid, 1847.

MUIRHEAD, J. P.: *The Life of James Watt, with Selections from his Correspondence*, John Murray, Londres, 1858.

MULHALL, M. G.: *The Dictionary of Statistics*, G. Routledge and Sons Ltd., Londres, 1892.

MUÑOZ, Juan: *El poder de la banca en España*, Zero, S. A., Algorta, 1969.

MUTUA DE FABRICANTES DE TEJIDOS, REGULADORA DEL MERCADO Y EXPORTACIÓN: *Exposición que eleva el Directorio de esta entidad al Excmo. Sr. Presidente del Consejo de Ministros*, julio 1908, sin pie de imprenta, Barcelona, 1908.

NADAL OLLER, Jordi: «Les grandes mortalités des annés 1793-1812: effets à long terme sur la démographie catalane», en *Problèmes de mortalité. Méthodes, sources et bibliographie en demographie historique*, Lieja, 1965, páginas 409-421.

—: «El bicentenario de la industrialización española», en *Destino*, 2.ª época, XXX, n.° 1.553, 13 mayo 1967, pp. 20-21.

—: «Los comienzos de la industrialización española (1832-1868): la industria siderúrgica», en *Ensayos sobre la economía española a mediados del siglo XIX*, Banco de España, Madrid, 1970, pp. 203-233.

—: «La economía española, 1829-1931», en *El Banco de España. Una historia económica*, Banco de España, Madrid, 1970, pp. 317-417.

—: «Industrialización y desindustrialización del Sureste español, 1817-1913», *Moneda y Crédito*, n.° 120, 1972, pp. 3-80.

—: «The Failure of the Industrial Revolution in Spain, 1830-1913», en C. M. Cipolla, ed., *The Fontana Economic History of Europe*, t. 4 (2), Collins Publishers, Londres, 1972-1973, pp. 533-626.

—: *La población española, siglos XVI a XX*, 3.ª ed., Ariel, Barcelona, 1973.

— y Enric Ribas: «Una empresa algodonera catalana. La fábrica "de la Rambla" de Vilanova, 1841-1861», *Annales Cisalpines d'Histoire Sociale*, n.° 1, Pavía, 1970, pp. 71-104. (Trad. catalana en *Recerques. Història, economia, cultura*, n.° 3, 1974, pp. 47-80.)

— y G. Tortella, eds.: *Agricultura, comercio colonial y crecimiento económico en la España contemporánea*, Ariel, Barcelona, 1975.

[NARANJO DE LA GARZA, E.]: *Minas de la Sociedad «La Fortuna». Estudio para su aprecio*, Linares, 1883.

NIETO, Alejandro: *Bienes Comunales*, Ed. Revista de Derecho Privado, Madrid, 1964.

NOUSCHI, André: *Enquête sur le niveau de vie des populations rurales constantinoises, de la conquête jusqu'en 1919. Essai d'histoire économique et sociale*, PUF, París, 1961.

Observaciones que varios fabricantes de hierro hacen sobre la exposición presentada a S. M. con fecha 15 de diciembre de 1862, por la Asociación para la Reforma de Aranceles, Imp. Manuel Tello, Madrid, 1862.

OHLIN, Goran: «Historical Evidence of Malthusianism», en Paul Deprez, ed., *Population and Economics. Proceedings of Section V (Historical Demography) of the Fourth Congress of the International Economic History Association*, University of Manitoba Press, 1970.

ORELLANA, Francisco José: *Demostraciones de la verdad de la balanza mercantil y causa principal del malestar económico de España*, Establ. Tip. Narciso Ramírez y Cía., Barcelona, 1867.

ORIOL Y VIDAL, Román: *Carbones minerales de España. Su importancia, descripción, producción y consumo*, Imp. de J. M. Lapuente, Madrid, 1873.

PADRÓN ACOSTA, Sebastián: *El ingeniero Agustín de Béthencourt y Molina*, Inst. de Estudios Canarios de la Universidad de La Laguna, CSIC, La Laguna de Tenerife, 1958.

PAYEN, Jacques: *Capital et machine à vapeur au XVIIIe siècle. Les frères Périer et l'introduction en France de la machine à vapeur de Watt*, PUF, París-La Haya, 1969.

PEREDA, José Vicente: *Memoria sobre el carbón fósil, presentada en virtud de encargo, a la Junta General extraordinaria del Principado de Asturias celebrada con aprobación de S. M. en 1804, por su autor el presbítero D. José Vicente Pereda, impresa de orden del Sr. Intendente interino D. Pedro Collingh de Salazar*, Oficina de Prieto, Oviedo, 1814.

PÉREZ DE ANAYA, F.: *Memoria histórica sobre el arreglo de la deuda pública hecho en 1851, siendo ministro de Hacienda y Presidente del Consejo de Ministros el Excmo. Sr. D. Juan Bravo Murillo*, Imp. de Tejado, Madrid, 1857.

PÉREZ DOMINGO, A.: *Memoria sobre las minas en la Península, sobre la riqueza que han producido, y mejoras de que es susceptible este ramo*, Imp. de D. E. Álvarez, Madrid, 1831.

PERNOLLET, M.: «Notice sur les usines à fer de Málaga, suivie de considérations relatives au traitement des minerais de fer en Algerie», *Annales des Mines*, 4.ª serie, VIII, París, 1854, pp. 595-634.

PINEDO VARA, Isidro: *Piritas de Huelva. Su historia, minería y aprovechamiento*, Summa, Sucs. de Rivadeneyra, Madrid, 1963.

PLAZA PRIETO, J.: «El desarrollo del comercio exterior español desde principios del siglo XIX a la actualidad», *Revista de Economía Política*, VI, 1955.

problema de los ferrocarriles españoles. Antecedentes, datos, soluciones, El, Gráfica Administrativa, Edit. Comisión Mixta de ¹⁻s Compañías del Norte y M. Z. A., Madrid, 1933.

«Proyecto de propagación y perfeccionamiento de la industria manufacturera», *Revista Andaluza (y Periódico del Liceo de Sevilla)*, II, 1841, pp. 342-360.

QUIRÓS LINARES, Francisco: «El comercio de los vinos de Jerez», *Estudios Geográficos*, XXII, n.º 86, 1962, pp. 29-44.

—: *La minería en la Sierra Morena de Ciudad Real*, Universidad de Oviedo, 1970.

—: «La Sociedad Palentino-Leonesa de Minas y los primeros altos hornos al cok de España, en Sabero (1847-1862)», *Estudios Geográficos*, XXXII, número 125, 1971, pp. 657-671.

RAPPARD, W.: *La révolution industrielle et les origines de la protection du travail en Suisse*, Berna, 1914.

REINHARD, Marcel, André Armengaud, y Jacques Dupâquier: *Histoire générale de la population mondiale*, Montchrestien, París, 1965.

reforma arancelaria y los tratados de comercio. Información escrita de la comisión nombrada por R. D. de 10-X-1889, La, I, II, Sucs. de Rivadeneyra, Madrid, 1890.

Representación que la Junta y Consulado nacional de comercio de Cataluña dirigen a las Cortes manifestando los funestos resultados que acarrearía a la España cualquier modificación en el sistema prohibitivo, sin pie de imprenta, Barcelona, 1822.

Reseña de todos los datos y documentos justificativos, que publica la sociedad El Veterano para dar un conocimiento exacto de la riqueza mineralógica que posee y de los proyectos que va a realizar para su esplotación, Imp. de Alberto Frexas, Barcelona, 1849.

Revista Industrial, Barcelona, Suplementos n.ºˢ 150 y 151, 1858.

Revista Industrial, Barcelona, n.ºˢ 154 y 209, 1858 y 1861.

Revista Minera, Metalúrgica y de Ingeniería (continuación de la *Revista Minera*), LXV, 1914.

RIBA GARRABÓ, Josep: *La Pobla de Claramunt. Evolució econòmico-social d'un municipi de la comarca d'Igualada*, Fundació Salvador Vives Casajuana, Barcelona, 1972.

ROBLEDO, Ricardo: *Aproximación a un sociedad rural de Castilla durante la Restauración*, tesina inédita, presentada en la Facultad de Letras de la Universidad Autónoma de Barcelona, junio 1973.

ROMEO, R.: *Risorgimento e capitalismo*, Ed. Laterza, Bari, 1963.

RONQUILLO, J. O.: *Diccionario de materia mercantil, industrial y agrícola*, III (1855), IV (1857), Imp. de A. Gaspar, Barcelona.

ROSETTY, José: *Guía de Cádiz, San Fernando y su departamento para 1856*, Imp. y Lit. de la Revista Médica, Cádiz, 1855.

ROSTOW, W. W.: *The Stages of Economic Growth. A Non-Communist Manifesto*, Cambridge University Press, Londres, 1960.

—, ed.: *La economía del despegue hacia el crecimiento autosostenido*, versión española de C. Muñoz Linares, Alianza Editorial, Madrid, 1967.

RUA FIGUEROA, R.: *Ensayo sobre la historia de las minas de Riotinto*, Imp. de la Viuda de D. Antonio Yenes, Madrid, 1859.

Ruiz, David: «La antigua nobleza y la industrialización: el fenómeno asturiano», *Hispania*, XXXI, 1971, pp. 385-393.

Ruiz Álvarez, Antonio: «En torno al ingeniero canario Don Agustín de Béthencourt y Molina», *El Museo Canario*, XXII-XXIII, Las Palmas de Gran Canaria, 1961-1962, pp. 139-147 y 6 láms.

Sánchez Agesta, Luis: *Historia del constitucionalismo español*, Instituto de Estudios Políticos, Madrid, s. a. [1955].

Sánchez Albornoz, Claudio: *La reforma agraria ante la historia*, Tip. de Archivos, Madrid, 1932.

Sánchez-Albornoz, Nicolás: «La crisis de 1866 en Barcelona (Notas para su estudio)», en *Homenaje a D. Ramón Carande*, II, Sociedad de Estudios y Publicaciones, Madrid, 1962, pp. 421-436.

—: «La legislación prohibicionista en materia de importación de granos, 1820-1868», en *Las crisis de subsistencias de España en el siglo XIX*, Instituto de Investigaciones Históricas, Rosario (Argentina), 1963, pp. 15-45.

—: «La crisis de 1866 en Madrid: la Caja de Depósitos, las sociedades de crédito y la Bolsa», *Moneda y Crédito*, n.° 100, 1967, pp. 3-40.

—: *España hace un siglo: una economía dual*, Península, Barcelona, 1968.

—: «La crisi finanziaria del 1866 vista da Barcelona», *Rivista Storica Italiana*, LXXX, 1968, pp. 20-31.

—: «Cádiz, capital revolucionaria, en la encrucijada económica», en C. E. Lida e I. M. Zavala, eds., *La revolución de 1868. Historia, pensamiento, literatura*, Las Américas Publishing Co., Nueva York, 1970, pp. 80-108.

—: *Determining Economic Regions from Time Series Data. A Factor Analysis of the 19th Century Spanish Wheat Prices*, New York University (Ocasional papers, n.° 1), 1973); trabajo publicado en forma definitiva con el título de «Las regiones económicas de España en el siglo XIX. Su determinación mediante el análisis factorial de los precios del trigo», *Revista de Occidente*, n.° 134, mayo 1974.

—: «La integración del mercado nacional. España e Italia», comunicación presentada al Primer Coloquio de Historia Económica de España (Barcelona, mayo 1972), en J. Nadal y G. Tortella, eds., *Agricultura, comercio colonial y crecimiento económico en la España contemporánea*, Ariel, Madrid, 1975.

Sánchez Melero, Luis M.ª: «Apéndice a la memoria sobre azogues», *Revista Minera*, X, 1859, pp. 569-578.

Sánchez Ramos, Francisco: *La economía siderúrgica española*, I (y único): *Estudio crítico de la historia industrial de España hasta 1900*, CSIC, Madrid, 1945.

Saul, S. B.: *Studies in British Overseas Trade, 1870-1914*, University Press, Liverpool, 1960.

—: *The Myth of The Great Depression, 1873-1896*, Macmillan and Co. Ltd., Londres, 1969.

Schulz, Guillermo: *Estadística de la minería de Asturias y Galicia*, Imp. de Repullés, Madrid, 1841.

Schumpeter, Joseph A.: *Business Cycles. A Theoretical, Historical and Statistical Analysis of the Capitalist Process*, I, MacGraw-Hill Book Company Inc., Nueva York y Londres, 1939.

SCHVEITZER, Marcel N.: *Notes sur la vie économique de l'Espagne en 1931-1932*, Office Algérien d'Action Economique et Touristique, Alger, s. a.

SENADOR GÓMEZ, Julio: *Castilla en escombros. Las leyes, las tierras, el trigo y el hambre*, Vda. de Montero, Valladolid, 1915.

SERRA BELABRE, María L.: «Repercusión de la guerra de Secesión en la economía menorquina», en *Homenaje a Jaime Vicens Vives*, II, Barcelona, 1968, pp. 653-666.

SHAPIRO, Samuel: *Capital and the Cotton Industry in the Industrial Revolution*, Ithaca, Nueva York, 1967.

siglo de la vida del Banco de Bilbao. Primer Centenario (1857-1957), Un, Talleres tipográficos de Espasa Calpe, S. A., Bilbao, 1957.

SIMÓN, Francisco: *La desamortización española del siglo XIX*, Instituto de Estudios Fiscales, Madrid, 1973.

SMITH, R. S.: «The Reception of Malthus' *Essays on Population* in Spain», *Rivista Internazionale di Scienze Economiche e Commerciale*, XVI, 1969, pp. 550-562.

Sociedad Económica de Amigos del País, de Málaga. Acta de la sesión pública de adjudicación de premios celebrada el 19 de julio de 1863, Imp. del Correo de Andalucía, Málaga, 1863.

Sommario di statistiche storiche italiane, 1861-1955, Istituto Centrale di Statistica, Roma, 1958.

Statistical Abstract for the principal foreign countries in each year from 1860 to 1872, Londres, 1875.

STURMEL, Max: artículo sobre la industria algodonera francesa, en *L'Aube*, reproducido en *Boletín del Comité Industrial Algodonero*, VIII, Barcelona, 1935, pp. 183-185.

SUREDA BLANES, Josep: *Orfila i la seva obra, 1787-1819*, Edicions 62, Barcelona, 1969.

TEMES, B. DE, B. Borjas y Tarrius, y J. Aranal: *Exposición de la Junta nacional de crédito público a las Cortes ordinarias de 1822 y 1823 acerca de la violenta inteligencia que han dado los mineros de la provincia de Granada a la orden de las mismas de 25 de octubre de 1820, y a la ley de 22 de junio de 1821 relativa a minas...*, Imp. de D. Juan Ramos y Cía., Madrid, 1822.

TEMIN, Peter: *Iron and Steel in Nineteenth-Century America. An economic Inquiry*, Cambridge, Mass., 1964.

Textos olvidados, presentación y selección de Fabián Estapé Rodríguez, Instituto de Estudios Fiscales, Madrid, 1973.

TOMÁS Y VALIENTE, Francisco: *El marco político de la desamortización en España*, Ariel, Barcelona, 1971.

TORTELLA CASARES, Gabriel: «El principio de responsabilidad limitada y el desarrollo industrial de España, 1829-1869», *Moneda y Crédito*, n.º 104, 1968.

—: «El Banco de España entre 1829 y 1929. La formación de un banco central», en *El Banco de España. Una historia económica*, Banco de España, Madrid, 1970.

—: «Ferrocarriles, economía y revolución», en C. E. Lida e I. M. Zavala, eds., *La revolución de 1868. Historia, pensamiento, literatura*, Las Américas Publishing Co., Nueva York, 1970, pp. 126-137.

—: «La evolución del sistema financiero español de 1856 a 1868», en *Ensayos sobre la economía española a mediados del siglo XIX*, Banco de España, Madrid, 1970.

—: *Los orígenes del capitalismo en España. Banca, industria y ferrocarriles en el siglo XIX*, Tecnos, Madrid, 1973.

TORRAS RIBÉ, José M.ª: «Trayectoria de un proceso de industrialización frustrado: el caso de Igualada», comunicación presentada al Primer Coloquio de Historia Económica de España (Barcelona, mayo 1972).

TREDGOLD, Th.: *Caminos de hierro. Tratado práctico del Ingeniero inglés Mr. Tredgold, sobre los caminos de carriles de hierro, y los carruages, máquinas de vapor y de gas, ya movibles o loco-motrices, ya estables, y cuanto conviene saber para construirlos. Contiene una juiciosa comparación de los tres medios de comunicación interior, por canales, carreteras y caminos de hierro. Los principios para graduar la fuerza de los carriles, sus proporciones, gastos y productos; las condiciones para que sean útiles, económicos y durables, con los cálculos sobre el uso de caballerías, carros y bombas; su efecto útil, y su costo comparativamente; y una porción de tablas curiosísimas, y estampas para su inteligencia. Puesto en castellano por D. Gregorio González Azaola, comisionado por S. M. en las Reales Fábricas de Artillería de la Cavada*, Oficina de D. Federico Moreno, Madrid, 1831.

—: *Tratado de las máquinas de vapor y de sus aplicaciones a la navegación, minas, manufacturas, etc. Contiene la historia de la invención y mejoras sucesivas de estas máquinas, la exposición de su teoría..., escrito en inglés por el ingeniero civil Th. Tredgold y traducido al francés por F. N. Mellet, y de este idioma al castellano de orden del Rey, por D. Gerónimo de la Escosura..., vocal de la Real Junta de Fomento de la riqueza del reino*, Imp. de Don León Amarita, Madrid, 1831, XXVI + 454 pp. y un atlas.

VALLEJO, José Mariano: *Nueva construcción de caminos de fierro, adaptable al territorio desigual y montuoso de nuestra Península, leída en la sección de ciencias físico-matemáticas del Ateneo de Madrid el 22 de mayo de 1844 ... con el retrato del autor, y un estracto de la Memoria sobre las carreteras, los caminos de tierra y los canales de navegación, por M. F. de Gerstner, impresa en Praga en 1813, y traducida del alemán al francés por M. P. S. Girard, ingeniero en gefe de puentes y calzadas, y miembro del Instituto de Francia, e impresa en 1827. Con el final de la introducción del espresado M. Girard*, Imp. Garrastaza, Madrid, 1844.

VANDELLÓS, José A.: «La richesse et le revenu de la péninsule ibérique», *Metron*, V, n.º 4, 1925, pp. 151-186. (Trad. cast. en *Revista de Economía Política*, VI, 1955, pp. 185-223.)

«Variedades», *Revista Minera*, IV, 1853.

VICENS VIVES, Jaime: *Historia social y económica de España y América*, IV: *Burguesía, industrialización, obrerismo*, Teide, Barcelona, 1959.

VILAR, Pierre: *La Catalogne dans l'Espagne moderne. Recherches sur les fondements économiques des structures nationales*, 3 vols., París, 1962. (Hay trad. catalana: *Catalunya dins l'Espanya Moderna. Recerques sobre els fonaments econòmics de les estructures nacionals*, Edicions 62, 4 vols., Barcelona, 1964-1966.)

—: «Structures de la société espagnole vers 1750. Quelques leçons du Cadastre de La Ensenada», en *Mélanges à la mémoire de Jean Sarrailh*, Centre de Recherches de l'Institut d'Études Hispaniques, París, 1966, pp. 425-447. (Trad. catalana en *Recerques*, n.° 1, 1970, pp. 9-32.)

—: «La Catalogne industrielle. Réflexions sur un démarrage et sur un destin», comunicación presentada en Colloques Internationaux du Centre National de la Recherche Scientifique, Lyon, 7-10 octubre 1970, en *L'Industrialisation en Europe au XIXe siècle. Cartographie et typologie*, Éditions du Centre National de la Recherche Scientifique, París, 1973, pp. 421-433.

VILLANOVA DE CAMPOS, J.: *Memoria histórico-descriptiva de la mina de plomo denominada Arrayanes, propiedad del Estado, sita en el término de la ciudad de Linares, provincia de Jaén, expresiva de lo que esta finca era cuando la administraba la Hacienda Pública, y de los adelantos y mejoras en ella introducidos durante los seis primeros años del arrendamiento hecho, en pública subasta, al Excmo. Sr. D. José Genaro Villanova*, Madrid, 1876.

VIÑAS MEY, Carmelo: *La reforma agraria en España en el siglo XIX*, Imp. El Eco Franciscano, Santiago de Compostela, 1933.

WADSWORTH, A. P., y J. de Lacy Mann: *The Cotton Trade and Industrial Lancashire, 1600-1780*, Manchester, 1931.

WAIS SAN MARTÍN, Francisco: *Historia general de los ferrocarriles españoles, 1830-1941*, Editora Nacional, Madrid, 1967.

WRIGLEY, E. A.: *Société et population*, Hachette, París, 1969.

ZAPATA, B. A.: *Noticia del origen y establecimiento increíble de las lanas finas de España en el extranjero, por culpa nuestra en no haber impedido mejor la extracción de nuestro ganado lanar*, Imp. de José del Collado, Madrid, 1820.

ZAPATERO Y GARCÍA, Manuel: *Diario de Sesiones del Congreso económico nacional*, Imp. de los Hijos de J. A. García, Madrid, 1889.

ZARRALUQUI MARTÍNEZ, Julio: *Los almadenes de azogue (minas de cinabrio). La historia frente a la tradición*, Lib. Internacional de Romo, Imp. de los Sucs. de F. Pena Cruz, Madrid, 1934.

ÍNDICE ONOMÁSTICO

ÍNDICE